Franz Jung Werke in Einzelausgaben

DAS ERBE
SYLVIA
DAS JAHR OHNE GNADE
Werke 12

Publiziert bei Edition Nautilus

Franz Jung Werke 12
Editor dieses Bandes: Lutz Schulenburg

Editorische Notiz: Franz Jung, geboren 1888 in Neiße/Schlesien, gestorben 1963 in Stuttgart. *Das Erbe* wurde erstmalig zusammen mit „Erlebnis-Novellen" von Max Barthel, Adam Scharrer und Oskar Wöhrle 1929 in *Das Vier-Männer-Buch* gedruckt (Der Bücherkreis), mit Porträtzeichnungen der jeweiligen Autoren von Emil Stumpp. Weggelassen wurde Jungs dortige Einleitung *Über meine literarischen Arbeiten,* die bereits in Band 1/2 der Werkausgabe gedruckt wurde, wo auch das Porträt Franz Jungs wiedergegeben ist. Ursprünglich hatte Jung die Erzählung für eine Veröffentlichung im S. Fischer Verlag 1927 geschrieben. Sie wurde dort aber, trotz lobender Anerkennung durch Oskar Loerke, wegen „zu viel Reflexion" abgelehnt. Als Druckvorlage für *Sylvia* und *Das Jahr ohne Gnade* wurden die jeweils nachgelassenen Manuskripte benutzt. Jung schrieb beide 1946 in Italien. Noch im gleichen Jahr lehnte die Züricher Büchergilde Gutenberg eine Veröffentlichung von *Das Jahr ohne Gnade* ab. Die Anfangssequenz von *Das Jahr ohne Gnade* wurde von Jung für die erzählerische Skizze *Dagny* verwendet (s. Band 1/2). Teile von *Sylvia* übernahm Jung in *Der Weg nach unten* für die Darstellung seiner Erlebnisse in Ungarn und Italien. Eigentümlichkeiten in der Orthographie und Zeichensetzung Jungs wurden weitgehend beibehalten. Nur offensichtliche Fehler wurden korrigiert, fehlende Satzglieder ergänzt. Weiterreichende Überarbeitungen unterblieben. Wir danken Herrn *Wolfgang Symanczyk* und dem *Deutschen Literaturarchiv* in Marbach für die freundliche Überlassung der Manuskripte.

Originalausgabe
Edition Nautilus Verlag Lutz Schulenburg
Hassestr. 22 – 2050 Hamburg 80
Alle Rechte vorbehalten
(c) by Verlag Lutz Schulenburg, Hamburg
1. Auflage 1990
ISBN: 3-89401-171-8 (Pb)
ISBN: 3-89401-172-6 (Ln)
Printed in Germany

Helga Karrenbrock, Walter Fähnders,
Martin Rector gewidmet

Das Erbe
Eine Novelle

I.

Manche Leute glauben, daß die kleinen Ereignisse des täglichen Lebens, sofern sie nur auf das breitere Band der Zeitgeschichte versetzt werden, an Umfang und Tiefe des Lebensinhaltes gewinnen. Kleinigkeiten werden dann zum Erlebnis, das zwischen Abenteuer und Wunder dahingleitet. So ist man das gewohnt. Ich gehörte auch zu diesen Leuten.
Im folgenden werde ich beweisen, daß eine solche Ansicht irrig ist. Nicht der Rahmen gewisser Ereignisse, sondern deren innere Gebundenheit, nicht ihr Ausmaß, ob es nun aus der Entwicklung heraus gegeben oder nur zufällig ist, sondern – aber das werde ich ja später noch zu beweisen haben. Als es mir an einem an und für sich bedeutungslosen Abschnitt meines recht unruhigen Lebens plötzlich klar wurde, daß mein unmittelbares Dazutun peinlich gering war, beschämend wenig das, worauf ich gebaut hatte, um zu werten, dieser Kampf gegen das Gewohnte, das Ungewöhnliche, gegen den Strom – ach, wenn ich nach so vielen Jahren Zwangsschule, sozusagen im letzten Augenblick vor einem vorgeschriebenen Schlußpunkt, den Zweck des Ganzen in Frage stelle, um alles hinzuwerfen, um mich vom breiten Strome des Lebens treiben zu lassen, das dann vielleicht wie ein einziges großes Wunder scheint, vielmehr bitte, Abenteuer –, zeigt es doch nur, daß jene Kraft, die fünfzehn und sechzehn Jahre Schule gehalten und bis zur letzten Schwingung verausgabt war, einfach restlos zu Ende und nichts weiter, und was dann dahinter noch kommt, der Landstreicher und Gelegenheitsarbeiter, der anarchistische Wanderprediger, der ganze Zinnober vom Literaturzigeuner, Spartakus, Desertion im Felde, und das alles mit Gefängnissen und Holzwolle im Kastenbett der Irrenhäuser, Abenteuer über Abenteuer – und alles Quatsch!
Sagen wollte ich, als mir das aufging damals, nach ziemlich bitteren Stunden tiefster Niedergeschlagenheit, wurde ich mit einemmal ganz ruhig, ich wurde froh, ich war glücklich – wenn man mir Glauben schenken will, so war das so.
Damals war ich als „Blinder" auf einem Dampfer von Leningrad nach Hamburg. Es war durchaus nicht meine erste Reise als Blinder. Die Gefahr war gering, die Unbequemlichkeit allerdings groß. Gewisse Nebenumstände ganz ohne mein Zutun gaben dieser Reise den Charakter einer Flucht. Ich war vorn im Kettenraum verstaut. Zur besonderen Vorsicht, hauptsächlich

der recht wenig verläßlichen Deckmannschaften wegen, ließ ich meinen Vertrauten auf dem Schiff die Luke zum Kettenkasten zunageln. Es wurde schlechtes Wetter. Ich lag auf dem Berg von Ketten, in völliger Dunkelheit, vom zweiten Tage an ohne Wasser und Brot, fünf volle Tage und ein paar Stunden. Wenn ich gerufen hätte, die Leiter zur Luke hochgestiegen und Alarm getrommelt, es hätte mich niemand gehört. Ich hatte Glück. Das Schiff wurde mehreremal von allen möglichen Kontrollen überholt. Schon in Leningrad wurden zwei Blinde heruntergeholt, ein weiterer in Kronstadt und der letzte noch draußen am Feuerschiff. Im Kettenkasten war ich sicher. Das war besser als Bunkerraum und Wassertank.

Das waren die Stunden, in denen ich froh wurde. Ich habe niemals recht lachen gelernt. Es hätte nur sollen jemand bei mir sein, ein Mensch, der mich anspricht und so – wir hätten zusammen gelacht, herzlich gelacht, wie so viele Menschen lachen können. Ich wurde so völlig ausgeglichen, ganz frei, beschwingt, begnadet und so ruhig.

Aber das ist es nicht, wovon ich in folgendem sprechen will. Ich brauche diesen Vorgang nur der Atmosphäre wegen. Er hat mich aufgeschlossen für das Erlebnis, und dieses Erlebnis war: Mein Vater.

Nachdem ich dieses Schiff verlassen hatte, war ich in vielem langsamer geworden. Natürlich kam jene alte Unruhe wieder, alles der so geschenkten Ausgeglichenheit verblaßte, verschwand. Aber diese Unruhe hatte nicht mehr die Macht, mich in neue Abenteuer zu stürzen. Ich verstehe nicht mehr alles, was die Menschen dieser Zeit bewegt. Ich kann oft die Menschen nicht sehen, und die Zeit schlägt über mir zusammen. Ich habe keine Mittel, mich ihnen verständlich zu machen; darum stehe ich abseits. Alle äußeren Lebensumstände sind darauf mit eingerichtet. So verging eine gewisse Zeitspanne.

Müde war ich und, wozu sich etwas vormachen, bequem. Aber ich fühlte, jene Reinigung damals ist noch nicht vollständig, vor allem, die Erinnerung daran ist noch gegenwärtig. Ich habe noch Stellung zu nehmen. Nun, es ist nicht ganz leicht, von einem Erlebnis „Vater" überhaupt zu sprechen. Der Vater, die Autorität, der Staat, Zwangmarsch der Jugend, Sehnsucht nach dem Mütterlichen – all diesem steht dieser Begriff Vater entgegen. Er ordnet, wo man übereifern will, Glied der

Fessel, die man zersprengt. So haben wir das gelernt. Dafür sind wir ausgezogen, Sonne im Herzen. Es tut weh, eingestehen zu sollen, daß dies alles verdammter Unfug ist. Ja, und das ist wenig schön.

II.

Mein Vater lebte in einer schlesischen Stadt, die ihres geruhigen Lebens wegen, ihrer Pensionäre und Rentner und schließlich auch wegen ihrer beträchtlichen militärischen Garnison bekannt war. Die Stadt selbst hat in den letzten fünfzehn Jahren, während der mein Vater dort lebte, im Grunde nur eine bescheidene Entwicklung genommen. Sie ist eingekreist von einer wohlhabenden Bauernbevölkerung, die, allen Spekulationen fremd, nur geringe Veränderungen duldet. Die Wirtschaftskrisen treffen den Bauer nicht minder hart wie die Handelsbevölkerung einer Stadt, die zudem ohne wesentliche Industrie, nur auf Handwerk aufgebaut, nicht zuletzt vom Bauern abhängig ist. Solche Krisen lösen indes kaum soziale Erschütterungen, geschweige denn Auseinandersetzungen aus. Ihr Einfluß zeigt sich mehr unter der Oberfläche des Ablaufs der Tagesgeschäfte, in dem beharrlichen Festhalten an oft nur dieser Stadt eigentümlichen Vorstellungen, an einer schroffen Trennung in Kasten, Familien- und Erwerbsgruppen, die schlimmer als die üblichen Klassenunterschiede die Menschen gegeneinander aufbringen.

In dieser Stadt hatte mein Vater als Uhrmacher einen neuen Hausstand gegründet. Ein Uhrmacher lebt von der Hand in den Mund. Wenn er sehr fleißig und sparsam ist, glückt es ihm vielleicht im Laufe einiger Jahre, sich ein kleines Warenlager zuzulegen, auf dem er sein Verkaufsgeschäft gründet. Darin stecken seine Ersparnisse, aber sie sind nicht so sicher angelegt wie bei der städtischen Sparkasse. Die Mode wechselt, und der Reisende der Engrosgeschäfte weiß seine Leute zu nehmen. Er ist nicht nur der Freund des Hauses, sondern er kommt oft. So gehen die Ersparnisse meistens drauf. Das Lager wird verschuldet, die Zinsen fressen schließlich auch noch den Verdienst an den Reparaturarbeiten. Ein richtiger Uhrmacher endet immer da, wo er angefangen hat.

In einer solchen Lage ist es nicht leicht, sich noch mit Dingen zu beschäftigen, die über den ursprünglichen mehr geschäftlichen Interessenkreis hinausgehen. Der Handwerker wird in den Jahren alt und klapprig, mein Vater wurde, wenn man so sagen darf, mit jedem Tage jünger. Es gelang ihm dabei, die oben gekennzeichneten Krisen zu bannen.

Er schuf sich Interessen, die seiner Arbeit vollkommen parallel gingen, ohne sich gegenseitig zu berühren oder schließlich zu kreuzen. Später wechselte zunächst unmerklich die Rolle ihre Bedeutung. Solche Interessen wurden vorherrschend. Nicht auf Kosten der gewohnten Arbeit, da sie nicht im Gegensatz dazu waren. Sie waren mehr, mehr an Inhalt und an Zukunft. Daher trieben sie der Tagesarbeit neuen Verdienst zu. Auch diese Klippe, die so viele zu Fall bringt, wurde glücklich überwunden.

In den ersten Jahren trieb mein Vater der Reihe nach eine Anzahl schöner Künste. Er fertigte Verse und Theaterstücke, komponierte, baute mechanische Spielereien, die ihn zu einem der ersten Fachleute Deutschlands werden ließen in der Reparatur alter Glocken- und Spielwerke an den vom Mittelalter zurückgebliebenen Bauwerken. In dieser Sache war er eine Zeitlang berühmt, während für die erstere Beschäftigung zwar die schlesischen Dichter und Künstler reichlich seine Gastfreundschaft in Anspruch nahmen, aber so außerordentlich überlegen waren, sich über ihn lustig zu machen. Er ließ das fallen.

Wendete sich philosophischen Bestrebungen zu, der Politik des Übermenschen, dem Kampf gegen die Ärzte, der in seinem ersten Abschnitt der Befreiung des Körpers diente, für Luft, Licht und Wasser. Später mündete diese Bewegung in einer Reformbewegung für den Mittelstand, genauer den Handwerkerstand. Gegen kirchlichen Konservativismus in Dingen der öffentlichen Moral. Was für den Bauern selbstverständlich, war dem Städter verboten. Gegen die Errichtung eines städtischen Freibades, gegen Barfußgehen der Gruppe der Naturfreunde predigte der Pfarrer von der Kanzel. Gegen den Wucher an Grund und Boden, siehe unter Bodenreform. Für die Erschließung des Mittelstandes zu einer politischen Bewegung. So wurde mein Vater Politiker.

Er kämpfte für eine Reform des Kredits, das Genossenschaftswesen. Er gründete Kreditgenossenschaften, Handwerker-Rohstoffgenossenschaften. Das Arbeitsgebiet wuchs. In seiner Stadt, in Schlesien und draußen im Lande.

Noch immer arbeitete er an den Uhren, die ihm zur Reparatur gebracht wurden. Die Leute, die Fachleute aus seinen neuen Interessengebieten kamen zu ihm in den Laden. Er arbeitete meistens nachts. Am Tage waren die Besprechungen, Deputationen, Versammlungen und derartiges. In diesen Nachtstunden wurden die Kommunalpolitik, der neue Mensch, der Mittelstand und der Kredit besprochen, Denkschriften verfaßt, während er weiter arbeitete und lernte. Er bildete sich zum Fachmann für seine Interessen, unmerklich, aber dafür auf desto festerem Grund.

Ziemlich spät erst hing er die Uhrmacherei an den Nagel. Er stieg die Sprossen des Einflusses, den seine Stadt zu vergeben hatte, empor. Vom Stadtverordneten zum Stadtrat. Niemals ganz freiwillig. Wie er auch seine Arbeit nur ungern aufgab. Erst auf Vorstellungen, die sich über mehrere Jahre erstreckten. (Ich wuchs gerade in diesen Jahren heran.) Das, was man allgemein unter Politik versteht, die große Politik, Reichstag, Landtag, war ihm fremd. Er kandidierte nicht. Er lehnte ihm angetragene Stellungen mit sichtbarem Einfluß in Breslau und in Berlin ab. Obwohl er in den letzten Jahrzehnten ständig auf Reisen zu Kongressen und Rücksprachen war, die er sich hätte sparen können, wenn er eine dieser Stellungen angenommen hätte.

Er wollte es nicht wahr haben, daß sein Körper verfallen muß, und verfiel. In den letzten Jahren raffte er neue Arbeitsgebiete an sich, ohne etwa die anderen aufzugeben. Er gewann Interesse für das Schulwesen, für die Jugend, und besonders für die gewerbliche Jugend. Die Arbeit wuchs und wuchs, zwischendurch der Krieg, die Revolution, Geldentwertung und Stabilisierung – so war der Vater.

III.

Ich bitte noch um Geduld, rasch einige Worte zwischendurch über meine Stellung zu diesem Vater während der Jahre des Heran- und Hinauswachsens sagen zu dürfen. Das Kind sieht gerade die Schwierigkeiten, die Konflikte der Erwachsenen ins Lächerliche verzerrt. Der Vater, der sich um die Zukunft müht, erscheint dem Jungen als ein langweiliger Narr. Das Langweilige wird zur Bösartigkeit, wenn der Vater sich auch um die Erziehung zu kümmern beginnt. Da er das meistens nur gelegentlich tut, gewissermaßen so ganz nebenbei, um so bösartiger wirkt es. Liebe erzeugt Abwehr, Verständnis wirkt als Verschlagenheit, um irgendein Geständnis zu erpressen, kameradschaftliches Eingehen schärft das Mißtrauen. Der geringste Schritt des Vaters in das eigene Leben zurück hinterläßt blanken Haß, später Verachtung, schließlich wohlerworbene Gleichgültigkeit. Ich erzähle da nichts Neues, jeder weiß das.

So war natürlich auch meine Stellung zu diesem Vater, vielleicht alles einen Ton schärfer, als im allgemeinen üblich. Der Junge parallelisiert nämlich schon früh irgendwie die Entwicklung des Vaters. Und in vielen Fällen holt er einfach nach, was der Alte bereits hinter sich hat. Den Dilettantismus, die innere Unzufriedenheit, ins Maßlose gesteigerten Ehrgeiz, die oft so köstliche Verschmähung, die das Genie ersetzt. Alles das wird zum Eigenleben, aus dem die Jahre der Entwicklung erblühen. Solche Jahre, dieses Eigenleben, läßt keinen Platz frei für den Vater. Weg damit!

Der Vater stört. In der Entscheidung des Hinauswachsens wird die väterliche Gewalt plump und abgeschmackt – lächerlich, wenn man will. Einfluß, der fordernd und gesetzmäßig wirken soll, gibt den gewünschten Anlaß offener Auflehnung. Daneben erscheint dann jede Tätigkeit eines Vaters empörend fatal, veraltet die Technik, zu langsam das Tempo – mit einem Wort, langweilig und dumm.

Alle diese Entscheidungen sind einmalig. Sie wiederholen sich nicht, und niemals kann man derart auch nur der Stimmung sich erinnern, um sie in der Abwehr gegen eine gleiche Entscheidung einer neu heraufkommenden Generation zu verwenden. Ich vermag nicht zu sagen, was mein Vater zu diesen Meinungen getan oder auch nur gedacht hat. Ich neige der Ansicht zu, er hatte wenig Zeit, sich mehr als zur Aufrechterhaltung der Ordnung unbedingt nötig, und mehr als alle übrigen Väter in solchen Fällen tun, damit zu beschäftigen. Aber das ist auch gleichgültig. Ich glaube, daß solche Abkehr nicht besonders schmerzt.

Ich glaube das deshalb, weil später der so auf die Welt losgelassene junge Mann aufs höchste erstaunt ist, wie innerlich ausgewogen, bescheiden, freundlich und so völlig unverletzt dieser Vater ihm entgegentritt.

Auch dies trägt wenig zur Besserung des Gesamtverhältnisses bei. In geldlichen Auseinandersetzungen pflegt jeder Vater klüger und stärker zu sein. Sich einen Beruf zu wählen, sich emporzuarbeiten, jener verworrene Anfang, sich umzusehen und auf seinen eigenen Füßen zu stehen – dazu genügt die Abwehrstellung des Jungen nicht. Das ist sogar verdammt wenig. Es wäre gut, wenn der Alte im Hintergrunde irgendwie wäre. Merkwürdigerweise verblaßt der Vater, je mehr man ihn ruft. Er wird wirklich empörend gleichgültig. Er läßt dich abrutschen – das fühlt man so deutlich, daß für viele junge Leute von diesem Augenblick so etwas wie eigenes Denken erst beginnt. Es besteht die Gefahr, den Anschluß an das Leben, ich meine die Welt, zu verlieren. Die Maschine läuft noch recht unruhig, sie kommt schwer und polternd in Gang, man schwitzt. Und bildet sich ein, etwas ganz Außerordentliches geleistet zu haben. Das ist die Zeit, während der der Begriff Vater zur Form wird. Die Lösung hat sich vollzogen. Die Jahre regnen darüber hin. Man erinnert sich gelegentlich, daß der alte Vater lebt.

Soweit war das in unserer Stellung auch der natürliche Verlauf. Nur in einigen Sonderfällen, die für ihn zu einer Bedrohung seines Heims, seiner Stellung zu führen schienen, trat der Vater aus seiner Zurückhaltung heraus. Er unterstrich deutlichst, daß ich seiner Fürsorge entwachsen war. Ich wurde für ihn der Fremde, der seine Arbeit störte, und er wehrte sich dagegen. Er benutzte dazu jedes Mittel, mit dem ein Bürger dieses Staates gegen einen ihm fremden Feind kämpfen kann. Er hatte die Überlegenheit, diesen Feind so genau zu kennen, daß er ihn richtig abschätzen konnte. Darin bin ich ihm unterlegen.

Damit ist die Vorgeschichte zu dem Erlebnis, von dem ich erzählen will, umrissen. Über einen Teil dieser Zusammenhänge habe ich in dem schon erwähnten Kettenraum des Hamburger Dampfers nachgedacht. Ihre Bedeutung für mich ging in der darauffolgenden Zeit ziemlich verloren. In einem ganz anderen Sinne, als ich hätte erwarten sollen, wurde sie wieder lebendig: Mein Vater lag im Sterben.

IV.

Er hatte schon die Siebzig überschritten, und er hatte vor, es bis auf hundert zu bringen. Seiner Meinung nach war siebzig kein Alter. Er ging zwar etwas gebückt, doch war dies auf ein altes körperliches Leiden zurückzuführen. Es stimmt, es war keine Alterserscheinung. Er fühlte sich frisch, wenngleich überarbeitet. Das Haar war kaum angegraut.
Ein Schlaganfall warf ihn nieder.
Er hatte nicht die Absicht, diesen Schlag zu ernst zu nehmen. Eine Lähmung der Hand, des Armes, die man massieren muß. Er begann sich zu massieren. Dann wurde er müde und ging zu Bett. Seit Jahrzehnten zum erstenmal, daß er tagsüber ruhen wollte. Am nächsten Morgen stand er wieder auf, halb gelähmt. Und wurde wieder müde.
Er hatte nicht daran gedacht, mich rufen zu lassen. Sicherlich schämte er sich, ans Bett gefesselt zu sein. Er war überzeugt, diesen Anfall zu zwingen.
So wurde ich von dritter Seite gerufen.
Es war eine ziemlich lange Eisenbahnfahrt, und ich kann sagen, daß ich recht gedrückter Stimmung war. Es lag etwas Bedrohliches in der Luft, etwas Schleichendes, gegen das man sich nicht wehren kann. Es läßt sich nirgends einordnen, man sieht es nicht. Es wird alles so schwer und ohne zureichenden Grund. Wird der Vater sterben – gewiß, das liegt im Lauf der Welt. Du hast ihn die letzten Jahre öfter gesehen; im Grunde nimmt man jeweils Abschied, ob nur so oder fürs Leben – das ist es nicht. Ein fremder, freundlicher Mann, der sorgsam bedacht ist, nicht anzustoßen – schade; wird sich vielleicht wieder aufraffen. Die Drohung geht tiefer. Trifft so etwas wie das Eigene, das eigene Dasein. Vielleicht ist es dies: es wird alles so unsicher, der Boden schwankt. Es bleibt nichts von dem, was man in all den Jahren gedacht und getan hat. Es ist ja auf einmal alles nichts.
Mit solchen Empfindungen klappert der Zug dahin. Er hat es gar nicht eilig.
Ankunft, die Verlegenheit: fremde und vergessene Gesichter ringsum, ein fremdes Haus, verlegene fremde Worte im Vorraum, das Krankenzimmer – ein Weg, der sich vor einem herschiebt, ausgelöscht in der Erinnerung.
Und dann das Krankenzimmer. Gegenüber der Tür an der Wand

stand das Bett, mit dem Kopfende am Fenster. Das Fenster ist geschlossen. Wie merkwürdig, da der Vater jedes Fenster weit aufzureißen pflegte. Der röchelnde Atem bannte den Eindringling an der Schwelle. Der Vater schlief. Er schläft seit wie vielen Stunden. Der Atem geht schwer. Er verbreitet sich im Raum und röchelt. Auf und nieder und bleibt zwischendurch stehen, um auszuruhen. Dann windet er sich hindurch, er übersteigt ein Hindernis, rasselt hinab und wartet. Der Kopf ist so schmal, der breite massige Kopf.
So sah ich den Vater. Das Gesicht eingefallen. Es ist gelb. Das Gelb liegt breit im Zimmer und alles in gelbem Glimmer. Der Kopf liegt zur Seite und wird vom Kissen rutschen. „So liegt er schon seit Tagen", flüstert jemand. Es ist heiß in diesem Raum. Alles zittert ein wenig. Auf die Stirn des Kranken treten Schweißtropfen. „Er wird Sie nicht erkennen –", wieder flüstert jemand. Ich gehe einige Schritte näher.
Niemals hat man gelernt, richtig zu gehen. Es tut weh.
Man soll ihn aufwecken. Die Hand hängt leicht zu Boden geneigt. Genügt es, sie zu fassen und ein wenig zu schütteln. Eine Bewegung an die Wange hin. Über der rechten Schulter bauscht sich das Hemd, das Hemd ist viel zu groß. Jemand hat die Hand genommen und sie aufs Bett gelegt. Die Hand ist gelb und schmal. Die Finger zittern und die Knöchel. Beben und zittern. Das Bett zittert und alles ringsum. Die Augen wollen sprechen, meine Augen. Über das Gesicht geht ein Ruck, ein einziger tiefer Ruck, der einen Spalt reißt. Sprich jetzt, sag' was!
Da hängen alle diese alten Bilder. Diese blödsinnigen Bilder meiner Kindheit. Die Jungfrau Maria mit dem Jesusknaben, die Mutter Gottes mit dem Gotteskind. Das Bild des Gekreuzigten mit der Dornenkrone. Die Augen gehen auf und zu – sagt man. Wieder räuspert sich jemand.
Am Bett saß die Schwester. Eine Frau aus der kirchlichen Gesellschaft, die barmherzige Schwester. Sie sieht mich an und kniet nieder. Mit einem Tuch wischt sie dem Kranken den Schweiß von der Stirn.
Ist es draußen kalt? Ein grauer Wintertag und am frühen Vormittag. Das Fenster ist geschlossen. Es ist heiß. Es würgte mir in der Kehle. Ich atme in dem zitternden Atem mit. Wie ein eiserner Ring legt sich das um die Brust. Wach' auf – ich bin da!

Dann stieg alles Fremde in mir auf. Es entlud sich. Es drängte nach oben, schlug über. Jeder Mensch hat in seiner Brust einen Stein. Den Stein, mit dem er sein Leben verbringt, dieses Leben voller Wunder. Alles Fremde stieß empor.
Es zerriß den Raum, das Fremde. Die Schleier, die einer über das Zimmer gezogen hatte, Schleier für Schleier. Draußen war der Tag.
Ich konnte nicht mehr atmen. Das Blut hämmerte an den Schläfen. Ich wandte mich ab.
Ich floh aus dem Zimmer. Es knarrte. Ich stolperte. Ich floh tief beschämt, unsagbar geschlagen.
Ich wußte nur noch, nebenan steht der Frühstückstisch. Luft – ich habe Hunger.
Und so blätterte dieser Stein auf.

V.

Als ich nach einer guten Weile wieder das Krankenzimmer betrat, war ich durchaus vorbereitet für einen Zusammenbruch. Vielleicht, daß es in der Hauptsache nur die Müdigkeit war –.
Ich muß den Leser hier um Verzeihung bitten. Ich weiß nur zu gut, daß man es als eine Anmaßung auffassen kann, von einem Menschen zu sprechen, der nach seinen eigenen Angaben niemals geweint hat. Gewiß gilt es für eine große Anzahl von Leuten als eine ausgemachte Schande, überhaupt zu weinen. Im allgemeinen pflegt man das Vorrecht zu weinen nur den Frauen zuzubilligen. Das Weinen wird ja so häufig verwechselt. Mit allen möglichen Empfindungen wird es in Zusammenhang gebracht und mit so verschiedenartigen Anlässen durchsetzt, daß nicht zwei Menschen sich weinen sehen können, ohne auf diese ihre Äußerung aufeinander eifersüchtig zu sein. Da weint einer, so heißt es, aus Wut, ein anderer aus Schmerz einer verpaßten Gelegenheit, der dritte legt das Gefühlsmoment auf den Schmerz, ein vierter auf den Verlust, und alle beweinen bei dieser Gelegenheit irgendwie sich selbst. Darum hält man auch das Weinen dem wahren männlichen Charakter nicht entsprechend. Dem Manne traut man eben von vornherein zu, das Schicksal selbst in die Hand zu nehmen – –.
Wer da weint, der hat nicht die Absicht, irgend etwas noch zu ändern.

Weil es als unabänderlich gilt. Was man auch immer über das Weinen verschweigen mag, es verschafft jene so bittere und so wesenlose und doch so beschwingte Befriedigung, nach der man sich sehnt und die so vielen unserer Träume zugrunde liegt. Es ist gleichbedeutend mit dem tiefen, zitternden Atemzug, der der großen Ruhe vorangeht. Man ist am Ziel. Die weite Ebene, die sich vor dem inneren Auge erschließt, ist völlig offen. Ohne Glauben und Zweifel ist sie bereit, dich zu empfangen.
So weinte ich. Es fällt mir schwer zu weinen. Die Augen füllen sich mit Wasser, und das Wasser steht in den Augen, so daß die Gegenstände im Raume verschwimmen. Wem das Weinen leichter fällt, dem verschwimmen auch die Ufer seines Lebens und all die Erinnerung, die gleich Untiefen und Strudeln, gleich Felsen und künstlich geschaffenen Schleusen mitten im Strome liegt. Er neigt den Kopf und weint – der Strom gleitet über ihn hinweg. Anders der Mensch, der auf seinen inneren Stolz sich etwas zugute tut. Er krampft sich an solchen Erinnerungen fest, und die Wasser schäumen. Er beißt die Zähne zusammen. Vereinzelt perlt eine Träne die Wange herab, vom Herzen aus gesehen. Und dann setzt eine Erschütterung ein, als ob einen jemand am Genick hält und schüttelt, recht kräftig und immer heftiger schüttelt. Das Leben liegt noch bestimmt, aber der Sinn des Lebens schwindet. Es wird alles so sinnlos und gerade darin so ruhig. So ganz befreit. Das sind die wenigen Augenblicke in einem solchen Leben, die man weint.
Ist der Widerstand gebrochen, bricht er hervor aus Katarakten. Dieser Widerstand, der niemals so ernst gemeint war.
„Mein Jesus, Barmherzigkeit!" – die Schwester betet am Sterbelager. Die Worte reihen sich aneinander, Gebete, die Litanei für die Sterbenden. Der Atem geht schneller, nur für eine Zeitlang ganz schwer, stockt – dann bleibt ein röchelnder Seufzer zitternd – allein im Raum – stehen. Es ist alles so sinnlos geworden. Wieder wischt die Schwester den Schweiß von der Stirn. – „Mein Jesus, Barmherzigkeit!"
Wir knien nieder. „O Herr! nimm deinen Diener Franz auf in die Wohnung des Heiles, wie er im Vertrauen auf deine Barmherzigkeit gehofft hat – –. Wir bitten dich, gedenke nicht der Sünden seiner Jugend, sondern nach der Fülle deiner Barmherzigkeit sei seiner eingedenk im Reiche deiner Herrlichkeit. Amen!" Die Schwester ist aufgestanden: „Er quält sich sehr."

Und dann nach einer geraumen Weile, während der auch die anderen verlegen aufstehen: „Aber es kommt schon etwas mehr Wasser nach oben."

Das ist das Sinnlose des Todes, er macht den Menschen so einsam. Alle Weisheit der Welt – Staaten werden gegründet, die gelegentlichen Formen der Gesellschaft zerschlagen, ihre Bindungen umgeformt, Menschen werden geboren und sterben, die Welt mordet sie, Gott und irgendein Zufälliger – alle Weisheit bisher hat die Einsamkeit nicht aus der Welt schaffen können. Der Mensch, der sein Leben lang einsam leben muß, bleibt auch einsam im Tode. Er stirbt, zweifellos versöhnt mit jener Kraft, die die Menschen nicht zueinander läßt. Er stiehlt sich weg und läßt die anderen im Stich. Er versöhnt sich mit dieser Einsamkeit und macht den anderen nur um so einsamer. Er hinterläßt nichts.

Niemals werden die Lebenden mit den Toten sich vertragen, mit den Sterbenden. Da lebt jemand ein breites Leben, verknüpft sich in die Maschen einer ihm zufälligen Gesellschaft, bildet und baut, zeugt, wächst mit seinem Sein empor – und verschwindet wieder. Er hinterläßt nichts. Es ist nicht wahr, daß die Spuren eines Daseins bleiben, das sich wieder auflöst. Die uns gewohnte Art aufgepfropfter Erinnerung ist nur ein dummer Betrug. Sieh dem Röchelnden nur schärfer ins Gesicht. Ist es schmerzverzerrt, ist es gequält im Kampf um die Auflösung, ist es so erinnerungsschwer, beladen mit der Geschichte dieser und der vergangenen Generationen – sieh ihm nur ins Gesicht! Es ist losgelöst von dieser Welt. Es erinnert sich nicht und ist ganz unbeschwert von den Dingen dieses Daseins. Es ist kalt und hart und allein und einsam. So habe ich es gesehen.

Es stößt zurück, etwa die Leute, die sich da 'randrängen, weil sie glauben dazuzugehören. Niemand hat zu dem Sterbenden eine Verbindung, und aller Betrug dieses Lebens wird in dieser Stunde offenbar. So schamlos nüchtern. Es gleitet hinweg, alles.

Die Glieder zucken noch. Die Oberlippe zieht sich nach oben, um den Weg frei zu machen für den vielleicht letzten Seufzer. Der Atem wühlt tief im Leib, daß dieser bis zur Schulter erschreckt zusammenfährt. Der Kopf neigt sich vor. Ein wenig zittert die Hand. Schweiß rinnt an der Schläfe, der Mund wird sich öffnen, ein wenig Wasser – Seufzer. Dann rasselt der Atem schneller.

Wie ein Traumbild scheint es, richtet der Kranke sich auf – was? Sprich doch, sprich – sprich!
Sieh schärfer hin. Das Gesicht ist eisern, unbewegt. Ein Bild deiner eigenen Schwäche, vor der dieser Mensch sich abwendet, abgewandt hat. So oft ist den Menschen Gelegenheit geboten zu helfen. Zu Hilfe! Was nutzt das alles, ein vernünftiges Leben, ein kluges, ein hilfsbereites Leben – vor dem Tode versinkt das zu nichts. Der Tod macht das alles ungeheuer lächerlich. „Laßt uns beten!" – ja, so ist das.

VI.

Wenn es wahr ist, daß vermeintliches Unrecht dazu beiträgt, den jungen Menschen zu entwickeln und den Charakter zu stärken, so kann als nicht weniger sicher gelten, daß später bei gewissen Gelegenheiten dieses Unrecht sich verflüchtigt und ein Gefühl der Leere zurückbleibt, gegen das selbst ein starker Charakter vergeblich ankämpfen würde. Es frißt ihn auf.
In solchen Stunden erst wird es einem ganz klar, wie scharf das Kind beobachtet, wie es ständig im Innersten getroffen, beleidigt und zurückgestoßen wird. Ich war als Knabe ein etwas stilles Kind. Neben Ausbrüchen ausgelassenster Freude, die schmerzte, die so gewaltsam durchbrach, daß ich die Faust in den Mund steckte und fest darauf zubiß, gleichsam wie um mich zu ernüchtern, waren viele stille Stunden am Tag, in denen ich an die Haustür gelehnt stehen oder auf der Treppe sitzen konnte, unverwandt den Blick starr in die Luft, hinter gaukelnden Bildern her. In diese Augenblicke pflegte mein Vater einzugreifen, mit dem Stock in der Hand. Er schlug ohne weitere Vorrede darauflos und vertrieb mich von dem Platz, an dem ich mich gerade eingesponnen hatte. Seiner Meinung nach gehörte der Junge auf die Straße, hatte mit den anderen Jungen zu spielen, zu rennen und zu schreien. 'ran an die anderen, hieß das, hinein in die Welt – gut; aber er wußte nicht, daß mich nichts von den anderen trennte, daß ich oft genug deren Anführer war, ebenso schmutzig, ebenso zerrissen und nicht weniger rauhbeinig. Die anderen, die mich gelegentlich meiner Wege gehen ließen, respektierten das. Sie fanden darin nichts Fremdes, nur der Vater griff ein, stieß mich auf die Straße, wollte eine Fröhlichkeit erzwingen, die ihn beruhigte. So daß ich mich schämte. So daß die anderen zu lachen

begannen. So daß alles merkwürdig komisch wurde. Ich glaube, das ist mit ein Grund, warum ich so scheu zu den Menschen geworden bin.
Ständig wurde meine Miene beobachtet. Es war oft ein böses Gesicht, hieß es. Aber es war vielleicht gar nichts, ein starrer Ausdruck, hinter dem, was weiß Gott, wie Leuchtend-Bewegtes sich vorbereitete. Aber ein böses Gesicht muß irgendwie beleidigend sein. Der Vater raste. Der Schaum trat ihm auf die Lippen. Er tobte und schlug mich halbtot. Er nahm alles dazu, was ihm gerade in die Finger kam. Ich habe das nie verstanden, ich habe überhaupt nicht verstanden, was los war. Es muß ihn doch sehr gequält haben, das böse Gesicht. Und gleichzeitig hieß es, ich lache in der Schule. Die Lehrer schrien sich die Kehle heiser, schrieben sich die Finger wund, der Junge lacht, lacht in einem fort, während des Unterrichts. Es muß ein Zug im Gesicht gewesen sein, der wie Lachen aussah – ich weiß nicht. Es ist mir bis heute rätselhaft geblieben. Ich kann gar nicht lachen. Ich leide darunter, und doch, als meine Schwester starb, ich war so an die fünfzehn Jahre, wir standen um ihr Krankenbett, sagte sie stotternd und zeigte unter Tränen auf mich: „Der da, lacht da ..." Mir war ganz elend zumute, und ich schlich aus dem Zimmer.
Das böse Gesicht und das Lachen erschienen mir wie ein einziges großes Unrecht. Diese Jugendjahre haben mich gekennzeichnet, bildete ich mir ein. Ich hatte dabei verlernt, meinen Vater zu achten.
Sein Interesse an mir konnte nur ein zufälliges sein, das zudem, wurde es für ihn zur Aufgabe, mit unangenehmen Aufregungen verknüpft war. Ich habe oft denken müssen, daß es ihn härter angekommen ist zu prügeln als die Folgen den Geprügelten. Es wirkt so dilettantisch, dieses Eingreifen des Vaters in das Erleben des Kindes. Und mit der späteren Entwicklung entdeckt der junge Mensch, daß es als eine mit Gleichgültigkeit verbundene Pflicht angesehen wurde, eine Sache, die Gott sei Dank bald vorüber, sowieso einige Minuten später vergessen ist. Und daraus soll sich der Charakter bilden. Statt eines Kameraden entdeckt der Jüngling den Feind.
Der Junge verliert jedes Interesse an der Beschäftigung des Alten, an seinem Leben, seinen Hoffnungen und der Möglichkeit von Schicksalsschlägen und Enttäuschungen. Er macht sich darüber lustig. Er beginnt ihn vor sich zu verhöhnen, mit scharfen Augen

späht er nach den tausend Lächerlichkeiten im Umgang des täglichen Lebens. Was um ihn jetzt herum geschieht, ist aller Verachtung wert.

Ein Vater wird das nicht verstehen. Der Junge kann ganz, ganz gut unterscheiden jene wiederum aus Pflicht geborene Stimmung, die den Vater veranlaßt, von sich zu sprechen, von seiner Arbeit, seinem sonstigen Leben, um den Jungen für sich zu gewinnen. Solche Gespräche haften lange in der Erinnerung. Darin ist der Junge überlegen. Er hört höflich zu und denkt sich sein Teil. Nichts zu machen. Der Vater ist ein langweiliger Narr, ein Trottel, der jetzt Gefühlstöne in Schwingung setzt. Mag er mit sich allein fertig werden. Der Riß wird sichtbar. Das Leben lockt. Der Junge wird es allein meistern. Hat keine Zeit mehr für die anderen. Es interessiert ihn auch nicht. Bleiben noch gewisse Auseinandersetzungen, an denen der Junge lernt, sich selbständig zu bewegen. Diese spielen sich aber schon mehr draußen in der Gesellschaft ab. Es ist ein Übergang, der von beiden Seiten tunlichst abgekürzt wird.

Mein Vater war sein Leben lang ein Feind berauschender Getränke, ein fanatischer Alkoholgegner. Grund genug für mich, schon frühzeitig mit dem Saufen anzufangen. Noch in den Mittelklassen fing ich an, mit Gleichgestimmten zu trinken und Karten zu spielen. Anfangs schien es der Vater gar nicht wahr haben zu wollen. Es schien ihm sicherlich so entsetzlich, daß er sich keine passende Strafe ausdenken konnte. Es lag so außerhalb jeder Möglichkeit einer Erziehungskrise. Damals sprach man mehr in allgemeinen Redensarten gegen den Alkohol. Dann sperrte er mich im Zimmer ein, suchte mich vor fremden Leuten herabzusetzen. Es muß schon der Wunsch hinzugekommen sein, mich raschestens aus dem Hause zu bringen, daß er schließlich die Sache ganz gehen ließ. Später, besonders in den beiden letzten Jahren vor der Reifeprüfung, nahmen diese Ausschweifungen von Trunksucht solchen Umfang an, daß nicht nur die Schulbehörde, sondern auch fremde Leute auf der Straße sich genötigt sahen einzugreifen, um das Schlimmste, nämlich meinen Hinauswurf aus der Schule abzuwenden. Es ist mir keine Erinnerung geblieben, wie dies alles auf meinen Vater gewirkt haben mag. Und auch jetzt noch in dieser Stunde, in der ich vor ihm stehe, kann ich es nicht verstehen. Er muß gepanzert gewesen sein, mich völlig von ihm fernzuhalten. Bei Gelegenheit irgendeiner furchtbaren Sauferei mit den Schauspielern der städtischen Schmiere lag ich schließlich besinnungslos besoffen unterm Tisch. Irgendwelche Gäste, Honoratioren der Stadt, trieben irgendwo in einer Bürgerversammlung meinen Vater auf, vermutlich um ihn auf die möglichen Folgen meines Zustandes warnend aufmerksam zu machen. Mein Vater erschien in dieser Kneipe, wohl zum erstenmal in seinem Leben, stellte mich auf die Beine, so gut es eben ging, nahm mich wie einen Sack Kartoffeln über den Rücken und trug mich nach Hause. Ich hatte später den Eindruck, als habe er auf diesem Weg durch die Stadt geweint. Mein Vater hat selbst nie mehr über diese Sache gesprochen, und ich muß gestehen, ich habe nicht recht den Mut gehabt, ihn überhaupt danach zu fragen.

In den folgenden Jahren kamen die Schulden hinzu. Ich erwähnte schon, daß mein Vater mit daran beteiligt war an dem Aufbau eines Wirtschaftssystems, das in erster Reihe der Ausrottung jenes Typs von faulem Zahler diente, der in unserer Stadt allerdings in der Hauptsache unter Offizieren, Fähnrichen und Einjährig-Freiwilligen zu finden war. Es war mir gelungen, auch ohne Uniform mich in jene Kategorie einzureihen. Nach zwei Semestern in Jena hatten diese Schulden eine fünfstellige Zahl erreicht, vermutlich die gleiche Summe, die in vierzig Jahren mühsamer Arbeit erspart wurde. Ich vermöchte gar nicht mal zu sagen, wie ich das Geld eigentlich untergebracht habe, keine irgendwie luxuriösen Anwandlungen, keine Freunde, die mir das Geld hätten aus der Tasche ziehen können, keine Mädchen. Ich schmiß es einfach weg, und ich bezahlte das mit Bons, auf die ich den Zirkel der Burschenschaft malte. Damals wurde ich feierlich enterbt, aus Jena eingezogen und nach Breslau in eine Pension eingekauft, die mir Gelegenheit gab, täglich ein Taschengeld von einer Mark an den Mann zu bringen. Dann begannen die kleinen Schulden, die Vorschüsse an die Geldvermittler, das Interesse für allerhand dunkle Existenzen, die von jungen Herren in solchen Verhältnissen leben. Mit diesen Leuten mag mein Vater manch harten Strauß ausgefochten haben. Ich hörte wenig genug davon. Ich bekam auch das Geld nicht. Schließlich kaufte ich ein Konversationslexikon, bekam von der Buchhandlung dieses Lexikon geliefert gleich in Form eines Pfandscheins, den ich dem Agenten der Buchhandlung sogleich weiterverkaufte. Es war ein stark in sich zusammengezogenes Geschäft. Unter allen den vielseitigen

Transaktionen bot dieses, scheint's, allein die Möglichkeit eines Vorgehens gegen mich. Mein Vater überantwortete den Verkäufer dem Gericht, und dieser wiederum mich, also den Mann, der das Lexikon nicht mehr besaß und sogleich verkauft hatte. Der Ausbruch des Krieges verhinderte eine Klarstellung dieser nicht ungewöhnlichen Angelegenheit.
Ich habe diese etwas seltsame Parallele breiter als vielleicht notwendig hier aufgezeigt, um keinen Zweifel darüber zu lassen, als empfände ich über gewisse Gegensätze irgendwelchen Schmerz – oder gar Reue. Im Gegenteil, abgesehen von äußerlichen dummen Ungeschicklichkeiten, die mich quälen, bin ich ganz zufriedengestellt. Ich empfand das genau so, als ich zum erstenmal den ganzen Zusammenhang dieser Parallele begriff. Ich empfand etwas völlig anderes, ich gebe mir Mühe, in diesen Zeilen davon zu sprechen, ich empfand etwas von wirklicher Kameradschaft.
Es war ja oft so lustig. Ist es nun die Jugend? Wenn etwas daran fehlt, einen übermütigen Rausch vollkommen zu machen, so ist es Rücksicht, die Rücksicht auf die feindselige Haltung des Vaters – ein Verbot, er wird es doch nicht verstehen. Und ich lernte jetzt plötzlich verstehen, daß er es konnte, daß er es verstanden hätte. Daß dieser unüberbrückbare Gegensatz künstlich aufgerichtet worden war. Eine gewaltige Last löste sich von der Schulter, ein Gefühl der Sicherheit stieg empor, nicht mehr immer auf der Hut sein, bepanzert – frei! Es war so, daß wir hätten, wir – beide, laut auflachen sollen. So war es für einen Augenblick. Großartig geradezu verstand ich jetzt diesen Vater.
Und dann deckte dieser Schmerz wieder alles zu.
Dieses kalte Zuspät. Warten auf ein Wunder. Ist es nicht die letzte Demütigung? Nein! Mag es zu spät sein. Es tut weh. Vielleicht mag einem Mörder so zumute sein. Es tut unsäglich weh.
Dreimal habe ich dieses in meinem Leben empfunden. Das erste Mal, als ich glaubte, den endgültigen Trennungsstrich gegen meinen Vater getan zu haben. Ich war damals mitten im Referendarexamen. Ich ließ alles stehen und liegen und reiste einer Frau nach, die als Tänzerin auf Tournee durch Skandinavien, Finnland und Rußland voraus war. In Petersburg holte ich sie ein. Ich war gänzlich abgerissen, ein Vagabund, der vom Konsulat ohne anzuhören auf die Straße gesetzt wurde. Ich klapperte die deutsche Kolonie in Petersburg um Unterstützungen ab, die beiden deutschen Zeitungen. Ich schlief die Nächte in den Parks, es waren

die hellen Mainächte. Ich entsinne mich noch des Geburtstages des Zaren, die Stadt war märchenhaft erleuchtet, Tausende bunter Lampions auf dem Newski. Nicht im geringsten hatte ich irgendwie Gewissensbisse, vielleicht dem Vater mit dieser Flucht weh getan zu haben. Ich hatte keine Vorstellung etwa eines Mannes, der von Schmerz und Kummer gebeugt angstvoll und sehnsüchtig nach dem Verlorenen ausschaut. Auch später noch war ich fest davon überzeugt, daß mein Vater diesen Trennungsstrich nicht sehr tragisch genommen hat. Er zog ihn ziemlich kühl und sehr ruhig mit und wußte später in taktischen Auseinandersetzungen, die meine zukünftige Stellung in der Gesellschaft sichern sollten, guten Gebrauch davon zu machen. Das heißt, er zwang mich, ruhig zu sein, zu schweigen. –
Nein, damals war mir das alles vollkommen gleichgültig. Aber zwischendurch kam ich zu dieser blitzartigen Erkenntnis: Das ist ein Mensch, der mir nahestand, es war einer. Wir verstanden uns nur nicht, wir verstehen uns nicht, irgendeine blödsinnige Kleinigkeit, eine gewisse Verlogenheit, weiter nichts, zum Teufel. Ich fühlte das so quälend, daß ich Hunger und Kälte und Polizei vergaß. Ich schrie auf, noch in den Armen dieser Frau, schrie nach dem Vater. Ich muß geradezu getobt haben, der Pförtner erschien, die Polizei. Mein Paß war nicht in Ordnung. Ich hatte Fieber und muß außerordentlich elend ausgesehen haben. Das rettete mich, denn die Polizei hatte keine Lust, mich noch in ein russisches Krankenhaus zu legen, und ließ mich laufen. Der deutsche Konsul schrieb mir einen Zettel für das Arbeitshaus – peinlich für einen soeben noch angehenden Referendar.
Ich lebte damals sehr schlecht mit dieser Frau. Wir stritten uns jeden Tag. Wir prügelten uns auf der Straße, zum allgemeinen Vergnügen der St.-Petersburger. Es hinderte mich nicht, mich vor dem Vater zu demütigen und um die Möglichkeit zu bitten, wieder zurückzukommen. Ich ertrug die Wartezeit völlig apathisch. Das war das erste Mal.
Eine Reihe von Jahren ging darüber hin. Wieder verschob sich alles, nachdem ich schon von Beginn an die Möglichkeit einer freien unbelasteten Wiederanknüpfung nicht gefunden hatte. Das Gefühl der Befreiung, das jenem Zusammenbruch folgte, hielt nicht lange vor. Wieder türmte sich diese merkwürdige Angst, sich etwas zu vergeben, wenn – ach, Schande solchen immer nur auf sich selbst gestellten Gedankengängen. Böses ging zwi-

schen uns hin und her, Haß, Wut und Abwehr. Vielleicht. Eine Wirkung schließt zwar nicht auf die wahre Ursache, aber es lohnt sich ja nicht, darüber zu sprechen. Bis zu jenen Tagen im Kettenkasten, im Novembersturm auf der Ostsee. Noch schärfer, noch qualvoller, noch furchtbarer dieses Zuspät – schien es.
Und sollte ich jetzt dieses Wunder zwingen? Das ist es, wonach der Mensch lebt, um es zu halten: das Gemeinsame. Dieses wirkliche Geborgensein – zusammen. Immer ist das Mannwesen so allein, verdammt allein. Ich brachte es nicht fertig zu beten. Es war wie ein Widerstand von lauter Dornen. Ich kam damit nicht vorwärts. Ich hätte zu Gott und dem Teufel beten sollen.
Die gegenwärtige Gesellschaftsordnung ist auf den lebenserhaltenden Kräften des einzelnen begründet. In diesen Kräften ist auch die Gewißheit mit eingeschlossen, daß nichts an lebendiger Kraft auf dieser Welt verlorengeht. Das wahrhaft das Leben Bestimmende dieser Kraft lebt weiter, auch wenn ihr Träger und ihr Inhalt vergehen. Es geht über auf den Nachfolger, es vererbt sich. Der Vater stirbt, damit der Sohn lebt.
Wegen dieses Erbes bleiben wir unser Leben lang allein. Die Gesellschaft zwingt uns, alle Kräfte anzuspannen, um dieses Erbe unversehrt zu erhalten. Wir betrachten es als Pfand gewisser Freiheiten, irgendeiner Gottähnlichkeit. Nicht ohne Mißtrauen sieht der Träger auf den voraussichtlichen Nachfolger, nicht ohne Sorge der Sohn auf den Vater. Eine innere Verbindung wird offenbar, die in Wirklichkeit die Menschen trennt. Das Leben wird zur mechanischen Kraft, deren Ablauf sorgsam nachgezählt und beobachtet werden muß. Das ist es, was die Einsamkeit ausmacht.
Anstatt zueinander zu leben. Das an Kraft, das man Leben nennt, hinzuwerfen, zu verschenken, weil man diese Kraft steigern soll, ausströmen lassen, um das Neue, das Kommende zu wecken, aufzunehmen, mit ins Leben hineinzuhelfen, gemeinsam zu werden und gemeinsam zu sein, Freunde, Kameraden, Mitmenschen. Unüberwindliche Hindernisse.
Ich erinnerte mich vieler gemeinsamer Spaziergänge, Pflichtwege – sonntags nachmittags, im Rahmen der Familie. Der Vater spricht. Der Sohn hört nur insoweit hin, als der Weg dadurch vielleicht abgekürzt wird. Gedankenverknüpfungen lassen Einwände und Fragen auftauchen, zusammenhanglos. Bis das Blatt sich unmerklich wendet, und der Sohn erzählt.

Immer heftiger erzählt – der Weg ist lang; es ist eine vorgeschriebene Zeit von Stunden, die 'runtergegangen werden müssen. Außerordentlich viel Tastendes mischt sich hinein, unbestimmbare Hoffnungen, Geahntes, irgendwie Mitaufgegriffenes. Der Junge glüht vor Begeisterung. Brausend quellen die Ansätze einer irgendwie noch wirren Weltanschauung hervor. Der Weg ist lang. Das Interesse des Vaters wird künstlich. Es ist ja eine andere Sprache. Hier spricht einer wieder über Dinge, die längst entschieden sind. Und alles wird zur kritischen Beobachtung. Satzfolgen prägen sich ein, die einige Stunden in lehrhafter Weise gerügt und als kritischer Beweis von der Unreife des Jungen ausgespielt werden. Dieser schämt sich zutiefst, erfriert. Der Vater wird nervös, unzufrieden. Es folgt ein Zusammenstoß, wächst Haß, eine ungeheure Wut. Je nach den Jahren, wird der Vater prügeln, schimpfen mit Beleidigungen, die einen Menschen festnageln sollen, abriegeln oder nur boshaft sein, ein wenig mit Gemütsjammer untermischt. Was bleibt?
Was bleibt, ist die Gewißheit, jeder soll seiner eigenen Wege gehen. Schert euch gegenseitig nicht drum.
Dem Menschen friert eben manchmal seine Sprache ein. Aber man erinnert sich noch viel später an solche Gelegenheiten, obwohl sie alltäglich sind. Sie gehören zum Ganzen, ein Teil jenes Erbes, um das zu leben der Mensch noch gezwungen ist.
Sie stimmen aufs Haar überein mit Erinnerungen aus einer Zeit Jahrzehnte später. Waren alle diese Jahre zwischen Vater und Sohn ein Kampf, so ist dieser Kampf entschieden. Es ist Ruhe eingetreten. Der überwiegende Teil des Erbes ist bereits weitergegeben. Der Sohn erzählt – von seinem Leben draußen, Erfolgen und Fehlschlägen, gewissen Grundanschauungen. Dem Vater ist das alles ein wenig fremd. Er ist außerordentlich interessiert, er möchte mehr hören und gibt dieser Sehnsucht Ausdruck, aber es fehlen so viele Verbindungsglieder für das innere Verständnis, es gleitet alles so schnell vorüber, oft nur eine Handbewegung, die eine wichtige und interessierende Sache zustimmend erklären soll. Aus Fragen und Gegenfragen ersteht dann die Parallele zur eigenen Arbeit, zu den Qualen der Tagesmühen, ihren Intrigen und den Mitteln, diesen entgegenzuwirken. Und der Sohn stockt, der Vater ist schon etwas

kränklich; er ist alt geworden. Dann erzählt der Vater, erzählt – von all dem, was seine Lebensarbeit noch ausmacht, seinen schwachen Hoffnungen. Verlegen lächelnd tut er sie ab und sieht scheu auf zu dem Sohn. Der schweigt. Und der Vater erzählt weiter und weiter. Hundertmal hab' ich das alles schon gehört, denkt der Sohn, immer dasselbe – und wird unruhig, verzieht das Gesicht. Der Vater lächelt schüchtern. Er denkt, dieser da stellt sich das alles noch so schwer vor, und es ist alles leicht, ganz leicht. Das wird er schon noch erfahren – und er ist ganz ruhig geworden und glücklich, von all dem wieder sprechen zu können. Während der Sohn sich wütend abwendet.
Diese Erinnerungen sind einander gleich. Nur der Sohn kann den Vater nicht schlagen, die Erziehung hindert ihn. Und aus dem Vater lodert nicht der Haß. Er versteht auch das ungeduldige Wort, er lächelt darüber, zwar ein wenig verlegen – und will es wirklich beleidigen, so hört der Vater das nicht. Ihm steht es zu, seine Erfahrungen abzugeben, Stück für Stück, Zeit für Zeit.
Und niemand steht mehr zwischen ihnen – als die Mutter.
In die Züge des sterbenden Vaters prägt sich die Mutter überzeugend ein. Sie nimmt den letzten Schleier von dem Erlebnis: Vater. Wider meinen Willen. Ich merke, daß ich die ganze Zeit mich dagegen gewehrt habe. Sie ist gebunden an die Gefühlswelt der Ruhe.
Im wesentlichen besitze ich nur eine geringe Kenntnis von meiner Mutter. Ich habe mir immer eingebildet, es interessiere mich nicht. Schon in früher Jugend ist es mir aufgefallen, als störe mich die Mutter. Ich kam mir beobachtet vor, wurde scheu und eins der Hauptthemata eines häuslichen Streits, so wie ich ihn in Erinnerung habe, war meine zur Schau getragene abweisende Miene gegen die Mutter. Ich wollte so gern schon selbständig sein und für mich allein.
Die Mutter benutzte jede Gelegenheit, den Vater gegen mich aufzubringen. Ich habe noch jetzt das Gefühl, sie nahm es mit der Wahrheit der jeweiligen Beschuldigung gegen mich nicht so genau. Mein Vater ließ später gelegentlich durchblicken, sie spielte mich gegen ihn aus. Ich habe damals davon nichts verstanden. Fremd war mir die dann hervorbrechende Kälte, die häufig genug in Schläge und sonstige Bestrafungen überging. Fremd aber auch alle Liebesbezeigungen, die mir über-

schwenglich und im Laufe der Jahre geradezu abstoßend erschienen. Ich habe nie meine Mutter richtig küssen können, und ihr Kuß tat mir weh. Es war so feucht.
Meine Mutter führte ein sehr zurückgezogenes Leben in der Zeit, als ich heranwuchs. Jeder Tag verlief buchstäblich genau so wie der vorhergegangene, und wie der kommende mit Bestimmtheit verlaufen würde. Bei allen meinen Auseinandersetzungen mit dem Vater stand sie im Hintergrunde. In den späteren Jahren verstärkte sich der Eindruck, daß sie die treibende Kraft war. Alle Menschen, die mit ihr irgendwie in Berührung kamen, versicherten mir, daß diese immerhin merkwürdige Beziehung zu mir ihr einziger großer lebenausfüllender Schmerz war. Auch daß sie daran gestorben sei.
Meine Mutter starb, als ich im Ausland war. Ich erfuhr es viele Monate später. Auch bevor ich ins Ausland ging, hatte ich sie schon viele Jahre nicht gesehen. Gerade fingen wir an, uns wieder zu schreiben, gewissermaßen vorsichtig die gegenseitige Stellung zueinander abzutasten. Ich habe sie in Erinnerung als immer kränklich. Obwohl sie zu meiner Zeit nie ernstlich krank war. Dagegen war der Vater, der so gesund aussah und nach allen Gesundheitsregeln lebte, immer krank. Er wollte es niemals wahr haben, aber er hatte ständig körperliche Schmerzen. Die Ärzte fanden nichts, und der Vater war auch schwer zu bewegen, überhaupt einen Arzt zu Rate zu ziehen. Es sind nervöse Schmerzen, hieß es. Solange ich im Elternhaus war, litt mein Vater in fast regelmäßigen Abständen unter diesen Schmerzen, und so muß es auch noch Jahrzehnte nachher gewesen sein.
Diese Erinnerung trat bei dem ersten Gedanken an die Mutter ganz deutlich in den Vordergrund. Ich höre diese qualvollen Nächte. Der Vater pflegte erst spätnachts von der Arbeit ins Bett zu gehen. Dann setzten die Schmerzen ein. Er wimmerte, jammerte laut und schrie zuletzt. Die Mutter brachte alle möglichen Mittel in Vorschlag, versuchte das und jenes und schwieg schließlich. Ich lauschte atemlos. Nacht für Nacht. Nacht für Nacht und Jahr um Jahr. Dann wieder traten die Schmerzen um die Mittagsstunde auf. Man denkt oft, daß an etwas regelmäßig Wiederkehrendes sich der Mensch gewöhnen kann. Vielleicht mag es so sein. Ich verstehe es ja auch nicht. Für mich jedenfalls war es jedesmal etwas Entsetzliches. Ich fühle

es in seiner vollen Schwere erst jetzt, wie ich dem Vater auf die zuckende Stirn sehe.

Meistens bin ich wohl weggerannt. Ein Kind vergißt schnell, wenn es nur von dem Ort des Geschehnisses, das sich so schmerzhaft einprägt, ein wenig entfernt ist. Aber nachts war ich ans Haus gefesselt. Mag ich auch oft genug darüber hinweggeschlafen haben, jeden Abend hatte ich eine dumpfe Angst, daß es eintreten, daß das Wimmern mich aufwecken und wachhalten würde. Es gibt viele Deutungen von Mitleid; aber Mitleid war das nicht. Es hatte etwas von jener Lebensangst, die organisch ist, und der gerade der Mutigste am ehesten anheimfällt.

In diesen schrecklichen wachen Stunden erlauschte ich von den beiden manches, das, so oft auch vergessen, jeweils wieder in der Erinnerung mich von neuem peinvollst quält. Sie stritten sich. Die Mutter versuchte einzudringen in das nüchterne tägliche Erwerbsleben des Vaters. Ich begreife erst heute, daß zu jeder Arbeit, gleich welcher Art, ein größerer gedanklicher Rahmen voll Hoffnungen, Erfolgszuversicht und Glückssicherheit gehört, der weit über den reinen Arbeitsinhalt hinausgeht. Sonst vermag vielleicht der einzelne den in der Hauptsache doch mechanischen inneren Ablauf der Arbeit nicht zu ertragen. Diesen Rahmen zerfaserte meine Mutter, sie löste ihn auf, zerstäubte, was nicht materiell an die Arbeit gebunden war, bis nichts mehr blieb. Dann klagte sie, als wollte sie neue Bindungen herauspressen, um das Spiel von neuem beginnen zu können. Mein Vater wehrte sich dagegen. Er gab nie auch nur eine seiner Hoffnungen wirklich preis. Ich gewann mehr und mehr den Eindruck, daß er das Wesentliche aus diesem Rahmen der Mutter geradezu verschwieg. Dadurch wurde sie schließlich auch mißtrauisch. Sie konnte stundenlang bohren, um auf den wahren Grund irgendeiner Sache zu kommen. Ich bebte oft vor Angst. Ich verfolgte jede Phase dieses Streites, der, überaus nervenerregend und entsetzlich, doch nie den Charakter eines lauten Zankes annahm, mit ängstlicher Spannung, jedes Auf und Ab, und wie ein Schiedsrichter die Punkte verteilend. Immer gab schließlich mein Vater nach, die Mutter ließ sich beruhigen, aber der Erfolg blieb zweifelhaft. Ich lernte schnell beobachten, daß alles dieses, was den Streit hervorgerufen hatte, der Vater nachher dennoch durchführte. Gerade die Erweiterung seiner handwerklichen Arbeit, das Interesse an den kommunalen Angelegenheiten, die Gründung der Genossenschaften, die ständigen Reisen – alles wurde peinlichst umkämpft. Nie fiel ein hartes, grobes Wort, aber die Spannung war derart stark, daß ich zitterte.

Nach Jahren habe ich manchmal gedacht, ob diese Auseinandersetzungen nicht unmittelbar mit den täglichen Schmerzen in Zusammenhang standen. Das fiel schon in die Zeit, als die oben erwähnten Stoffe erschöpft, weil längst durchgeführt waren. Dafür war ich selbst zum Mittelpunkt solcher Gespräche geworden. Ich empfand das ganz stark, längst selbst nicht mehr im Hause, ohne auch nur das geringste darüber zu wissen. Die Schmerzen blieben. Der Vater selbst hat es mir bestätigt, das letztere. Es ist ja nur ein Verdacht. Ich selbst habe beobachtet, wie dann das Herz aussetzte, das Blut die Adern anschwellen ließ, ein tiefer Zug von Leid auf dem Gesicht – niemand würde damit einen Erfolg irgendwie sich erkaufen wollen.

Ich habe nie den Mut aufgebracht, mit dem Vater darüber zu sprechen. Aber ich erinnere mich, und das habe ich immer wieder vergessen, daß er dann zu meiner Mutter zu sagen pflegte: „Quäle dich doch nicht so". Und später allein zu mir gewendet: „Ach, wie hat die Mama sich damit gequält." Es war halt schwer – das soll man nicht vergessen.

Ich empfand das schwer, als ich zum erstenmal diese Mutter gleichsam wie ein Wunder leibhaftig wieder vor Augen sah.

Auf dem Antlitz des Sterbenden lag eine schmerzhafte Zärtlichkeit. Leicht darüber hingeweht, wie von sanfter Hand gestreichelt. Drunter schienen noch die Mienen aufflammender Empörung bereit, das Aufbegehren gegen erlittenes Unrecht, die Wut der Ohnmacht gegen das Leid, die Verschmähung – aber alles jetzt gedämpft und gezügelt, brodelnd noch im Vergehn, müde schon und in der Schwebe zu einem glückhaften Lächeln, das war die Hand der Mutter, die darüberglitt.

Es ist oft eine grausige Verkettung, daß ein Kind so wenig von den Eltern weiß. Vielleicht besitzt gerade die Mutter eine besondere Kraft, Erlebnisse und Lebenszustände, die sie in ihrem Innersten berühren, vor den forschenden Augen des Kindes zu verschleiern und ihnen ihren besonderen Sinn zu nehmen. Was den Vater geradezu als Gegenstand erster Untersuchungen herausfordert, wird bei der Mutter zur Selbstverständlichkeit, die zum Leben gehört, so selbstverständlich wie der Lebensatem.

Wenn ich jetzt das Gesicht meines Vaters erforsche, so erschreckt mich der tief eingegrabene Zug von Sorge um die Mutter. Beides erscheint mir jetzt in seiner Verknüpfung als von Beginn an unabänderlich feststehend. Ich habe es nie früher beobachtet, wie dummkugelig schauen doch die Augen in die Welt. Diese Sorge muß gewesen sein wie ein Mantel, der das ganze Wesen der Mutter verhüllte. Worte und Gebärden bekommen so viele Jahre später einen anderen Sinn. Mehr weiß ich darüber nicht.

Ich kann mir Ereignisse und Gespräche ins Gedächtnis zurückrufen, und ich finde doch nicht den Schlüssel, in den inneren Sinn dahinter einzudringen. Ihr beider Leben war für den draußen verschlossen. Diese Sorge spiegelte sich auch gelegentlich auf dem Gesicht der Mutter wider. Sie sorgten sich, beide umeinander, und sie müssen sich darin gut verstanden haben, denn, für das Kind so wenig sichtbar, über allem lag der Abglanz einer leuchtenden Zärtlichkeit. Wie tief ich diese Erinnerung fühlte, die zum erstenmal in mir aufstieg.

Es läßt sich etwas schwer aussprechen – aber ich fühlte mich teilnehmen an dieser Zärtlichkeit. So verschlossen beider Leben als Ganzes für mich noch ist, in der Vorstellung dieser beiderseitig verklärten Sorge schlummert für mich eine Quelle von Glück. Eine Quelle, die noch erweckt werden soll und die vorher zuzuschütten ich anscheinend erhebliche Anstrengungen gemacht habe. Auch das Glück ist gewalttätig. Auch das Glück kann schmerzhaft hervorbrechen, rasend die Sicherungen entwurzelnd und die Ufer überflutend wie die Gebirgsbäche meiner Heimat. Auch das Glück tut weh.

Deine Hand, Mutter, hat es nicht zu zügeln vermocht.

Über Vaters Stirn perlt der Schweiß. Es ist nur noch eine kleine Anstrengung. Der Atem stößt hastiger. Bald ist der Weg durchschritten. Erlöse uns!

Ich habe mir die Gesichtszüge der Mutter niemals richtig später in der Erinnerung vorstellen können, während das Bild des Vaters mir irgendwie doch ständig gegenwärtig blieb. Diesen weichen zärtlichen Zug indessen habe ich mehr gefühlt und vielleicht nie richtig gesehen. Denn ich sehe jetzt dahinter die

Mutter. Ihr forschender Blick, der mich so tief zu durchdringen pflegte, daß ich mich abwandte, oder das Gesicht zu einer Grimasse verzog, hatte mit mir nichts zu tun, mit meinen blödsinnig verworrenen Vorstellungen, die damals meine Welt bedeuteten. Sah nur hindurch in eine Welt, die mir fremd war und bisher fremd geblieben ist. Dieser Blick kam von einer Ebene her, die mir verschlossen war. Er war fremd, und an mir wäre es gelegen, ihn aufzunehmen, den Samen zu legen und aufgehen zu lassen, aufzublühen, mich in die Welt, zu der Mutter hin zu entfalten. Stattdessen – –
Das Fremde ist nur eine Technik. Es kann ein mächtiger Antrieb sein, es diszipliniert, es gibt dem Gesetze, der für die Gesetzlosigkeit schwärmt. Aber es kann nicht leben ohne Zärtlichkeit, ohne Heimat. Es ist alles nur ein Übergang. Und irgendwann im Leben ersteht dann der Augenblick, der dich in die Knie zwingt. Vergib mir!
Denn alles Fremde ist nur eine Form. Hinter der sich verstecken alle, die unzufrieden sind, die nicht aufgeschlossen genug, verkrampft und starr – die geflohen sind, unlustig und entmutigt, und die hinter dem Busch versteckt jetzt gewillt sind, dem Wanderer aufzulauern, um ihn niederzuschlagen. Um die Liebe in die Welt zu bringen?
Um die Liebe in die Welt zu bringen. Vergib!
Einmal schmilzt dann dieses Fremde. Es sieht sich plötzlich eingeordnet. Alles war in dieser vertrauenden sorgenden Zärtlichkeit, wie es schon immer war, schon früher und schon von Anbeginn. Und alles Fremde war so nah und vertraut. Die Jahre werden wie ein Tag. Alle Abenteuer schwinden dahin – ins Nichts. Nur ein – Mißverständnis.
Das Kind wird die ganze Jugend über mit Märchen gefüttert, um es vom Leben fernzuhalten. Keins dieser Märchen vermag die eigentlichen Fragen des Kindes zu beantworten. Warum erzählen die Eltern ihren Kindern nicht das Märchen ihres Lebens? Daran, und nur daran denkt das Kind.
Von dem wirklichen Leben der Eltern zueinander vermochte ich mir als Kind keine Vorstellung zu machen. Ich wußte von ihnen nichts, und ich kann mir noch heute gar nicht denken, was sich ereignet hätte, wenn ich beharrlich genug danach gefragt haben würde. Dabei hätte es mich brennend interessiert. Ich wußte nur, daß zu der Zeit, in der ich heranwuchs, gänz-

lich veränderte Verhältnisse herrschten, als in jener früheren, in der ich noch nicht geboren war. Wohl konnte ich mir im Laufe der Jahre ein allgemeines Bild von jener Zeit machen, aber es gelang mir nicht, es verstandesmäßig zu durchdringen und lebendig mir vor Augen erstehen zu lassen. Es blieb ein Spielball sich verflüchtigender Phantasie.

Meine Mutter war die Tochter eines Astronomen, unter einem halben Dutzend Kinder. Damals galt der Astronom noch nicht als vollgültiger Wissenschaftler, so daß der Großvater gezwungen war, neben seinen Studien, die nichts einbrachten, etwas mehr wirtschaftlich Praktisches zu tun. Er tat dies in einem Breslauer Zeitungsunternehmen, mit dessen Inhaber er von der Studienzeit her befreundet war. Seine Tätigkeit drückte eine gewisse Mittelstellung aus zwischen Lektor und Geschäftsführer. Sie genügte gerade, die zahlreiche Familie materiell zu unterhalten, während seine wissenschaftliche Leidenschaft der Entwicklung geistiger Interessen in seiner Familie entgegenstand. Sein Interesse daran war so gering, daß er nicht nur die Vornamen der Kinder ständig verwechselte, sondern oft sicherlich auch ihre endgültige Zahl vergessen hatte. Seine Kinder sahen ihn fast nie, und er erschien ihnen bestenfalls als Narr. Zudem war er ein fanatischer Achtundvierziger. An der Wand seines Studierzimmers hing als einziges Schmuckstück ein alter Rock, der von einem Degenstoß der Preußisch-Königlichen durchbohrt war. Der militärische Uniformrock war ihm so verhaßt, daß er auf die andere Seite der Straße zu gehen pflegte, wenn ihm auf seinem Weg ein Soldat entgegenkam. Er stammte aus einer weimarischen Offiziersfamilie, seine beiden Brüder waren noch aktiv, als der eine ein Attentat auf Bismarck, der andere ein paar Jahre später auf Wilhelm I. verübte. Aber das gehört schon mehr der Geschichte an. Diese Großmutter stammt ihrerseits aus einer völlig verarmten thüringischen Adelsfamilie aus der Umgebung von Erfurt. Sie war eine fanatische Protestantin und ihrerseits bestand ihre Erziehung der Kinder darin, sie im streitbaren Glauben zu festigen. Andere Interessen hatte sie nicht.

So wuchs meine Mutter in dieser Familie auf. Die Kinder waren innerhalb der schroff puritanisch gezogenen Grenzen völlig sich selbst überlassen. Abgesehen von einigem gelegentlichen Privatunterricht irgendeines Studienfreundes ihres Vaters genossen sie keinen Schulunterricht. Als meine Mutter, kaum 18 Jahre alt, heiratete, hatte sie Lesen und Schreiben völlig wieder vergessen. Zudem war sie krank auf der Lunge, die Ärzte prophezeiten ein kurzes Leben. Die übrigen Geschwister, bis auf eine Schwester, starben im Lauf der nächsten Jahre teils an der Cholera, teils an Lungenschwindsucht, die Brüder, nachdem sie sich mit geringem Erfolge in verschiedenen Berufen versucht hatten. Der letzte und jüngste hinterließ eine Anzahl Gedichte und Skizzen, über deren Wert meine Mutter sich mit ihrer Schwester, die gern Gedichte las, bis auf den Tod verfeindete, so daß sich die beiden Schwestern jahrzehntelang nicht mehr ansahen, überhaupt keine irgendeine Nachricht von der anderen hatte. Darüber, wie mein Vater in diese Familie hineingekommen sein mag, habe ich oft nachgedacht. Ich hatte nur unzulängliche Andeutungen zur Verfügung. Mit die besten Erinnerungen aus meiner Jugend sind diese Erzählungen, zu denen ich Vater oder Mutter schließlich doch in einer guten Stunde veranlassen konnte und die sich mir ganz stark eingeprägt haben, obwohl es immer nur klägliche Bruchstücke waren, die niemals zu einem Ganzen zusammenpaßten. Aber solche Ansätze, wenn sie immer wieder und immer wieder erzählt werden, sind verschieden allein schon im Ton der Erinnerung und fügen zu jedem schon fertigen Wissensbild letzten Endes doch noch einen neuen Zug hinzu.

Mein Vater war als Dreizehnjähriger aus dem kleinen oberschlesischen Industriedorf nach Breslau gekommen, vom Großvater an der Hand geführt, beide barfuß, die Stiefel über den Rücken gehängt. Für diesen meinen Großvater hatte der Weg nach Breslau, der in Strehlau, wo Verwandte wohnten, einen Aufenthalt gemacht hatte, den Charakter einer Wallfahrt. Dazu gehörte es sich, die Stiefel über den Rücken zu hängen. Mit blutenden Füßen kam der Junge in Breslau an. Er war der älteste in der Familie und er wäre so gern Lehrer geworden. Aber mein Großvater, der erst eine Stelle von einigen Morgen bewirtschaftet hatte, war ein armer völlig mittelloser Bauer geworden. Er war äußerst starrköpfig und von einem jähzornigen Gerechtigkeitssinn. Dieser hatte ihn zwar den Bauern zum Gemeindevorsteher empfohlen, aber schließlich überwarf er sich mit allen. Sein Stolz ließ nicht zu, dem, den er von den städtischen Güterschlächtern für zu Unrecht behandelt empfand, eine Wechselunterschrift zu verweigern, so daß er in dessen

Sturz mit hineingerissen wurde. Niemand half ihm, keiner hatte Lust, auch einen Finger zu rühren. Er verlor Haus und Hof, seinen Gemeindeposten. Ich lernte ihn kennen, wie er als Arbeiter in der Stärkefabrik, die von dem Dorfe lebte, beschäftigt war. Er sprach damals schon seit Jahren nicht mit den Bauern. Immerhin war er mehr gefürchtet als verhaßt. Er lebte in diesen Verhältnissen noch an die dreißig Jahre. In der letzten Zeit überwachte er die Bewässerungsanlagen auf den Wiesen, die zu der Fabrik gehörten. Diese ungesunde Arbeit, zu der sich im Dorf niemand hatte finden wollen, beschleunigte schließlich seinen Tod.

Der Großvater konnte gar nicht daran denken, den Jungen Lehrer werden zu lassen. Er sollte aber auch nicht zum Schmied und zum Schneider, die von allen Handwerkern im Dorf noch die geachtetsten sind. Und so dachte er, der Junge müßte Uhrmacher werden. Und da sicher die Uhrmacherei in der Großstadt wiederum geachteter ist als in den kleinen Provinzstädten, so brachte er ihn eben auf seinem größten Überlandmarsch direkt nach Breslau. So kam mein Vater nach Breslau in die Lehre. Während all der Lehrjahre hörte der Vater dann von zu Haus nichts mehr. Er blieb und lernte, und die mancherlei Versuche, wegzulaufen und weiß Gott was dann in der Welt anzufangen, erstickte schon im Keim die Meisterin, die dem Jungen bis in die Seele sah und die, wie der Vater dann hinzuzufügen pflegte, so ganz leibhaftig die Mutter war. Mein Vater war halt immer der Liebling der Mutter gewesen. Ich habe auch diese Großmutter noch im Leben kennengelernt, als ein verhutzeltes Mütterchen, die an ihrem siebzigsten Geburtstag von dem damals schon an die achtzig alten Großvater eine Tracht Prügel bekam, weil sie dem Enkelsohn aus der Stadt vor Aufregung über all die Freude den Kaffee beim Eingießen verschüttete.

Wie sich der Bauernjunge dann allmählich in der Großstadt zurechtfand, davon erzählte der Vater recht wenig. Er lernte nebenbei noch etwas Musik, so daß er als Nebenverdienst bei Vereinen und Festlichkeiten zum Tanz aufspielen konnte. Dabei mag er die Mutter kennengelernt haben, denn Mutter tanzte gern. Später hatte mein Vater sich als ausübender Musiker als auch theoretisch so vervollkommnet, daß er selbst komponierte. Eins ist sicher, daß Mutters Vater den Uhrmachergehilfen in Grund und Boden verachtete. Er ließ sich nie herbei, auch noch Jahre später ein Gespräch mit seinem Schwiegersohn zu führen, das über wenige allgemeine Redensarten hinausging. Am Hochzeitstage schloß er sich in seinem Observatorium, das damals noch im Oberstock des Universitätsgebäudes lag, ein und war durch keine Bitten zu bewegen, zu öffnen und sich pflichtgemäß in die Arme schließen zu lassen. Übrigens hatte meine Mutter die mannigfachen Schwierigkeiten, die ihrer Hochzeit im Wege gestanden waren, später ganz vergessen. Ich hatte immer den Eindruck, daß sie an einigen selbst nicht ganz unbeteiligt war. Mein Vater sprach niemals gern davon, und im Ton meist etwas betrübt, während dann die Mutter kopfschüttelnd zu lächeln pflegte, erstaunt und verwundert. Im allgemeinen wird die Großmutter, die mit ihrem Haushalt an und für sich nicht zurechtkommen konnte, froh gewesen sein, wenigstens eine Tochter untergebracht zu sehen. Der Vater richtete damals mit den primitivsten Mitteln ein eigenes Geschäft in dieser schlesischen Kreisstadt ein, die ihm für sein weiteres Leben zur Heimat werden sollte.

Die geringen Mittel, die ihm zur Verfügung standen, ließen nur eine Übersiedlung ohne jede vorbereitende Einrichtung zu. Die Mutter, die von ihrem Vater etwas von der Abneigung gegen die Uniform angenommen hatte, kam nun in diese Stadt, die von Soldaten aller Waffengattungen schon damals wimmelte. Überdies war die Stadt von einem Kranz von Wällen umgeben, die mit Bastionen und Kanonen bestückt waren. Noch bis in meine Jugendzeit hinein, als die Festungswälle schon geschleift und nur noch einige Bastionen mehrere Kilometer weit draußen geblieben waren, hallte in den Vormittagsstunden die innere Stadt wider von dem Retraite-Blasen. Hunderte von Hornisten übten sich täglich darin. Wie mag das zu dieser Zeit erst gewesen sein, als der Stadtbürger vom Fenster seiner Wohnung aus in die zementierten Innenhöfe der Kasematten hineinsah. Schon am ersten Tage wollte meine Mutter wieder weglaufen, und die Szene, die sich damals abgespielt haben mochte, wiederholte sich Tag für Tag, wochen- und monatelang.

Meine Mutter hatte bis dahin noch niemals Breslau verlassen, die Kleinstadt war ihr völlig fremd. Wenn auch heute nicht mehr so ausgeprägt in der Tendenz, versucht die Kleinstadt ihre Menschen zu uniformieren. Sie schleift das Fremde ab, und sie stößt das, was Fremdkörper bleibt, über kurz oder lang wieder hinaus. Der Vater, der die Begründung seiner wirtschaftlichen Existenz vor Augen hatte, mußte damit rechnen. Er paßte sich allmählich dem, was ihm darin vorgeschrieben wurde, wenn auch mit innerem Widerstreben an. Meine Mutter dagegen niemals. Die ersten Jahre ihres Zusammenlebens müssen ein einziger Affront gegen den in dieser Stadt herrschenden Geist gewesen sein, so sehr auch der Vater nachgab und mildern mochte. Noch zwanzig Jahre später, wenn die Mutter davon sprach, röteten sich die Wangen, sie wurde krank und bekam nachts Fieber – jeder Kleinigkeit, der geringsten Demütigung erinnerte sie sich mit allen Einzelheiten. So beispielsweise, daß eine Anzahl Bürgerfrauen bei ihr eines Tages im Laden erschienen, und ihr bestimmte Vorschriften machten, wie sie sich zu kleiden und wie zu tragen habe. So – daß mein Vater einen Monat lang zur Frühmesse mit dem Hut an der Kirchentür stehen mußte, um nach einer alten Überlieferung um Aufnahme in die Kirchengemeinde zu bitten. So – daß sie aus Geschäftserfordernissen genötigt war, einem Bauern die Hand zu geben. Mehr noch als den Soldaten haßte sie den Bauer. Sie sah in jedem Bauern nur einen verschlagenen und heimtückischen Menschen, der zu dem ausgesprochenen Zweck in die Stadt gekommen war, jemand zu betrügen, durch üble Nachrede zu beleidigen oder zum mindesten einem die Zeit zu stehlen. Und mein Vater verstand sich gerade mit den Bauern sehr gut, sie waren seine Hauptkundschaft. Sie konnte noch viele Jahre später, zu meiner Zeit, das Gesicht auf eine so furchtbar gequälte Art verziehen, wenn der Vater mit einem Bauern sprach. Dabei war mein Vater ein Bauer geblieben, wenn er es auch alle die Jahrzehnte gut zu verdecken verstanden hatte. Der Tod der Mutter erlöste ihn davon.

Ich erwähnte schon, daß meine Mutter evangelisch erzogen worden war. Dabei ist es gar nicht sicher, ob ihr Vater sie überhaupt hatte taufen lassen. Alle Vermutungen sprechen dagegen. Für sie war in vielem das Katholische mit dem Bäurischen eng verwandt. Dieses Prinzip von Duldsamkeit, da das dem Katholizismus besonders zu eigen ist, blieb ihr das ganze Leben lang fremd. Sie haßte und verachtete es und empfand es als Schwäche. Alles das war im Gegensatz zum Vater. Es müssen erbitterte Kämpfe gewesen sein, in ihrem Zusammenleben darin zu einem Ausgleich zu kommen. Ich kenne darüber nur eine Reihe Äußerlichkeiten, über die ich noch sprechen will. Ihr wahrer Charakter indessen ist mir fremd geblieben. Nie sprachen Vater und Mutter darüber. Bevor gewissermaßen überhaupt die Frage darauf hätte kommen können, war die Stimmung zu einem Eispunkt herabgesunken, der jede weitere Frage ausschloß. Und doch ist gerade das für den, der das Erbe antreten soll, von so entscheidender Bedeutung. Daß dieser Ausgleich entscheidend erfolgt sein muß, dafür spricht allein die Tatsache, daß ich meine Mutter nur die katholischen Kirchen besuchend kenne. Zwar hielt sie sich nicht streng an irgendwelche kirchlichen Vorschriften, aber niemand von ihren späteren Bekannten, und vor allem ihre Kinder nicht, wären je auf den Gedanken gekommen, daß sie evangelisch erzogen war und vermutlich auch diesem Religionsbekenntnis angehört hat, wenn auch durch Zufall und Vergeßlichkeit nicht mehr der Form nach, aber doch innerlich verbunden.

Aus der Zeit nach Überwindung dieser ersten Krise, die zeitlich mit der Geburt meiner Schwester zusammengefallen sein mag, sind selbst die Andeutungen nur spärlich vorhanden. Alles ist mir fremd und verschlossen geblieben. Das Geschäft blühte auf. Die Mutter, aus ihrem Lungenleiden ständig den drohenden Zusammenbruch vor Augen, brauchte Lebensfreude und Abwechslung von dem täglichen Einerlei. Immer muß das Haus voller Gäste gewesen sein. Schauspieler und Künstler, die Intelligenz der Stadt, soweit man davon sprechen kann, gingen ein und aus. Der Ruf dieses gastfreien Hauses ging über die Grenzen Oberschlesiens hinaus bis nach Breslau. Auch von dort kamen Leute mit Ideen und Forderungen, die aufgenommen und verpflegt und weitergeleitet wurden. Damals muß die erste Welle der Nietzsche-Begeisterung über diese Gegend Deutschlands gegangen sein, Spuren davon fanden sich in Bruchstücken einer sehr regen und freundschaftlich beschwingten Korrespondenz. Zweifellos stand diese Lebensführung in schroffem Gegensatz zu dem Kastengeist der Stadt. Aber wie es gelungen sein mag, sich dagegen durchzusetzen und daß vor allem mühelos die Mittel zu beschaffen waren,

für dieses so breite Leben, das charakterisiert wohl am besten die Zeit der sogenannten Gründerjahre auch in der Provinz.
Immer stand meine Mutter im Mittelpunkt aller Festlichkeiten. Freundschaften wurden geschlossen und wieder gelöst. Keine Erinnerung daran ist auf die späteren Jahre überkommen, selbst die Spur eines menschlichen Eindrucks solcher Geschehnisse muß verlorengegangen sein. Die Erziehung meiner heranwachsenden Schwester war dem Kinderfräulein überlassen, den Vater scheint weder das Kind, noch dieser die Kleine irgendwie beachtet zu haben. Die Schwester war schon an die zehn Jahre alt, als ich geboren wurde.
Von all diesen Jahren ist auf mich nichts mehr überkommen. Sie scheinen mir in solcher Zusammenstellung als Erinnerung geradezu phantastisch, so fremd sind sie mir. Ein einziger Vorgang aus irgendeiner Erzählung, die mit einer Frage nach meinen Taufpaten, Leuten aus jener Zeit und Sphäre, zusammenhing, ist mir im Gedächtnis klarer haften geblieben. Er öffnet von dem verschlossen Gebliebenen manches. Mit Haß und voll tiefster Erbitterung sprach die Mutter von jener Zeit, während der Vater seufzend schwieg und vermutlich die Augen niedergeschlagen hatte. Das war immer das Zeichen, wenn er der inneren Erregung Herr geworden war und das Ventil gefunden hatte. Dann pflegte er wie toll auf dem Klavier herumzuspielen, stundenlang. Gerade diese Geste habe ich so oft mißverstanden. Ich schließe heute, daß alle diese Freundschaften einen tief beleidigenden Ausklang gefunden haben, daß irgendwie ein Zug von Verachtung gegen den Vater sich breitgemacht haben muß, den Mann, der unentwegt und unberührt von Nietzsche und den anderen seinem Handwerk nachging, um die Familie zu ernähren. Und daß zu irgendeinem Zeitpunkt die Mutter diese Demütigungen des Vaters nicht mehr ertragen haben muß. Dieser Zeitpunkt fiel in die Zeit kurz nach meiner Geburt.
Es entstand ein Riß, eine tiefe Kluft zwischen den Jahrzehnten. Dieser Riß muß einer Entladung seelischer Erlebnisse von elementarer Gewalt gefolgt sein. Er zerstörte das Leben meiner Schwester.
Vielleicht begriff ich erst jetzt mit einer Empfindung dieser tiefen fließenden Wehmut, die, obwohl sie schmerzt, doch oft das Leben liebenswert macht – vielleicht jetzt erst ganz klar,

daß ich diese Schwester niemals richtig kennengelernt habe. Fast fünfzehn Jahre haben wir nebeneinander gelebt, und ich habe gar kein Bild ihres wirklichen Lebens zurückbehalten, nur so etwas wie Masken, Grimassen, Totes.
Aus meiner Kindheit entsinne ich mich kaum eines Gastes in unserer Familie. Es kamen wohl ab und zu Leute zu uns, die mit dem Vater geschäftlich oder politisch zu tun hatten. Aber nie wurden sie anders als wie völlig Fremde behandelt. Ich weiß, bevor sie zum Bleiben aufgefordert wurden, entstand jedesmal ein Moment der Spannung zwischen den Eltern, die mein Vater dann irgendwie auf Umwegen überbrückte. In diesen Augenblicken saßen wir, meine Schwester und ich, wie auf Nadeln, in ängstlicher Erwartung; denn ein Gast bedeutete an sich schon für uns ein Fest. Mit einer bis ins kleinste abgemessenen Regelmäßigkeit verlief der Tag. Es ging zudem äußerst sparsam zu. Von meiner Schwester weiß ich nicht viel mehr, als daß sie, je älter sie wurde, immer mehr zur ständigen Begleiterin meiner Mutter heranwuchs. Irgendeine praktische Betätigungsmöglichkeit hatte sie nicht gelernt, im allgemeinen wurde sie mit im Laden beschäftigt.
Der Druck dieses Lebens muß auf sie absolut tödlich gewesen sein. Ich selbst habe ja als heranwachsendes Kind diese Kälte derart stark empfunden, daß ich jahrelang noch später ohne die geringste Vorstellung irgendeines menschlichen Zuges der Eltern geblieben bin. Das Leben verlief nur insoweit und zweckmäßig, als es gelang, den Tag hinüberzubringen. Ich werde wohl eben noch elastischer gewesen sein, solche Fähigkeiten zu entwickeln. Bis auf einige Ausnahmefälle, die gerade deswegen überaus stark in der Erinnerung geblieben sind, kreuzte sich unser beider Erleben nicht. Wir verlebten die Ferien bei einer Verwandten an der Ostsee. Die Schwester hatte den ganzen Tag als Stütze in der Wirtschaft zu tun. Irgendwie gab es eine Auseinandersetzung, die dazu führte, nach Hause zu berichten. Sie übertrieb alles, verdrehte den Tatbestand – obwohl alles an sich so nebensächlich war –, es empörte mich ungemein, ich war damals etwa zwölf Jahre alt. Und wir kamen in eine Prügelei. Wir traten uns mit Füßen, und der Streit, der sich über Tage ausdehnte, nahm derartige Formen an, daß die Tante uns beide sofort nach Hause schickte. Zu Hause setzte sich der Gegensatz fort, natürlich etwas mehr unter der Oberfläche.

Damals schon identifizierte ich sie mit der Mutter, es war dasselbe, was mich der Mutter so entfremdet hatte. Ich verschloß mich völlig. Und es war sicherlich von ihrer Seite nichts anderes, als eine kleine weibliche Neckerei, aus der dann alles herausgewachsen war.

Im Laufe der Monate glich sich zwar vieles wieder aus. Aber es blieb ein Bodensatz. Ein zweites Erlebnis erhellt das besonders deutlich. Viel später wurde ich eine Zeitlang ihr Vertrauter. Ich bestellte Briefe und holte welche ab und paßte auf, wenn sie am Fenster stehend nach jemand Ausschau hielt, ob nicht gerade unten an der Tür der Vater stand und ähnliches. Plötzlich fiel es mir mal ein, sie meinerseits zu necken, ich hätte den soeben empfangenen Brief der Mutter bereits abgegeben. Ich werde das nie vergessen. Sie gebärdete sich wie eine Wahnsinnige. Sie schrie und weinte und lief auf den Boden hinauf, um sich dort aufzuhängen. Ich hatte schwer zu kämpfen, um ihr die Schlinge zu entreißen. Sie blieb mir von der Zeit an fremd, nicht unfreundlich, aber so seltsam fern. Wir verstanden uns eben nicht.

Wie jeder Junge war ich brennend darauf aus, sie so bald als möglich aus dem Haus zu wissen. Ich verfolgte das Auftreten ihrer verschiedenen Freier, die zu uns ins Haus kamen, mit größtem Interesse. Ich sehe alle diese Menschen noch deutlich vor mir, den Lehrer, den Redakteur, den Gutsinspektor und den Kaufmann. An jedem hatte irgendwer immer etwas auszusetzen. Sie sahen alle miteinander überaus unglücklich aus. Ich glaube, sie erfroren bei uns.

Und immer war diese Spannung, die in jähzornigen Aufwallungen und in Zank sich auflöste. Der Vater besonders konnte sie nicht sehen, ohne irgendeine boshafte Bemerkung zu machen. Ich hatte immer den Eindruck, der Vater haßt sie. Wogegen die Mutter, wieder völlig Puritanerin geworden, sie sicherlich außerordentlich quälte. Ich beobachtete das ja alles mehr von der Ferne und fast ohne Interesse. Mir war es klar geworden, daß die Schwester unter normalen Umständen nicht aus dem Haus kommen würde.

Vielleicht hatte die Schwester das selbst schon empfunden. Sie trug sich mit dem Gedanken, einfach von zu Hause davonzulaufen. Sie legte sich aber hin und starb. Sie starb, von einem Dutzend Ärzte umgeben, an einem Dutzend Krankheiten, am wahrscheinlichsten an der, nicht mehr leben zu wollen. Es war vielleicht die tiefste Demütigung für meinen Vater, der ein Feind aller Ärzte war, diesen Ärztekongreß täglich um sich zu sehen. Und für mich geschah das Seltsame, das wie ein Wunder war – er wich nicht von dem Krankenbett. Während die Mutter ruhig und beinahe sicherer geworden die täglichen Geschäfte der Wirtschaft besorgte und viel eher geneigt war, den allmählichen Verfall der Kranken als Ausdruck böswilligen Eigensinns und strafwürdiger Hysterie zu werten, ist mir die Besorgtheit des Vaters unvergeßlich geblieben. Ich selbst hatte nach so vielen Monaten der Unruhe und Ungeduld nur den einen Wunsch, es möchte bald zu Ende gehen. Ich versprach mir irgendeine rosige Zukunft davon.

Dann kam der große Umschwung in meinem Leben, und jener zweite tiefe Riß im Leben meiner Eltern. Die Schwester starb. Mein Vater, den die Sterbende flehentlichst am Bett festgehalten hatte, wankte aus dem Zimmer. Den Kopf etwas gesenkt, ging er wieder seinen Geschäften nach. Bei der Mutter erfolgte ein völliger Zusammenbruch. Wir fürchteten, sie würde wahnsinnig werden. Sie weinte und schrie tage- und tagelang. Die Haare fielen ihr aus. Sie hatte ständig die Zähne in verkrampftem Schmerz zusammengebissen. Schließlich fielen ihr die Zähne aus. Sie schrumpfte zusammen und verkam sichtlich. Ich erinnere mich an den gelegentlich aufgetauchten Gedanken, sie spiele Komödie – so fern war ich damals meiner Mutter. Mein Vater schwieg, und es gelang ihm, sie dem Leben zurückzuführen. Aber sie ist niemals mehr als ganzer Mensch unter den Lebenden geblieben. Die späteren Jahre haben sie in eine besondere Lebensform hineingezwängt, die ihr vielleicht gerade noch erträglich war. Alle ihre Gedanken gingen in der Verstorbenen auf.

Sie führte täglich lange Gespräche am Friedhof mit der Verstorbenen. Sie erzählte ihr jede Kleinigkeit ihres täglichen Lebens und mit einer Innigkeit, die mir völlig fremd war. Früher lag immer in ihrem Ton etwas, das leicht in Zanken umschlagen konnte. Mich vergaß sie sozusagen ganz. Ich gehörte nur irgendwie mit zur Form. Als ich selbst begriff, daß ich eine Schwester verloren hatte, einige Monate später, empfand ich einen unsagbaren Schmerz, wie ich ihn nur noch jetzt wieder in meinem Leben empfunden habe. Aber er rauschte vorüber, das Leben wucherte darüber hin. Er sonderte mich noch stärker von den Eltern ab. Es begann die Zeit, in der jede Verbindung zwischen den Eltern und mir gerissen schien. Es begann die Zeit, die mein eigenes Abenteuer wurde. Blind und taub.

Das war das Bild der Familie, deren Erbe zu übernehmen ich gerufen worden war. Wie schon früher manchmal in Augenblicken tiefer Niedergeschlagenheit, so erschien mir vieles so unlösbar ineinander verwirrt und von Anbeginn an für ein Ende voll Verzweiflung vorgezeichnet, obwohl es nur das typische Schicksal einer beliebigen Familie war. Nur mit geringen Veränderungen sind Ablauf und Irrungen, Mißverständnisse und Tod in der Mehrzahl aller bürgerlichen Familien die gleichen.
Und ich sollte dieses Erbe übernehmen? – Ich zitterte vor Angst. Und zugleich erlebte ich noch einmal dieses Schicksal der verpaßten Gelegenheiten, der heimlichen Sehnsüchte und der zur Schau gestellten Abkehr, zusammengepreßt in die Frage: war es das, war das auch alles?
Da taucht noch das Bild eines Menschen, den ich alle die Jahre über vergessen hatte, auf. Er lebte in unserer Familie, und ich habe ihn von der ersten Kindheit an nicht anders ansehen gelernt wie als nächsten Verwandten. Dabei zeigte sich später, in der Hauptsache erst nach dem Tode der Schwester, daß er uns völlig fremd war. Er lebte so zugehörig zu uns, daß ich die guten Eigenschaften eines Vaters automatisch auf ihn übertrug, während die so drückend empfundene Autorität, die den Jungen vor dem Vater fliehen läßt, dem wahren Familienoberhaupt zugedacht blieb. Ich wuchs zu ihm hinauf wie zu dem besten Kameraden und Spielgefährten. Er regelte die tausenderlei Dinge, die das Kind täglich und stündlich mit der Familie in Unordnung bringen. Ich liebte ihn sehr.
Er hat mit mir in den Ferien größere Reisen unternommen. Von Beruf war er ein Beamter mit abgeschlossener Gymnasialbildung. Er zeigte keinen inneren Ehrgeiz; sein Gespräch mit Dritten war immer ruhig und gemessen, während es bei meinem Vater vor innerer Erregung auf und nieder ging. Er liebte zu reisen, und vor allem liebte er die Berge. Ich lernte mit ihm zusammen wandern, marschieren, Berge ersteigen und in die Welt hinauszufahren. Er hatte mir nichts von seinem Leben,

seiner Arbeit zu erzählen, ich noch weniger. Wir schwiegen uns oft gründlich aus. Er sprach dann nur von dem Tempo, den verschiedenen Zeiten dieser Tour, den möglichen Zwischenfällen. Am schönsten war es, wenn noch Dritte dabei waren. Das war oft. Dann brauchte ich nichts zu fragen, und niemand fragte mich. Ich lief ganz allein für mich so nebenher. Das war herrlich. Ich kann nicht anders sagen.
Sicherlich war es deswegen, daß ich meinen Vater an ihn verriet. Daß ich das tat, das steht für mich heute fest.
Ich nannte ihn Onkel, und wir alle nannten ihn so, auch der Vater. Er kam in die Familie noch aus der Zeit jenes schon erwähnten ersten Jahrzehnts im Zusammenleben der Eltern. Damals muß er, soweit darüber noch Andeutungen gefallen sind, nach einer militärischen Laufbahn gestrebt haben. Es erfolgte irgendwie eine Katastrophe, und mein Vater reichte ihm, wie man so sagt, die rettende Hand: er nahm ihn ins Haus auf. Nur ein einziges Mal habe ich einen Streit darüber gehört, aber zuwenig erfahren, um mehr als einige grobe und boshafte Wörter davon zu verstehen. Das war gut zwanzig Jahre später. Aber einesteils war ich so erschrocken, daß ich wahrscheinlich überhaupt nichts verstand, anderenteils hörten beide sofort auf, als sie meiner ansichtig wurden. Aus eigener Kraft, hieß es, arbeitete der Onkel sich empor. Meine Mutter sprach auch gelegentlich davon, mein Vater hätte ihn wollen zum Sänger ausbilden. Zu meiner Zeit war das schon vorbei. Er bewohnte seine eigenen Zimmer, in denen ich mehr zu Hause war als in der elterlichen Wohnung. Später siedelte ich ganz zu ihm über.
Ich hatte immer den Eindruck, daß er besonders herzlich zu der Mutter stand. Sie bemutterte ihn. Und dann wieder: ich sehe sie beide noch vor mir während des Mittagessens, das mir mit dem Onkel zusammen des gleichen Schul- und Büroschlusses wegen etwas später als den anderen aufgetragen wurde, über das Wirtschaftsbuch gebeugt und rechnen und rechnen. Manchmal schwollen die Stimmen etwas an, aber beiden war es nicht so recht ernst, und Preise und Firmen und die guten Ratschläge über die beste Methode, billig einzukaufen, schwirrten nur so umher. Ich begriff schon damals als Junge, daß es ihm Spaß machte, Geld zu geben. Vielleicht ist ein kleiner Unterschied darin für meine Mutter gewesen, es zu nehmen; aber sie erhielt

stets noch etwas darüber, eine Sonderzulage für ein Geschenk. Und bei solcher Gelegenheit war dann auch meine Zeit gekommen, einen Wunsch anzubringen. Der Vater mischte sich in solche Auseinandersetzungen nicht. Ich glaube, der Vater kümmerte sich nicht um das Wirtschaftsbuch. Je weiter ich heranwuchs, um so schmerzlicher fühlte ich eine Entfremdung zwischen der Mutter und dem Onkel sich entwickeln. Er war mehr außer dem Hause, und oft, wenn der Vater vom Abendbrottisch aufgestanden und wieder nach der Werkstatt gegangen war, machte die Mutter dem Onkel Vorwürfe. Schon damals drehte sich alles ums Trinken. Der Onkel trank regelmäßig seinen Abendschoppen. Aber er nahm alle solche Vorwürfe ohne Widerspruch hin, etwas verlegen. Meistens machte er mir darauf die Schularbeiten. Aber es müssen auch andere Vorgänge außerhalb des Hauses gewesen sein, die diese Entfremdung beschleunigten. Ich habe nur geringe Kenntnis davon. Aus Andeutungen wußte ich, daß der Onkel vor vielen Jahren einmal verlobt gewesen war, und daß die Eltern seinerzeit zur Ehe zugeraten hatten. Aber irgend etwas muß da hindernd in den Weg getreten sein, ich fürchte eine Krankheit. Die ganzen Jahre wurde von einer Heirat nicht mehr gesprochen. Besonders, was mich damals als Junge interessiert hatte, meine Schwester kam dafür nicht in Frage. Sie war für den Onkel Luft, was sie mit reichlicher Nichtachtung ihrerseits vergalt. Ich glaube eben, der Onkel war zu jener Zeit ein ausgesprochener Weiberfeind. Später wird sich das geändert haben, in den letzten Jahren.
Er verunglückte auf einer Skitour. Während sein Begleiter das Genick brach, kam er mit der Lawine ins Tal und mit einigen Rippenbrüchen davon. Aber von dem Tage an war er verändert. Er war immer gereizt; damals war auch jener Streit mit dem Vater, und ich war froh, ihm aus dem Wege gehen zu können. Ich war ja auch in dem Alter, in dem man sich der Kameradschaft zu den Erwachsenen schämt. Nach einigen Monaten erfolgte ein durch die Verletzung hervorgerufener Krankheitsrückfall. Nicht nur die Mutter, auch der Vater war bestürzt, zu meiner allergrößten Verwunderung. Es waren Tage banger Sorge, die mir noch stark in der Erinnerung geblieben sind. Dann erfolgte ein heftiger Zusammenstoß, den ich in seinen Ausmaßen damals mehr fühlen als begreifen konnte. Eine Frau

wollte den Onkel am Krankenbett besuchen. Sie war schon ins Zimmer getreten, ich hatte ihr geöffnet, als meine Mutter ganz aufgeregt hereinstürzte und sich mit schriller Stimme diese Besuche verbat. Es folgte ein Wortwechsel, die fremde Frau rauschte hinaus, meine Mutter lief weinend zum Vater. Ich wurde aus dem Zimmer gewiesen, als der Vater erschien und sich mit dem Onkel allein darin einschloß. Ich habe nie erfahren, was dort gesprochen worden ist.

Im äußeren Leben änderte der Auftritt nichts. Der Onkel wurde wieder gesund, aber er war genötigt, Sanatorien aufzusuchen. Nach einigen Monaten starb er.

Ich hatte ihn kurz vor dem Tode besucht. Wir waren ein wenig in die Berge hinaufgegangen, und er muß es schmerzlich empfunden haben, daß es ihm schon recht schwerfiel zu steigen. Ich nahm den Eindruck mit einer weichen milden Geste, mit der er mir die Locke aus der Stirn gestreichelt hatte. Man trägt sie nicht so wild, hatte er dabei gesagt. Und dann wollte er durchaus bestätigt wissen, daß ich ein schneidiger und forscher Student werden würde.

Ein paar Tage darauf bekamen wir die Nachricht, daß er einem Gehirnschlage erlegen sei. Mein Vater hatte Tränen in den Augen. Von mir selbst kann ich dagegen, wenn ich ehrlich sagen soll, keinerlei Empfindungen berichten.

Wenn es mir in den Entwicklungsjahren nie so klar ins Bewußtsein getreten ist, heute weiß ich es besser: um dieses Menschen willen hätte ich den Vater verraten. Ich habe nie den Eindruck loswerden können: der Vater wirkt wie ein Störenfried. Es wäre mir nie eingefallen, den Onkel zu kritisieren, in sein Leben hineinzuhorchen, ihn zu belauern. Er schien mir vollkommen, schon allein weil er da war. Aber nur wenige Tage nach seinem Tode war er aus meinem Leben ausgelöscht und vergessen. Das Erbe seiner Wesensart zerflatterte in nichts. Es drückte nicht schwer. Es blieb nichts zurück, das mich zur Rechenschaft hätte ziehen können.

Ich habe den Eindruck: ich bin mit allem fertig. Ein Alp hat sich gelöst. Die vielen bitteren Stunden, die in die Erinnerung eingegraben waren, sind verflüchtigt. Ich darf freier atmen. Und um die Wahrheit zu sagen, während ich da noch an dem Sterbebett stand, und das Leben der Familie sich vor mir auf-

baute, mußte ich denken: Laß es noch einmal sein. Alle Bitternisse waren weggewischt.
Und weiter muß ich sagen. Das Erlebnis des Vaters war in der inneren Aufschließung des Mütterlichen begründet. Konnte nicht anders als die Mutter sehen in den weichen wehmütigen Zügen des Sterbenden. Dann erst verstand ich sie. Ich erlebte sie so scheu und ein wenig verschreckt, wie ich so viele Jahre neben ihr hergelebt hatte. Aber wie sich das Wasser in den unterirdischen Brunnen der Gebirge sammelt und sprudelt und steigt, um als Quell herauszuschießen, voll dieser ungebändigten Freude, die keinen Ausdruck finden kann, so erlebte ich die Mutter, und es war mir, als hätte ich überhaupt noch nicht sprechen gelernt.
Wie seltsam die Auflösung innerlich gebundener Verkrampfung sich ändern kann. Es erschien mir einmal grausam, und ich habe ein wenig darunter gelitten, obwohl ich es mir nicht zugestehen wollte, daß die Mutter ihren Gott darum angefleht hatte, mich im Schützengraben sterben zu lassen. Das wäre doch das beste, hatte sie immer wieder, zitternd im inbrünstigen Gebet, dem Vater und wer es auch sonst hören wollte, gesagt. Wenn der natürliche Sinn alles Lebens für die Menschen darin besteht, miteinander in Verbindung zu sein, so hatte sie mit ihrem Wunsche sicher recht. Welche Qual muß es für eine Mutter sein, die lebendige Verbindung zu ihrem Kinde verloren zu wissen. Es heißt ja das Kind zurückgewinnen, es wird von neuem geboren und lebt auf, und die Mutter mit ihm, wenn das Leibhaftige, das Ärgernis gegeben, aus dem Leben heraus ist. Sicher ist es so.
Und was besagt demgegenüber alle Verfolgung, die von der Mutter auf das am Leben gebliebene gehetzt wird. Als ich später als Fahnenflüchtiger aufgegriffen und eingesperrt worden war, ließ die Mutter der Gerichtsbehörde schreiben, man dürfe mich nie mehr wieder freilassen, denn ich sei ein gemeingefährlicher Mensch, ihr eigenes Leben sei von mir dauernd bedroht. Und als ich trotzdem entlassen wurde, schrieb sie an Bekannte und Unbekannte, mich zu beobachten, die Polizei auf meine Spur zu setzen, Gerichte in Bewegung zu setzen und was alles noch sein kann. – Der Vater hatte zu dem allem geschwiegen und alle die Briefe geschrieben, die mich einkreisen und vom Leben absperren sollten. Er hat es mir später nach dem Tode

der Mutter selbst erzählt. Etwas bedrückt lächelte er dabei mit feuchten Augen und versuchte sich ein wenig stockend zu entschuldigen: Sie war zuletzt so ungeheuer mißtrauisch geworden, sie dachte immer, ich schicke die Briefe dann nicht ab, und zuletzt trug sie alles selbst zur Post – ich wollte ja nur nicht noch fremde Leute dahineinmischen – sie hat dich halt so furchtbar gern gehabt – was hat sie mich gequält!
Sie hat mich so geliebt. Ich las es im Gesicht des Vaters.
Die Scheu zwischen Mutter und Kind lastet schwer auf der Welt. Sie steht der Liebe entgegen, die für das Menschenwesen die einzige Technik ist, sich die Naturkräfte des Weltalls dienstbar zu machen. Aus dieser Scheu schwelt der innere Widerspruch im menschlichen Leben hervor, daß die Menschen, um einander zu verstehen, einer besonderen Strafe und bestimmter Gesten bedürfen, und daß eine vollkommene Wahrheit in der Empfindungswelt bisher noch nicht möglich gewesen ist. Solange bleibt noch das Zusammenleben der Menschen ein Notbehelf.
Und diese Scheu wuchert weiter. Ist übergegangen auf die kommenden Mütter und wird den zukünftigen Kindern schon angeboren.
Nur die Erinnerung an einen verschütteten Quell leuchtet auf in den seligen Sekunden des Zusammenseins mit der Geliebten, die dann ihrerseits dieses Glück mit dem Giftstoff der Befangenheit bezahlen muß. In einem besonderen Maße blieb meine Mutter dieser Geliebten fremd. Sie schloß, von den Jahren gebeugt, Frieden, einen bewaffneten Frieden. Die Liebe, die alle Kräfte hatte erneuern sollen, die mit so lange gehemmter Kraft die Familie, die Gemeinschaft und die Welt mit einem neuen lebensfähigeren Inhalt erfüllt hätte, blieb verschüttet. Laßt mich doch leben – hätte ich hinausschreien mögen.
Und der Vater schien sagen zu wollen: Lebe. Du hast so vieles nicht verstanden, verstehe es jetzt besser. Du bist immer an uns vorbeigegangen, geh jetzt hinter uns her. So ist das im Leben. Halte den Kopf hoch.
Ist es das Erbe?

Ist es das Erbe?
Ist es das, ist das alles, ist es das Erbe?
Eine rasende Wut stieg in mir hoch.

Ich vergaß das Krankenzimmer und den Menschen dort, der röchelte und nach dem Leben rang und das Leben schon weggeworfen hatte und nur eine Maschine zurückgelassen, die gequält arbeitete. Ich sah das nicht mehr, nicht die Krankenschwester, nicht das flackernde Licht und das giftige Gelb, das im Zimmer wallte – durch die Vorhänge hindurch, gegen die eine giftig aufgeschwollene Sonne bleckte.
Ich hielt die Fäuste geballt. Es würgte etwas in der Kehle, das sich gewaltsam Luft machen wird, schreien – oh, das ist schändlich. –
Das ist das Erbe.
Es ist ja ein so billiger Betrug, alles zu verstehen. –
Wieder ist das Leben gefesselt. Der Mensch, zurückgeworfen, der Einzelmensch auf seinen Anfang. Alles war umsonst. Alles war nur wie eine Pendelbewegung, hin und her und im Wege schon vorgezeichnet und Teil einer Kraft, die irgendwer und irgendwas regiert, die aber allem gemeinsam ist. Oh dieses Gefühl unserer tiefsten Ohnmacht! –
Alles ist wieder zusammengeschrumpft bis zu dem einen winzigen Punkt, der wie der Schrei ist, mit dem der Neugeborene das Licht begrüßt: das Sein, das bloße Sein. Pfui Teufel! Und immer soll alles weiter so sein? Es ist unerträglich.
Waren es Abenteuer und Erlebnisse, eine Religion, Plattform und Anschauung, die emporwuchs, die umkämpft war, für die es sich lohnte zu kämpfen, Opfer zu bringen, sich zu opfern, und um die man litt – frei in der Morgenröte der Befreiung des Individuums und der Gesellschaft? – Ach, zum Teufel, nichts ist geblieben und nichts wird bleiben. Wieder der alte Dreck!
Denn über allem angelernten Verständnis thront die Gewißheit: Das Erbe, das schleppst du mit dir herum, Gezeichneter, Gottesknecht, Erbärmlicher. War es meine Schuld, ist es meine Schuld? – Oh, daß die Welt zum Teufel gehen möchte, statt dieser Frage eine Antwort zu geben, denn diese Antwort ist ein Fluch, der Fluch alles Wissens und alles Seins.
Wir Menschen verstehen einander nicht. Zwischendurch läuft so eine Art Leben ab. Mit den Blähungen von Gemeinsamem und Ineinanderverwachsensein. Schon das Kind sühlt sich im Pferche. Dann lernt man gehen und klettern, dann wird der einzelne etwas größenwahnsinnig, er befiehlt, er ordnet, er sät,

er beschreibt mit der Hand einen Bogen, als wolle er die ganze Welt umfangen – dazwischen explodiert Gehemmtes, Revolution flammt auf, Empörung und vorwärtszustürmen für die neue Welt, die Menschengemeinschaft, die Wahrheit – wo alles nur Schwindel ist. Schwindel von Anbeginn.
Da quält sich ein Mensch. Er beißt die Zähne zusammen, verbringt Wunder an Zähigkeit, er ringt dem Leben einen Fetzen ab, vorwärtszukommen, klammert sich und klammert sich und hat Geduld, so viel Geduld. In Demut beugt er das Haupt, die Krise, die Katastrophe rauscht drüber hin. Er nimmt ein Weib. Die Geschichte geht wieder von vorn an, sühlt sich, lernt gehen und klettern, wird ein bißchen größenwahnsinnig und immer so weiter, will die Welt umfangen, dann Demut, die Krise, die Katastrophe ... rauscht drüber hin. Sie bleiben, die beiden. Kinder wachsen heran, sühlen sich, gehen und klettern und so weiter, die Krise, die Katastrophe – sie bleiben, sie bleiben alle zusammen. Aber sie verstehen einander nicht. Und dann ist es so eingerichtet, daß einer verschwindet, der andere verschwindet, einer nach dem andern verschwindet, alles verschwindet. Nur eins bleibt: das Erbe. Alle Teufel noch mal!
Was soll ich damit? Die alte Religion aufnehmen, die alte Plattform, die alte Anschauung? Du bist reif, geh hin und lebe. Geh in dich, erlebe dein Weib, beuge dein Haupt, ziehe die Kinder groß – ihr werdet auch nicht verstehen, der Tod – der Tod gleicht dann aus. Übernimm es, das Erbe.
Dann stieg es in mir auf, hinzustürzen zu dem Bett und dem Sterbenden an die Gurgel zu fahren, ihn zu schütteln, zu schütteln und zu schütteln: Ich will nicht. Hörst du, ich – will – nicht!
Ich will heraus aus der Reihe, los von der Kette. Ich will nicht geboren sein. Ich bin nicht geboren. Ich bin frei. Ich will frei sein. Hörst du – du Erpresser, du Vergewaltiger, du erdrückst mich, du Vater du.
Mich widert das an, dieses Leben. Es ist mir zu schwer, zu dreckig, so schweißig von dem Leben der anderen. Ich lese Zeitungen und Bücher, ich höre Vorträge, spreche mit Leuten jedes Schlages, fremd, kalt und im Abstand, man wäscht sich die Hände – ich will nicht in deinem Gesicht lesen. Ich habe Lust, den Spiegel zu zertrümmern, um meine eigene Fresse

besser verstecken zu können – sie ist mir selbst so widerlich nah. Und ich hasse diese innere Verbundenheit auf deinem Gesicht, du Vater, sie soll mich binden. Ich soll mitatmen, immer auf und ab, auf und ab, und eine Pause, um zu warten, hinauszuhorchen in die Welt, und das Erbe aufzuteilen.
Und dann werde ich hier hinausgehen und sichtbar das Zeichen tragen. –
In dieser Stimmung erlebte ich eine Verirrung: Ich dachte daran, wie es gewesen sein könnte, wenn ich den Vater totgeschlagen hätte. Es tat mir gar nicht leid. Aber es war nicht wichtig. Vielleicht war es nur gleichgültig. Dann schien es mir, jene Frau im Zimmer sei meine Mutter. Sie war aufgestanden und kam auf mich zu und gab mir die Hand. Ich nahm die Hand an. Und ich dachte dabei, ich könnte diese Hand auch küssen. Es hätte mir nichts ausgemacht. Es gehört sich so.
Und dann empfand ich plötzlich einen furchtbaren Schmerz. Überwältigend. Es wurde mir schwarz vor den Augen. Das Blut schoß in den Kopf und siedete. Noch während ich dies niederschreibe, empfinde ich die Erinnerung an diesen Schmerz, ich könnte sie aufreißen –
Ich wollte mich irgendwie retten. Weglaufen. Ich taumelte aus dem Zimmer.

Im Nebenzimmer saß ich an einem Tisch eine ganze Zeit. Ich weiß nicht mehr, wie lange.
Ich war sehr müde. Die Tür war zugeschlagen. Das Schloß hat geschnappt. Die Kette klirrt.
Für das Folgende fehlt mir die lebendige Erinnerung. Es war mehr unter der Oberfläche, wie durch eine Reihe Schleier hindurch. Ich suchte es auch nicht.
Ich dachte. Wenn eine Generation auf die andere das Leid des Nichtverstehens vererbt, so wird sich in der Wesenheit der Menschen kaum eine merkliche Veränderung vollziehen. Der Begriff Gott ist abgelöst durch eine Summe von Einzelbegriffen gewisser Gesetzmäßigkeiten. In deren Rahmen vollzieht sich der Lebenslauf nicht viel anders als früher, als wir noch alle zusammen uns als Kinder dieses persönlichen Gottes fühlten. Das Gemeinschaftsgefühl ist nur größeren inneren Widerständen ausgesetzt. Eine Zeit, die schärfer die Klassenunterschiede herausstellt, verlangt auch eine unbestechliche,

voraussetzungslose Beobachtung. Die Klasse schafft noch keine Gemeinschaft, obwohl sie die Gemeinschaftsentwicklung fördert. Unter dem Drucke der Klasse und noch mehr deren Gegensätze entstehen neue Formen des menschlichen Zusammenlebens, die eine Gemeinschaft vorbereiten können, noch belastet mit den Auswirkungen eines Druckes, der zunächst noch die Menschen trennt.
Und weiter dachte ich, daß solche Klassenunterschiede, die jetzt entwicklungsfördernd geworden sind, bestimmten wirtschaftlichen Interessen zugrunde liegen. In der Spanne dieser Interessen vollzieht sich ein Lebensausgleich, der das Letzte aus dem Einzelmenschen herauspreßt an Lebensenergie, Zielwillen und Daseinsbehauptung. Um die Norm einer solchen schon gesetzmäßig gewordenen Auseinandersetzung wird erbittert gestritten, um den beherrschenden Einfluß, um das Neue und Schöpferische darin, um Produktion und Verteilung, das Schöpferische in der Verteilung. In auf die Familie übertragenem Sinne darf man vielleicht sagen, um den Vater und das Mütterliche, den neuen Menschen.
Demgegenüber ist die Spannung im Raum eines Lebenslaufs zwischen Freude und Leid gering. Sie umgreift nur ungenügend die Summe aller Instinkte, die aus der Bewunderung des Daseins jubelnd zum Licht drängen und die, eingefangen, unterdrückt und irregeleitet qualvoll sich zu befreien lebendig sind. Den Lebensausgleich auch darin zu suchen, läßt die Norm unseres täglichen Lebens gekünstelt, verworren und so erschwert erscheinen, daß der einzelne vollauf mit sich selbst zu tun hat.
Er müßte denn sich opfern.
Die Geschichte des Menschengeschlechtes auf dieser Welt ist die Geschichte dieser Opfer. Eine nur halbwegs voraussetzungslose Analyse kann sie hinwegwischen, als wären sie nie gewesen. Das Einzelwesen, das aus der Masse emporgestiegen ist, weil es die Spannung stärker empfunden hat, nach Menschen, Kameraden sucht, der Stand, der in der Leistung eine höhere Plattform für sich gewonnen hat, das Volk, eine Völkergemeinschaft, Rasse – sie alle sinken mit vollendeter Bestimmung in das Nichts zurück, keine Spur bleibt von ihnen, außer in toten Zusammenstellungen, vor denen man entsetzt zurückweicht. Sie alle haben sich geopfert, und werden sich weiter opfern, und immer sind Menschen da, sich zu opfern. Denn wenn

die Geschichte bisher keinen Sinn hat, so sind wir dazu da, diesen Sinn vorzubereiten. Oder wir müssen in den alleinseligmachenden Schoß Gottes und der Kirchen zurückkehren.
Da hat dieser Mensch ein Leben lang gekämpft, sich um die materiellen Bedingungen gequält, sich gemüht, die geringsten Ergebnisse weiterzutragen, zu den Menschen hin – zu überbrücken die Kluft, die den Menschen von jedem seiner Mitmenschen trennt, aufzuheben die Gegensätze des Geschlechts, lebendig zu machen den Lebensausgleich, das Neue, die Kinder, die nächste Generation – und hat an sich und dem Ganzen gearbeitet bis auf den letzten Tag, und dann legte er sich hin und gibt seine Kräfte weiter, seine Hoffnungen und seinen Glauben. Nimm es hin, das Erbe. Nimm es freiwillig, nimm es mit Liebe und dem Glauben, bevor das Leben dich dazu zwingt, Sklave dessen, das du nicht gerufen und gewollt, und das doch über und in dir herrscht, dein Leben.
Diesen Glauben ohne Ziel. Ohne Inhalt. Ohne Hoffnung.
Und dann denkt man wieder: Eins hat er mich doch gelehrt: weiter zu leben, weiter zu kämpfen, weiter zu glauben. – Dieser Glaube, dessen Inhalt unaussprechlich, dessen Ziel wir noch nicht kennen und dessen Hoffnung wir nur übertragen wiederum auf die nächste Generation. Vor allem aber: Weiter gegen Gott zu sein – da zu sein!
Ich weiß nicht, wie lange ich da gesessen bin. Noch einmal zog das Sinnlose aller Erlebnisse, zogen die Abenteuer und die so aufgebauschten kleinen Opfer an mir vorüber, und ich mußte bekennen: das war alles nichts. Das war zuwenig. Das war alles noch, wie wenn ein eigensinniges Kind seine Puppe zerkratzt. Das Mädchen droht und lächelt darüber. Wer leben will, muß ganz andere Kraft dahinsetzen. Vielleicht die Zähne zusammengebissen und die Augen noch geschlossen, um das innere Chaos zu ordnen und die Kräfte zu sammeln, und dann 'raus aus dem Graben und vorwärts! Vorwärts gegen das, was von Gott noch in der Welt spukt, gegen das Gewohnte und Unzulängliche, für den neuen Menschen und für dich. –
Und zu sterben. Denn wir sind ja noch so schwach.
Die Krankenschwester war ins Zimmer getreten und rief mich zurück. „Es geht zu Ende." Eine Kerze wurde entzündet. Wir standen am Bett und knieten dann nieder. Kein Laut war im Raum. Der Atem ging ganz leise und ohne Stocken. Noch

einige Zeit. Dann stand er mit einem kleinen Ruck plötzlich still. Alles war für eine Weile still, ganz still, voller Wunder. Es war, als ob mich jemand in den Arm nähme und streichelte, und alles wurde so gut. Ich war bereit, das Erbe zu empfangen. Durch Tränen hindurch seh' ich die Schwester die Kissen rücken. Ich ging zu dem Toten hin, die Füße trugen mich wunderbar leicht, und drückte einen scheuen Kuß dem toten Vater auf die Stirn.

Ich nahm es über.
Die Bilder an der Wand hatten einen anderen Sinn bekommen. Die bekannte Darstellung des Gekreuzigten, von der es heißt, daß das Auge des Heilands den Beschauer, von welchem Platz immer aus, trifft, bot mir den Frieden an. Der Streit darüber war beigelegt: es dreht sich ja jetzt um ganz andere Dinge. Die Stühle und das Kanapee, das Büfett und die zahllosen Nippsachen, die so voller Haß schienen und zum Widerspruch gereizt hatten, hatten ihre Wesenheit verloren. Sie standen kalt und still. Als ich mich seit langer Zeit zum erstenmal wieder im Zimmer umsah, mußte ich mich wundern, wie geringe Bedeutung eigentlich dieser ganze Krimskrams in Wirklichkeit jetzt hat. Man wird die Dinge einfach anfassen und alle zusammen auf einen Haufen werfen. Es lohnte ja nicht, auch nur einen Gedanken auf diese Dinge zu verschwenden. Und welche Macht hatten sie doch mal über mich ausgeübt. Intriganten und Spione, die unsere Einsamkeit belauern. Jetzt sind sie gestürzt, sind Gerümpel geworden. Sie sind entlassen – hinaus da!
Jemand stieß im Sterbezimmer die Fenster weit auf. Die Sonne war im Verlöschen, von einem grauen Nebelkranz umwoben. Dämmerung flutete herein. Wie giftige Spinnennetze hingen noch gelbe Fäden in der Luft. Sie zogen sich aneinander und zerflatterten. Alles, was böse gewesen war, löste sich auf. Von völlig neuen Dingen, in einer neuen reinen Umgebung, nahm ich Besitz. Es regelte sich von selbst, ein wundervolles Uhrwerk.
Leise Tritte gingen wieder hin und her. Bis auch die Geräusche von der Straße hineindrangen. Jemand ging unten an der Haustür vorbei. Ein Stock stieß auf das Pflaster. Dann rasselte ein Wagen. Seltsam fremd und kam näher und näher und rollte

wieder vorbei. Ein seltsames Leben, so unpersönlich und in so weiter Ferne. So wird es jetzt immer sein, fiel mir im Augenblick ein. Du stehst jetzt weiter ab.
Nebenan wurde der Tisch gedeckt, und es kam ein Laut von klapperndem Geschirr. Ich stellte mir vor, daß es ein wenig spaßig wäre zu essen. Aber ich hatte ja auch ein wenig Hunger, na also. Eine Anzahl Menschen, mit denen ich von nun an allein würde leben müssen, saßen schon um den Tisch. Ich hielt den Blick gesenkt und ich fühlte mit einem kleinen Stich, daß sie mich erwartungsvoll ansahen. Was erwarteten sie bloß – auf was kann jemand noch warten? Es geht weiter, es geht alles genau so weiter – bitte, tragen Sie die Suppe auf. Dann haben wir gegessen und gesprochen. Dinge besprochen, die in solchem Fall irgendwie besprochen werden müssen. Vermutlich saß ich dabei auf dem Platz, auf dem bisher der Vater zu sitzen pflegte. Vieles glitt an mir vorbei, auf das ich nicht acht gab, mechanisch gab ich Antwort und stellte Fragen, deren Sinn mir noch vor ihrer Beantwortung im Bewußtsein zerfloß. Ich war müde. Und ich war zufrieden, es ist wahr.
Nun bereite ich mich auch vor zu sterben – das war es. Das ist das Erbe. Wer sich bereitet zu sterben, der zählt nicht den Tag.
Ich entsinne mich verschiedener Prüfungen in der Schule und Universität, an jene Vorabende voll glückhafter Unruhe: ein neuer Lebensabschnitt, eine neue junge Zeit. Denke an den Vorabend, als ich zur ersten heiligen Kommunion geführt werden sollte: dieser nur lose noch gehemmte Jubel, sich innerlich zu ordnen, um vielleicht einmal später chaotisch durchzubrechen – es nebelte zu, die Freude versackte; niemals gelang der Durchbruch, es stimmte irgendwie nicht. Ich rufe mir zurück die wohlige Zufriedenheit einer vollendeten Arbeit, noch ehe sie restlos fertig ist zum Weglegen, diese fieberende Unruhe, die doch so wohl tut: Was dann, was wird weiter sein? Und ich denke daran, wie doch jeder Mensch einmal und eigentlich ja immer zittert, Angst hat und zittert vor Lebensfreude. Aber ich weiß auch: das ist jetzt vorbei. Ich zittere nicht. Ich bin ganz ruhig. Ich brauche kein Tor mehr aufzustoßen und stehe nicht davor. Bin schon durchgegangen. Während ich noch träume.
Als von einer nahen Kirche die Glocken zur Nachmittagsandacht

rufen, schwindet auf solchen Tonwellen der noch verbliebene Rest alles Fremden meiner Sehnsüchte und Hoffnungen, die mich gequält haben mein Leben bisher, dahin. Ich war ja so glücklich, als ich litt. Immer habe ich Kirchenglocken gehaßt, das Hohle und Aufdringliche, das letzten Endes ja nichts zu sagen hat. Ich habe gewütet gegen das Gebimmel. Jetzt ist es gut. Es ist voll einer neuen Erinnerung, die sich erst aufschließen wird. Keineswegs aufdringlich trägt es mir die Ahnung zu von einem Erlebnis, das mich erst zu durchsetzen beginnt – wie ein Sauerteig.
So dachte ich, ein wenig oberflächlich und ein wenig gleichgültig.

Als ich am nächsten Tage aus dem Haus ging, durch die Stadt und an den letzten Häusern dieser Stadt vorbei ins Freie, hatte vieles einen neuen Schimmer bekommen. Winter drückte noch auf das Land, und was die Februarsonne schon hervorgelockt haben mochte, ein eisiger Wind, der vom Gebirge her kam, ließ alles sich wieder abwenden, und Regenschauer deckten es zu. Vereinzelt nur leuchtete frischgrünes Moos.
Da führte der Weg noch an den gleichen Redouten vorbei, auf den Abhängen der Festungswälle entlang. Sonntag für Sonntag bin ich den Weg in der Familie gegangen, immer geradeaus, im gleichen Schritt, mitgeschleppt, geschleift, vorwärtsgetrieben. Aber siehe, der Weg wurde leicht, er schmeichelte sich ein, es war ein schöner Weg.
Da zog sich den Abhang hinunter der Friedhof, und dahinter wuchs die Stadt empor: erst die kahlen quadratischen Blocks der Kasernen, dann der Fluß, und jäh aufsteigend die Kathedralen und, an die Pfarrkirche mit dem hohen gotischen Dach angeschmiegt, für sich allein der Glockenturm. Schwarze Flecken quollen hier und da aus dem Stadtbild: das waren die Baumreihen der städtischen Anlagen, Gärten, und später wird das alles grün und lieblich sein.
Ich stand eine ganze Weile, versunken in dem Anblick dieser Stadt. Alles war mir bekannt, und mir war leicht zumute.
Als ich später zurückging, Schritt für Schritt der Stadt zu, erinnerte ich mich nur noch dunkel, wie außerordentlich tief ich diese Stadt gehaßt hatte. Jeden Stein. Ich hätte wollen die Häuser mit den Händen niederreißen und zertreten und

mit Ekrasit diese boshaften Häuserreihen, die geraden und die winkligen Straßen, die historischen Marktplätze und die dunklen Stinkwinkel in die Luft sprengen. So haßte ich diese Stadt. Aber das war nur mehr noch eine dunkle Wolke, die sich verflüchtigte. Die Stadt hatte mir eigentlich nichts getan. Da waren die unterirdischen Kasematten, in denen wir als Indianerhorde unsere Wigwams hatten, und auf dem großen Exerzierplatz übten wir uns nicht nur im Wettlauf, im Ringen und im Weitsprung, sondern es fanden auch die Entscheidungsschlachten statt zwischen den beiden berühmten Räuberbanden, die zu jener Zeit die heranwachsende Jugend und die Stadt beherrschten. Dann ging der Weg weiter durch die städtischen Anlagen, in denen man sich zum erstenmal in der Dunkelstunde mit den Mädchen traf, entlang am Mühlgraben, so voller Geheimnisse für die Jungen, und vorbei an der Schule und an der Kirche vorbei.

Die Leute, die mir begegneten, trugen fremde Gesichter. Ich brauchte sie nicht anzusehen, ihnen nicht ins Gesicht zu starren, um den Gruß nicht schuldig zu bleiben. Ich kannte sie nicht, und sie werden mich nicht kennen. Ich habe sie damals ja ganz anders gesehen.

Alle diese Leute schienen auf einmal freundlich gesinnt. Nichts mehr von dem kleinlichen Neid, den Bosheiten, mit denen sie, wie ich immer annehmen mußte, das Leben der Eltern und meines vergiftet hatten, keinen Haß mehr, sondern eine mehr freundliche Teilnahmslosigkeit. Man sah es ihnen von der Stirn ab: Jeder hat mit sich zu tun. Sie schienen mir alle so freundlich und liebenswert. Ich fühlte mich ordentlich gehoben und leicht, mit unter diesen Menschen zu sein, um den Ring mit herumzugehen, an den vielen vertrauten Firmenschildern vorbei. Und alles das, was wie ein Panzer mich abgeschlossen hatte, fiel in dieser Stunde ab. Ich war nicht gerade sonderlich gerührt, aber es tat mir wohl. Die Heimat. Ich bin dieser Stadt und diesen Leuten dankbar.

Ich sehe jetzt, wie die Stadt bemüht ist, sich zu entfalten. Neue Wohnviertel entstehen, Gärten ziehen sich in einem anmutigen Kreise um die Stadt, wie eine heitere Schar spielender Kinder, die Parkanlagen weiten sich, und die Kronen der Bäume streben empor zu wehmutsvoller Mächtigkeit. Draußen, in weiterem Umkreis hämmert der Schmied, die Essen der

Fabriken künden von der Wirtschaftlichkeit dieser Zeit. Die Stadt hat die heranwachsende Jugend mit einem Stadion beschenkt. Und ist nicht das Gefühl dieser Verbundenheit mit der Heimat auch ein Geschenk der Stadt an einen, der niemals vielleicht solcher Gabe ganz würdig sein wird? Das ist so!
Als ich später die Stadt verließ, die meine Heimat ist, um nicht mehr zurückzukehren – denn alle Bindungen, die ins Bewußtsein gedrungen sind, lösen sich ohne unser Zutun von selbst – als ich die Stadt und die Menschen in der Bahnhofshalle mit einem letzten Blick umfing, da hatte ich die Gewißheit: Die Stadt und ihr alle tragt mit an dem Erbe. Auch wenn ich dem Rhythmus eures Lebens fremd geworden bin, ich lebe doch mit, ich und meine Vergangenheit. Habt Dank!

Sylvia
Eine Erzählung

Im Laufe der Jahre verblassen die Farben, mit denen der Liebhaber die Frauen bekleidet, die sich zu Zeiten in den eigenen Lebenslauf hinein widerspiegeln. Die Schattierungen schwinden in ein nebelhaftes Grau, das nur zu oft recht bedrückend wirkt und anhaltend. Dabei sollte es umgekehrt sein. Erinnerung braucht die Besonderheit, die Differenzierung – war's nichts weiter? War's nur das? Was die Erinnerung am Leben hält, ist, das Einmalige wiederzuerwecken, herauszustellen, sich wieder anzulehnen – die Reflexe des Rausches, der Zweifel und des Sichfindens. Gleichgültig ob der Liebhaber, der es beschwört, noch in den Fesseln der Fürsorge und Betreuung steckt oder schon völlig ausgestoßen ist – das Bunte, das Schillernde, es sollte sich wieder entfalten, Gestalt gewinnen, zu sprechen beginnen ...; aber es ist nicht so. Nichts rührt sich weiter, nichts zeigt sich als außergewöhnlich. Alltägliches, mechanisch sich wiederholend, in gleichbleibendem Wechsel, in ständigem Ablauf. Wenn einer das hätte vorher wissen können ...

Landschaft in Ungarn, eine Vorortlandschaft am Rande von Budapest, die Hügel um Maria Remete, der Weg zwischen den grünen Hängen, am Buschwald entlang – noch schmerzlicher bleibt eingeprägt die Tiefe der heimatlichen Wälder mit den schlesischen Bergen – Blick in die Gärten, die unscheinbaren Häuser, jeder bemüht sich und läßt den Boden bewegen für das Seßhafte, die Unterkunft, das Heim, das Fremde, das schon jetzt um ihn aufsteigt und noch aufsteigen wird ... Das ist es, was sich vordrängt, wenn das Wesenhafte zurückgerufen werden soll, der äußere Rahmen, nichts weiter, und die innere Leere. Hat jemand gesprochen? Der Habicht, der hinter der Beute her in das Gebüsch einfällt, bleibt stumm, auch die Frau ist nur eine unter den Tausenden, die täglich zur Stadt gehen und zurückkommen, irgendwelchen Beschäftigungen, Verabredungen nachgehen, den üblichen, ich weiß nicht welchen: es ist nicht von Bedeutung.

Inzwischen war wieder Krieg im Land, das heißt mehr Arbeit für die Versicherung. Die staatliche Schlachtviehversicherung in Ungarn ist in der Schweiz rückzuversichern. Die Transporte von Paprika, Pfefferminzöl (Ware ist knapp und wird für den

Flugzeugbau gebraucht), Transporte von Karpfen, Hagebutten und Beerenobst-Pulpe sind in der Police mit Kriegsklauseln zu versehen – sonst ist wenig verändert. Die Hotels am Donaukai sind bis unter das Dach besetzt, die Hallen überfüllt von Leuten, die zur Apparatur des Krieges gehören, in Zivil und Uniform, ohne direkte Fronten hier im Hinterland, die wartende, die hin und her flutende Menge durchwürzt von Hochstaplern und Schwindlern aller Schattierungen und von soliden Patrioten, die sonst in normalen Zeiten zuhause bleiben. In der Herren-Bar des Grand Hotels wird mit Vorliebe nur Englisch gesprochen, Ungarn – heißt das, ist frei, bleibt unabhängig, Hitler selbst hat es versprochen. Auf dem Korso treffen sich die Herren mit den dicken Aktentaschen, Geschäfte, Geschäfte. Sehr bunt; aber das ist es nicht, was sich so herauszuheben beginnt, auch nicht die Zigeunermusik zwischen den Zehntausenden von Flüchtlingen aus Wien und dem Reich und dem sonstigen Balkan, der infolge der deutschen Besetzung zwielichtig geworden ist. Wer wird verschont werden? Von wem und für welche Zukunft?

Ein junger Mann aus Polen, dessen Aura sich zu kristallisieren beginnt. Mediziner aus einer Kleinstadt in Galizien, gerade aus dem Staatsexamen gekommen, in die Armee gesteckt und mit seiner Truppe nach wenigen Wochen über die Grenze nach Ungarn gekommen, hier gelandet, zugeteilt dem polnischen Roten Kreuz in Budapest, wo er eine ambulante Hilfsklinik leitet, die eingerichtet worden ist von der ungarischen Regierung. Von der zeitweilig die Hunderttausend überschreitenden Menge der Kriegsflüchtlinge in Ungarn blieb über die Hälfte im Lande hängen, der größte Teil auf den Gütern der Landadligen, andere in den kleineren Städten in Aushilfsberufen, die wenigsten in Budapest selbst.
Ich bin viel mit dem Doktor zusammen gewesen in Maria Remete. Er erzählte von Mutter und Schwestern, die in Polen zurückgeblieben waren. Er wird sich in seiner Heimatstadt niederlassen, ein kleines Haus kaufen und mit Mutter und Schwester dort wohnen. Viel Geld wird er dort nicht verdienen in der ärztlichen Praxis, aber es wird reichen. Ich habe von ihm gelernt, daß man bescheiden sein kann, ohne für beschränkt gehalten zu werden.

Er hatte sich die Möglichkeit organisiert, mit der Mutter zu korrespondieren. Er konnte ihr Geld schicken, es war alles nur eine Frage der Zeit, daß er das erreichen würde, was ihm für die weitere Zukunft vorschwebte. Da waren keine wilden Phantasien, keine Abenteuer – und so viel Sicherheit, er wird zu irgend einer Zeit nach Hause gehen und glücklich sein.
Der Doktor war sehr befreundet mit einem ungarischen Mädchen, Artistin und Tänzerin. Das Mädchen arbeitete im Programm eines der Nacht-Cabarets der Stadt. Ich erwähne das hier: sie liebte nicht darüber zu sprechen. Schnitt auch Fragen über Einzelheiten brüsk ab. Sie war sehr bescheiden und etwas scheu; sie nannte sich Sylvia.
Die beiden waren ein Liebespaar, beide sehr schüchtern und zurückhaltend, von einer tiefen inneren Zärtlichkeit, die sich noch entfalten würde. Man hätte die beiden gut für Bruder und Schwester halten können. Die Mutter des Doktors schrieb bereits an das Mädchen und es galt als ausgemacht, daß der Junge Sylvia nach Hause mitbringen würde. Oft lag ein solcher Brief aus Polen am Tisch zwischen den beiden, ungelesen, in der Vorfreude der Zusammengehörigkeit. Ein starkes Band, Worte und Gesten hätten es nur zerstört. Es saßen bei solchen Gelegenheiten noch andere um diesen Tisch, Nahestehende und Zugehörige, die nicht sichtbar waren – wie vielleicht schon aus einer anderen Welt.
Sylvia, die sonst bei ihrem Vornamen Anna hieß, wohnte bei ihrer Mutter in Remete. Diese hatte den beiden ein Zimmer eingeräumt. Ich war dort oft zu Gaste.
Ich habe den Doktor zum letzten Male auf der Landstraße nach Budapest gesehen. Ich war gerade aus der Stadt geflüchtet, und er war in Eile, dorthin zurückzugehen. Ich versuchte, ihn zurückzuhalten. Ich konnte ihm berichten, daß die Deutschen einmarschierten, ich hatte die rollenden Panzer gesehen, längs der Donau von Esztergom her, ein nicht enden wollender Zug, wahrscheinlich viele Meilen lang. Ich konnte den Doktor nicht überzeugen. Ich hatte auch nicht die Kraft, ihn zu zwingen, einfach am Kragen zu packen; ich war selbst in Panik und hatte es eilig. Er war, wiederholte er immer wieder, auf dem Wege zur Rote-Kreuz-Zentrale. Es waren dort Patienten zu betreuen, es würde jetzt um so mehr Arbeit geben. So habe ich ihn zum letzten Mal gesehen.

Ein deutsches Polizeikommando besetzte noch am gleichen Abend das Rote-Kreuz-Haus. Daß auf dem Haus die ungarische Flagge gehißt war, daß zwei ungarische Soldaten vor der Haustür als Schutzwache aufgezogen waren, das hat die deutschen Sicherheitsmänner wenig gekümmert. Sämtliche Insassen, die in den Räumen sich aufhielten, wurden in den Hof getrieben und sind dort erschossen worden – ein zufällig anwesender ungarischer Priester, eine Krankenschwester, ein ungarischer Arzt, der zu einer Operation gerufen sich freiwillig für den Nachtdienst zur Verfügung gehalten hatte und der aus sieben Anwesenden bestehende Stab des polnischen Personals; darunter auch mein Freund.
Ich saß in dieser Nacht in der Küche im Hause mit der Mutter. Von der Katastrophe hatten wir durch einen Nachbarn gehört, der die Nachricht über einen schwarzen Sender aufgefangen hatte. Ich saß da, ohne etwas zu tun, ohne etwas zu denken. Ich hatte die Mutter bisher nur flüchtig gekannt. Das Unglück schien uns miteinander zu verbinden, beide jetzt einander nahe und beide einander so fremd. Sylvia war, wie das meistens schon jetzt der Fall gewesen ist, in der Stadt geblieben.
Wir wußten keine Einzelheiten, wo Sylvia beschäftigt war und was es mit ihrer Arbeit auf sich hatte. Es war eine stillschweigende Übereinkunft, niemand hätte sie danach gefragt – darüber spricht man vielleicht später in glücklicheren Zeiten, wenn es sich dann überhaupt noch verlohnt. Wir vermuteten aus gelegentlichen Andeutungen, daß sie in der „Arizona" beschäftigt war.
Die „Arizona" war ein Nachtlokal mit international berühmtem Programm, dem Range nach dem Pariser „Jockey" ähnlich. Das Innere der Bar war nach dem Vorbild eines Zirkusbetriebes angeordnet. Um die im Ausmaße sehr bescheidene Tanzfläche, die Manege, rotierende Scheibe auf Spiegelglas, farbiges Licht von unten her – waren im Halbkreis mehrere Reihen von Tischen zu je zwei Stühlen gestellt, terrassenförmig nach hinten ansteigend folgten, den Kreis weiter ausholend, die Logen, Tische zu vier und auch mehr Personen; dahinter eine Reihe von Tischen an der Rückwand, die durch eine Druckvorrichtung einige Meter in die Tiefe versenkt werden konnten, Ersatz für das Separee. Der Oberstock enthielt weitere Logen, teilweise zum Restaurationsraum verbreitert. Der Kreis oben schloß

sich mit den Garderoben der Artisten und Tänzerinnen; in einer vorspringenden Empore rechts und links die Musiker. Auf die Tanzfläche hinunter führte von dort aus eine breite Treppe, die den Innenraum nach der Rückseite abschloß. Auf dieser Treppe rollte die Show ab. In Seitenpodesten terrassiert.
Auf der Treppe tummelten sich die Tanzgruppen und das Ballett. Die Equilibristen, die Sänger und sonstigen Artisten, meist endend in einer Apotheose mit Fanfaren, Fackeln und kreisenden Sonnen, mit der ältlichen Inhaberin, der Miss Arizona als Königin der Nacht, in feierlichem Zuge die Treppe hinauf und herunter. Es war sicherlich sehenswert – mein Chef von der Versicherung in Basel kam je einmal im Monat nach Budapest zu geschäftlichen Besprechungen. Er kam so gegen Nachmittag an, stürzte ins Hotel, zog sich um, Smoking und alles das und verschwand in der „Arizona". Keine Geschäfte, keine Verabredungen. Nach zwei Tagen sah ich ihn wieder, kurz vor Abgang des Zuges, für den seine Rückreise nach Basel gebucht war. Ich notierte noch schnell einige Antworten auf die vorangegangene Briefkorrespondenz, etwelche Anweisungen und Instruktionen und ich war den Mann für die nächsten vier Wochen los.
Für die „Arizona" waren solche Besucher nichts außergewöhnliches. Die Ringtische waren oft ausschließlich von deutschen Militärs besetzt, die meisten Fliegeroffiziere auf der Durchreise, sonst von jüngeren Diplomaten und Herren unterschiedlicher Nationalität und unterschiedlicher Berufe. Diese letzteren waren die Stammgäste. Sie zogen Prozente vom Umsatz der Tische, die sie hatten mitfüllen dürfen. In anderer Hinsicht gehörte zu den Stammgästen auch der englische Professor, der in Budapest das Schuldezernat für den englischen Unterricht versah, ein in der Gesellschaft sehr angesehener Herr. Im Nebenberuf einer der wichtigsten Verbindungsleute für den Secret Service sowohl nach Deutschland hinein wie in die Balkanländer bis nach der Türkei; weitgehendst vom ungarischen Außenamt abgeschirmt. Er pflegte von Zeit zu Zeit in eine der versenkbaren Logen zu verschwinden mit Leuten von der amerikanischen Gesandtschaft, die zwar in einem Hotel auf der Margareten-Insel interniert waren, aber offensichtlich freien Ausgang für die „Arizona" hatten.
Gehandelt wurden Tito-Scheine, die dem Inhaber bestätigten,

daß er von großem Nutzen für die Partisanen-Bewegung sei, Preis 100 Pengö das Stück. Gehandelt wurden alle Arten von Devisen, darunter besonders englische Pfunde mit angebrannten Kanten zum Beweis, daß sie aus einem brennend abgestürzten Flugzeug geborgen worden waren, falsche rumänische Lei-Noten, nur 10 % unter dem Kurs der echten, und selbstverständlich Diamanten und Gold. Die deutschen Offiziere hatten die Flieger-Schokolade anzubieten. Alles sehr diskret, über die flanierenden Mittelsmänner. Größere Transaktionen wurden in der Versenkung getätigt.
In Nachtclubs wie der „Arizona", das gleiche in Preßburg, Sofia und Zagreb, in Istanbul, Rom oder Paris, arbeitet das Personal in eine gemeinsame Kasse, aus der die Direktion die Angestellten bezahlt; die Artisten im Programm sind darin nicht mit einbegriffen. Das Personal ist darauf geschult, Hand in Hand zu arbeiten, Portier und Chasseur, die Stopftier-Verkäuferin, die Blumenfrau und die Kellner, die Eintänzer und die Gutgekleideten auf Zeit, die, wenn aufgerufen, Raum und Gesellschaft zu wattieren haben. Die Kunst ist, dem Gast das Geld aus der Tasche zu ziehen, ohne daß dieser sich ausgeplündert fühlt. Jeder einzelne der Angestellten muß es in den Fingerspitzen haben, wieviel er dem Gast abnehmen darf, ohne daß es diesem wehtut; der Gast soll auch noch am nächsten Morgen befriedigt sein. Das liegt in den Händen der Mädchen, die zur Unterhaltung an die Tische kommandiert sind. Sie bilden die unterste Stufe, obwohl von ihnen Allgemeinbildung, fremde Sprachen und gute Umgangsformen verlangt werden. Sie waren meist früher für die Tanzfläche bestimmt oder stammen aus den Tanz-Ensembles auf der Treppe; Miss Arizona hat sie stufenweise degradiert, aus Geschäftsnotwendigkeit. Sie bilden die diskrete Reserve, die die Direktion auf direkte Anfragen zur Verfügung halten muß für die Herren aus dem Ausland, die sich verlassen und einsam fühlen. Obwohl diese Mädchen sozusagen den ganzen Betrieb auf ihren Schultern tragen, an ihnen verdienen die anderen Gruppen von Angestellten, die sonst brotlos wären, wenn die Mädchen schlecht arbeiten, die Lieferanten verlieren an Absatz, und das ist der Kredit, den sie der Geschäftsführung eingeräumt haben – obwohl diese Mädchen, die an die Tische kommandiert werden, sozusagen den geschäftlichen Mittelpunkt bilden, werden sie am

schlechtesten bezahlt, wie es der menschlichen Natur entspricht; mehr noch, sie werden auch von allen anderen verachtet und distanziert.

Das Geschäft ließ sich in diesen Monaten des Winters 1943/1944 nur sehr unregelmäßig und stoßweise an. Die großen Fische aus Übersee waren spärlicher geworden oder ganz ausgeblieben. Immer häufiger tauchten Leute auf mit dem Füllfederhalter in der offenen Brusttasche, Typ Portokasse – Schrecken für die Mädchen.

Es schien ein Regiefehler an diesem Abend – unmittelbar unter einer der Seitenlogen saß ein Mädchen für sich allein, rechts und links herum und nach vorn mehrere Tische frei. Saß verlassen: wie bestellt und nicht abgeholt. Von der Garderobe her wurde ein Herr in den Raum geschleust, vom Chef des Parketts, von Platzanweisern und Kellnern flankiert, ein Herr, der, nach der leicht unterstrichenen Aufregung des Gefolges zu urteilen, reichlich betrunken war. Der Herr hatte den ersten Schlag der Dunstwelle von Tabak und Parfüm, den Stoß der Jazztrompete in guter Haltung überstanden und steuerte jetzt mit Sicherheit auf das einsame Mädchen zu, die Kellner im zögernden Abstand. Der Geschäftsführer, von dem gegenüberliegenden Logentisch her, an den er soeben einige Lieferanten des Geschäfts placiert hatte, wechselte mit dem Chef des Parketts einen Blick; gewohnheitsmäßig hatte er den Eintretenden abgeschätzt: kann man durchgehen lassen. Kein besonderer Gast, wird aber zahlen – die Spannung war gewichen.

Inzwischen hatte der Herr nach einer Verbeugung am Tisch der Dame, die sich verwirrt erheben wollte, Platz genommen. Das Mädchen blieb sitzen, der erste Kellner trat bereits in Funktion.

„Sylvia?" Kaum besonderes Erstaunen. „Wußte nicht, daß ich Sie hier treffen würde."

„Nicht wahr?" – Eine weitere Unterhaltung schien nicht recht in Gang zu kommen.

„Sie hatten mich hier nicht vermutet –"

„Ich weiß nicht."

Es waren einige Monate vergangen, seit das deutsche Militär das Land besetzt hatte.

Für Sylvia war es der erste Tischgast. Sie hatte bereits auf-

gegeben. Man hatte ihr schon gesagt, daß sie den Kontrakt verlieren würde. Immerhin ein Glücksfall.
Die erste Hürde ist glücklich genommen, das Getränk steht auf dem Tisch. Der Nebel verflüchtet sich, eine gewisse Ordnung beginnt sich in den Gedanken abzusetzen. Die Blumenfrau. „– ? –" „Danke." „Nehmen Sie nur." „Nein, bitte kein Konfekt, ich würde lieber eine Rose ..." „Den Strauß Rosen." Es ist notwendig, klaren Kopf zu behalten, der Mann muß das Geld zählen. „Lassen Sie nur –" Ein Schein ist unter den Tisch gefallen. Immerhin beginnt sich der Druck, der den Betrunkenen seit einigen Stunden von einem Ausschank in den anderen gehetzt hat, zu lösen. Anscheinend eine gute Idee, hier gelandet zu sein.
Eine Dame in Elfenbein geschnitten, das Portrait einer Dame und zugleich ein Schulmädchen, aus der Schule weggelaufen? Geradezu ungeheuerlich, mit einer Dame am Tisch zu sitzen. Ganz unverdientermaßen ...
Rechts und links sind die Tische besetzt. Es wird eng. Der Konsum ist angestiegen, die Kellner machen ganze Arbeit. Es wird dem Paar gestattet, nach einem der hinteren Tische in die Loge hinüber zu wechseln. Der Chef des Parketts dirigiert noch ein zweites Mädchen an den Tisch. Der Betriebsführer selbst kommt zu einer kurzen Begrüßung, eine große Ehre. Es wird sehr lustig. Der Herr ist der einzige, der trinkt; die Mädchen gießen ihren Sekt in den Wasserkübel. Der Herr hat angefangen, etwas zu erzählen. Vermutlich nach den Stichworten, die ihm die beiden zuwerfen. Man spricht durcheinander, in verschiedenen Sprachen, das Varieté-Programm rollt ab. Die Primadonna einer Show-Nummer hat sich der Unterhaltung hinzugesellt.
Es geht dem Ende zu.
Das Ende: der Herr kann nicht zahlen; das macht nichts. Die andere Gesellschaft ist bereits gegangen, nur Sylvia ist noch am Tisch – in einem gewissen Abstand der Zahlkellner, noch weiter im Hintergrund der Direktor und einiges Gefolge. Eine Nota wird nach vorn gebracht an den Tisch, die unterzeichnet werden soll. Das Mädchen scheint über die Höhe der Zeche erstaunt, der Gast weniger – falls er überhaupt einen Blick auf den Kassenzettel geworfen hat.
Sylvia wird jetzt sehr geschäftig. Sie muß sich um die Garderobe

kümmern, sie muß nach einem Wagen schicken, sie muß noch darauf achten, daß die letzten Trinkgelder nicht vergessen werden. Am Ausgang, in der Tür, sieht sich der Herr verlegen in der Runde um.
Der Geschäftsführer hat begriffen. Er kommt herbeigeeilt, sich noch einmal zu verabschieden und drückt dem Gast einen Schein in die Hand. Hausportier und Chasseur und wer sonst noch wartet, verschwindet auf einen Wink, es wird alles geregelt.
Es war ein herrlicher Abend, unvergeßlich – gute Nacht.
Der Wagen rollt an.
Rollt und schaukelt und stößt das Paar gegeneinander. Der Herr muß fester gehalten werden, sonst rutscht er vom Sitz auf den Boden. Der Wagen hält.
Vor dem kleinen Hotel geht alles sehr schnell. Der Portier hat den Schlag geöffnet, der Mann drin in der Loge schon den Anmeldebogen vorbereitet. Man hat telefoniert, es ist alles geregelt – „bitte, die Herrschaften, nach rechts die zweite Tür." – – –
„Gute Nacht."

Wie war das doch – ein grauer Morgen mit Sprühregen, die Straße schmutzig, die Menschen auf dem Wege schmutzig und bedrückt. Die Erinnerung ist wach, daß das Mädchen im Zimmer zurückgeblieben ist.
Ich war sehr betrunken. Ich war mehr als betrunken, ich war vollkommen blank. Trotzdem genügt die leiseste Berührung einer Hirnfaser, um jede Einzelheit in das hellste Licht der Erinnerung zu setzen, und sehr präzise. Das ist bei Säufern nicht ungewöhnlich. Sie sprechen ganz normal, antworten, wenn derjenige übertragend mithilft, der zu ihnen spricht. Sie stehen auch auf den Beinen und bewegen sich, wenn der Begleiter ein wenig dirigiert. Das braucht nicht sichtbar zu sein. Aber das ist auch alles.
Zwar treiben solche Erinnerungen nicht weit. Sie verwandeln sich in ein dumpfes Gefühl des Unbehagens. Materiellen Verlust, große Betrunkenheit, sogar eine große Gemeinheit kann man abschieben, wenn man in der Handhabung der Scham geübt ist – vorausgesetzt, daß im Räderwerk des täglichen Lebensablaufs keine Stockung eintritt. Zur Not kann man auch durch

einen neuen Umtrunk nachhelfen, um den Wurm zu töten. Geht das aber nicht mehr, bleibt man irgendwie in dem Unbehagen stecken, so ist die Diagnose zu stellen, daß etwas verletzt ist. Ein Entzündungsherd ist entstanden, der sich weiterfrißt.

Das war der Fall. Das Unbehagen, auf einen noch unbekannten Punkt konzentriert, wurde stärker. Es verging ein Tag und noch ein zweiter. Bei derartigen Krisen ist es ratsam, mit jemandem zu sprechen. Ein Bekannter konnte in der folgenden Woche mit einer Verabredung aufwarten, zu der er das Mädchen, das ist Sylvia, veranlaßt hatte – ein Buch war im Hotelzimmer liegengeblieben.

Fliehen? – dazu war es schon zu spät.

Und so begann es.

„Bist du eifersüchtig?"
„Nein – das heißt, ich könnte mir vorstellen, daß es mir nicht recht wäre ..."
„Ich meine, würdest du eifersüchtig sein ...?"
„Was ich sagen will, ich würde mich bemühen und dich abhalten, eine Bindung einzugehen zu einem Manne, der deinem Wesen nicht entspricht."
„Eine Frau kann man nicht zwingen. Ebenso wenig wie einen Sack Flöhe."
„Ich meine einen Mann, der dich verachtet, der dich im Grunde beleidigt, der nichts von dir will als ..."
„Ach – ich verachte die Männer schon vorher."
„Es würde mir leid tun ..."
„Ja?"
„Was denkst du dir eigentlich dabei? Es wäre interessant zu wissen."
„Warum?"
„Es ist nicht nur Neugierde. Ich kann mir nichts anderes vorstellen, als daß Sympathie vorhanden sein muß, zumindest eine Andeutung davon, wenigstens im Augenblick der Vereinigung – das kann gar nicht anders sein."
„Natürlich."
„Ja, und etwas bleibt davon zurück."
„Ich glaube schon. Sieht man mir es an?"
„Das meine ich nicht. Es ist eine Verschwendung und eine

Belastung. Jeder Mensch hat nur einen bestimmten Grundstock von Sympathie zur Verfügung, mit dem er sparsam umgehen muß."
„Natürlich gefällt mir manchmal der eine, und auch besser wie der andere; aber ich vergesse es bald wieder. Schließlich sind alle Männer gleich – – –"
„Es kommt darauf an, was sie dir geben, was sie dir aus ihrem Lebensgefühl zu geben bereit sind, würde ich sagen – – –"
„Manche haben mich anscheinend gern. Manche wollen auch später wieder mit mir zusammenkommen. Ich will aber nicht. Ich hasse das, so einen Mann zum zweiten Mal zu sehen. Bei dir ist das – ein Zufall."
„Nicht wahr?"
„Ich würde mich mit manchen dieser ... dieser anderen sehr gut verstehen, das weiß ich, aber ich will eben einfach nicht."
„Seltsam."
Es wäre jetzt an der Zeit, von Laszlo, dem polnischen Freund, zu sprechen, den Sylvia Laszlo rief, obwohl er auf Frantisek getauft war. Warum spricht sie nicht? Ich selbst habe damals den Mut nicht aufgebracht, aber ich hätte gern gewußt, ich hätte brennend gern gewußt die Einzelheiten, die Hintergründe, sofern solche aufgehellt werden können. Ich hätte den Doktor ersetzen wollen, ich will zur Verfügung stehen, ich habe das nicht erreicht. Es ist die verlorene Zeit. All die Zeit hätte ich mit dem Doktor darüber sprechen sollen. Er hätte mir vielleicht Vertrauen geschenkt, vielleicht wußte er nicht, vielleicht wollte er nicht wissen. Was gilt es überhaupt zu wissen – Gott allein sieht in das Herz einer Frau, sagt die Theresa von Avila, die Männer sehen nur die Oberfläche.
„Das wäre zu viel verlangt, wenn ich mich auch noch darum kümmern sollte, ob sie gut oder böse sind. Bei den Männern ist das auch im übrigen ganz gleichgültig. War es das, was du wissen wolltest?"
Schweigen.
„Wie?! Ich habe auch einige Freunde, wenn du das meinst. Wir verstehen uns sehr gut miteinander. Wir lachen zusammen, und es wäre sehr gut gewesen, wenn mich einer von diesen hätte heiraten können. Die meisten sind schon verheiratet. Du meinst, daß ich hätte einen mehr fesseln sollen. Vielleicht hätte er dann seine Frau stehengelassen – nein, das ist mir

langweilig. Der Mann hätte mir nicht mehr gefallen. So ist es besser, wir sind gute Freunde geblieben."
„So ein Freund hätte ich auch sein wollen –"
„Wieso? Warum bist du denn zu mir gekommen? Und du kommst immer noch – ich denke, du bist verheiratet, oder nicht?"
„Es ist wahr, ich möchte dein Freund sein. Ich will von dir nichts, als dir helfen, dich beschenken und dabei sein und zuschauen, wie du dich darüber freust. Ich möchte, daß du ein wenig glücklich bist, ja? Daß es dir leichter wird, das Leben ..."
„Das sagen alle, die von mir wollen, daß ich ..."
„Ich nicht. Ich nicht! Wirklich nicht –"
Das ist nicht, was über Laszlo zu sagen wäre. Es muß mehr gewesen sein, ein zusätzliches Gefühl von Geborgensein, das so selten in den Beziehungen zwischen Menschen anzutreffen ist. Hatte ich diese Erinnerung bereits zerstört.
„Rede nicht so viel. Und frage nicht nach etwas, was du doch nicht verstehst. Es kann sein, daß ich mich an dich gewöhne, es ist noch nicht so weit, aber manchmal fühle ich, als ob es noch sein würde. Neulich, als du nicht gekommen bist und ich so lange habe warten müssen, hat es mir direkt leid getan. Ich habe geradezu einen Augenblick Angst gehabt."
„Angst – ? Warum? Wovor?"
„Es hätte dir etwas zustoßen können. Ich fange eben schon an, mich an dich zu gewöhnen."

Die Tage reihen sich aneinander. Sylvia hat nach einigem Zögern die Arbeit in der Tanzbar aufgegeben. Aber die Tage sind lang, es gibt Sonntage und Feiertage. Ostern steht vor der Tür.
„Über Ostern werde ich verreisen. Du brauchst die Woche über nicht mehr zu kommen."
„Warum? Wohin willst du denn verreisen?"
„Das soll dich nicht interessieren, irgendwohin ..."
„Ich werde versuchen, vielleicht kann ich es einrichten, daß ich mitfahre."
„Nein! Ich werde mir schon Gesellschaft suchen. Ich brauche dich nicht. Es ist nicht nötig, daß du dich darum kümmerst. Ich will wieder einmal lachen. Ich hasse die Feiertage. Ich bin immer allein."
„Was ist denn?"

„Ich sage dir doch, ich will allein sein. Du sollst nicht mehr kommen. Du wirst auch beschäftigt sein – das weiß ich. Ob du hier für ein paar Stunden mich aufsuchst – wie ich das hasse! Du bist mir widerlich. Ich habe keine Lust mehr. Mach, daß du weg kommst, bleibe weg, meinetwegen für immer."
„Du bist verrückt."
„Schließlich mußt du verstehen. Du hast deine Familie, ich habe niemanden. Darum soll ich zugrunde gehen –? Ich kann einfach nicht mehr. Wenn du durchaus willst, kannst du Ende der nächsten Woche noch einmal vorbeikommen, sehen, ob ich noch da bin. Aber besser nicht; übrigens wie du willst."
Keine Geste, keine Bewegung.
„Laß mich!"
Etwas sollte sich rühren, wieder zum Leben kommen.
„Raus! Oder ich schreie. Ich rufe um Hilfe."
Na gut – die Tür fällt ins Schloß. Ich gehe und gehe, den gewohnten Weg, ungewohnte Wege, ich gehe nach Hause. Ich höre mich sprechen. Der Tag geht zu Ende.

Ich muß das nachholen: Über Sylvia ist nach ihren eigenen Aussagen zu berichten: Mutter eine gelernte Krankenschwester, zwei Kinder, neben Sylvia noch ein Bruder, aus einer Kindheitserkrankung taub geblieben, trotzdem ungarischer Rekordläufer für die 10.000 Meter Strecke, Olympiade-Material, der Stolz der Familie, alles Geld der Mutter geht an den Läufer. Vater offiziell nicht vorhanden, seinerzeit der Anstandsarzt, aus dem ersten Krieg nicht zurückgekehrt, verschollen. Familie hört auf den Namen Kovacz, späterer Ehemann der Mutter, von Beruf Brunnenbauer. Der Stiefvater lebt seit Jahren von der Mutter getrennt, kümmert sich aber um die Familie, hat das Haus in Remete gekauft, große Zuneigung zu Sylvia. Von dieser nicht gerade geachtet, aber gern gesehen.
Sylvia kommt in den ersten Lebensjahren zu Zieheltern, später in eine Klosterschule mit Internat und zuletzt dank von Verbindungen, die damals der Mutter zur Verfügung standen, in ein Institut, wo die Töchter der höheren Stände für die Gesellschaft erzogen werden. Sehr vornehm, sehr exklusiv. Die Kontrolle kirchlicher Oberer sorgte dafür, daß in einem solchen Musterinstitut Klassenunterschiede ignoriert, gemildert und verwischt werden. Sylvia brilliert in Tennis und Schwimmen

schreibt Gedichte für die Institutszeitschrift, gilt als überdurchschnittlich begabt und ist beliebt bei der Leitung und den adligen Damen im Überwachungs-Ausschuß. Scheut sich aber, Einladungen von Klassenkameradinnen auf das Gut derer Eltern anzunehmen; stolz, aber mehr arrogant, heißt es. Sonst scheint alles ausgeglichen. Sie geht mit einer ersten Note durch die Abschlußprüfung, für die anderen eine Formalität, für sie das Lehrerinexamen. Stellungssuche. Als Stipendiatin übernimmt die staatliche Schulbehörde das weitere. Wird in ein Dorf nach Oberungarn verpflichtet.

Sofern, was Ungarn anlangt, in irgendeiner Weise von kulturellen Dingen die Rede ist, wird immer nur Budapest gemeint; auf dem Lande sieht das anders aus. Im Schulhaus regnet es durch das schadhafte Dach in das Klassenzimmer. Schulungsmittel stehen kaum zur Verfügung, keine Bücher, kein Papier, keine Tinte, eine zerbrochene Schultafel an der Wand. Die Kinder kommen nur an Schönwetter-Tagen zur Klasse und wenn sonst auf dem Felde nichts zu tun ist. Im Winter fehlt es an Holz zum Heizen. Alles hängt von den Bauern ab. Und die Bauern hängen wiederum ab von den Launen des Notars, der die staatliche Autorität vertritt, und dem oberen Verwaltungspersonal des Gutes, zu dem das Dorf gehört, daran hat sich auch heute noch nichts geändert. Der Inhaber des Gutes, Groß- oder Kleinadel, lebte, wenn auch seit Jahrhunderten überschuldet, in Budapest oder im Auslande. Der Unterschied heute, daß er im Auslande geblieben ist. Für eine angehende Lehrerin eine Stellung in Budapest zu bekommen ohne ausreichende Beziehungen, war so gut wie ausgeschlossen. Für den Gutsverwalter, die Volontäre, den Notar und den Notar-Assistenten, selbst noch für den Gendarmen, wenn er sich genügend Mut angetrunken hat, ist eine junge Lehrerin, die noch obendrein sich sportlich bewegt, Tennis und Klavier spielen kann, wie eine Offenbarung aus einer anderen Welt. Sie ist Freiwild – das ist die traditionelle Form der ungarischen Gastlichkeit. Sylvia ergriff die Flucht, zwischen Heiratsanträgen und Vergewaltigungsversuchen.

Der Rest ist kurz abzumachen. Versucht in Budapest eine Stellung zu finden, im Büro, im Fabrikkontor. Das übliche – nicht genügend bezahlt, um sich zu kleiden und satt zu essen, dafür große Versprechungen. Erinnerung an die Institutsjahre

bricht jetzt schärfer durch. Hat der Mutter verschwiegen, daß sie davongelaufen ist. Zeit der großen Versuchung ist angebrochen, sich zu behaupten, am Leben zu bleiben. So steht es in der Bibel und in den Erbauungsbüchern, mit denen die Instituts-Schwestern ihre Zöglinge beschenken: Die Gottesmutter sieht dich, sie begleitet dich, wo immer du auch sein magst.
Sylvia hat bei einer ihrer Beschäftigungen einen Herrn gefunden, der sich ihrer annimmt, ihr zu essen gibt, der sie versteht. Er wird sie als Tänzerin ausbilden lassen. Schickt sie auf eine Artistenschule und nimmt Sylvia zu sich ins Haus. Sylvia erinnert sich, es war nichts besonderes. Es war eine große Sünde, aber es war kein direktes Vergnügen. Manche Männer waschen sich vorher die Hände, manche nachher und manche überhaupt nicht. Das ist der Unterschied. Für ihr erstes öffentliches Auftreten in einem Nachtklub in Kaschau als Czardastänzerin hat ihr der Klavierspieler den Abgang in Musik gesetzt mit dem Refrain: Wer wird heute mit mir schlafen gehen? ... Sie? – oder Sie – oder Sie? – Erfolg gewesen.

„Oh – ich wußte nicht, daß du schon wieder zurück bist"; verlegen. Er stellt einen eleganten Reisekoffer im Zimmer ab. „Es ist nämlich so, daß ich schon neulich einen Koffer gekauft habe und dir durch Boten habe schicken lassen. Aber er war nicht ganz so, wie du ihn damals gewünscht hast; ich dachte, wir würden den anderen umtauschen."
„Aber warum? Der andere gefällt mir auch sehr gut."
„Ja? Wenn er dir gefällt – "
„Ich war ganz überrascht –" Im Zimmer herum liegen überall die Sachen zerstreut, Kleider, Pakete, Grammophonplatten, der Plattenspieler scheint zerbrochen, Reste vom Frühstück stehen darauf. „Gestern ist die Feder gebrochen, ich habe schon den Mechaniker gerufen."
„Wenn du nachher Lust hast, gehen wir einen anderen kaufen. Das Radio taugt auch nicht viel. Ich denke, daß wir einen besseren Apparat finden."
„Oh – das wäre fein."
„Schon lange zurück?"
„Ja – das heißt, ich bin überhaupt nicht fort gewesen."
„Beinahe habe ich mir das auch gedacht."

„Als du die vielen Sachen hier angeschleppt hast, hättest du mir eigentlich begegnen müssen. Ich war nur für ein paar Minuten auf der Straße. Hattest du es so eilig?"
„Ja."

Es mag sein, daß ich mir das nur eingeredet habe. Ich hatte mich in eine Katastrophe hineingelebt. Etwas war tiefer in das Bewußtsein hineingestoßen und hatte dort angefangen zu splittern. Die Umwelt, die Existenz ... ich muß das klären. Ich muß mich stellen. Ich kann nicht einfach davonlaufen. Ich kann das nicht so weiter dahintreiben lassen. Ich sollte erklären, ich sollte mich verteidigen. Aber ich habe nichts, worauf ich mich in Wirklichkeit stützen könnte.
Es war viel Ablehnung im Spiel, gegen mich selbst, gegen andere, ganz allgemein eine zum Teil bösartige und gequälte Distanzierung, aber im Grunde mag es wahr gewesen sein: Ich wollte einmal im Leben etwas für mich allein zu Ende führen, zu einem guten Ende. Ich habe helfen wollen, aufbauen an einem neuen Leben für einen anderen Menschen, gerufen oder nur geduldet, Mut geben, Frohsinn und ähnliches. Ich bin abgelehnt worden, hinausgeworfen; war es zu wenig? Es steht nicht in meiner Macht. Es ist begründet vielleicht im Charakter. Ich habe schon damals daran festgehalten, daß ich hinausgeworfen worden bin. Es ist nicht die Zeit mehr, darüber nachzugrübeln. Das Leben rollt bereits weiter, schon zu viel belastet und noch weiter angeschlagen. Sich völlig aufgeben? – Dafür wird der Anlaß zu gering sein.
Das Mädchen nicht mehr sehen, die Wohnung nicht mehr betreten. Aus.
Aber es ist auch im Negativen noch nicht zu Ende. Man muß warten, bis man endgültig hinausgeworfen ist. Und das ist: bis man sich selbst hinausgeworfen hat. Ich bin in der Nähe der Wohnung herumgestrichen, vor der angesetzten Zeit, die Sylvia angesetzt hatte und die ich mir selbst gesetzt hatte.

Später auf der Straße: „Ich bin schon verwöhnt. Es hat mir leid getan, wenn ich gedacht habe, um diese Zeit würde er sonst kommen – und ich habe auch darauf gewartet, so launisch kann eine Frau sein."

„Ich habe mich genau an die Zeit gehalten, die du bestimmt hast."
„Hat es dir nicht auch leid getan? ... Wir wollen nicht mehr darüber sprechen. Es könnte vielleicht doch sein, daß ich dich einmal sehr liebgewinne."
Beeile dich, beeile dich ... und es lag mir auf der Zunge: Die Sache fängt an, mir lästig zu werden.
„Warum sprichst du nicht?"
„Nur so – ich überlege, daß ich etwas Schönes für dich finden muß –"
In solchen entscheidenden Krisen hören die Frauen nicht zu. Der Mann wartet auf das Stichwort, daß er sich entfernen kann.
Das Mädchen nahm seinen Arm, schmiegte sich an und versprach, künftighin brav und folgsam zu sein.

Es ist ausgeschlossen, von der Sache freizukommen. Auch die Zeit ist nicht dazu angetan. Sie wird nicht loslassen, ohne daß ich sie mit Gewalt abschüttele. Dann hätte das Ganze überhaupt keinen Zweck gehabt. Es würde mir leid tun; sie tut mir schrecklich leid – kannst du nicht auf eigenen Füßen stehen?!
Ich muß mir allerhand Kenntnisse aneignen. Ich muß auch Reserven schaffen, es könnte ja sein, daß den Mann ein Unglück trifft und daß er mir weggenommen wird, so schwach wie er ist und so schwankend. Aber Gott wird das nicht zulassen, wenn Gott ihn mir geschickt hat, daß er mir helfen soll.
„Bist du eigentlich gläubig? Glaubst du an Gott?"
„Die Frage kann man nicht so einfach beantworten." (Blödsinn – verbessert er sich; nein hätte er sagen sollen, glattweg nein.)
„Du wirst uns sonst beide ins Verderben hineinreißen. Gott wird mir nicht mehr helfen, wenn du erst einmal für immer verstoßen sein wirst. Du solltest auch auf mich Rücksicht nehmen."
Verlegene Geste, ausweichend.
„Ich warne dich. Ich weiß genau, was du sagen willst – ich werde das nicht dulden."
„Ich nehme an, daß du dagegen umso mehr wieder ... wieder Gnade gefunden hast."
„Wie gemein! Wie kann ich das – solange ich mich mit dir herumschleppe."

Jetzt wäre die Gelegenheit gewesen zu antworten. Alles das auszusprechen, was bisher und soeben noch nur in sehr unklaren Vorstellungen geblieben ist. Eine klare Scheidung, klare Verhältnisse. Ich bin zu schwach gewesen. Etwas wird zurückbleiben, was sich nicht weiter wegschieben und nicht mehr auflösen läßt –
„Es wird nicht so schlimm werden. Vor Gott habe ich Angst. Er wird sehr böse sein. Aber mit der Gottesmutter verständige ich mich. Sie weiß, daß nicht alles so geht, wie es gehen sollte, nicht wahr?"
„Ich verstehe davon nichts."
„Eben. Du mußt sehr auf dich aufpassen. Männer sind in diesen Dingen sehr dumm. Und auch grob. Wirst du jemals grob zu mir sein?"
„Ich glaube nicht."
„Das weiß ich."
Nichts ist gesprochen, nichts ist geklärt worden. Niemals, scheint es, wird das geklärt werden.

Was wollte ich noch?
Es ist mir in der Erinnerung unverständlich, daß ich mich nicht entschließen konnte, einfach wegzubleiben. Dazu wäre weder eine moralische Forderung noch eine besondere Kraft notwendig gewesen. Ich war in der Rolle eines Zuschauers, eines beinahe uninteressierten Zuschauers, der für einen Dritten, etwas völlig Unbekanntes und Unpersönliches, versprochen hatte, anwesend zu bleiben. Ich merkte es kaum, und es war mir auch gleichgültig, ob ich dabei gelegentlich aneckte und herumgestoßen wurde. Es betraf mich nicht.
Ich will sagen, ich empfand es natürlich als Unrecht, daß ich Sylvia nichts mehr zu bieten hatte; aber solches Unrecht ist allenthalben in der Welt. Was ich bereit gewesen wäre zu bieten, hatte sich als eine für beide Teile gefährliche Illusion aufgelöst: eine Lebensexistenz herauszuheben aus ihrer Verwurzelung, einen Weg zu ebnen, auf dem diese Existenz sich würde entfalten können, sie zu schützen gegen eine Umwelt, die mir nur oberflächlich bekannt war und vor deren Bedingungen ich selbst die ganze Zeit über auf der Flucht war, und – es hatte mich niemand gerufen, es hatte mir niemand den Auftrag gegeben. Ich würde nicht darauf gehört haben,

hätte mir jemand, am wenigsten natürlich das ausgewählte Opfer, zu verstehen gegeben, ich operiere unter völlig falschen Annahmen und Voraussetzungen.
Ich war nicht stolz, ich bin nicht zu stolz, um einen Irrtum zuzugeben. Aber ich war in der allgemeinen Vorstellung befangen, daß es einen Weg geben würde, mich freizukaufen. Dabei hätte ich wissen müssen, daß es mir bisher niemals gegeben gewesen ist, mich freizukaufen und von irgendeiner Schuld loszukommen. Ich habe zwar immer die Zeche bezahlt, von der Schuld bin ich deswegen nicht losgekommen.
Ich möchte hier einschieben, daß im Leben die Menschen, die sich einander zugehörig fühlen, mit besonderer Sorgfalt verschiedene Wege gehen; sie weichen in Wirklichkeit einander aus. Das sind die Mißverständnisse, denen Personen ausgesetzt sind, die glücklich zu sein vorgeben oder glücklich sein wollen; man kann ihnen nicht helfen.
Ich konnte Sylvia nicht daran hindern, glücklich zu sein. Ich konnte es auch nicht verhindern, daß von diesem Glück eine äußere Hülle nach der anderen absplitterte und daß im Laufe der Monate und schließlich Jahre die Erkenntnis der wahren Bindungen, die Nichtexistenz dieser Bindungen durchgebrochen ist; eine Panik wird entstanden sein, schlimmer noch als nur die Enttäuschung – persönlicher Zusammenbruch, die Welt stürzt ein. Ich hätte es kommen sehen müssen, aber selbst wenn – ich hätte es nicht verhindern können. Ich kam mir vor wie ein Maikäfer, die Hülle eines Maikäfers, dem die Ameisen bereits die Eingeweide ausgefressen haben.
„Du bist wie ein Stück Holz." Wie ein Stück Holz.
„Du bist Marmelade, wie Laszlo. Ich hätte nicht gedacht, daß du ebenso Marmelade bist." Ich war Marmelade.
„Wie ich das hasse." Mit einem zärtlichen Unterton, in Erwartung.
Sylvia hat mir leid getan. Der Abstieg von Stufe zu Stufe war eine entsetzliche Tortur – dabeizustehen, es mitzuerleben, es ständig zu schüren ...
Was wollte ich eigentlich?

Inzwischen hatten sich auch die äußeren Verhältnisse geändert. Der Krieg war nähergerückt. Man kann das äußere Kriegsgeschehen ignorieren. Dann muß ein eigener rein persönlicher

Erlebnisrahmen aufgebaut werden, mit dem der Kriegslärm übertönt werden kann. Man kann sich selbst mit Bomben belegen, sich selbst in die Luft sprengen lassen. Das wird der Fall sein, wenn die allgemeine Apathie eingesetzt und die große Leere sich ausgebreitet hat. Bei einer Mehrzahl der Beteiligten wird das zu finden sein, die einem Krieg unterworfen sind. Krieg hat bisher nicht entscheiden können, ob ein Mensch lebensfähig ist oder nicht. Jeder hat die Möglichkeit, sich auf materielle Werte zu stützen, Geld zu verdienen, Geschäfte zu entwickeln, sich in tätige Bewegung zu setzen. Jeder – außer den direkt vom Kriege Betroffenen, den Toten, den Verstümmelten, den Ausgebombten und den jeweiligen Repräsentanten der Autorität – wird die Möglichkeit haben, den unmittelbaren Berührungspunkten, die peinlich sein können, auszuweichen. Die allgemeine Apathie, die Dynamik der inneren Leere gehört dazu. Ich war schließlich in dieser Mehrzahl mit eingeschlossen. (Wer nachträglich gegen diese Grundthese noch aufbegehrt, sagt – fürchte ich, nicht die volle Wahrheit.)
Also – der Krieg war nähergerückt. Die äußeren materiellen Verhältnisse hatten sich zusehends verschlechtert. Die Vertretung der Basler Versicherung wird liquidiert. Der Kreis provisionsträchtiger Vermittlungen engt sich ein. In der ersten noch vorsorglich legalisierten Welle der Flucht wechselten Grundstücke den Besitzer, ländliche Anwesen, Geschäfte in der Stadt, Aktienrechte und staatliche Kauf- und Lieferungskontrakte. Später für die nachfolgenden Wellen ging es um das Vieh, den Hausrat, Pelze und Schmuck, Autos und sonstige Beförderungsmittel. Schließlich konzentrierte sich der Handel auf ((Wort unleserlich)) und Benzin – das letztere war in der Hauptsache bei den deutschen Luftwaffen-Kommandos erhältlich; manche haben daran sehr viel Geld verdient, manche sind dabei gefaßt und erschossen worden.
Sylvia war in dieser Zeit sehr geschäftig. Sie hat ein neues Betätigungsfeld gefunden. Eine unerwartete Gelegenheit sich hervorzutun und zu brillieren. Sie segelte in diesem Fahrwasser mit vollendeter Geschicklichkeit. Geld und die Kommissionen flogen ihr zu. Von Zeit zu Zeit tauchte sie in der Bar des Grand Hotel auf, um mir mit fliegendem Atem Bericht zu erstatten: Sie hat Grundstücke gekauft in Maria Remete, sie baut dort ein Haus für uns, sie hat Arbeiter organisiert, die

bereits Mangelware geworden waren, das Haus steht bereits über die Grundmauern, eine große Terrasse, weiter Blick über das Tal; Protest von Nachbarn, sie wird die bösen Nachbarn auskaufen, Straßen verlegen lassen – außerordentliche Geschäftigkeit. Inneneinrichtung des Hauses ist nach eigenen Zeichnungen in Arbeit vergeben. Durch Gegenlieferungen sind die kaum mehr vorhandenen Bausteine angeschafft. So ist in der Seitenlinie eine Handelsgesellschaft mit Baustoffen entstanden, der Stiefvater Kovacz als Geschäftsführer. Es werden noch eine Reihe weiterer Häuser gebaut werden; nachts kreisen bereits die russischen Flugzeuge über der Stadt, leuchten die Stalin-Kerzen. Im Grundstück ist eine Flüchtlingsfamilie angesiedelt worden, die später den Haushalt betreuen soll. Neue Obstbäume sind gepflanzt, in einem Nachbargrundstück, das die ganze Seite eines Abhanges bedeckt und vorerst auf eine Reihe von Jahren gepachtet ist, wird eine Pfirsich-Plantage angelegt. Die Lieferanten kommen und gehen, die allgemeine Fluchtwelle akzentuiert sich. Ich bin in ein Hotelzimmer übersiedelt, das ich von einem Tag über den anderen wechsle. Sylvia hat sich die Zeit genommen, mit mir zu telefonieren und über weitere Fortschritte zu berichten. Alle ihre Pläne bezogen sich auf unser Heim, unsere Zukunft und blieben schließlich auf mich konzentriert.
Wann geht ein Mensch zugrunde?
Ich habe hier schon eine Reihe von Ereignissen vorweggenommen. Ich selbst war auf der Flucht. Ich war von den Ungarn eingesperrt gewesen. Ich kam noch einmal frei, fiel aber bald – und diesmal schien es für endgültig – den Deutschen in die Hände. Ein langwieriges Verfahren wird beginnen, sieht so aus wie eine allgemeine Abrechnung: zur Kasse die Herren, die getanzt haben! Ich bin schließlich schon vor meinem Weggang aus Deutschland 1936 einige Monate bei der Gestapo zu Gast gewesen.
Ich will den Überblick nicht verlieren, deswegen habe ich bereits einiges hier erwähnt, was Sylvia mir erst später nach dem Kriegsende erzählt hat. Im Zuge des Verfahrens gegen mich war ich schließlich in einem italienischen Polizeilager gelandet: Meine Leute hatten es nicht eilig.
Während dieser Monate, genauer gesagt der ersten Hälfte des Jahres 1944, die in dieser Darstellung nur als ein paar Wochen

erscheinen mögen, hatte ich zwei Schritte unternommen, ganz für mich allein, in voller Überlegung, ohne irgendeine Richtung für einen späteren Zweck, von niemandem beraten oder gedrängt – schwerwiegend in der Beurteilung meines Vorfalls für mich selbst und möglicherweise für andere. Merkwürdigerweise hat gerade die Tiefe dieses Absturzes mir in den späteren Jahren die Möglichkeit gegeben, unter entsetzlich quälenden und langanhaltenden Selbstvorwürfen wieder an die Oberfläche zu kommen, das ist am Leben zu bleiben. Zu dieser Zeit hatte dann auch schon die Arbeit begonnen, die Arbeit als Strafe, den Lebensunterhalt zu verdienen und einigen oberflächlichen Verpflichtungen nachzukommen. Ich muß letzten Endes versuchen zu entscheiden, ob es sich gelohnt hat, der Abstieg und das Wiederauftauchen – ich weiß es nicht.

Die erste dieser Maßnahmen war: Ich habe Sylvia verheiratet. Sylvia brauchte für ihre geschäftlichen Operationen einen gesellschaftlichen Namen und wenn möglich auch eine Stellung. Das Geeignete wäre gewesen, der Name einer altungarischen Adligen-Familie. Ich hatte einen Agenten dafür eingesetzt, sah mich aber auch selbst im Kreise der Barbekanntschaften um. Interessenten und Anwärter wären genug aufzutreiben gewesen. Je besser aber der Name, je höher die Ansprüche. Ein ungarischer Graf oder Baron überstieg die Mittel, die ich vielleicht noch hätte auftreiben können. Zudem war die Beteiligung an einer späteren geschäftlichen Zukunft, die ich als Zugabe mitanzubieten hatte, ziemlich wertlos geworden. Angebote aus den Mittelschichten, den intellektuellen Berufen, waren zahlreich genug, es waren allerdings meistens Leute, die bereits einen Stich hatten, zudem zu sehr von der äußeren Erscheinung Sylvias beeinflußt. Sylvia hätte einen Idioten-Baron, entmündigt und reif für die Dauerinternierung, vorgezogen.
Ein Zufall kam mir zu Hilfe. Ein langjähriger Freund meiner Tochter Dagny, unklarer Nationalität, halb deutsch, halb ungarisch, mit einem Schuß Italien. Name konnte über den österreich-ungarischen Beamtenadel des Vaters, Ritter und Freiherr, nach Siebenbürgen zuständig, aufpoliert werden. Der junge Mann tauchte plötzlich bei mir auf, von Dagny geschickt, irgendeinem kleinen Nationalitäten-Büro als Hilfsarbeiter verpflichtet. Ich wußte, daß die Tochter die intime Freundschaft

längst gelöst hatte, der Mann bot zu wenig Halt, Blatt im Wind, sehr gutmütig, sehr anständig, sehr weich und Dagny sehr zugetan. Der Junge war sogleich bereit, mir den Gefallen zu tun, Sylvia zu heiraten.
Die Schau rollte ab, mit Zeugen, Photographen und der Mutter und einigen Bekannten Sylvias, die zum Essen ins Gellert geladen worden waren. Der Bräutigam hatte große Mühe, noch den gleichen Abend die Braut wieder loszuwerden, wie es vereinbart war. Sylvia hatte sich jetzt bereits entschlossen, die neue Ehe auch zu konsumieren. Der Mann war nicht der Typ dafür und lief davon.
Ich erfuhr es erst Tage nachher. Und hörte auch später, daß er sich vergeblich bemühte, die Annullierung der Eheschließung zu betreiben oder die Scheidung. Ich hatte ihm das versprochen, aber ich konnte es nicht einhalten, denn ich war bereits aus dem Verkehr gezogen.
Der Junge selbst ist in dem Kriegsgeschehen der letzten Monate verschollen. Die Vorstellung ist mir geblieben: Wenn der Mann nach Österreich zurückgegangen wäre, was er vorhatte, und wäre bei Dagny geblieben, und die beiden hätten sich vielleicht doch noch geheiratet, vielleicht hätte er die Tochter retten können. Dagny wäre nicht hingemordet worden. Sie hätte sich wieder aufrichten, weiterleben können, wenn es so gewesen wäre ... vielleicht ... es hätte sein können ...

Der zweite Schritt war: Ich habe mich von meiner Frau getrennt.
Man wird mir schwer Glauben schenken, wenn ich sage, daß dies in keinem Zusammenhang mit dem Sylvia-Problem gestanden hat. Sylvia mag äußerlich mit dazu beigetragen haben, den letzten Anstoß zu geben, aber nicht den entscheidenden. Sylvia hat zwar versucht, ihre Stellung zu mir der Frau gegenüber stärker zu betonen, den Anspruch einer Zugehörigkeit offen zu bekunden, es sind einige solcher Begegnungen vorgekommen, aber sie haben zu keinen weiteren Folgerungen geführt. Ich selbst habe Sylvia gegenüber Frau und Kind nur selten und ganz allgemein erwähnt. Gelegentliche Bemerkungen Sylvias ignoriert und überhört. Harriet und das Kind waren meine eigene persönliche Angelegenheit, über die ich sowieso zu niemandem gesprochen hätte.

Die tragische Verknüpfung der äußeren Umstände hatte schon seit Jahren eine Aussprache über die tiefere Begründung unserer Trennung unmöglich gemacht, nicht nur jeweils aufgeschoben, sondern inzwischen auch in den Akzenten verändert.
Ich hatte auch für Harriet nach einem Mann gesucht, der mich in der äußerlichen Form der Betreuung hätte ersetzen, der die notwendige Stütze hätte sein sollen, und ich hatte zuletzt sogar diesen Mann gefunden – stattdessen, ohne nach einer möglichen Plattform für eine Aussprache zu suchen, bin ich vor Harriet hingetreten, eines Tages, als die Frage reif geworden war, die Wohnung aufzugeben, die Stadt Budapest zu verlassen, einen neuen Fluchtweg zu suchen, zu disponieren – das heißt aufzugeben und wieder neu aufzubauen, bin ich zu Harriet gegangen und habe gesagt: Wir werden uns trennen. (So einfach war das.)
Über die unmittelbare Wirkung vermag ich nichts mehr auszusagen. Harriet mag etwas Ähnliches erwartet haben. Über das Kind wurde wie nach einer gemeinsam vorangegangenen Überlegung nicht gesprochen, weder an diesem Abend, noch in den folgenden Wochen, als die Loslösung sich bereits praktisch vollzog. Was auch immer sich angesammelt hatte an gegenseitigen Vorwürfen, Enttäuschungen und den verpaßten Gelegenheiten sich zu finden oder sich wiederzufinden, nachdem wir die Jahre über uns offensichtlich verloren hatten, das brach zusammen wie ein Kartenhaus. Es war überhaupt nichts mehr vorhanden als das Gefühl einer völligen Leere, die vollkommene Sinnlosigkeit der Existenz.
Harriet hat nicht versucht, mich umzustimmen, mir zuzumuten, eine Verpflichtung zu halten, mich zu bitten, die äußeren Erschwerungen zu berücksichtigen oder etwa gar zu helfen. Sie blieb stumm. Sie hielt sich meist in ihrem Zimmer eingeschlossen. Stück für Stück brach der Haushalt auseinander. Für den Jungen war eine entsetzliche Katastrophe hereingebrochen.
Ich habe die beiden noch zu dem Zuge gebracht, der bereits die ersten Evakuierten ins Reich zurückbeförderte. Harriet hatte das selbst noch arrangiert. Vorher hatte sie bei einer der seltenen Gelegenheiten, wo sie zu sprechen bereit schien, gesagt: „Ich dachte, wir würden zusammen altern ..."
Nein, wir werden nicht, wir werden nicht!

Als der Zug sich in Bewegung setzte, hätte ich noch aufspringen wollen, dem Zuge nachlaufen und zugleich in den Boden versinken. Mir war das im Augenblick klar geworden: Das ist der Zusammenbruch. Ich bin geschlagen, ich bin am Ende. Harriet konnte es nicht aussprechen. Die Gedanken, die möglichen Worte, die sich hätten bilden wollen, hatten bereits vorher den Weg zu mir gefunden und die Panik vertieft. Harriet wollte, daß wir zusammenblieben. Zu spät.
Es war der Tag, auf den ich vier lange Jahre und einige Monate gewartet hatte. Die Abrechnung, die Rache – wie kläglich und wie gemein.
Sicherlich – Harriet hat mich nicht geliebt, wenn man das so allgemein sagen darf. Sie war zwar bereit, Rücksichten zu nehmen, wenn das Zusammenleben ihr unerträglich erschien. Aber warum? – Sie sprach nicht darüber. Es hätte mir sehr geholfen, sie besser zu verstehen. Sie blieb auch in den fünfzehn Jahren unseres Zusammenlebens verschlossen. Ich konnte ihr nichts bieten als meine Verkrampfung, jeweils zu frühe oder zu späte Möglichkeiten, die äußere Unsicherheit und die Flucht.
Sie hat das Kind zeitweise als Belastung empfunden, wahrscheinlich auch als eine Art Verpflichtung mir gegenüber, die ihr unangenehm geworden war – zeitweilig schien es sogar, sie würde sich an mir für das Kind rächen wollen, das Kind hätte es auszutragen gehabt – es kam nicht dazu. Ich habe zum großen Teil den Jungen aufgezogen und ihn allmählich sehr behutsam der Mutter nähergebracht. Harriet wurde eine außerordentlich hingebende und einfühlende Mutter. Das hat unser Miteinanderleben sehr ausgeglichen.
Allmählich begann die innere Abwehr sich zu lockern, und nicht allein gegen mich, sondern auch gegen die Kette von Erlebnissen, die ihren Stempel vor meinem Eintritt in ihr Leben aufgedrückt hatten. Wir haben nie eingehender darüber gesprochen. Ich wollte sie sich entfalten lassen, aufblühen. Gute Worte sind zu wenig – was ich an Zärtlichkeit zu geben hatte, das habe ich gebracht, oder ich habe zum wenigsten es zu bringen geglaubt. Sie schien das kaum aufzunehmen, kaum zu bemerken. Sie lebt in einer anderen Erlebenssphäre, zu der ich keinen Zutritt hatte; das mag vorkommen.
Ich war nur geduldet. Ich hatte Harriet aus recht unglücklichen

äußeren Verhältnissen befreit. Sie hat mir das als Belastung zugeschrieben, als unerwünschte Einmischung, als eine durch nichts gerechtfertigte Überheblichkeit. Ich war nicht gerufen worden, aber ich wurde geduldet und – immerhin – ich brachte einen ausgeglichenen Lebensstandard zuwege. Die Krise, die ich damals für mich selbst heraufbeschworen hatte, war völlig unnötig. Ich hatte ein Heim aufzugeben, einen sicheren Hafen der Betreuung, eine tiefe innere Zusammengehörigkeit zu einer Frau, die sich für mich opferte. Es war völlig sinnlos gewesen, ein Weglaufen vor etwas, das als Gespenst wie etwa für mich die innere Ruhe noch nicht einmal vorhanden war. Und ich wollte von Harriet nichts, nicht einmal die Befriedigung einer Neugier, sie ist nie mit einer Bitte gekommen, schon vorher war nichts vergessen worden. Harriet hatte sich nichts zu vergeben oder sich zu demütigen. Sie gewöhnte sich, sie würde sich gewöhnt haben, trotz turbulenter Unterbrechungen, wo sie anscheinend oft bereit gewesen war, mich zu verlassen.
Und dann hatte sich dieser Nachmittag ereignet. In Genf, im letzten Jahr vor dem Kriege. Wir wohnten in Genf. Ich verdiente genügend. Die Zukunft war zwar ungewiß genug, aber keine unmittelbaren Sorgen. Wir hatten Gäste, ein mit Harriet sehr befreundetes Ehepaar, die aus Deutschland geflüchtet waren und sich in Genf niederlassen wollten. Wir hatten die Besucher auf den Mt. Salève geführt und stiegen dann zur französischen Seite nach Savoyen ab. Mit den Gästen würde es der Pässe wegen Schwierigkeiten geben, ich erwähnte das so nebenbei, einige Umstände zweifellos, aber nicht solche, die nicht zu überbrücken gewesen wären. Wir hatten selbstverständlich schon vorher nicht auf den Mt. Salève hinauffahren sollen, der an sich bereits französisches Gebiet ist.
Plötzlich brach es los, das Unwetter, aus heiterem Himmel; zur Not hätten wir zur Seilbahn zurückgehen können. Zuerst eine Flut von Beschuldigungen und Beschimpfungen. Ich schwieg, mehr überrascht durch die Heftigkeit, die Hemmungslosigkeit, mit der sie vorgebracht wurden. Die Gäste waren belustigt. Der Junge lief vor uns her, der Weg ging in Serpentinen ins Tal. Dann wurde die Ablehnung substantieller. Jahr für Jahr wurde aufgezählt, die verlorene Zeit, die nicht eingehaltenen Versprechungen. Die Übertreibungen, der Größenwahnsinn, alles was ich an Werten glaube oder geglaubt habe,

wurde in den Dreck gezogen, das Vergangene und das Gegenwärtige – das große Nichts, die leere Schale, Schaubudenfigur – das war ich. Gegenstand des Ekels, der Abscheu und der Verachtung, eine absolute Null. Das ging so einige Stunden, im Grunde ohne Unterbrechung. Ich schwieg, die beiden Begleiter schwiegen verlegen und wahrscheinlich entsetzt, und der Junge drückte sich scheu herum.
Wir gingen weiter bergab. Es ging jetzt mehr ins Persönliche: Ich war zu alt, fast zwanzig Jahre älter, ich war widerlich alt, schmierig, stinkend, ich war einfach unerträglich. Es geht über ihre Kraft ...
Die Verhandlungen vor der Grenzkontrolle setzten der Redeflut ein Ende. Harriet fuhr am nächsten Tage mit ihren Freunden nach Zürich, ich nahm an, sie würde nicht mehr wiederkommen. Ich hätte die Wohnung aufgeben müssen, ich war noch zu benommen, überhaupt einen klaren Gedanken zu fassen, am wenigsten einen Entschluß.
Aber Harriet kam wieder. Wir nahmen das Zusammenleben wieder auf, es wurde nicht mehr darüber gesprochen. Es schien vorbei, es schien vergessen.
Ich hatte es nicht vergessen. Es war nicht immer gegenwärtig, aber es schwelte im Untergrunde. Und es tauchte gelegentlich auf, mitten in der Nacht, in einem Wachtraum, wie ich vor Harriet hintreten würde: Ich gehe jetzt.
Und so ist er schließlich gekommen, der Tag der Abrechnung. Und der Tag einer unerträglichen Schande. Alle die Jahre sind vergeblich gewesen, die Versuche einem Menschen nahezukommen, ich möchte hier sagen: am Leben zu sein. Die Kraft hat nicht ausgereicht und meine Fähigkeiten.
Es ist eine Parallele, Vorbild geworden zu meinem schon sehr viel oberflächlicheren Versuch mit Sylvia. Es ist auch eine Art Erklärung. Schon nach den ersten Wochen einer intimeren Nähe habe ich bei Sylvia das gleiche Ende gefürchtet. Ich habe es schon gar nicht dazu kommen lassen. Ich hatte nach der ersten Entladung, die mich hätte wach werden lassen müssen, aktiver – die Fühler eingezogen. Es war nicht unschwer vorauszusehen, wie es enden würde – die nächste Entladung wird mich allerdings nicht mehr antreffen.
Darin habe ich mich, wie in so vielen anderen Dingen auch, getäuscht.

Ich habe Sylvia im Herbst 1945 wiedergetroffen, in Italien. Ich war aus dem Polizeilager in Bozen in ein Lager des Internationalen Roten Kreuzes übersiedelt, das von einem amerikanischen Militär-Kommando betreut wurde – eine Oase inmitten der riesigen Zeltlager in der Pisa-Ebene nach der Küste zu, wo über eine Million deutscher und italienischer Soldaten von der amerikanischen Italienarmee konzentriert waren, durchgesiebt wurden und auf Abtransport warteten. Mit der Zeit verschmolzen wir, das heißt, die aus dem Polizeilager Befreiten, organisatorisch mit der großen Masse der Kriegsgefangenen. Wer sich nicht vordrängte, sich gegen die deutschen und italienischen Lagerkommandos nicht durchsetzen konnte, blieb im Sande unter der höllischen Sonne liegen. Ich gehörte dazu – „zu irgendeiner Zeit wirst auch du aufgerufen werden"; und das war auch fünf Monate nach der Befreiung der Fall.
Ich brachte keinerlei Initiative auf. Völlig teilnahmslos dem gegenüber, was rings um mich vorging. Die Lagereinheiten schmolzen zusammen, es wurden neue gebildet und ich wechselte von einer Einheit in die andere. Ich hatte mit den Zeltinsassen, manchmal zu viert, manchmal auch nur zu zweit, kaum eine Berührung. Ich hörte sie sprechen, sich streiten, Pläne schmieden für die Zukunft – alles schon in einer anderen Welt. Ich erinnere mich, daß ich die längste Zeit zusammenlag mit einem Geldzähler aus Oberschlesien. Der Mann zählte als Angestellter der Reichsbank Geldscheine für eine deutsche Okkupationsbehörde in Polen; sehr stolz auf seinen Beruf. Manchmal schien es mir ganz interessant, in Wirklichkeit konnte ich mir darunter nichts vorstellen.
Ich war trotzdem nicht untätig. Ich war sogar außerordentlich tätig. Ich hatte mir Schreibmaterial verschafft, Papier und Bleistifte, und ich konnte das überdies gegen einen Teil meiner täglichen Verpflegungsration eintauschen. Der Geldzähler arbeitete tagsüber in einem der Lagerbüros und versorgte mich reichlich. Ich schrieb und schrieb und schrieb. Erst unter dem wachen Mißtrauen der anderen Zeltbewohner, später behandelt mit einem gewissen Interesse, halb Neugier, halb Respekt, schließlich ließen sie mich einfach links liegen. Ich habe einen ganzen Berg von Heften und Diarien vollgeschrieben und lange noch später mit mir herumgeschleppt. Sie füllen eine große Kiste – ich rühre sie nicht an, aber ich habe mich auch noch

nicht entschlossen, sie einfach wegzuwerfen, irgendwo sie später liegen zu lassen, falls ich noch einmal wieder aufwache und auf der Wanderung bin.

Das, was ich da aufgeschrieben habe, dreht sich ausschließlich um mich, meine Reaktion zu dem, was ich selbst tue oder denke oder erwarte und was die anderen mir entgegenbringen; dann um die Gründe, warum beides nicht zueinander passen will, trotz aller äußeren Anstrengungen, wobei der Abstand sich ständig vergrößert. Ich habe nichts bedauert, nichts bereut, ich bin selbst mit mir ins Gericht gegangen; vielleicht nicht genug, denn sonst hätte ich diese Monate nicht überlebt. Ich war krank, zum mindesten stark angeschlagen, geistig und körperlich.

Es war mir inzwischen klar geworden, daß ich Sylvia benutzt hatte, die Atmosphäre Sylvia, gepflegt und aufgepäppelt, um mich von den anderweitigen Bindungen zu befreien, von denen, die in der Gegenwart noch vorhanden waren und die bereits vorher aufgegeben schienen. Ich wollte das Sylvia erklären. Ich wünschte, ich würde noch einmal die Gelegenheit haben, das zu erklären. Es würde sicherlich auch für Sylvia eine große Erleichterung sein.

In den tieferen Beziehungen der Menschen zueinander gibt es kein Leid, keinen Schmerz, der vorhält. Nur Verknüpfungen, die man auflösen kann.

Ich lebte im Vorgefühl dieser letzten Auseinandersetzung und Loslösung. Ich lebte in der bereits vorweggenommenen Befriedigung über diese Aussprache als Ziel.

Und als ich schließlich aufgerufen wurde, vielleicht war ich einer der Register- und Verwaltungsstellen bereits aufgefallen, stellte es sich heraus, daß ich die ganze Zeit von Sylvia gesucht worden war. Über das Internationale Rote Kreuz. Die amerikanischen und englischen Besatzungsbehörden, die verschiedenen Lagerverwaltungen lieferten solche Suchmeldungen. Sie werden täglich in den Lagern verlesen. Meist haben sie die unmittelbare Entlassung zur Folge, sofern eine Adresse gegeben ist, wohin der Gesuchte abgeschoben werden kann. Ich hatte mir niemals die Mühe gemacht, herauszutreten und die täglichen Verlesungen anzuhören. Obendrein war ich jetzt automatisch in den Verdacht geraten, ich hätte etwas zu verbergen – was eine neue Untersuchung anlaufen ließ und mich weitere vier Wochen Lagerverwahrung kostete.

Ich will aber den Bericht wieder auf Sylvia zurückführen. Sylvia war mit einer der letzten Fluchtwellen nach Österreich geschwemmt worden, war in Vorarlberg in St. Anton gelandet, zusammen mit einer Reihe ungarischer Familien. Mit Kriegsende hatte sie sogleich die Suchaktion in Gang gesetzt. Hatte überall bereitwilligste Unterstützung gefunden. Französische Offiziere brachten sie in ihren Dienstwagen über den Brenner nach Italien. Sie hatte gesucht in Bozen, in Verona, in Florenz und in den Lagern um Pisa und war schließlich wieder nach St. Anton zurückgefahren.
Auch ich hatte zuguterletzt Reisepapiere nach St. Anton von den Amerikanern erhalten. Ich kam nach St. Anton über Innsbruck mit der Bahn, ich stieg aus im heftigsten Schneetreiben, der Winter stand vor der Tür.
Sylvia war inzwischen wieder nach Italien gefahren, hatte für mich aber eine Nachricht hinterlassen mit einer Adresse von Grenzgängern, die mich nach Italien bringen würden, einen Treffpunkt angegeben oberhalb Gossensass, wo ich sie finden würde.
Die Notwendigkeit, mit Sylvia diese Aussprache zu haben, ließ keine Bedenken aufkommen. Ich war wirklich zu Tode erschöpft. Im Lager hatte ich noch eine Art von Balance halten können, eine nach außen recht trügerische, wie ich sehr bald an den Nachwirkungen spürte. Ich wäre zunächst eine Zeitlang in St. Anton geblieben und hätte versucht, über Korrespondenz die Verbindung herzustellen. Aber ich konnte keine Unterkunft bekommen, niemand war bereit, mich aufzunehmen. Die Gastwirte hatten ihre bereits eingewohnten Flüchtlings-Gäste, die hohe Preise zahlten. Die Logierhäuser und die Bauern lebten unter der Furcht vor den französischen Kolonialsoldaten, die jeden fremden Zugang zum Anlaß nahmen, das Haus zu durchsuchen und auszuplündern.
Ich machte mich also auf den Weg, nach Innsbruck zurück. Verbrachte einige Tage im ausgebombten Wartesaal einer Eisenbahnstation in einem Innsbrucker Vorort, mehr tot als lebendig, inmitten tausender italienischer Rückkehrer und sonstiger Flüchtlinge. Fand schließlich jemanden, der mich in das mir benannte Dorf in einem Seitental zum Brenner brachte, wo in einem Bauernhof die Grenzgänger-Gruppen sich regelmäßig sammelten. Ich war dort bereits gemeldet, wurde auf-

genommen und verpflegt. Ich war körperlich so schwach und erschöpft, daß die Leute bereits ernstlich damit rechneten, sie würden mich auf einer Bahre über die Grenze tragen müssen.

Ich schlief einige Tage auf dem Heuboden. Fühlte mich aber schließlich fähig, zu Fuß zu gehen und schloß mich einer der bereits abmarschbereiten Gruppen an. Ich konnte aus den Gesprächen entnehmen, daß für alles vorgesorgt war und Sylvia einen beträchtlichen Geldbetrag für meine sichere Ablieferung versprochen und zum Teil auch bereits angezahlt hatte.

Ich war wieder drin, in der Kette der Abenteuer. Die Kette ist wieder angelaufen – obwohl ich noch heute nicht weiß, warum ich nicht zu einem der alliierten Militärkommandos gegangen bin, die mich wahrscheinlich mit einem der Flüchtlingszüge nach Italien zurückbefördert hätten. Es mußte wohl so sein.

Von dem Gedanken getrieben, Sylvia wiederzusehen, die Möglichkeit zu haben, die Verkrampfung zu lösen und klare Verhältnisse zu schaffen und wenn überhaupt – Sylvia um Verzeihung zu bitten – (es war erst der Anfang eines noch langen Weges, alle diejenigen aufzusuchen, denen ich unrecht getan hatte) – mit zusammengebissenen Zähnen auf den Weg, den langen Aufstieg bei Nacht, quer durch den Wald, die Büsche und später die Geröllhalden, zwischen den Schneewehen hindurch. Die Kolonne ging weit auseinandergezogen. Der Führer an der Spitze trieb ständig vorwärts. Der letzte Mann vor mir blieb zeitweilig stehen, wartete, bis ich den Anschluß wieder gefunden hatte; ich folgte im weiten Abstand. Wäre ich stehengeblieben oder hätte mich hinfallen lassen, ich wäre nicht wieder aufgestanden, und niemand hätte sich um mich gekümmert. Die eigene Sicherheit ging vor, auch wenn der Verdienst an meinem Transport vielleicht doppelt so hoch war wie für den Sack Zucker und Kaffee. Gelegentlich ließ ein fernes Hundegebell die Kolonne halten. Der Mond war aufgekommen. Vom Grat polterte Geröll hinunter ins Tal. Die italienischen Grenzwachen lösten ab.

Ich war auf dem Wege, mich freizukaufen, nicht mehr mit Geld und Geschenken, sondern vielleicht moralisch. Ich hatte die Plattform in mir selbst gefunden, von der aus ich mich erklären konnte – so glaubte ich.

Noch etwas Mut, ein neuer Anstoß, noch wieder ein Stück Weges weiter ...

Da war die Nacht im Lager bei Bozen. Mein Block war geräumt worden. Die Bomber waren über der Stadt und streiften das Etschtal ab. Sie flogen vereinzelt über das Lager, das durch große Zeichen auf den Dächern der Baracken als Gefangenenlager markiert war. Wir wurden zu drei Blocks in eine Baracke gepfercht. Die Flieger hielten sich nicht mehr an die Zeichen, sie sind zu oft getäuscht worden. Die Baracke lag am äußersten Ende zum Eingang des Lagers. Wir bildeten mit der Gefangenen-Markierung auf dem Dach den Schutz für die Aufseher-Quartiere.
Sie lagen in unserer Baracke auf den Pritschen zu dritt, an die siebenhundert Menschen, in einem Raum, der knapp zweihundert fassen konnte.
Eine Bombe war am Eingang des Lagers gefallen. In unserer Baracke wurde die breite Tür aufgerissen, die oberen Fensterrahmen herausgedrückt.
Bis auf das Klappern der Tür, die noch lose in den Angeln hing, kein Laut. Die Wachen vom Turm hätten sofort in die Baracke hineingeschossen. Die Stille war entsetzlich. Es war, als ob einem die Augen aus dem Kopf gebrannt werden.
Ich kauerte in der eng aneinander gepreßten Masse auf dem Boden. Neben mir ein Belgier, mit dem ich vorher ein paar Worte geflüstert hatte. Der Belgier, Ingenieur von Beruf, war bei einem Sabotage-Unternehmen in Nordafrika festgenommen worden. Gleich mir war er aus dem Festungsgefängnis Verona nach dem Bozener Lager abgeschoben worden. (Der rasche Vormarsch der Alliierten in Italien hatte die Routine der Freitag-Erschießungen in Verona zu einem Ende gebracht.) Ich hatte den Belgier selbst aber in Verona nicht gesehen.
Eine zweite Explosion erschütterte die Baracke. Sie schien zusammenstürzen zu wollen, sie bäumte sich, aber sie stand. Die Vibration der Explosion ebbte ab.
„Courage ..." flüsterte mir der Belgier zu, „pas plus longtemps, quelques semaines ... courage ...", ich fühlte den Druck des Ellbogens in meiner Seite.

Und an einem anderen Tage, in der prallen Frühjahrssonne, auf einer Baustelle, die Trümmer eines von Partisanen gesprengten Eisenbahntunnels wegzuräumen. Unser Arbeitskommando aus dem Lager Bozen war etwa 120 Mann stark. Die Bewacher kamen von einer Eisenbahner-Kompagnie. Geführt wurde der Trupp von Wlassow (Russe), die auch unsere Bewacher im Lager waren. Zur Baustelle hatten wir vom Lager aus einen Anmarsch von gut einer Stunde. Die wenigen Leute, die uns begegneten, wichen ängstlich aus, fuhren mit dem Wagen querfeldein, weg von der Straße. Wir zogen dahin – eine Gespensterkolonne, ein Trupp von Geächteten und Aussätzigen. Ich glaube allerdings kaum, daß auch nur einer von uns sich darüber Gedanken gemacht hätte. Das war längst vorbei. Die Mehrzahl in der Kolonne waren slowenische und dalmatinische Partisanen, Franzosen, Russen und ein paar aussortierte sonstige Ausländer, darunter auch ich. Wir waren zu viert je einer Lore zugeteilt, die mit den Trümmersteinen beladen nach einem Sammelplatz gefahren werden mußte.

Es war unerträglich heiß. Auch hier zogen amerikanische Fliegerformationen täglich über den Brenner kommend über die Baustelle hinweg nach Süden. Sie pflegten manchmal Frontzeitungen und Flugblätter abzuwerfen. Wir sahen oft die Bündel flatternd ins Tal hinuntertreiben. Jeder wußte, was darin stand. Es war nicht notwendig, den Kopf zu riskieren und einer Zeitung nachzulaufen, die sich jetzt am Boden in der Nähe gesetzt hatte.

An der nächsten Lore arbeiteten vier Russen, Deserteure von der Wlassow-Armee, die in Italien aufgegriffen worden waren. Ich war mit ihnen zeitweilig ins Gespräch gekommen, ein paar Worte, wenn der die Arbeitsstrecke kontrollierende Wachtposten gerade vorüber war.

Für diese Russen war die Welt im Frieden. Man hörte sie untereinander lachen. Sie riefen Scherzworte zu, ihren Landsleuten, den Bewachern, die ihnen auch gelegentlich freundlich zuwinkten. Es fehlte eigentlich nur die Balaleika und die Mundharmonika und die Erlaubnis zu singen und zu tanzen. Ihr Schicksal war nicht zweifelhaft. Sie werden entweder von den Deutschen noch vor Kriegsende oder später von den Russen nach Kriegsende erschossen werden. Sie waren sich auch dessen völlig bewußt. Sie nahmen es hin.

An diesem Tage, den ich erinnere – wir waren befehlsgemäß unter die Loren gekrochen, solange die Bomber über die Baustelle hinwegflogen – war ich aufgesprungen und gegen jede Ordnung auf den Fahrdamm hinausgetreten, den Eisenbahnern, die die umgebenden Höhen besetzt hielten, eine prächtige Zielscheibe. Für die die Strecke patrouillierenden Posten der Anlaß, sich hervorzutun, die vorgeschriebene Pflicht zu erfüllen. (Man vergißt oft, daß alles nur Routine ist, die Torturen in den Lagern, das Quälen der Opfer, sie verhungern zu lassen, sie umzubringen und totzuschlagen – nur Routine. Sie sind froh, wenn das Massaker vorüber ist. Sie haben dann wieder für eine Weile Ruhe – ehe sie wieder aufgerufen werden, die vorgeschriebene Pflicht zu erfüllen. Sie planen das alles nicht vorbedacht, es ist Routine.)
Für mich war es so weit. Ich war nahe dem Ende. Ich sah das Sinnlose aller Existenz vor mir, das Sinnlose dieser Einsperrung, das Sinnlose der Bewachung, das Sinnlose der Freiheit und der davon Betroffenen, die noch draußen herumlaufen. Gewiß – ich hatte nichts zu verlieren, aber ich hatte auch nichts zu erwarten, worauf es wahrscheinlich in der Hauptsache ankommt. Ich fühlte es hochsteigen, das Fremde, das Unkontrollierbare, das über die Grenzen des Bewußtseins sich hinausschwingen wird, Amok – ! Ich war zu schwach, einen der Posten oder einen der Nächstbesten anzuspringen, zu würgen, zu schreien. Ich konnte den Amok nur gegen mich selbst hochtreiben lassen und laufen laufen laufen ... in die Gewehrschüsse hinein ...
Einer der Russen hat mich zu Boden gerissen.
Ich wurde gepackt und unter die Lore gedrückt, das Gesicht tief in den Sand.
Der Posten hatte noch nichts gemerkt. Der Posten ging vorüber. Als sie mich wieder losließen, stieß mich einer an wie zum Spaß: „Brüderchen ..." Der Anfall war vorbei.

Ich bin vielen Menschen begegnet, die diesen weichen Blick hatten, den Blick nach innen, wie Blinde, die durch einen hindurchsehen ins Weite, in das Nicht-mehr-Wirkliche, das nicht durch Konturen begrenzt ist und die dann zu einem sprechen, berühren das Nicht-mehr-Berührbare, was wir schlechthin Verzweiflung nennen, weil es nicht in Worte zu fassen ist. Sie

sind nicht darauf aus, etwas zu ändern, sie können auch nicht helfen. Sie berühren mit diesem Blick etwas, was sich verkriechen will, bereits in den letzten Zuckungen des Geradenoch-Vegetierens. Aushalten heißt dieser Blick, mehr Mut – sie kennen dich nicht, gerade daß sie dich zufällig sehen, der Blick dringt ein, sie verstehen – (wie gut, daß sie mich nicht besser kennen).
Es muß das Bewußtwerden gewesen sein von solchen Begegnungen, dem Zuspruch wach zu bleiben, aufrecht auf den Beinen, daß ich diese Nacht überstanden habe.
Ich bin am nächsten Tage in den Vormittagstunden am Bestimmungsort angekommen. Die Kolonne hatte sich bereits zerstreut. Ich war nur noch mit einem Begleiter, der vermutlich die vereinbarte Bezahlung zu kassieren hatte.
Ich kam bis zum Haus und wurde dort in ein Bett gelegt. Irgendwer begann, sich um mich zu bemühen. Es war eine kleine Gastwirtschaft, oberhalb Gossensass, eine Art Relais-Station für die Grenzgänger.
Ich werde einige Zeit in schwerem Fieber gelegen haben. Ich war, glaube ich, ziemlich krank. Ich wurde betreut von der Frau des Hauses, ohne viel Aufhebens und gerade das Notwendigste an Handreichungen und Nahrung; ein Arzt wäre sowieso nicht aufzutreiben gewesen, allein schon, um die Behörden und die Militärpolizei nicht ins Haus zu ziehen. Das Alleinsein hat mir dort in diesem Haus sehr wohl getan.
Von der Frau hörte ich auch, daß Sylvia schon seit Wochen in Rom sei, aber entsprechende Anordnungen für mich hinterlassen hätte. Sie würde in einigen Tagen zurückerwartet.
Ich erholte mich rasch. Ich war noch körperlich schwach, aber im Kopf sozusagen klar. Es war nicht mehr viel geblieben, was ich zu bedauern und gutzumachen hätte.
Von der Höhe konnte ich an der jenseitigen Wand des Tales die Häuser von Gossensass sehen. Eine Anzahl berühmter Leute hat hier früher gewohnt, in friedlicheren Zeiten, haben hier ihre Träume und Einsamkeiten gelitten und bekämpft. Ich werde niemals in diese Gesellschaft hineinpassen – bestimmt für diejenigen, die die innere Ruhe gewohnt sind und die ihre innere Ruhe suchen.
In der nächsten Woche erschien Sylvia oben auf der Höhe. Sie hatte sich angekündigt und ich konnte sie auf dem Aus-

sichts-Plateau erwarten. Ich sah sie schon eine gute halbe Stunde vorher, die langgeschwungenen Serpentinen heraufsteigend. Ich war bereit. Ich war völlig ruhig. Es wird nicht erst nötig sein, etwas mit besonders ausgewählten Worten auseinanderzusetzen. Es wird sich alles von selbst ergeben – zwischen gereiften Menschen, die immerhin eine schwere Zeit überstanden haben.
Es kam nicht dazu.
Sylvia überfiel mich sogleich mit einem Schwall von Worten. Es war so viel zu berichten, so viel nachzuholen, so viele Katastrophen, so viele Schwierigkeiten sind vorübergegangen und überwunden worden. Und jetzt, zu guter Letzt, wird noch vieles von den Geschäften und Verbindungen, die schon verloren schienen, gerettet werden können, nachdem sie die Stütze hat, den Halt, den ich ihr zu geben hätte. Während der Trennung hätte sie gelernt, daß ich der einzige sei, der ihr hätte helfen wollen. Wir würden beide jetzt in Italien Fuß fassen und ich müsse vertraut gemacht werden mit all den Dingen, womit sie im Augenblick beschäftigt sei.
Ich hörte die einzelnen Stationen des Zusammenbruchs in Budapest, der Stiefvater war eingesperrt, die russischen Soldaten hatten eines der Häuser in Remete beschlagnahmt und die Möbel ausgeräumt. Im Nachbargrundstück hatten neu eingewiesene Bewohner auf der Pfirsich-Plantage Mais angepflanzt. Die Mutter arbeitete wieder im Hospital, vorerst sei das eine Haus noch gerettet. Sylvia hatte aber vor, eine Gerichtsklage gegen die neue ungarische Regierung einzuleiten. In St. Anton hatten die Amerikaner und die Franzosen ihr sehr geholfen. Sie hatte nach ihrer Meinung noch genug an Werten, Gold und Devisen gerettet, selbst Perserteppiche, die jetzt in Rom untergestellt seien – so daß wir sogleich wieder beginnen könnten ... Fuß zu fassen.
Ich kam nicht dazu. Ich konnte nicht den Ansatz finden, in diese Kette einzubrechen – die Pläne und Möglichkeiten, vielleicht zu retten und aufzubauen, ich hätte Zweifel äußern sollen, ich meine, ablehnen. Es war einfach nicht möglich. Die Kinder haben wieder angefangen zu spielen ... es war direkt lustig, wenn auch so traurig, ein wenig mehr in der Tiefe.
Wir fuhren noch am gleichen Tage weiter. Sylvia brachte mich in Bozen bei einer ungarischen Familie unter. Sie fuhr dieselbe

Nacht zurück nach Rom in einem amerikanischen Kurierwagen. Sie würde für meinen Transport sorgen, ich werde benachrichtigt werden. Inzwischen wird sie auch eine passende Wohnung in Rom organisieren.

Ich könnte das Kapitel Sylvia hier abschließen, so weit es sich in einem aktiven Erleben in meiner Weiterexistenz widerspiegelt.
Ich wurde von Tag zu Tag gesünder. Ich hatte Boden gefunden, von dem ich wieder hochsteigen konnte. Aber welcher Unterschied! Es wäre das einfachste gewesen, jetzt wegzugehen und Sylvia alles Gute zu wünschen. Sylvia hätte es zuerst nicht verstanden, nicht verstehen wollen. Ich war in der künftigen Vorstellung und in der durchläuterten Erinnerung schon zu sehr ein Teil ihres Eigenlebens geworden, die Grenzen zwischen dem Fremden und der eigenen Abwehr hatten sich verwischt und waren zu sehr bereits aufgehoben, als daß sie es ernstlich hätte aufgenommen. Ich würde in die Luft gesprochen haben oder wie jemand, dessen Urteilsfähigkeit gelitten hat, der noch reichlich verstört ist und dem man erst Zeit lassen muß, sich wiederzufinden.
Es mag äußerlich so ausgesehen haben. Aber das Gegenteil war der Fall: Ich hatte mich wieder in der Hand, ich hatte mich wiedergefunden. Die toten Jahre und Jahrzehnte waren kaum mehr anders wie Narben nach einer Operation. Ich werde wieder anfangen, wieder anfangen zu leben, wo ich so viele Jahre zurück glaubte, aufhören zu müssen. Die Bedingungen sind anders geworden. Die Menschen ringsum haben sich verändert. Niemand wird mir mehr entgegenkommen, mich aufnehmen, niemand braucht etwas mehr von mir zu erwarten. Keine Eile – ich werde mir nehmen, was ich zum Weiterleben gebrauche; das wäre so die Begleitmusik gewesen.
Es war keine besonders tiefe Überlegung notwendig um herauszufinden, daß Sylvia niemals mich verstehen würde. Vor allem nicht auf dem direkten Wege etwa einer Aussprache. So ließ ich es gehen. Noch fast drei Jahre lang.
Ich schäme mich nicht dieser Zeit. Es war für mich ein ununterbrochener Kampf um die Existenz, die Kompromißlosigkeit dieser Existenz, wenn ich das Wort hier noch gebrauchen darf: die Sauberkeit. Während ich Zug um Zug stärker wurde,

von Begebnissen zu Begebnissen, Hysterie, Beschimpfungen und Verzweiflungsausbrüchen Sylvias, habe ich sehr darunter gelitten. Fast trifft mich dies jetzt noch stärker in der Erinnerung, wo das meiste, wenn auch noch nicht alles, vorbei ist.
Sylvia hatte sich hinter dem Wall von Zuversicht auf die innere Zusammengehörigkeit barrikadiert. Es hätte wenig genützt, diesen Schutz mit Gewalt niederzurennen, mit einer Explosion zu sprengen. Er wäre sofort wieder aufgewachsen. Der Ablauf der Erlebensfähigkeit pendelt zwischen zwei Krisen: dem Glauben und dem Zweifel. Der Glaube kann den Zweifel ausbrennen, aber nicht der Zweifel den Glauben; dieser wird weiterleben und, wo immer auch, neue Wurzeln fassen.
Der Wall wird Stück für Stück einfallen müssen – wie der äußere Lebensablauf auch – schwächer werden, abbröckeln und allmählich in Trümmern zerfallen. Sicherlich wird das allenthalben der Fall sein, und es ist durchaus nicht etwas Einmaliges und Besonderes. Aber es tut sehr weh dabeizustehen. Auch das ist das Alltägliche, das im Grunde jeder einzelne Mensch durchleben muß.
Es wird entsprechend stärker, wenn das Ungeheure, die Katastrophe, die auf dich zukommt, zugleich anzeigt, daß du selbst damit noch verknüpft bist oder verknüpft gewesen bist. In dem Grade, wie es gelingt, dann noch auf den Beinen zu bleiben, kann man von einer fortschreitenden Gesundung sprechen.
Ich gestehe, daß ich nichts dazu getan habe, den Verfall aufzuhalten, zu mildern oder auf eine bessere Zeit zu verschieben. Ich habe aber auch nichts getan, ihn zu beschleunigen oder etwa gar hervorzurufen. Hätte ich ähnliches 30 oder 40 Jahre früher getan, ich wäre der Welt besser gegenübergetreten, besser ausgerüstet, geschützt und gefestigter.

Sylvia hatte in Rom eine Wohnung gefunden. Es interessiert nicht, unter welchen Schwierigkeiten ich eine Woche später in Rom angekommen bin.
Die Geschäfte, die Sylvia eingeleitet hatte, waren bereits ins Stocken geraten. Empfangen wurde ich von einem jungen Möbelhändler, dem Sylvia mich als ihren Onkel angemeldet hatte. Der Möbelhändler hatte auch die Wohnung besorgt. Sein Vater hatte enge Beziehungen zur Regierung, der Junge

hatte die Bestätigung eines Widerstandskämpfers von höherem Rang – so wurde gesagt.
Er war verheiratet, ein halbes Dutzend Kinder. Er würde sich freikaufen und Sylvia heiraten. Sylvia hatte bereits Geld in das Möbelgeschäft gesteckt, für die damaligen italienischen Verhältnisse einen beträchtlichen Betrag. Ich sollte zunächst dieses Geld sichern, dann aber auch die entsprechenden Millionen hinzuverdienen, um das Geschäft erweitern zu können und die Frau mit den Kindern abzufinden.
Ich wurde von der Familie bereits als der Freund des Hauses empfangen, als das bereits angekündigte Finanzgenie und der Retter in der Not. Der Vater wird mir einen Widerstands-Orden verschaffen, der mir den freien Aufenthalt in Italien und jedwede Regierungsunterstützung für geschäftliche Operationen zusichert.
„Du mußt verstehen ... wir müssen erst Fuß fassen", erklärte Sylvia.
Ich konnte die Leute beruhigen, ich würde keine geschäftlichen Operationen beginnen und keine aufnehmen und keine weiterführen. Sylvia versuchte das den Italienern mit einem Nervenschock verständlich zu machen, der in der Nachwirkung noch nicht völlig überwunden sei.
Das Interesse der Familie ging auf den Nullpunkt zurück. Der junge Mann ließ sich immer seltener sehen. Er verdächtigte obendrein Sylvia, den „Onkel" erfunden zu haben. Das Geschäft wird geschlossen werden müssen. Sylvia hatte das Geld verloren. Der Möbelhändler verabschiedete sich zum Schluß mit der Drohung, daß er die Staatspolizei auf uns hetzen würde, falls etwa Sylvia die Kühnheit hätte, mit einer Klage vor Gericht zu gehen. Es waren noch nicht zwei Wochen in Rom vergangen, da standen wir bereits wieder auf der Straße.
Sylvia hatte indessen noch mehr Reserven.
Sie hatte Verbindungen zu einem der zahlreichen National-Komitees für ungarische Flüchtlinge aufgenommen, im wesentlichen eine gesellschaftliche Funktion – Veranstaltungen, Vorträge und Empfänge und selbstverständlich Sammlung von Spenden; freiwillige Helfer und Geldspender werden gesucht. Der aristokratische Anstrich sagte Sylvia sehr zu. Sie wird mithelfen, Flüchtlinge in Behausungen und Arbeit unterzubringen. Sie stiftete für die ärztliche Betreuung der Kranken und stand

hoch oben auf der Liste der aktiven Mitglieder. Sie wurde auch gelegentlich privat eingeladen, ein gesellschaftlicher Verkehr aber kam nicht zustande.
Über das Komitee kam sie in Berührung mit der in Rom ansässigen Ordens-Zentrale der Franziskaner. Die Franziskaner standen anscheinend Sylvia seit Jahren besonders nahe, eine ihrer Schulen war von Clarissinnen, dem Schwesternorden der Franziskaner geleitet worden. Etwas von Schutz und Heimat oder die letzte Zuflucht blieb damit verbunden.
Sie bewegte sich in diesen Kreisen völlig ungezwungen und sehr sicher. Sie hatte sogleich eine Reihe landsmännischer Kontakte, junge Priester, die aus dem gleichen Dorf oder derselben Stadt hätten sein können. Sie ließ sich gern geschäftlich beraten und waren auch ihrerseits hilfsbereit. Einer von ihnen brachte Sylvia in einer Pension unter. Ich war inzwischen zum Ziehvater avanciert.
Aber Sylvia machte mit der Zentrale auch direkte Geschäfte. Sie ging in der zuständigen Bankabteilung ein und aus. Sie nahmen ihr das Gold ab, das Sylvia noch aus Budapest gerettet hatte – ferner einige hunderttausend Pengo, die an sich wertlos waren, aber in Italien noch gehandelt wurden, beides zu einem Kurs über dem Marktwert, und wechselten zirka 4–5000 Pfund Sterling um. Die englischen Pfunde hatte Sylvia vor ihrer Flucht gegen eine Diamanten-Halskette eingetauscht, die ihrerseits wieder gegen Baumaterialien erworben war. Ein großer Teil dieser Pfunde werden Fälschungen gewesen sein. Die Bank von England hatte alle Pfund-Noten, die aus Ungarn kamen oder in Italien in Umlauf gewesen waren, gesperrt. Meiner Meinung nach konnte die Bank ihre echten von den gefälschten Noten nicht unterscheiden. Der Ausweg wurde gefunden: daß diese Noten bei einer Schweizer Bank oder direkt in London zur Prüfung einzureichen sind. Dort wurden dann jeweils rund 25 Prozent für echt erklärt und honoriert, der Rest eingezogen. Die Franziskaner hatten anscheinend einen direkten, besseren Weg zur Bank von England. Sie zahlten Sylvia für die Pfunde ungefähr den regulären Markthandelspreis mit einem Abschlag von 20 Prozent als Kommission.
Ich hätte Sylvia bei solchen Geschäften beraten müssen, zum wenigsten ein System hineinbringen, was an den vorhandenen Werten verkauft, umgetauscht und zunächst behalten werden

sollte. Vor allem war es beim damaligen Stand der italienischen Wirtschaft außerordentlich unvorteilhaft, Millionenbeträge in italienischer Lire in bar anzusammeln. Aber Sylvia hätte sowieso nicht auf mich gehört. Sie hielt mich für einen Schwerkranken, der ihr vorerst noch zur Last gefallen sei. Wartete aber trotzdem von Tag zu Tag auf Fortschritte meiner Gesundung.

Ich hatte wieder angefangen zu schreiben, schrieb viele Nächte hindurch, und Sylvia verfolgte dies mit äußerstem Mißtrauen. Ließ es aber geschehen: Offensichtlich wichen wir beide, jeder in seiner Art, einem Streit aus.

Ich hatte damals bei meiner Entlassung die Notizhefte und Schreibhefte bei einem Musikprofessor in Florenz untergestellt, dem ich manchmal auf der Lagerstraße begegnet war und mit dem ich mich ein wenig angefreundet hatte. Er war unter dem Mussolini-Regime Austauschprofessor in Köln gewesen, hatte sich bei den Nazis unbeliebt gemacht, war zurückgerufen und eingesperrt worden; die letzte Etappe war das Bozener Polizeilager.

Der Professor hatte mir meine Sachen nach Rom gebracht, war in unserer Pension untergebracht und beriet Sylvia, eine Fremdenpension zu kaufen und zu betreiben – wahrscheinlich ein sehr vernünftiger Vorschlag. Sylvia griff dies auch auf, übertrieb dies aber zugleich zu gewaltigen Ausmaßen. Nicht nur eine Pension, sondern ein ganzes Heim, angehängt an das ungarische National-Komitee, an den Franziskaner-Orden, Abteilung Ungarische Fürsorge, unter dem Schutz einer Gemeinde, des Ortspfarrers und des Landesbischofs.

Ich schrieb unterdessen an einem Theaterstück, an dem der Professor mitarbeitete und das er zu übersetzen und unterzubringen versprach.

Sylvia reiste mit dem Professor in die Albaner Berge und besuchte die Ortschaften an der Küste. Sie fanden Fregene, einen Ort, den Mussolini zum Badestrand von Rom ausbauen lassen wollte. Das Projekt wurde durch die fortwährenden Kriege allerdings verhindert.

Fregene ist ideal gelegen, bereits angelegte Straßen, in den Gürtel der Pinienwälder geschnitten, welche die Küste des Tyrrhenischen Meeres umsäumen, breiter Strand, wie er an der südlichen Küste Frankreichs anzutreffen ist, mit tief ins Land hineinreichenden Dünen, auf denen im Winter die großen römischen Kamillen blühen, meilenweit. Die für den zu erwartenden Badeverkehr seinerzeit aufgebauten Fremdenheime und Hotels sind eigentlich niemals ihrem Zweck entsprechend in Betrieb genommen worden; eingewiesene Flüchtlingsfamilien wohnten jetzt da. Das Makadampflaster der Straßen ist bereits aufgeplatzt. Es führt keine direkte Verkehrsstraße nach Rom, obwohl der Ort mit dem Auto in etwas über einer Stunde zu erreichen gewesen wäre.

Hier erwarb Sylvia das Fremdenheim. Es mußte noch, wenn auch zunächst primitiv, mit Möbeln und Betten ausgestattet werden. Ein kleines Privathaus nebenan wurde gepachtet, für den Aufbau eines Kinderheims bestimmt. Sylvia hatte noch auf den Ankauf eines Klaviers bestanden zur Unterhaltung der Gäste. So übersiedelten wir nach Fregene. Der Professor war noch für ein paar Wochen mitgekommen, um nach dem Rechten zu sehen.

Ich war an dem Theaterstück sehr interessiert. Aus einer nichtssagenden Themenhandlung konnte eine tiefgreifende Balance von emotionellen Verirrungen und Verwicklungen heraufgezaubert werden, die mir besonders liegt. Ein Rückkehrer gibt sich aus als der im Kriege vermißte Sohn, über den er im Gefängnis die notwendigen Einzelheiten – Familie, Verwandtschaft, Erblichkeit etc. – von einem Zellengenossen gehört hat. Interessanter ist, daß die Mutter, die verheiratete Tochter, das ist die Schwester, und ein Freund des Hauses sogleich, und zwar jeder für sich in der entsprechenden ersten Aussprache von der Echtheit überzeugt sind; es ist der verloren geglaubte Sohn. Dabei wissen sie zugleich, daß der Junge ein Schwindler ist. Aber sie lassen den Zweifel nicht hochkommen, sie wollen glauben. Sie müssen aus den verschiedenen Bindungen zueinander heraus glauben, es ist ihr eigenstes Interesse, das persönliche wie auch das materielle, und sie lassen sich sozusagen den Zweifel abhandeln. Punkt für Punkt – bei gutem Willen beiderseits wird es schon gehen. Gegenüber steht der Rückkehrer, der Schwindler, der Sohn. Es ist alles viel schwieriger, als er sich das zuerst gedacht hatte. Er wird in die emotionelle Welle mit hineingezogen, die für ihn zur Falle wird, die Rückkehr ins Gefängnis, wenn auch in anderer Form. Trotzdem – er will jetzt der Sohn wirklich sein. Er wird die

Karten offenlegen, er wird um Verzeihung bitten – vielleicht kann er bleiben. In solchen Dialogen kann man sich über Pirandello hinausspielen. Hier bleibt nichts mehr von Wirklichkeit zurück. Sie schwindet, sie wird geknackt, wie man einen Floh knackt. Den Jungen greift schließlich der Arm des Gesetzes, zerstört die Illusion, zurück ins Gefängnis! Die anderen schließen sich jetzt zusammen, sie bestechen den Richter, den Gefängnisdirektor, den Wärter, der Junge wird freikommen, sie werden ihn draußen vor den Toren erwarten können, nachdem eine vorgetäuschte künstliche Gefängnisrevolte organisiert worden ist, die dem Jungen die Gelegenheit geben soll, in die Arme der Mutter zurückzufinden, die mit angelaufenem Motor im Wagen bereits auf ihn wartet ... Der Junge hat sich aber schon vorher aus dem Staube gemacht. Er hatte sich aufgegeben. Die letzte Aussprache, die „Versöhnung" wird nicht stattfinden. Ende.
Ich habe große Energie in diese Arbeit eingesetzt. Ich hatte so vieles nachzuholen. Ich war mit den sensitiven und diffizilen Ausbalancierungen im Dialog beschäftigt, am Tage, die Nacht hindurch und im Traum. Vielleicht wollte ich damit auch der letzten Aussprache mit Sylvia ausweichen. Ich war bereits auf der Flucht.
Der Professor hat das Stück übersetzt, hat auch noch einiges hinzugeraten, was in Italien für ein Publikum möglich und was nicht möglich ist. Er hat von Sylvia Geld für die Übersetzung verlangt und auch bekommen. Ich war der Meinung, er wäre mit dem Agenturvertrag, der fünfzig zu fünfzig ging, zufrieden. Es war mir recht peinlich. Dann ist er mit dem ganzen Packen Manuskripte abgefahren. Ich habe niemals mehr etwas von ihm gehört. Irgendetwas hat mich auch gehindert, ihm zu schreiben oder ihn suchen zu lassen. Die ursprüngliche deutsche Erstfassung habe ich inzwischen auch verloren. Ich war noch nicht mit mir im Gleichgewicht.

Also – aus Rom bekam Sylvia zunächst von einem Komitee zwei ungarische Mädchen geschickt, die um Aufnahme baten; sie würden im Hause arbeiten, aufräumen und ähnliche Arbeiten versehen. In diesen Winter-/Frühjahrsmonaten 1946 tastete sich erstmalig der Verkehr nach Fregene durch. Ein Privatunternehmer hatte ein omnibusähnliches Gefährt eingesetzt,

das nachmittags in Rom abfuhr und nachts in Fregene ankam und den nächsten Morgen in aller Frühe nach Rom zurückfuhr. Es kamen die ersten Gäste, allerdings nicht in Sylvias Fremdenheim. Es wurde auch ein Hotel eröffnet, mit einer Tanzfläche im Freien und einem Lautsprecher, der vom Grammophon Glenn-Miller-Platten übertrug; niemand hätte diesem Lärm entfliehen können. Ich hatte unter dem Lautsprecher eine Unterhaltung mit einem Bibliothekar von der Vatikanischen Bibliothek, der dort saß und ein Glas Wein trank; er schien ein ganz gebildeter Mensch zu sein. Zudem sprach er deutsch. Auch dieser Herr hatte die Idee, ein Kinder-Ferienheim in Fregene aufzumachen und war dabei, sich bereits nach geeigneten Häusern umzusehen. Er wird hoffentlich mehr Glück gehabt haben.
Denn bei Sylvia rührte sich nichts.
In Fregene hatte sich eine Einheit der polnischen Anders-Armee eingenistet. Die Soldaten hatten eines der leerstehenden Logierhäuser beschlagnahmt, die polnische Fahne gehißt und lebten anscheinend einen guten Tag. Die beiden ungarischen Mädchen hatten dort bereits Anschluß gefunden. Die erste Zeit kamen sie noch gelegentlich vorbei, um Sylvia bei der Einrichtung des Hauses zu helfen, schliefen auch noch meist im Hause. Bald fiel dies weg. Dafür tauchten sie aber später in Begleitung ihrer polnischen Freunde auf, schmuggelten die Liebhaber nachts ins Haus und drohten mit der Intervention der Alliierten, als Sylvia versuchte, sie rauszuschmeißen. Dabei trat ich auch wieder etwas in Erscheinung.
Den Polen war ich glücklicherweise irgendwie nicht recht geheuer. Es waren auch keine echten Polen, sondern deutsche Soldaten aus Pommern stammend, die, um aus den Lagern bei Pisa herauszukommen, sich bei der Polnischen Militärkommission im Lager als Polen deklariert hatten. Sie wurden sogleich in die Anders-Armee gesteckt und dazu benutzt, durch Heimtransporte bereits dezimierte Einheiten wieder aufzufüllen. Diese Polen suchten keinen Streit. Sie hatten alles Interesse daran, nicht aufzufallen. Sie hatten von irgendwoher einen Hundezwinger organisiert; vielleicht war noch viel früher eine deutsche Einheit in Fregene stationiert gewesen. Jetzt betrieben sie einen flotten Handel mit deutschen Schäferhunden. Mit der Echtheit aus den Stammbäumen wird es nicht viel hergewesen

sein, aber sie verfügten über gute Stempel und geduldige Stempelkissen. Amerikaner, die ins Land der Freiheit zurückfuhren, waren meist die Abnehmer für diese Schäferhunde. Wir schieden in Frieden; die beiden Mädchen würden nach dem Ungar-Heim in Rom zurückgebracht werden, versprachen sie.

Ich kam allmählich wieder auf die Füße. Es entwickelte sich alles eigentlich von selbst. Silone hatte bei der Fremdenbehörde für mich interveniert und ich kam jetzt in den Besitz einer regulären Aufenthaltsgenehmigung. Der junge Matteotti vom International Rescue Committee nahm sich meiner an, brachte mich zur UNRA. Dort erhielt ich Lebensmittel, vom Rescue Committee Geld. Ich fing an, mit Freunden in New York, deren Adressen ich eine nach der anderen erfuhr, zu korrespondieren. Ich war von Sylvia unabhängig geworden.

Ich hatte in Fregene angefangen, Kuchen zu backen.

Am Strande hatten sich einige Espressos niedergelassen. Sie verkauften Kaffee, hatten aber kein Gebäck, das sie sich aus Rom hätten besorgen müssen, was reichlich umständlich war. So kam ich sogleich gut ins Geschäft. Ich hatte mich auf Brioches spezialisiert, machte aber auch Rollen mit Marmelade durchzogen und das, was man bei uns Napfkuchen genannt hätte. Zur Verfügung stand mir eine primitive elektrische Kiste, das Ofen zu nennen, wäre stark übertrieben gewesen. Nach den ersten Lieferungen wurde ich verhaftet und nach Maccarese, dem Sitz der Gendarmerie, eskortiert. Der Beamte fuhr auf dem Rade, ich lief hinterher.

Ich hatte als Emigrant und Flüchtling kein Recht zu arbeiten. Nach dem Wortlaut der Verordnung würde ich bei Übertretungen sofort in eines der Lager gesteckt werden. Italien und so weiter hat genug gelitten – das war ungefähr der Sinn der Rede, mit der der Polizeichef mich empfing. Sein Name war Marengo, er stammte aus Sardinien und hatte bei der Armee in Nordafrika als Feldwebel gedient. Als der Gendarm, der eigentlich mehr ein Feldhüter war, sich entfernt hatte, drückte Marengo noch ein wenig auf die Lautstärke, fügte einige Drohungen hinzu und – hörte dann abrupt auf. Er goß mir ein Glas mit Schnaps ein, ein Wasserglas voll, und hieß mich trinken. Er führte mich über die Straße in seine Wohnung, stellte mich Frau und Kindern vor, die sogleich anfingen, ein

Essen für mich herzurichten, und er goß mir ein weiteres Wasserglas voll Schnaps ein.
Dann begann er, mir das Geschäft zu erklären – die Espresso-Leute, Diebe aus Rom, die hier auf Sommerfrische sind, werden sich nicht lange halten. Zudem wird er sie so hoch besteuern, daß sie von selbst verschwinden. Dagegen könnte ich bei den Bauern, die sonntags nach Maccarese zur Kirche kommen, mehr absetzen. Wir würden das Geschäft zusammen machen. Ich habe die Ware herzustellen, er wird den Absatz garantieren. Die Einnahmen aus dem Verkauf gehen fünfzig zu fünfzig. Die Ware müsse natürlich anders werden. Ich backe zu windig – ich hatte mir Mühe gegeben, die Brioches so luftig wie möglich zu backen und war stolz darauf. Die Bauern aber, klärte mich Marengo auf, wollen etwas Handfestes. Es muß etwas wiegen, so daß sie wissen, wofür sie bezahlt haben; mehr Mehl, kompakter, schwerer. Die Marmeladenschnitten sind für die Kinder, sie müssen größer sein, die Kinder wollen etwas sehen. Marengo goß mir weiteren Schnaps ein. Er wird den Pfarrer veranlassen, daß wir am Kircheneingang, der schattig und überwölbt ist, einen Tisch aufstellen können. Für den Pfarrer sollte ich einen besonders schönen Kuchen backen, eine Torte vielleicht. Den Tisch wird er selbst, Marengo, zur Verfügung stellen. Inzwischen war das Essen aufgetragen, es wurde weiter Schnaps eingegossen. Nach dem Essen legte sich der Chef auf den Diwan im Zimmer und war sofort fest eingeschlafen. Ich stand noch etwas verlegen herum und machte mich dann auf den Heimweg. Wir waren noch im April. Es war entsetzlich heiß. Keine Bäume, kein Strauch, kein Schatten – nur die Landstraße und die Felder, soweit der Horizont reichte. Ich war auch etwas betrunken.
Sylvia hatte sich an meinem Unternehmen nicht beteiligt. Sie zeigte sich auch so wenig interessiert, daß sie sich nach den Fortschritten und Entwicklungen niemals erkundigt hat. Sie ist auch ständig in ihren eigenen Plänen unterwegs gewesen. Sie organisierte in Fregene einen sonntäglichen Waldgottesdienst unter den Pinien für die Fremden, bezahlte den Pfarrer und den An- und Abtransport der geweihten Steinplatten und der Meßgeräte. Mit dem Pfarrer verhandelte sie über die Überlassung einer Kirche in Fregene, die jemand vor Jahrzehnten hatte angefangen zu bauen und die im Bau steckengeblieben

und zur pittoresken Ruine verfallen war. Sylvia wollte sie aufbauen mit anschließenden Wohnräumen für Priester, die hier ihre Ferien würden verbringen können. Die Genehmigung des Bischofs mußte eingeholt werden, der auch das Gesuch um Genehmigung einer Lotterie sowie Sammlungen für den Kirchenbau hätte unterstützen müssen. Auch von diesen Vorgängen hörte ich nur sehr oberflächlich, genauer gesagt, ich hörte überhaupt nicht zu.
Im leeren Heim, das wir beide jetzt allein bewohnten, auch eine Haushilfe war längst weggeblieben, spielte Sylvia Klavier, Übungsstücke von Clementi, für Anfänger.
Geschäftlich gesehen war ich in eine Falle gegangen. Über die Espressos hätte ich vielleicht meinen Kundenkreis auf die Logierhäuser ausdehnen können, später, wenn die Saison anlaufen wird, auf die Restaurants und Hotels; vielleicht hätte ich sogar dort auf eine Anstellung als Küchenchef rechnen können, italienische Desserts lassen sich erlernen.
Mit den Bauern kam ich schwer ins Geschäft. Ich mußte ständig mit den Preisen runtergehen. Ich verkaufte die Brioches für 50 Lire das Stück, nach vier Wochen war ich bei 30 Lire angekommen. Davon bekam Marengo 15 Lire, eine ganze Menge meiner Kuchen holte sich die Schwester des Pfarrers schon vor Beginn des Verkaufes vom Stand ab – für den geistlichen Herrn, die Kommission, daß ich meinen Tisch am Kircheneingang aufstellen durfte – ich muß diese Kommission im Gesamtdurchschnitt umgerechnet auf ungefähr 5 Lire per Stück berechnen. Ich kalkulierte, daß die reinen Materialkosten auf das Einzelstück Brioche berechnet sich auf 22 Lire stellten. Ich hatte also von vornherein mit einem großen Verlust zu arbeiten, den ich aus den Lebensmittel-Lieferungen der UNRA zu decken hatte, ganz abgesehen von dem sonstigen Risiko, der ständigen Unterbrechung des elektrischen Stromes, so daß ich oft den Teig wegwerfen mußte, oder sonstigen Unfällen wie dem, daß der Gendarm, der die Ware nach Maccarese zu transportieren hatte, auf seinem Fahrrad mit Anhänger mit den Torten und Kuchen im Straßengraben landete. Die Torten waren zwar noch zu essen, aber sie wurden nicht bezahlt.
Ich bekam auch Angebote von den Bauern selbst, die sich beteiligt hätten, wenn ich so groß geworden wäre, daß ich hätte nach Rom liefern können. Sie hatten einen sehr guten

Verkehrsdienst mit Rom. Jeden Tag fuhren ein Dutzend Lastwagen in die Stadt mit Früchten und Gemüsen, Getreide und Mehl, Kleinvieh und Fleisch. Sie waren Großversorger des Schwarzen Marktes, und sie erzielten mit dem, was sie auf den Markt brachten, oft mehr als das Doppelte der üblichen Schwarzmarktpreise.
Das hing mit Maccarese zusammen. Der Name des Staatsgutes Maccarese, dicht vor den Toren Roms, hatte einen großen Ruf. Das Gut war entstanden aus der Trockenlegung der Sümpfe an der Tibermündung. Die Trockenlegung hat nicht nur Rom von den Mosquitos und der Malaria befreit, sondern auch die weit verzweigten Bewässerungskanäle und Irrigationsanlagen ermöglicht. Angebaut wurde ziemlich alles, was überhaupt landwirtschaftlich anbaufähig ist.

Ich möchte mir hier die Einschiebung erlauben, daß das Staatsgut Maccarese wahrscheinlich zu den eindrucksvollsten Schöpfungen der Mussolini-Regierung gehört; gleichgültig, ob es schon vor Mussolini geplant war und dieser nur die bereits vorliegenden Pläne hat verwirklichen lassen. Es gehört zu den peinlichen Dummheiten einer oft sonst so menschlich aufgeschlossenen und liebenswerten Nation, eine große Leistung aus tagespolitischen Gründen vergessen zu wollen. Maccarese wird daher auch kaum in den Fremdenführern erwähnt oder den Fremden gezeigt, obwohl Italien mit Maccarese über ein Kollektiv-Staatsgut verfügt, das in Europa einzigartig ist. Wahrscheinlich das modernste und bestorganisierte, die russischen Kolchosen nicht ausgenommen.
Die etwa 1000 Bauernfamilien, die auf dem Gut arbeiten, sind auf rund 80 Blockstationen aufgeteilt. Jede Blockstation ist an einen besonderen Produktionszweig gebunden, Viehzucht, Anbau von Produkten, Verarbeitung und Transport-Zentrale. Die Stationen sind durch breite Autostraßen miteinander verbunden, für den Eigenverkehr. An jeder Station sind an die zehn Familien angesiedelt, der Rest verteilt sich auf den Maschinenpark, die Zentralverwaltung und einige Verarbeitungsbetriebe am Rande Maccareses. Dazu gehört auch eine eigene Eisenbahnlinie und ein Flugplatz mit einem Dutzend Transportmaschinen, die zum Beispiel die Spitzenfrüchte und ersten Gemüse nach London fliegen.

Der Kollektivvertrag stellt den Bauern das Haus, einen Garten und sichert ihnen einen Prozentsatz in Naturalien an der Ernte ihres Sektors, daneben den gewerkschaftlich festgesetzten Mindestlohn. Der Bauer kann seine Ertragsquote in einem internen Verrechnungsverkehr gegen andere Produkte umtauschen oder auf Vorschuß nehmen; so kann ein Milch-Farmer zum Beispiel auf seine Milch- oder Butter-Quote Weintrauben beziehen, wenn zu einer bestimmten Zeit Weintrauben auf dem Schwarzmarkt mehr einbringen als Butter.

Die Bauern von Maccarese sind gewiefte Händler und sie sind mit der Zeit recht wohlhabend geworden. Durch die Bank sind sie fette Partei-Kommunisten. Ich meine fett nicht in dem Sinne, daß sie Fleisch angesetzt haben, mehr im soziologischen, oder wenn man will, intellektuellen Sinne. Sie sind dumm, arrogant, jeder Diskussion, geschweige denn einer Aufklärung, verschlossen. Sie haben dabei den mißtrauischen hungrigen Blick des italienischen Bauern behalten. Sie werden gut in die Parteikasse zahlen, und die römische Parteispitze behelligt sie nicht sonderlich mit Agitatoren.

Ich versuchte einmal, auf dem Dorfplatz von Maccarese mit einigen dieser Bauern ins Gespräch zu kommen. Ich war interessiert zu wissen, mehr zu fühlen, aus welchem Stoff sie gemacht sind. Vergebliches Bemühen. Zu dieser Zeit war gerade ein großer Landarbeiter-Streik in Apulien im Gange. Die noch unter mittelalterlichen Verhältnissen dort arbeitenden Bauern, die in den Olivenwäldern der großen anonymen Gesellschaften unter Jahreskontrakt arbeiten, waren in großen Demonstrationszügen vor die Präfekturen gezogen, geführt von den kommunistischen örtlichen Parteisekretären, voran die roten Fahnen, und hatten Land gefordert. In einigen Gegenden war es zu spontanen Inbetriebnahmen unbebauten Ackergeländes gekommen. Militär wurde eingesetzt. Die Gendarmerie nahm Verhaftungen vor, nach Hunderten. Ich vermochte in Maccarese keine Spur von Sympathie, von kameradschaftlicher Verbundenheit zu finden. Landstreicher – hieß es verächtlich – man solle sie aus dem Lande herausschmeißen – ab nach Argentinien!

Soweit über die parteikommunistischen Bauern von Maccarese. Bei den Wahlen 1946 wurden unter den 3000 Stimmberechtigten in Maccarese 2700 kommunistische Stimmen abgegeben.

Und ich hatte mindestens einmal in der Woche auch nach Rom zu fahren, um Material einzukaufen. Es geschah nicht selten, daß ich den Omnibus nicht rechtzeitig erreichte und die Nacht über in Rom bleiben mußte. Der Schwarzmarkt auf der Piazza Vittorio Emanuel wird eine der großen Erinnerungen bleiben, die man nicht mehr vergißt. Ich habe in den ersten russischen Revolutionsjahren den Sucharewka-Markt in Moskau gesehen, den Flohmarkt in Paris und London. Sie sind klein und provinziell im Vergleich zum Vittorio gewesen. An und für sich war der Markt überhaupt verboten. In den Seitenstraßen patrouillierten die Carabinieri, auf dem Platz selbst ließ sich keine Polizei sehen. Zehntausende von Händlern, von denen jeder seinen festen Stand hatte und wahrscheinlich irgendeiner Organisation Standmiete zu zahlen hatte; sicherlich nicht der Stadt oder der Polizei. Die Regierung ließ es geschehen, wäre auch absolut machtlos gewesen, den Schwarzmarkt unterdrücken zu wollen. Es gab feste Grundpreise, die jeden Tag festgesetzt wurden – wie, habe ich nie erfahren. Die innere Disziplin war bewundernswert. An dem Tage, als der New Yorker Bürgermeister La Guardia, der die amerikanische Hilfsaktion für Italien ins Leben gerufen hat, Rom besuchte, war der große Platz völlig leer, der selbst noch nachts hier und da einige Stände in Betrieb aufzuweisen hatte. An diesem Tage nicht ein einziger Stand, keine Käufer, keine Zuschauer, der Platz völlig menschenleer. An die Bevölkerung war ein Aufruf der Stadtverwaltung ergangen, den Amerika-Italiener La Guardia „würdig" zu empfangen – kein Wort stand in dem Aufruf von Unterdrückung des Schwarzmarkt-Handels. Die Italiener hatten auch so verstanden. Schließlich schickte der gute Mann alle die Sachen herüber, die man am Vittorio verkaufen konnte.

Und ansonsten ist nichts von Rom zu erinnern, das nicht auch von jeder anderen größeren Stadt gelten würde; manches mag in Rom etwas bunter gewesen sein, mehr dem menschlichen Charakter in der Tiefe angepaßt. Da waren die Falschspieler in den Nischen an der hohen Umfassungsmauer der Bäder des Caracalla, die Trick-Verkäufer, Stoffe, goldene Uhren, Diamanten, Ohrringe – mir sind keine besonderen neuen Tricks begegnet, die Jagd nach dem Diebe, dem man vorher den gestohlenen Gegenstand in die Tasche gesteckt hat, die Verhaftung durch echte und falsche Detektive, man wird die Ausweispapiere los, die man dann zurückkaufen muß. Wer nicht kooperativ ist, riskiert, hospitalreif geschlagen zu werden. Aber das ist schließlich überall so. Es war nichts wesentlich Neues, auch nicht die von den Prostituierten auf dem Hauptbahnhof gestellten Fallen.

Dagegen ist mir der Sandsack stark in Erinnerung geblieben. Ich halte nichts von den blühenden Mimosenbäumen im Nomentana-Viertel. Der Sandsack hat mich sehr interessiert. In den schmalen Durchgangsgassen am linken Tiberufer, so gegenüber von der Engelsburg (ein ganz prächtiger Baukasten), hatte sich die Gewohnheit ausgebildet, vorübergehende Passanten mit einem Sandsack niederzuschlagen. Der Sandsack, an dem eine elastische Wurfschnur befestigt war, wurde geschleudert; der Schleuderer, zu dem der Sack wieder zurückschnellte, stand im dunklen Hausflur. Oft war der erste Wurf nur eine Finte. Das Opfer wich nach gegenüber aus, im ersten Schock, geriet dort in eine gute Position für den zweiten Schleuderwurf, diesmal aus dem Hausflur auf der anderen Seite. Meist war der Wurf tödlich, die Schädeldecke wurde eingeschlagen. Das Opfer wurde später ein paar Stufen hinauf an das Tiberufer getragen und über das Geländer in den Fluß geworfen. Das ganze Viertel war zwar 'off limit' erklärt worden für die Soldaten: aus Gründen eines Alibis für die Betreuung durch die Behörden, denn in Wirklichkeit konnten die Behörden wenig tun. Zu meiner Zeit dort wurden sogar die täglichen Verluste nicht mehr veröffentlicht. Es war das Quartier der Agenten für die großen Aufkäufer von Schwarzmarktware, der Zigaretten-Großverteiler, der Rauschgift-Ringe. Zu dieser Zeit legten auch noch wieder die Übersee-Dampfer in Civitavecchia an (sonst auch durch Stendhal in der Eigenschaft als Schmuggelhafen bekannt geworden). Die Seeleute kamen eiligst von Civitavecchia nach Rom, um hier dem Sandsack zum Opfer zu fallen.

Man wird von mir nicht erwarten, daß ich mich sonst noch an etwas Erwähnenswertes von Rom erinnere. Trümmer gab es und gibt es überall und die Trümmer am Forum Romanum sehen so aus, als ob sie jeden Morgen für die Zurschaustellung erst abgeputzt und neu geordnet werden. Im Colosseum hätte ich manchmal gern geschlafen, anstatt bis in die frühen Morgen-

stunden in den Straßen der toten Stadt herumzuirren. Die Kojen in den unteren Rängen sind von festen Stammkunden in Besitz genommen, die keine fremden Eindringlinge dulden würden. Was dort und in den höheren Rängen noch frei ist, wird von einem recht kräftig aussehenden Verein zum gegenseitigen Schutz an Liebespaare vermietet. Der zerbröckelnde Rest ist für Ratten und Katzen reserviert, nachtsüber, meine ich, am Tage für die Fremdenführer.
Ich bin nicht so ungebildet, daß mir nicht einige Barock-Kirchen aufgefallen wären. Ich hätte hineingehen sollen und dort im Halbdunkel sitzen und meditieren. Aber ich war nicht in der Stimmung dazu.

Sylvia hatte unterdessen ernste Anstrengungen unternommen, sich um eine andere Plattform für ihr Leben zu bemühen. Ich hatte dies zuerst, abgelenkt durch meine äußere Geschäftigkeit, nicht gemerkt. Ich hätte es vielleicht auch nicht zu ernst genommen. Außerdem konnte ich sowieso nicht eingreifen und hätte daran nichts ändern können.
Ich wurde erst aufmerksam, als sie mich einmal nach Rom begleitete, mich kurz vor dem Petersdom, den sie mit mir besuchen wollte, verabschiedete und mir bedeutete, ich sollte an der Abfahrstelle des Autobusses nach Fregene auf sie warten. Sie kam nicht zur Zeit. Für mich bedeutete das wenig, ich mußte indessen auf Sylvia warten. Sie kam schließlich eine gute Stunde zu spät, hochroten Gesichts und getragen von einer geradezu nach außen strahlenden Zuversicht. Wir setzten uns auf eine Bank neben dem Busdepot – ich war der Meinung, um die Rücktransportmöglichkeiten zu besprechen. Sylvia hatte es damit nicht eilig.
Sylvia war in der Peterskirche zu einem ungarischen Priester zur Beichte gegangen. Ihr Leben steht wieder in Gottes Hand: Gott hat noch nicht verziehen, aber sie kann die Verzeihung gewinnen.
Ich wartete auf das weitere – sie sprach nicht mehr darüber. Sie gab sich außerordentlich gelockert, alle Verkrampfung war gewichen. Ein großer Umschwung schien eingetreten. Sie sah mich von Zeit zu Zeit mit einer etwas verhaltenen Zärtlichkeit an. Ich hatte solche Weichheit schon seit Monaten nicht mehr an ihr gesehen, eigentlich seit wir uns in Italien wiedergetroffen

hatten, aber in Wirklichkeit auch schon lange vorher, auch in Budapest nicht mehr, als die geschäftlichen Operationen ihr zu Kopf gestiegen waren. „Ich werde immer für dich beten", sagte sie.
Wir saßen auf der Bank und ließen den Verkehr vorüberziehen und allmählich sich verlaufen. Wir schwiegen und saßen eine lange, sehr lange Zeit. „Wenn ich erst oben bei der Gottesmutter bin, werde ich dort tanzen. Ich will tanzen, wie noch nie jemand vor der Gottesmutter getanzt hat. Und ich möchte, daß auch du dabei sein sollst."
Einige Tage später kam es zu einer gewaltsamen Entladung; ein Blitz hatte gezündet. Ich hätte sie beiseite geschoben. Weggeworfen wie einen ausgewundenen Abwaschlappen. Und sei dabei, sie im Stich zu lassen. Mich einfach zu drücken – sie hat mich beobachtet, sie hat das die letzten Monate gefühlt. Sie kann lesen, was in mir vorgeht; es steht mir im Gesicht geschrieben.
Es ist wahr; es steht mir im Gesicht geschrieben? – ich fühlte mich sehr gedemütigt. Ich hatte angefangen, täglich in Briefform an Sylvia unsere Beziehung zu erklären und niederzuschreiben. Es ist schließlich fast ein ganzes Buch daraus geworden, aber ich habe die Briefe nicht gezeigt. Ich habe auch nicht den Mund aufgemacht.
Hatte ich wirklich die Absicht, mich davonzuschleichen? Ich glaube das heute nicht mehr. Vielleicht habe ich nur darauf gewartet, daß es Sylvia sein wird, die mich verläßt.
Solche Entladungen wiederholten sich. Sie wurden immer stärker getragen von einem Unterton von Ablehnung, Verachtung und selbst Haß.
Wir gingen noch nicht auseinander. Wohin hätte ich auch gehen sollen? Nicht des Geldes wegen, ich bekam jetzt regelmäßig Geld geschickt, mit dem ich den gemeinsamen Haushalt bestreiten konnte. Sylvia hatte mir angeboten, daß wir das Geld, das ihr noch verblieben war, teilen sollten. Ich lehnte das ab. Am nächsten Tage, als ich mir inzwischen überlegt hatte, daß ich das Geld als eine letzte und stille Reserve später für Sylvia halten sollte, lehnte sie dann die Aufteilung ab.

Solche Explosionen richteten sich auch gegen Gott. Ich hatte keinen Teil an dem Aufkommen und der Verstrickung solcher

Gedankengänge. Ich selbst wurde davon überfallen, ohne daß ich die Möglichkeit gefunden hätte mitzusprechen, mich hinzustellen und eine Erklärung zu versuchen. Mit Erklärungen war es vorbei.
So ist es: Auch Gott hat sie im Stich gelassen. Von frühester Jugend an hat Gott sie ausgesetzt, bösen Menschen überlassen, sie auf den Weg gestoßen, auf dem sie zugrunde gehen soll. Gott, die Kirche, die Priester, die Nonnen – sie haben sich alle verschworen, das Böse gegen sie zu tun. Die Schuld liegt bei Gott – die Gottesmutter sollte besser aufpassen, was in der Welt vorgeht. Nur den Reichen und den Hochgeborenen kommt Gott entgegen ...
Ein solcher Ausbruch endete damit, daß sie anfing zu weinen: Eine so starke Erschütterung, eine solche Verzweiflung war um sie herum, daß ich es nicht aushielt, aus dem Haus stürzte und in den Wald hinauslief. Ich hatte das Gefühl, ich müßte bis ans Ende der Welt laufen.
Es gibt einen Gott. Es ist müßig, Gott in sich selbst zu suchen, sich eine Vorstellung, selbst eine Erinnerung zu bilden mit den Krücken des Glaubens. Gott spricht aus dem Nebenmenschen, dem du nahegestanden bist, der ein Teil deines Selbst war, der hätte ein Teil werden sollen und von dem du selbst ein Teil gewesen bist.
Es ist müßig, das zu leugnen.
Es ist nicht wahr, es mag ein Irrtum sein, jeder wird guttun, solches Wissen auszubrennen, am besten es schon im Keim zu ersticken.
Gott richtet nicht.
Es ist so viel besser, Gott zu verleugnen. Er zeigt sich im Spiegelbild, dem eigenen Spiegelbild und im Reflex des anderen, der entgleitet, ferner und ferner schwindet und – in Wirklichkeit – niemals gewesen ist.
Es bildete sich am Ende eine ziemlich nüchterne Überlegung heraus: Ich hatte Sylvia getäuscht. Sie hatte sich in mir getäuscht. Ich war nicht das Stück von ihrem eigenen Leben, die Ergänzung, die Waffe und das Werkzeug. Sie hatte an diese meine Aufgabe geglaubt und das auch erwartet. Nichts von alledem ist eingetroffen, nichts ist geblieben. Ein gewöhnliches Stück Mann, nicht anders und nicht besser als alle anderen. Auch nicht weiter zu erziehen, auszubilden,

nicht weich genug wie Wachs und Marmelade, um etwas Brauchbares daraus zu machen – ich selbst habe begonnen, mich zurückzuziehen, mich loszulösen – wie gemein und wie kindlich zugleich; ein in die Irre gelaufenes Kind, das nicht aufwachsen will.
Demgegenüber steht Gott und die Gotteswelt mit allem was dazu gehört. Sie darf nicht zusammen mit mir gegen Gott auftreten oder Gott im Stich lassen oder Gott versöhnen.
Entweder oder: Gott auf der einen Seite, der Mann auf der anderen. Vielleicht ist der Mann nicht so schwach, wie sie es geglaubt hat. Sie hat nicht nötig, ihm zu helfen, er ruft nicht, er wird nicht rufen und er wird allein wieder davongehen; ist schon jetzt dabei, sie im Stich zu lassen.
Es wird ihr keine andere Wahl bleiben, als sich auf Gott zu stützen, zu Gott zurück-zu-kehren.
Kann man sich von Gott freikaufen? Sie hat es versucht, aber ich habe sie schon vorher im Stich gelassen; ich hätte ihr helfen müssen.
Wie ein Tier in der Falle. Wie ein Vogel, der die geschlossenen Fenster anflattert. Wie ein Torpedokäfer – der bereits in einem früheren Kapitel beschrieben ist.

Sylvia wurde krank. Aus einer schon länger zurückliegenden Operation war eine große Blutarmut geblieben, die auch die Leber in Mitleidenschaft gezogen hatte. Es kam zu einem Anfall von Gelbsucht.
Ich mußte Sylvia in eine Klinik nach Rom bringen. Es war eine dieser Erkrankungen, die an der Grenze physischer Funktionsstörungen des Körpers liegen. Es geht im Grunde mehr um die Entscheidung: Ist das Leben noch wert, weiter gelebt zu werden.
Sie kam nach wenigen Tagen aus der Klinik zurück, merkwürdig gefaßt, sehr ruhig. Anscheinend hatte sie die Entscheidung getroffen.
Wir werden das Haus in Fregene aufgeben. Das Mobiliar wurde verschleudert. Das Klavier fand überhaupt keinen Interessenten. Sylvia hatte durch die ihr befreundete Familie in Bozen ein Haus ausfindig gemacht, hoch in den Dolomiten, in Masi de Cavalese, am Fuße der Marmolata. Wir werden dorthin übersiedeln. Höhenluft. Es war inzwischen Winter geworden. In

Masi de Cavalese stand für Monate das Thermometer 40 Grad Celsius unter Null.

Während ich in diesem Haus, das durch militärische Besatzung gelitten und im übrigen überhaupt nur in zwei kleinen Räumen bewohnbar war, sozusagen Wache hielt, war Sylvia viel unterwegs. Sie war körperlich sehr schwach, und es war schon eine große Anstrengung überhaupt an die Bahnlinie heranzukommen, die in das Fiemme-Tal hinaufführt.

Sylvia war nach San Giovanni Rontondo im Süden gereist, um dort einen Kapuziner-Pater aufzusuchen, der vom Volke als Heiliger verehrt wurde. Der Pater blutete jeden Freitag die Wunden Christi am Kreuz. Die Mussolini-Regierung hatte ihm das untersagt, als der Pater die Stigmatisierung mit dem ungerechten Kriege gegen Abessinien in Verbindung gebracht hat. Später hat es auch der Papst mehrfach verboten, konnte aber die Stigmatisierung nicht aufhalten.

Sylvia war hingefahren, um sich von dem Pater die Lebenszukunft weissagen und sich gleichzeitig für diese Zukunft beraten zu lassen. Sie wird das Schicksal in die Hand des Heiligen legen, wie ihr anscheinend auch geraten worden war. Mit mir hat sie nicht darüber gesprochen, weder vorher noch nachher, als sie schon zurückgekommen war.

Bei dem Umzug war eine Kiste mit Wäschestücken unten im Tal an der Station der Hauptstrecke nicht angekommen. Wir mußten mit der Fiemme-Bahn wieder herunterfahren, um Erkundigungen einzuziehen. Sylvia hatte darauf bestanden, daß ich sie begleite, obwohl ich kaum eine Hilfe hätte leisten können.

Wir trotteten nebeneinander her. Wir fanden Platz auf einem Camion, wir stiegen vor der Station aus. Es mußte ziemliche Zeit vergangen sein, ich hatte es nicht gemerkt; vielleicht war ich es schon gewohnt, solche Stunden teilnahmslos zu verbringen.

Vor dem Eingang zur Station erinnerte sich Sylvia, daß wir das Haus nicht genügend verschlossen hätten, es gab noch ein besonderes Sicherheitsschloß ... „Hast du die Kette vorgelegt?" „Nein."

In diesem Augenblick habe ich Sylvia angesehen. Das Gesicht war hochrot und verzerrt. Die Augen grau, diesmal ins Grünliche schillernd, halten mich fest wie in einer Zange. Dann hat

sie sich mit einer flüchtigen Bewegung umgesehen, den Arm gehoben, mit der Faust mir ins Gesicht geschlagen, einmal, zweimal. – „So, das war für dich!"
Es war für mich.

Wir haben uns noch nicht getrennt. Ich war dabei, meine Abreise vorzubereiten. Es würde noch Monate dauern, vielleicht länger. Sylvia übersiedelte nach San Remo, ich begleitete sie. In Genua war zudem das für mich zuständige amerikanische Konsulat.
Ich hätte die Möglichkeit gehabt, über das Flüchtlingskomitee auch für Sylvia das Reisevisum nach New York zu bekommen. Ich bot es ihr an. Sie lehnte ab. Ob sie damit gerechnet hatte, ich weiß es nicht ... ich schämte mich.
Ich saß in San Remo in den Kaffeehäusern, strich um das Spielkasino herum, ging in die Kapuziner-Kirche, alles Pracht, Gold und Marmor – gestiftet von Spielern, die sich freigekauft hatten. Ich wartete auf das regelmäßig eintreffende Geld aus New York, auf das amerikanische Visum und korrespondierte mit Harriet, die ich über Briefe an Dritte aufgefunden hatte und die bei einem amerikanischen Büro in Deutschland arbeitete. Sie war wieder verheiratet, wird sich scheiden lassen, und hoffe, daß wir in New York wieder zusammenkommen würden.
Harriet ist gestorben. Bevor noch ihr Chef, der typische amerikanische Avantgarde-Literat, ängstlich wie diese Leute sind, sich überwunden hatte, ihr Ausreisegesuch nach USA zu befürworten.
Auch vor der zweiten Etappe auf dem Wege, Unrecht wieder gutzumachen, war ich bereits steckengeblieben.
Es ist nicht mehr viel zu sagen.
Bei Sylvia ging das bare Geld zu Ende. Sie sah es von Tag zu Tag schwinden, neues kam nicht mehr hinzu. Ich konnte nicht viel mehr tun, als die Pension und einige Kleinigkeiten zu finanzieren. Etwas Schmuck war noch da und die Perser-Teppiche, die in Rom untergestellt geblieben waren. Kein Versuch, sich wirtschaftlich zu halten, irgendwo einzuordnen.
Sylvia hatte sich entschlossen, in ein Kloster einzutreten. In San Remo ist ein Karmeliterinnen-Konvent. Sylvia hatte mit der Oberin gesprochen. Der Kapuziner-Pater war sehr dagegen,

ebenso ein Jesuiten-Priester in San Remo, der Sylvia öfter besuchte und der den Konvent genügend aus mehr interner Kenntnis einzuschätzen verstand. Der Orden verlangte ein Brautgeschenk von 100 Napoleons, das sind die Münzen von je 10 Goldfranken. So viel an Geld war nicht mehr aufzutreiben, vielleicht in Raten, aber nicht sogleich. Die Verhandlungen zogen sich hin.

Sylvia war besonders beeindruckt, daß die Mehrzahl der Karmeliterinnen aus altadligen französischen Familien stammte – so hieß es; ich hatte keine Möglichkeit, das nachzuprüfen. Aber wenn es in meiner Macht gestanden hätte, ich würde das Gold zur Verfügung gestellt haben. Ich habe zwar nicht zugeraten, aber ich habe den Plan auch nicht als Ausgeburt einer wilden Hysterie erklärt.

Ich half Sylvia indessen, sich im Kloster auch von draußen her beliebt zu machen. Sylvia schmückte die Konventskirche mit Blumen, ich kaufte für Sylvia diese Blumen auf dem Markt in San Remo. Der San-Remo-Markt ist wahrscheinlich der größte dieser Art in Europa. Von 3 Uhr morgens bis 6 Uhr sind die Agenten und Aufkäufer aus aller Welt am Markt; Nelken, Rosen, Veilchen werden in der Hauptsache gehandelt. Die Blumen werden nach Savona und Turin, zu je 12 Dutzend gebündelt, in Lastwagen gebracht und von dort noch am gleichen Morgen mit Flugzeugen in alle Welt transportiert. Nach 6 Uhr wird der lokale italienische Handel mit dem verbliebenen Rest beliefert. Ich ging mehrmals in der Woche in der Frühe auf den Markt und kaufte jeweils für mehrere tausend Lire Blumen, nicht allein zum Großhandelspreis, sondern auch für den Export ausklassierte Ware. Das heißt, wir hatten immer eine große Menge Blumen, einen ganzen Wagen voll. Sylvia ging dann in die Kirche und schmückte die Altäre, die Statuen, die Bilder und wo sonst immer Blumen in Behälter gestellt werden konnten. Sie ist meist schon erwartet worden.

Trotzdem kam schließlich das Geschäft nicht zustande. Es wurde Sylvia von autoritativer kirchlicher Seite bedeutet, sie wird niemals damit rechnen können, in die innere Gemeinschaft der Karmeliterinnen aufgenommen zu werden. Im Höchstfalle könne sie die Erlaubnis erwirken, als Laienschwester einzutreten. Zunächst auf ein Jahr als Probe, dann auf drei weitere Jahre und könne dann schließlich zu dem Eidesgelübde auf

Lebenszeit zugelassen werden. Sie bliebe aber trotzdem nur Laienschwester und sei mit dem inneren Kreis der Karmeliterinnen nur in dienender Berührung, das Kircheninnere zu pflegen und die Korridore im Kloster zu schrubben.
Sylvia mußte den Bescheid hinnehmen, gab sich aber damit nicht zufrieden, wird sich auch damit niemals zufrieden geben. Die Gründerin des Ordens, die Heilige Therese von Avila hat sich auch gegen die Bosheit der kirchlichen Oberin durchgesetzt – wird sie gedacht haben. Indessen, die äußeren Umstände allein machten es notwendig, den Plan fallen zu lassen.
Sylvia hatte neue Anfälle von Migräne und Gelbsucht. Sie war zeitweilig unfähig, sich zu bewegen, geschweige denn, irgendwelche Entschlüsse zu fassen.
Schließlich kam mein Einreisevisum. Der Tag der Abreise rückte heran.
Ich mußte nach Rom fahren, die Schiffskarte in Empfang nehmen und einige Formalitäten erledigen. Sylvia wird mich begleiten. Von Rom fuhr sie weiter nach San Giovanni Rontondo, um von dem Kapuziner-Pater Rat einzuholen, was sie jetzt weiter tun soll. Wir würden uns vor der Abfahrt des Schiffes in Neapel treffen; wir verabredeten ein Hotel.
Wir trafen uns in Neapel einen Tag vor der Abfahrt des Schiffes. Dieser Tag verlief in einer entsetzlichen Langsamkeit. Die Aufenthalte, die wir uns einander zuschoben, waren Fallen und Abgründe. Wir sprachen kaum. Wir gingen in den Straßen herum, flüchteten bald wieder in das Hotel zurück. Die Qual dieser Hotelhalle wurde unerträglich.
Sylvia erwähnte so nebenbei, daß sie in Wirklichkeit ihren Kapuziner noch niemals gesprochen hätte. Es ist ihm verboten, mit Leuten zu sprechen, die von draußen aus der Welt kommen; nur mit seinen Ordensoberen und einigen vom Papst besonders autorisierten Personen. Der Verkehr mit der Außenwelt geht über ein Büro, wo ein Sekretär die Fragen aufschreibt, die der Hilfe- und Ratsuchende an den Pater zu richten wünscht. Am nächsten Tage bringt dann der Sekretär die Antwort. Sie könne diese Prozedur verstehen, der innere Kontakt würde dadurch nicht gestört.
Auch dieses Mal habe der Pater ihr mitteilen lassen, sie solle vertrauen und in guter Zuversicht bleiben. Sie werde gesundheitlich wieder stärker werden, es wird sich lösen, was in ihr

drückt und sie wird das erreichen, was sie als ihr Ziel sieht, wenn es in Demut geschieht.
So ging dieser schreckliche Tag schließlich vorüber.
Wenn ich überhaupt eine Stadt hasse und hassen werde, so ist es Neapel. Aufgeblasene Häuserquadrate, Straßen, die die Passanten vor sich herstoßen, die aus Tücke schwitzenden Menschen, die Geschäftemacher, selbst die Blinden und die Krüppel, die Hungernden und die Sonst-zu-kurz-Gekommenen sind einem in Neapel widerlich. Dazu dieses Bild um den Hafen, das einem den Magen krampfen läßt und dieses Furunkel im Hintergrund, das von Zeit zu Zeit aufplatzt – in Wahrheit eine Stadt zum Sterben.
Am nächsten Morgen war es soweit.
Sylvia stand hinter dem haushohen Gitter, das den Zugang zu den Schiffen nach der Straße draußen abschließt. Vielleicht haben wir uns vorher in der üblichen Weise verabschiedet; sicherlich. Ich hatte – schon jenseits des Gitters, aber für die Draußenstehende noch sichtbar, durch einen Zuruf erreichbar, mit den Behörden zu tun. Der Paß, die Stempel, die Erklärung, daß ich nicht mehr nach Italien zurückkommen würde, und wurde dann in die Reihe geschoben. Die Reihe bewegte sich vom Gitter weg, Schritt für Schritt. Mit einem Blick noch von der Treppe, der Treppe, die zum Schiff hinaufging, sah ich Sylvia am Gitter stehen, den Kopf tief gesenkt, auf die Brust geneigt – so verlassen, so einsam, wie jeder Mensch in diesem Leben ist. Ich weiß es nicht ... die Tränen werden langsam hochgestiegen sein und sich vorgedrängt haben, Sylvia wird geweint haben, und das Weinen wird heftiger geworden sein, gewaltsamer ... ich weiß es nicht.
Wer spricht jetzt vom Freikaufen?
Wem soll ich helfen, wenn ich mir selbst nicht helfen kann?!

Ich bin noch die nächsten Jahre mit Sylvia im Briefwechsel gestanden.
Sie ist in einem der italienischen Kurorte für Leberleidende wieder völlig gesund geworden.
Sie hat eine St.-Michaels-Gesellschaft gegründet, mit Verlag und Buchvertrieb; mit anderen Partnern zusammen. Ihre Einlage ging verloren.
Der Buchvertrieb wurde von der Konkurrenz übernommen,

Sylvia bekam als Abfindung eine Anstellung als Reisende. Sie ging mit den Büchern von Dorf zu Dorf, von Haus zu Haus. Nach einem Jahr war auch das zu Ende, zugleich der Rest ihrer Mittel.
Sie verdingte sich als Kindermädchen nach Mailand.
Sie führte den Haushalt eines amerikanischen Sergeanten und dessen Familie in Livorno.
Nach Rückkehr dieser Familie nach den Staaten richtete sie im benachbarten Marina di Pisa ein Haus ein für Waisenkinder, die von amerikanischen Vätern zurückgelassen, von den italienischen Müttern nach einer gewissen Wartezeit auf die Straße gesetzt worden waren. Der Sergeant hatte versprochen, in den USA eine Sammelaktion für dieses Heim auf die Beine zu bringen. Sylvia hörte nichts mehr davon. Das Heim hatte keine Mittel mehr, die Kinder waren am Verhungern. Die Gemeinde schloß das Heim. Sylvia mußte unter Drohungen der aufgebrachten Gemeindemitglieder fluchtartig Marina di Pisa verlassen. Ob die Behörden den Waisenkindern später zu Hilfe gekommen sind, wußte Sylvia nicht, als sie darüber schrieb; ich würde es bezweifeln.
Die Briefe wurden seltener und seltener. Im letzten schrieb Sylvia, daß sie wieder in San Giovanni Rontondo sei. Sie erhalte dort in einem ungarischen Heim, das von den Franziskanern für den Empfang und die Betreuung ungarischer Pilger eingerichtet ist, gegen Übernahme der Hausarbeit freie Wohnung und Essen.

Ich bin nie persönlich in San Giovanni Rontondo gewesen. Aber ich habe nach den vielen Beschreibungen Sylvias ein sehr genaues Bild davon. Auf dem Platz vor der kleinen weißen Kirche, die zum Kloster der Kapuziner gehört, staut sich eine nach Hunderten zählende Menge. Die Kirche selbst ist schon überfüllt, abgesperrt durch Carabinieri und einer Kette, die von der Schutzgarde aus der Bürgerschaft gebildet ist. Drinnen wird die Freitagsmesse gelesen. Der Heilige selbst ist krank. Er kann schon seit Jahren nicht mehr die Zelle verlassen. Er läßt alle segnen, die zu ihm gekommen sind und die die Messe besuchen an dem Tage, da die Merkmale der Wunden Christi am Kreuze sich an dem kranken Körper erneut manifestieren. Die Menge wartet. Als die Wandlung sich durch

Glockenzeichen ankündigt, das bis nach außen dringt, geht ein Aufatmen der Erlösung durch die Wartenden. In Demut werden so viele Wünsche erfüllt und so viele Hoffnungen neu belebt.

Nach Süden dämmern nach dem apulischen Hügellande die grauen Olivenwälder in Silberstreifen, mit dem lichtdurchfluteten Horizont sich verwischend.

Hier soll auf einem der Hügel das Landhaus des römischen Philosophen Seneca gestanden haben, worin dieser Zuflucht gesucht hat vor den Intrigen des kaiserlichen Hofes in Rom. Er wollte hier die Ruhe finden, er wollte sich wiederfinden, angeekelt von dem Geschwätz über Leben und Tod.

Als ihm das Nahen der Häscher gemeldet wurde, die Kaiser Nero ausgeschickt hatte, um ihn nach Rom zurück vor ein Gericht zu bringen, schnitt Seneca sich die Pulsadern auf.

>Nunquam efficies
>Ut recte incedant canceri.

Das Jahr ohne Gnade
Ein Roman

Ich will nichts weiter als die Wahrheit finden. So wie ich sie aus den Mitteilungen vermute, die mir über die letzten Vorgänge dieses Lebens, das zu schildern mir als Aufgabe gestellt ist, gemacht worden sind, Verpflichtung aus tiefstem Leid und Mitverantwortlicher in der Schuld.
Ich klage nicht an. Ich will einer umfassenderen Erkenntnis dienen, als dies ein Aufruf zur Anklage erreichen könnte. Ich glaube daran, daß dem Menschen seine Bestimmung mitgegeben ist, in deren Rahmen er dem Schicksal anheimfällt, sei es daß er es sich selbst gestaltet, sei es daß es ihm von außen bereitet wird. In dem Streben nach Vereinigung von Bestimmung und Schicksal, in dem Widerspiel der oft gegeneinander strebenden Kräfte vollzieht sich, vermute ich, der Ablauf unseres Daseins.
Die äußeren Umstände sind vielleicht verglichen mit den Prüfungen, unter denen die Allgemeinheit zu leben genötigt ist, geringfügig. Ich wiederhole: Dasjenige, was den Menschen in die Gemeinschaft hebt, ist in seinem innersten Wesen begründet, im Erlebnis der Persönlichkeit, in seiner Stellung zur Umwelt. Dazu bedarf es keiner besonderen Bemühungen um Allgemeingültigkeit.
Indem ich die Niederschrift beginne, lasse ich die Begebnisse betrachtend noch einmal vorüberziehen, auch die Gedanken und die Vielfalt der inneren Vorstellungswelt. Die lichten wie die dunklen Tage, Freude oder Leid, und die Unzulänglichkeit, ins Gleichgewicht zu finden – alles das unterliegt einer höheren Ordnung. Wir vermögen sie zu erkennen, aber wir folgen ihr nicht.

WIEN, ALLGEMEINES KRANKENHAUS, STATION VI, GESCHLOSSENE ABTEILUNG, EINZELZELLE.

Es ist im zweiten Drittel des März 1945, genau gesagt am 22. März.
Die Kranke liegt auf der Bettstelle, die dünne Decke an den Füßen zu einem Knäuel verwickelt. Sie hat den Oberkörper aufgerichtet und klammert sich mit einem Arm um den eisernen Pfosten des Gitters. Nebenan im größeren Saal ist alles still, kein Laut – soll sie rufen, daß die Schwester kommt, um ihr das Bett zu öffnen? Die Schwester ist grob, die Kranke wird mehrmals und immer lauter rufen müssen, und dann werden die anderen aufwachen und schimpfen. Auch die Schwester wird den Arm heben, als wolle sie zuschlagen. Warum – die Kranke kann doch von selbst nicht aus dem Bett heraus. Sie wird das Bedürfnis unterdrücken. Besser, allein zu bleiben. Sie ist eben aufgewacht und fühlt sich wunderbar beruhigt; etwas ist von ihr abgefallen, das sie gequält und bedrückt hat. Sie fühlt sich, ist man versucht zu sagen, frei. So war das also bisher, möchte sie sich erinnern, so ist es.
In der Zelle herrscht völliges Dunkel. Es ist noch Nacht, vielleicht ist es früh am Morgen – denn die Fensterläden sind geschlossen und verdunkelt. Gestern war im Saal nebenan große Unruhe. Es scheint, daß man Kranke weggebracht hat. Dagny glaubt so etwas gehört zu haben. Der Arzt ist dagewesen, möglicherweise hat er untersuchen wollen, ist aber mit der Schwester sogleich wieder hinausgegangen; gesagt hat er nichts.
Sie ist gesund, also doch noch einmal, nur ein wenig schwach. Heute wird sie mit der Schwester darüber sprechen. Die Flieger sind nicht gekommen, auch gestern am Tage nicht. Jedenfalls hat sich niemand mehr um sie gekümmert.
Von draußen dringt ein leiser Vogelruf, ein schüchternes Pfeifen, und klingt beinahe wie ein meckerndes Lachen – also muß es schon in der Früh sein.
Ein Jahr ist vergangen, ein furchtbares Jahr. Es ist wirklich wie eine große Überraschung, es wird ihr jetzt eigentlich erst bewußt, nachdem diese entsetzliche Anspannung nachgelassen hat, daß um dieselbe Zeit, vor einem Jahr ihr das Leben neu geschenkt worden ist. Wie war das schön!
Diese Anspannung, in der sie die letzten Wochen hier zugebracht

hat, war mehr wie nur eine Empörung. Was wollten die Leute von ihr, die Ärzte, die Pfleger und diese grobe Person, die ihr das Essen bringt – Die Wände sind kahl, es ist kalt, sie friert unter der dünnen Decke. Sie kann sich nicht bewegen – zu Hause hat sie Decken, Heizkissen, Wäsche, einen Pullover; sie hat sich das alles zusammengespart, das Wenige, das sie durch alle Unglücksfälle gerettet hat, und warum gibt man es ihr nicht, und läßt es holen? Sie ist zu schwach, um mit den Fäusten gegen diese kahlen Wände zu schlagen, den Kopf gegen das Eisengitter des Bettes zu stoßen. Sie hört sich bitten, schreien, tierisch brüllen, aber sie ist zu schwach, niemand hört, niemand versteht; ihr Schrei ist in der Luft, hüllt sie ein und wird sie ersticken – mein Gott! Dagny hat nicht beten gelernt.
Und mit einem Mal ist es vorbei. Es ist von ihr abgefallen. Sie erinnert sich und spinnt an diesen Gedanken weiter. Und es tut so wohl. Wieder ist ihr das Leben neu geschenkt.
Vor einem Jahr war sie in Greifswald in der Universitätsklinik, mit drei beinahe gleichaltrigen Mädchen, sie waren alle ein wenig jünger, im gleichen Zimmer. Lustig und immer bemüht, über ihre eigenen Schwierigkeiten hinweg zu kommen, hatten diese Mädchen sie gesund gemacht; und der gute und feinfühlige Professor. „Fräulein Dagny", hatte er gesagt, „Ihr Herr Vater hat mir geschrieben, er würde es möglich machen, zu uns auf Besuch zu kommen. Sie müssen sich aber recht schön Mühe geben, und uns helfen, und ein wenig mehr Vertrauen haben, daß er sehen kann, wie bald Sie wieder auf die Beine kommen." Sie hat sich Mühe gegeben, es war eine wundervolle Zeit, vielleicht die schönste Zeit in ihrem Leben; wie war das nur möglich – alle waren so gut zu ihr. Von dem Besuch des Vaters gar nicht zu sprechen. Damals hatte sie den großen Willen. „Du mußt nur den Willen haben", hatte der Vater beim Abschied gesagt – sie beide gingen den langen Korridor in der Station auf und ab, draußen war schon Frühling, Sonnenschein; in diesen Augenblick kam gerade Fliegeralarm, aber auf Greifswald wurden keine Bomben geworfen; das wußte der Vater nicht, der zwischendurch unruhig geworden war; sie hatte auch vergessen, es ihm zu erzählen. Mit einem fremden Paß war er aus Ungarn gekommen, durch ganz Deutschland hindurch; später war ihr erst eingefallen, wie gefährlich diese Reise gewesen sein mußte, und wie leicht er hätte verhaftet werden können – „den Willen und ein wenig Vertrauen zu dir selbst und

Geduld, dann wird alles besser werden." „Es ist ja schon besser." „Ich muß sehen, daß du zu mir kommst. Daß wir endlich zusammenbleiben." Wird er sie streicheln, wird er eine zärtliche Geste, irgendeine – so sehr hat sie darauf gewartet, daß sie etwas zurückbehalten würde, aber er hat sie nur lange und prüfend angesehen, besorgt. Ihretwegen oder seinetwegen – „ja", hatte sie ihm geantwortet, mehr nicht, sie konnte nicht. Es hat ihr das Herz zusammengepreßt, sie hätte ihm noch so vieles zu sagen gehabt, zu fragen, zu sprechen, zu plaudern – von sich, nur von sich, immer nur wieder von sich. Dann ist er gegangen. Es war furchtbar, aber doch irgendwie anders wie früher; durch mancherlei Schatten, durch viele Schleier schillerte bereits ein unvorstellbares Glück. Ja, sie hatte den Willen und das Vertrauen und den Mut, und die Geduld wieder gesund zu werden. „Unsere Dagny ist wie umgewandelt", hatte am gleichen Abend eines der Mädchen gesagt, „jetzt hat sie uns nicht mehr nötig." So war es. Ein großer Schritt im Lebensablauf ist getan, sie wird wieder gesund werden – davon hat sie damals gelebt, in jenen Wochen, in diesem Jahr. Die Kranke hat sich wieder auf die Lagerstatt gleiten lassen, völlig entspannt. Sie sieht ins Dunkel, und der Ablauf dieser schweren Wochen ihrer Krankheit formt sich zum Bild.
Mit den Drüsen hatte es angefangen. Erst ist alles angeschwollen, im Gesicht, um die Hüften in die Breite gegangen, und dann ist sie rasch abgemagert, daß sie sich nicht mehr auf den Beinen halten konnte. Dann sind die Schmerzen hinzugekommen, Magen, Leber, Unterleib, Krämpfe. Eine klare Vorstellung dieser Schmerzen ist ihr eigentlich nie gelungen. Grimassen – von sich zu stoßen die Leute, die sich damit befassen wollen, die Zunge hinausstecken, anspucken, schreien – nein, stöhnen, gurgeln in regelmäßiger Folge, auf und ab, und sich die geballte Faust ins Gesicht schlagen, die Haare reißen. Die Ärzte haben nichts finden können. In Berlin, wo sie zuerst nach langer Behandlung zu Hause von den Wirtsleuten ins Krankenhaus eingeliefert worden ist, wurde sie für eine Simulantin gehalten. Drückeberger vom Arbeitsdienst, von der Arbeit. Der Arzt, den sie in den Finger gebissen, als er den runden Körper abzutasten begann, hat sie hochgehoben und an die Wand geworfen wie einen Haufen Dreck; es hat nicht mal weh getan, der Schmerz, die Feuerglut im Leib, war größer – ein Bündel Knochen. Von dort in eine Geschlossene Abteilung, Ansteckungsgefahr, Kinderlähmung,

oder eine noch unbekannte Krankheit, ausgelöst durch Arbeitsunlust, Bosheit und Simulation, geringe Ernährung, mangelnde Moral und allgemeine Schwäche; erblich belastet; möglicherweise Nervenschock, zu viel Zigaretten, Überarbeitung, Bombenschaden. Die Firma, bei der sie in Arbeit steht als Stenotypistin, 14 Arbeitsstunden, eingerechnet die Vertretungen, ohne die sie bei dem, was sie sich anschaffen möchte, nicht auskommen würde – nachts keine Fahrverbindung nach Hause, meist keine Möglichkeit, sich auf die Karten in den Geschäften etwas zu besorgen – zu Hause wartet Georg, der junge Mann, der zu ungeschickt ist, ihr das abzunehmen; mit dem sie zusammen lebt, um ihm das Essen zu kochen, die Wäsche zu waschen, und die Wohnung ein wenig aufzuräumen; der junge Mann, unbeholfen und eigensinnig, aber gutmütig – hat wenig Halt, nur an ihr findet er anscheinend den Halt, über die Zeit durchzukommen, sonst bedeutet er ihr wenig, vielleicht später einmal, wenn er mehr sein wird als das Kind – ja, die Firma, eine der größeren Nachrichtenagenturen des Regimes, hatte damals einen Boten geschickt, zum Arzt, um sich zu erkundigen, das Krankenjournal einzusehen, um etwa beim Arbeitsamt Schritte einzuleiten, Strafverfahren, wenn es erwiesen ist, der Verdacht gerechtfertigt auf böswilliges Verlassen des Arbeitsplatzes. Seit Monaten hat sie um einen Urlaub gebettelt, der ihr zwar von Rechtswegen noch nicht zusteht, aber andere haben ihn auch bekommen, überhaupt besteht Urlaubssperre... Auf diesem Klavier spielt sie die Tasten unentwegt, rauf und runter die Tonleiter.

Damals hatte sie aus dieser Lage die Mutter befreit. Sie ist mit einem anderen Arzt im Haus erschienen, hat im Bureau der Abteilung getobt, und wird nicht mit Worten gespart haben. Die Leute hören das nicht gerne, wenn sie auch die Macht haben, diese Art von Argumenten zu unterdrücken; manchmal neigt man dazu, die Dinge laufen zu lassen, statt einen Untersuchungsfall zu konstruieren. Die Mutter hatte nur einen Schein zu unterschreiben, daß sie die Tochter bei sich aufnimmt, und selbst pflegen wird – eine komische Vorstellung, wenn man diese Mutter kennt; jedenfalls wurde für die nächstfolgende Patientin ein Bett frei, für die Verwaltung auch schon ein Gewinn.

Der Freund hat sie abgeholt und mit der Mutter zur Bahn begleitet. Auf der Fahrt an die Ostsee, die Mutter wohnt auf einer Insel bei Stralsund in einem Kahn, der zur Wohnung umgebaut ist –

hat Dagny nur der eine Gedanke beschäftigt, der Junge hat sie bei der Abfahrt damit überrascht – er würde jetzt ins Ausland gehen. Er hat das erreicht, woran sie an ihm die beiden Jahre gearbeitet hat, er ist einem Bureau der Firma im Ausland zugeteilt worden, und sie hätte vielleicht mitfahren können, wenn sie nicht zusammengebrochen wäre, kurz vor dem Ziel – jetzt fährt er allein. Von dieser Fahrt erinnert sie sich sonst an nichts; beim Umsteigen mußte die Mutter fremde Leute bitten, die Kranke tragen zu helfen; auf der Fahrt wird sie den Mitreisenden genug zu schaffen gemacht haben. Nachdem sie noch versucht hatte, auf dem Kahn zu bleiben, später in einer Pension, dann im Krankenhaus in Bergen, ist sie in der Klinik in Greifswald untergekommen. Dort hat der große Umschwung eingesetzt.
Die Kranke versucht sich wieder aufzurichten. Daß sie sich jetzt wieder daran erinnert, so klar steht ihr diese Zeit vor Augen, es ist fast zu viel. Wie war das schön!
Dagny kann nicht weinen, vielleicht hat sie es verlernt, sie fühlt wie die Hemmungen sich lösen, Schicht um Schicht. Im Garten des Krankenhauses, auf dem freien Platz vor der Station wenig Rasen und keine Bäume aus irgend einem Grunde, an der Außenwand des Gebäudes entlang ist sie auf und ab geschritten. Es ging schwer, aber es mußte gehen – der Professor hatte es gesagt, auf und ab und nicht müde werden, sich weiter zu schleppen. Die Sonne ist da, Frühlingssonne, Wind von der See her; er meint es gut, der Professor und der Wind und der Sonnenstrahl. Niemals mehr wird sie es dahin kommen lassen, sich dahin treiben zu lassen, allein zu sein; in der Grausamkeit, in der tödlichen Versuchung der Einsamkeit. Sie wird es versprechen. Eine Flut von Gedanken und Gefühlen drängt aus dieser Erschütterung empor. Wem soll sie es danken, wem sich darbringen – im Gebet; Dagny hat nicht beten gelernt. Wem soll sie es versprechen – sich selbst? Mit Entsetzen, inmitten dieser Beschwingtheit und Freude, hatte sie es damals empfunden, daß sie allein ist; vieles ist in ihrem Leben versäumt. Mutig war Dagny auch schon früher, aber geduldig – bauen und warten können, das Heim schaffen und warten auf das Glück, ausgeglichen, bescheiden und dankbar. Es hört sie niemand, dem sie es versprechen wird, verspricht, vielleicht dem Vater? – Sie hat ihm zugleich einen langen, viele Seiten langen Brief geschrieben: sie wird an sich arbeiten, verstehen lernen, aufschreiben ihre Gedanken, überhaupt anfangen zu

schreiben; das hat ihr schon mancher geraten, sich die Unruhe von der Seele zu schreiben, die innere Stimme dessen will sie finden, zu dem sie gehört, und der ihr antworten wird. Alles erscheint leicht. Nicht gerade leicht, aber möglich, erreichbar und hoffnungsvoll. Später wird sie fragen, wovon der Mensch im Innern lebt, daß er sich hält. Der Professor hatte gesagt: „Liebes Kind, versuchen wir es, Sie wieder hinauszuschicken. Ich kann Sie auch nicht länger hier halten. Aber schön aufpassen. Und wenn es nicht geht, schreiben Sie. Man soll sich mit mir in Verbindung setzen. Ich glaube, das Schlimmste haben wir überwunden, die Krise – meine ich." Ja, es war eine Krise, und die hat sie überwunden; so schön war die Welt, so herrlich der Frühling, so gut die Menschen, und so stark wird sie sein.
Wohltuend die Müdigkeit nach den Traumverwirrungen des Schlafes. Es ist vorüber, es ist geschafft. Nebenan ist jemand durch den Saal gegangen, ein einzelner Mensch, vorüber gegangen. Es wird gegen Morgen sein. Auskosten die Überraschung, daß sie gesund ist. Der Gedanke ist nicht ohne Wehmut.
Denn sie hat nicht zum besten gewirtschaftet mit dem, was ihr damals geschenkt worden ist. Nicht alles gehalten, was sie versprochen hat. Vieles versäumt und manches falsch gemacht. Sie hätte sollen zum Vater fahren, wie es abgesprochen war. Sie hatte den Urlaubsschein vom Arzt, sie brauchte die Entlassung von der Firma, den Schein vom Arbeitsamt, Paß und Visum. Beschwingt, wie sie sich fühlte und neu geboren, war ihr das alles nebensächlich erschienen; die Freunde des Vaters werden ihr helfen. Erstens, sie trifft sie nicht an. Zweitens, es waren keine Freunde – Geschäftsleute, die vom Krieg und der undurchsichtigen Haltung zueinander leben, zufällige Bekannte; alles andere als hilfsbereit, und alles andere als dem Vater wohlgesinnt. Sie wollen sie ausforschen, erfahren, warum sie zu dem Vater fahren will. Sie schrickt zurück, ist die Welt anders geworden? Ach nein – der Personalchef fährt sie grob an, will den Urlaubsschein nicht gelten lassen, spricht von Betrug und Fälschung und Drückebergerei – gar nicht daran zu denken, daß ein Gesuch um Ausreise von der Firma unterstützt wird, geschweige denn daß die Firma selbst sie schicken würde, wie sie gehofft hatte. Sie hört, daß der Freund von der Firma inzwischen entlassen worden ist. Weiß nicht, daß er sich geweigert hat, aus Budapest zurückzukehren, weil er sie dort erwarten wollte. Ihre Wohnung in Berlin besteht nicht mehr,

im Fußboden des Wohnzimmers ist ein Loch von zwei Meter Durchmesser, das Schlafzimmer ist ausgebrannt, die Küche ist heil, aber ohne Licht und Gas, das Geschirr ist gestohlen, im Keller liegen ihre Koffer, nicht viel mehr als alte Fetzen drinnen. Das war ihre Wohnung, das Heim, das sie sich in den letzten Jahren erarbeitet und erspart hatte; sie hört später, daß ihre Mutter sich einen Teil der Sachen abgeholt hat. Überhaupt hätte sie sogleich nach Wien fahren sollen, ohne sich um die ganzen Sachen zu kümmern, und von dort versuchen, schwarz über die Grenze; so war es vorgesehen. Sie aber fährt, obwohl der Arzt, der Vater und alle anderen gebeten hatten, das nicht zu tun, wieder zurück und zur Mutter. „Ihre Mutter", hatte der Professor gesagt, „übt nicht den besten Einfluß auf Sie aus. Sie sollten vorläufig ein Zusammenleben vermeiden. Später wenn Sie gekräftigt genug sind –" aber Unsinn, sie wird sich nicht hineinreden lassen. Umso mehr, wo sie erst ihre Sachen holen muß... Schade, es war nicht richtig. Inwieweit kann der Mensch sein bisheriges Leben überschauen, als Ganzes – mit einem Satz, der das Wesentliche und Charakteristische ausdrückt. Man fühlt es mehr, es ist wie ein Zeichen, das dem Einzelnen eingebrannt ist. Tiefer wie jedes Gefühl, heller wie jeder Gedanke. So sieht sie sich jetzt. Jenseits von Schuld und Bedauern, ohne Scham, ohne Freude und ohne Befriedigung, voller Gleichgültigkeit, und nicht ohne Hoffnung; ruhig und still. Es hätte nicht anders sein können, selbst wenn Einzelnes anders gewesen wäre. Die Aufzeichnung kann diesem Gefühl nicht folgen. Was in dem Wunder der Hellsicht im Gemüt in einem Atemzug enthalten ist, muß auseinandergefaltet werden.
Draußen ist noch völlige Stille, ein wenig beunruhigend, der Gedanke huscht vorüber, es muß gewiß schon licht sein. Auch im Garten keine Schritte, niemand unterwegs. Einmal war es wie ein Husten, von fern im Korridor.

ACHTUNG! VISITE

Sie dämmert dahin. Spinnt sich die Gedanken.
Und hat nicht gehört, daß draußen Leute gegangen sind. Die Tür wird geöffnet, die Wärterin kommt und nimmt die Verdunkelungsrahmen vom Fenster, herein treten die Ärzte – der Chefarzt, die beiden Ärztinnen und ein Mann in Zivil, ein junger Mann mit

kalten gelangweilten Augen. Große Visite. Aber der Mann sieht wie ein Polizeibeamter aus; meinetwegen.

„Können Sie aufstehen?"

Dagny lächelt schwach. „Ich kann schon, aber –" sie weist auf das Gitterdach. Die Wärterin klappt das Dach herunter.

„Sie sollen aufstehen!" herrscht sie der Mann in Zivil an.

Dagny wundert sich selbst, es gleitet vorüber; noch gestern hätte sie sich in Wut aufgebäumt. Sie hebt gehorchsam die Beine über den Rand und sieht sich flüchtig in der Runde um, den Chefarzt, die Wärterin, die beiden Ärztinnen. Beide haben sich darin übertroffen, sie durch Verachtung, durch Hohn und Grobheit zu beleidigen – ob ihr nicht jemand helfen würde? Die Gesichter sind gläsern, mehr wie aus Kreide, die Augen sind nicht drin.

Dagny ist etwas verwirrt, der Traum zittert noch nach – sie richtet sich auf und steht. Die Beine rutschen weg – abgemagert in diesen Wochen auf knapp über dreißig Kilo – Schwindel zieht sie in den schwarzen Abgrund. Sie schlägt auf den Steinboden auf.

Die Wärterin nimmt den Körper und wirft ihn wieder auf das Bett, sieht den Herrn in Zivil bedeutsam an; auch sie hat ihre Arbeit getan.

Der Herr beugt sich vor und betrachtet das Stück Mensch, das gekrümmt unter ihm auf der Matratze liegt, prüfend, interessiert – nein, sachlich und abschätzend, durchaus nicht interessiert.

Dagny hat die Augen offen.

„Was fehlt Ihnen?" fragt er, mehr nebenbei; er wartet nicht auf Antwort.

Dagny möchte sprechen. Noch immer die Lähmung – man soll nach Greifswald schreiben, dort hat sie der Professor gesund gemacht, hier hat sie niemand angehört, sie ist falsch behandelt worden, sie ist überhaupt nicht behandelt worden, und es ist jetzt vorüber, es geht ihr besser, nur noch schwach, ausruhen eine Zeit noch draußen bei Freunden, die Frau des Vaters, der Vater von Georg... Anfall, wie sie ihn schon einmal durchgemacht hat, vor einem Jahr. Die Sprache des Menschen ist in die Zeit gezwängt, jedes Wort bedingt seinen Platz, nur in der Folge und hintereinander können sich die Worte bilden. Sie bringt nur ein Stottern heraus, aber die Augen sprechen, die Stirn, die sich rötet. Das versteht niemand, es hört auch niemand hin.

Der Herr tritt zurück und nickt zu dem Chefarzt hin. Dieser geht ans Bett, legt die Beine der Kranken grade, richtet die Decke über

den Körper, streicht über das Kissen, nimmt die Arme hoch, fühlt den Puls. Inzwischen sieht sich der Herr gelangweilt in der Zelle um. Es ist alles vorschriftsmäßig, völlig kahl, das Bett ohne Laken, keine weiteren Gegenstände, er selbst faßt jetzt unter das Kissen, auch unter dem Kissen nichts – Briefe, Papier oder Bleistift – nichts.
Der Chefarzt murmelt etwas zu den beiden Figuren, Fräulein Doktor A., Frau Doktor B. Beide bewegen die Lippen, verneigen sich im Blick. Dagny hat jetzt die Augen geschlossen.
Der Arzt hat den Arm fallen lassen, legt ihn unter die Decke, sieht nochmals die Kranke an und fragt: „Hören Sie mich?" Als Dagny mit schwacher Bewegung des Kopfes nickt – „Ich werde Ihnen ein Stärkungsmittel verschreiben, zur Beruhigung. Und dann – wir müssen sehen. Sie müssen verstehen, wir haben sehr viele Kranke." Dagny hat es verstanden, sie ist im Augenblick zu schwach um zu sprechen und ihm zu danken. Ein erster Lichtblick, sie wird entlassen werden, sie wird sich selber weiter helfen, endlich. Sie macht die Augen wieder auf, vertrauensvoll, gehorsam, Kind.
Die Visite ist schon im Gehen, der Herr hat Zeichen von Ungeduld erkennen lassen. Der Chefarzt beeilt sich die Tür zu öffnen, sie sieht nur den Rücken. Dem Herrn in Zivil gebührt der Vortritt. Dagny hört nicht mehr, daß die Visite schon gegangen ist.

Aber Lisa ist dageblieben. Die Wärterin hat nach der Anstaltsordnung sich noch um die Bedürfnisse der Kranken zu kümmern, und die Zelle in Ordnung zu bringen. Sechs solche Zellen sind an der Längsseite des großen Krankensaales, in dem die Ruhigen untergebracht sind. Die Ruhigen sind gestern in den Abendstunden weggebracht worden und Lisa hat daher heute etwas mehr Zeit. Wahrscheinlich ist die Station aufgelöst worden und man hat die Kranken nach Hause geschickt. Sie selbst wird man auch bald auf die Straße setzen; sie hat nichts davon gehört, daß sie mit dem Krankenhaus, das in den einzelnen Abteilungen schon seit Tagen geräumt wird, mitgehen soll.
Die Oberin ist bereits heute nicht mehr zum Dienst gekommen. Die hat es geschafft, so wie sie sich bei den Ärzten immer angeschmiert hat. Sie selbst, als die einfache Wärterin, kommt an die Kranken nicht ran, wenn diese nach ihrem Abgang, mit den Füßen nach vorne, herausgerollt werden. Die Oberin nimmt die

Sachen, die zurückgeblieben sind, in Empfang, die Geschenke der Angehörigen und die Trinkgelder. Davon kann sie natürlich auch etwas für die beiden Ärztinnen erübrigen, die sich vorn im Bureau breit machen.

Lisa zweifelt überhaupt, ob es richtige Studierte sind, getan haben sie nicht viel und in den letzten Wochen nicht einmal das Journal mehr geführt. Sie weiß es ganz genau, denn früher hat sie um die Mittagsstunde das Journal in die Verwaltung hinübertragen müssen. Die Oberin hat mit den beiden zusammen paktiert. Was es mit den grünen Zetteln auf sich hat, weiß sie nicht. Wer mit einem solchen Zettel eingeliefert wurde, kam in die Einzelzelle. Wie hätte sie sich, bei zwölf Stunden Dienst im großen Saal, auch noch um die Zellen kümmern sollen. Genug, wenn sie ihnen Früh und Abend den Topf brachte und die Suppe. Gegessen haben die mit dem Zettel meistens sowieso nichts; manchmal haben sie auch das Bett beschmutzt. Es heißt, sie hätte nicht gehört, wenn sie nach ihr rufen; wie soll sie das auch – den ganzen Tag den langen Korridor auf und ab, und jeder hat seine Wünsche und hält sie auf.

Denn seit sie hier auf der Station ist – ein ständiger Strom, rein und raus. Frauen, die ihre Kinder verloren haben, oder die Wohnung ist vor ihren Augen abgebrannt, und sie haben unten auf der Straße gestanden und nichts mehr retten können, der Mann ist draußen bei der Wehrmacht oder sonst einer Organisation, und frißt sich den Bauch voll, während die Frauen um das Trinkwasser in der Reihe stehen und die ganze Zeit unterwegs sind, im Luftschutzraum, oder auf der Jagd nach dem Wenigen, was man auf die Karten bekommt; und ohne Feuer kann man nicht kochen. Wenn dann so eine umkippt und zu schreien und zu schimpfen anfängt, dann kommt sie hier her, um sich nachher auszuruhen. Schreiben können die Leute vieles in der Zeitung, wenn sie dafür bezahlt werden. Sie drücken sich damit herum, auf der Jagd nach einem ruhigen Posten. Lisa aber kann die Arbeit machen, denn arbeiten wollen diese Menschen nicht, und gewaschen möchten sie auch werden. Sie hat ihre Erfahrungen.

Sie selbst hat sich damals nach einem Aufruf nach hier gemeldet, denn es schien immer noch besser als Fabrikarbeit, wo man Stunden lang fahren oder laufen muß, um überhaupt an die Stelle zu kommen. Zu essen hat man dort auch nichts.

Der Mann ist schon das fünfte Jahr weg, gearbeitet hat er nicht

gerade gern, und es ist besser, er bleibt überhaupt draußen; sie hat keinen Bedarf nach ihm.
Lisa hat früher als Köchin gearbeitet, Herrschaftsköchin. Dann ist der Mann gekommen und hat die Ersparnisse aufgefressen, Bauarbeiter. Die drei Kinder sind irgendwo auf dem Lande. Erst hat sie sich sogar bemüht darum beim Wohlfahrtsamt, später sind Klagen gekommen, nachher hat sie nichts mehr von ihnen gehört. Die Ältere wird wohl schon beim Arbeitsdienst sein, die beiden Jungen sollen in die Lehre gegeben werden. Aber dazu, daß sie ihr einmal helfen werden, wird es nicht kommen. Sie sind nach der Art des Vaters geschlagen, nehmen und immer wieder nur nehmen und den Mund aufsperren, daß sie etwas hineinschiebt.
Krankenschwester – das ist nicht ihr Beruf. So etwas hat sie sich nicht vorgestellt. Mit diesen Menschen hier, denen sie ihren Dreck wegräumen muß, wird sie nicht fertig. Sie möchte auch manchmal zu schreien anfangen; das würde ein schönes Bild geben, ihr liegt das nicht. Aber wer ihr unter die Hände gerät, der soll das büßen. Sie braucht keine Geschenke und keine Zigaretten, die ihr manchmal einer, der auf Besuch kommt, anbieten will – auch so einer, der sich nur herumdrückt, wie von dieser Kranken hier anscheinend ein Bekannter oder Verwandter, der auf sie hat Eindruck machen wollen. Sie hat ihm einfach den Rücken zugedreht.
Lisa steht jetzt am Fenster und hat die Holzverschalung herausgenommen. Der Kranke braucht Luft, steht in ihrem Reglement. Sie setzt sie wieder ein und geht zur Bettstelle. Jetzt wird sie die Gitter hochziehen, denkt Dagny. Aber sie läßt sie heruntergeklappt.
Lisa wird früher eine robuste Person gewesen sein, untersetzt, breite Brust, dicken stämmigen Hals, das Haar hängt ihr in Zotteln und Strähnen um den Kopf, Gesicht eingefallen und zerknittert, die grauen Augen unter der vorspringenden Stirnwölbung, wie erloschen. Sie trägt einen kurzen Rock, von unbestimmter dunkler Farbe, dazu an den Füßen Schlappen, die einmal Schuhe gewesen sein mögen, 2 Nummern zu groß; keine Strümpfe.
Dagny hat sie Woche für Woche so gesehen, ihre Beschimpfungen, die sie bald mal mehr vor sich hin, bald an sie direkt gerichtet hat, über sich ergehen lassen, zitternd und unfähig, sich zu wehren, auch nur der Frau in die Augen zu sehen. Heute fühlt sie, daß

diese Frau sehr unglücklich ist; man müßte ihr irgendwie helfen; damit sie sich erleichtern kann.
Ein Funken springt über. Die Kranke liegt ruhig und gespannt, nicht so verkrampft und mit verzerrtem Gesicht wie sonst. Blonde Haarsträhnen fallen ihr über die Stirn, wie zum Schutz, als wären die Hände zu schwach, das Gesicht zu schützen. Das stimmt, erinnert sich Lisa, einmal hat sie das Mädchen ins Gesicht geschlagen, als sie absolut nicht hören wollte. Aber das macht so einer nichts, sie fühlt es gar nicht, dabei hätte diese es sicher besser haben können im Leben. Ein Gesicht wie aus dem Film, breit und sehr hohe Stirn, hinter der sich manches verbergen mag. Irgend etwas wird sie angestellt haben, vielleicht eine von diesen Liebesgeschichten, wo der Mann dann nachher nichts mehr wissen will. Sie könnte einem leid tun, wenn man es selbst nicht so schwer hätte.
Als Dagny die Augen noch weitet und die Lider ein wenig zu zittern beginnen, sagt die Wärterin Lisa: „Sie weinen doch nicht etwa. Das hat jetzt keinen Zweck."
Und siehe, Dagny antwortet: „Ich bin nur noch sehr müde und ein wenig schwach, aber ich fühle mich schon viel besser."
Lisa nickt. Das Mädchen hat eine helle klingende Stimme, nicht mehr so krächzend und grob – das hat Lisa gerade oft gegen die Kranke aufgebracht. „Wenn Sie meinen, daß Sie sich besser fühlen, dann müssen Sie das dem Doktor sagen", und von selbst wird der Ton, der nachdenklich und zurückhaltend und ins Dunkle geschwankt hatte, wieder gröber. „Sie können ja aber noch nicht auf den Beinen stehen."
Dagny versucht ein Lächeln: „Das kommt langsam. Damals vor einem Jahr ist es rasch gegangen, wenn erst einmal der Körper wieder zu arbeiten beginnt."
Die Lisa denkt darüber nach. „Was glauben Sie denn, – wo wir jedes Bett brauchen! Wie viele haben überhaupt kein Bett."
Dagny nickt; aber es wird bald sein, daß sie aus dieser Zelle herauskommen wird; noch einmal wird ihr das Leben geschenkt.
Die andere spinnt den Gedanken weiter und wundert sich im Stillen, daß sie überhaupt spricht. „Wenn es erst so weit ist, daß einer ganz am Boden liegt, und alles zu Ende ist, dann heißt es auf einmal Rücksicht nehmen. Vorher hat ja auch niemand Rücksicht

auf uns genommen." Es ist ganz verständlich, und Dagny versteht das.
„Ich bin nicht freiwillig hierher gekommen. Man hat mich einfach abgesetzt. Ich wollte zu meinem Vater, und daß der Vater mich in Pflege gibt. Ich hätte auch wieder zu meinem alten Professor gehen können."
„Sie müssen es aber auch schlimm getrieben haben. So mir nichts dir nichts kommt doch niemand hier herein."
„Ich habe nichts getan, es ist doch keine Strafe, ich bin krank geworden, und dort wo ich beschäftigt war, konnten sie mich nicht behalten."
„Das sagen sie alle – nachher."
Dagny lächelt schwach. „Vielleicht liegt ein Irrtum vor. Ich habe immer gesagt, daß ein Mißverständnis vorliegen muß."
„Wenn Sie solche Verwandte haben, die alles durchsetzen können, so wären Sie gar nicht hereingekommen" – nach einer kleinen Pause: „Den Brief, den Ihr Vater für Sie hinterlassen hat, durfte ich Ihnen nicht aushändigen, natürlich auch die Zigaretten nicht."
„Aber warum denn nicht?" Kein Erstaunen, kein Bedauern; das ist jetzt, wobei alles wieder besser werden wird, auch gleichgültig.
„Weil Besuchssperre für Sie angeordnet worden ist."
„Aber der Vater war doch am Anfang noch bei mir –"
„Das ist damals so durchgerutscht. Wahrscheinlich hat die Oberin, die das gestattet hat, noch ihren Teil darüber zu hören bekommen." Wieder nach einer Pause, in der Lisa die Kranke prüfend und man könnte sagen zum ersten Male interessierter ansieht: „Na, genützt hat es Ihnen auch nichts."
„Und einen Brief hat er für mich hinterlassen?"
„Den wird die Ärztin bekommen haben."
Dagny ist völlig beruhigt: „Dann wird es schon gut sein."
Aber Lisa ereifert sich. „Denken Sie, wir haben Zeit heute, das alles zu lesen? – etwa zwischen den Alarmen oder im Luftschutzkeller, das ist vorbei. Jeder muß heute an sich selber denken." Und mit einem weicheren Untergrund: „Sie müssen sehr verwöhnt gewesen sein – so wie Sie sich hier angestellt haben –"
„War auch Geld dabei –?" fragt Dagny.
„Wahrscheinlich –" Der Ton wird schroffer. „Ich habe es nicht gesehen, aber es kann sein, ich erinnere mich. Da müssen Sie die

Oberin fragen. Sie hätten sich doch hier sowieso nichts kaufen können."
„Ich dachte nur..."
„Was möchten Sie? Sie scheinen gar nicht mehr zu wissen, was Sie alles angestellt haben. So führt sich doch nicht ein Mensch auf, der halbwegs gebildet sein will. Das wissen Sie doch, wie einmal der Chefarzt gekommen ist, haben Sie sich zur Wand gedreht. Sehen Sie, das wird Ihnen nicht vergessen."
Dagny schweigt. Der Wärterin ist merkwürdig zu Mute, ein wenig weh im Herz.
„Beim Arbeitsdienst waren Sie auch?" und als Dagny weiterhin schweigt, „Meine Tochter wird jetzt gerade dran sein, sie ist jetzt im siebzehnten."
„Ich bin ja viel älter." Es hätte sicher scherzhaft klingen sollen, freundlich gemeint, aber Lisa ist nicht zufrieden.
„Wenn schon –" Mit dieser Kranken vergeudet sie überflüssig ihre Zeit. Zu tun ist zwar weiter nichts, aber sie kann inzwischen in den Hof gehen und versuchen, ob sie etwas hört, was die Verwaltung ausgeklügelt hat.
Dagny denkt nach. Sie hat immer gearbeitet, manchmal an zwei Stellen zugleich, um sich eine eigene Wohnung zu schaffen, und zuletzt diese Sklavenarbeit – sie war nicht im Arbeitsdienst. Sie schüttelt den Kopf.
„Das dachte ich mir schon", knurrt die Lisa; alles Böse ist wieder aufgestiegen.
Die Kranke bemerkt es nicht; erst jetzt beginnt das Mitteilungsbedürfnis der Anderen, die sie so gepeinigt hat, Wurzeln zu schlagen. Sie löst sich im Sprechen – das erste Wesen hier, bei dem sie um Verständnis werben kann. „Ich dachte nur, wenn Geld für mich hinterlegt ist, dann könnte ich doch auch schreiben um meine Sachen."
Höhnisch, in auflodernder Wut, gibt die Lisa zurück, die Zeit ist jetzt knapp geworden: „Ja, mein feines Fräulein, solche Wünsche können wir hier nicht berücksichtigen. Eine warme Decke oder zwei, ein weiches Federbett, vielleicht auch Bücher und etwas zum Schönmachen, nicht wahr?"
Dagny hat noch nicht verstanden, sie ruft und will überzeugen: „Aber ich habe doch alles zu Hause... von der Dienststelle kann ich es mir besorgen lassen."
„Genau so haben Sie die erste Zeit auch geredet." Natürlich sie

selbst hat das nicht, hat das alles schon längst nicht mehr. Wäre so etwas hergeschickt worden, ihr hätte man es nicht gelassen, obwohl sie gerade Wäsche und Decken dringend benötigen würde, und wenn es nur gewesen wäre, um es gegen etwas anderes, vielleicht noch dringenderes, einzutauschen.
Nein, denkt Lisa erbittert, für sie kam das sowieso nicht in Frage.
„Ja –" sagt sie, „aber gebracht haben Sie es auch zu nichts, wenn Sie sich auch für etwas Besseres halten. Denken Sie, es ist für mich ein Vergnügen, den Dreck Ihnen wegzuräumen – ich habe auch nichts, und die meisten haben nichts mehr. Auf so eine wie Sie haben wir gerade gewartet. Da sind Sie bei mir an der richtigen Stelle."
Diesmal hat Dagny verstanden, aber sie versteht nicht – was habe ich denn dieser Frau getan? Stöhnend dreht sie sich zur Wand, werden die Schmerzen wiederkommen, oder ist es nur die allgemeine Schwäche – sie möchte allein sein, laßt mich doch allein. Die Worte stoßen sich von der Zunge, es wird ein gurgelnder Laut.
„Ich will nichts. Ich möchte nur nach Hause."
Die Wärterin: das kann ich mir denken – die Worte schießen geradezu nach vorn, aber sie spricht sie nicht aus; sie bleiben plötzlich stecken. Sie zuckt nur die Achseln. War sie noch eben voller Verachtung, voller Haß – so möchte sie nun etwas anderes herausholen, eine Erklärung, aber alles ist schon gesagt. Sie weiß auch nicht. Mit ihr hat auch niemand Mitleid gehabt. Es läutet. Sie wird vom Korridor aus gerufen, und sie wird öffnen gehen; geradezu eine Befreiung.

Inzwischen ist die Visite bei den in der Station noch zurückgebliebenen Kranken beendet. Es sind 17 Personen in der geschlossenen und 9 in der offenen Abteilung, 3 über 60 Jahre und 8 unter 16. Weitere 65 sind bereits einem Sammeltransport zugeführt, rund 30 sind entlassen worden. Die letzte Ziffer ist nur schätzungsweise, weil sich einige bei der Aufstellung zum Transport einfach entfernt haben; möglicherweise ihre Rettung, denn auch der Sammeltransport wird sein Ziel nicht erreichen, genauer gesagt, er hat überhaupt kein bestimmtes Ziel.
„Sie müssen aber doch einen genauen Überblick haben, mit wieviel Personen die Station belegt gewesen ist, zum Beispiel gestern früh –" sagt der Herr in Zivil, der an einem breiten Tisch an der

Längsseite des Ärztezimmers Platz genommen hat; Stühle sind nicht mehr vorhanden, nur zwei grob gezimmerte Hocker. An diesem Tisch pflegte die Oberin früher ihre Rapporte zu schreiben.

Der Chefarzt blättert in Papieren, die auf einem kleinen Tisch in der Mitte des Raumes verstreut herumliegen, und ist sichtlich nervös.

„Nein, das kann ich Ihnen nicht sagen, das heißt, ich weiß es natürlich, aber nur ein Teil der Eingänge wird noch registriert. Darunter sind Flüchtlinge, die von der Bahnhofsmission hergeschickt werden, und Leute mit Bombenschein, die noch am Spätnachmittag eintreffen, um hier unterzukommen. Bei voller Ausnutzung jeder Möglichkeit kann ich an 400 Personen hier unterbringen."

„Ja – und die eine bleibt da, und die andere geht wieder weg?"

„Im allgemeinen werden dann die Eingelieferten am nächsten Tage von meinen beiden Assistentinnen untersucht."

Die Ärztinnen haben sich an dem Schrank an der gegenüberliegenden Wand zu schaffen gemacht, dem einzigen Möbelstück, das noch im Zimmer steht. Der Schrank ist ein alter Kleiderschrank. Es ist erstaunlich – der Weg, den dieses Möbel aus einem Trödlerladen nach hier gefunden hat. Die eine Tür hängt nur noch lose in den Angeln, die andere ist durch dazwischengeschobenes Papier an den Schrank gepreßt. In der offenen Halbseite sind eine Reihe Bretter, darauf Medizinflaschen und Glasschalen, das meiste zerbrochen und angeschlagen. Vermutlich werden in der geschlossenen Seite die Kittel der Ärzte, Garderobe des Personals aufbewahrt.

„Wieso im allgemeinen?" beharrt der Beamte zu wissen. Nur eine Routinefrage, denn schließlich ist ihm das ganz gleichgültig. Er ist hergekommen, um bei der Aufstellung der Liste der Zurückbleibenden die Behörde zu vertreten.

Der Chefarzt ist aber durchaus nicht von der Harmlosigkeit des Auftrages überzeugt. Die geringste Abweichung von der Regel, alle Verordnungen kann er sich unmöglich immer vor Augen halten, wird ihm Schwierigkeiten bereiten, und so einem Menschen wie diesem Gestapo-Beamten macht dies dann einen besonderen Spaß. Er hat auch nichts, zu bedauerlich – keine Zigaretten, keinen Schnaps anzubieten, um den Mann bei guter Laune zu erhalten. Die beiden Ärztinnen sind vom Schrank zurückgetreten, ins Zimmer hinein, neben ihren Chef. Sie stehen bereit, in Kampfesstellung – sozusagen aufgebaut. Die eine, Fräulein Dr. A., Norddeutsche, grobknochig, fanatischer Zug im Gesicht, verdankt ihre Stellung dem Bruder bei der Wehrmacht. Man weiß nichts weiter von ihm als diese Tatsache, die sie bei jeder Gelegenheit vorbringt. Es ist ihr jedenfalls gelungen, auch die elterliche Familie nach der Ostmark nachzuziehen. Ob Fräulein Dr. A. etwas von ihrem Beruf versteht, vermag niemand zu entscheiden; sicher ist, daß sie mit dem Beruf höchst unzufrieden ist – anmaßend und abweisend gegenüber dem Personal, um die Kranken kümmert sie sich überhaupt nicht.

Dagegen ist die andere, Frau Dr. B., eher zufrieden. Aus dem Ausland gekommen, irgendwo aus dem Südosten, Volksdeutsche – zum mindesten gibt sie sich als solche aus, der Mann verschwunden; um diese Zeit kann man sich darunter verschiedenes vorstellen, gefallen oder verschleppt, im Konzentrationslager oder als Jude totgeschlagen – es herrscht die Übereinkunft nicht mehr danach zu fragen. In solch einem Fall ist jeder auf den anderen angewiesen. Die beiden Assistentinnen verstehen sich soweit ganz gut, und teilen sich die Mühe, in den Vormittagsstunden bis zum Beginn des Luftalarms für irgendwelche Rapporte der Oberin zugegen zu sein. Auch der Professor ist zufrieden. Diese Station nimmt ihn wenig in Anspruch, Beschwerden und Wünsche könnte er auch nicht gebrauchen.

Denn neben dieser Station, die in sein Spezialgebiet fällt, über das er, kommen erst wieder ruhigere Zeiten, hofft an der Universität dozieren zu können, hat er noch andere Abteilungen zu betreuen, seit die Primarärzte herausgezogen worden sind, abgesehen von der allgemeinen Verwaltung, die ihn auch in Anspruch nimmt. Er stellt ein, was ihm von der Kammer zugewiesen wird, und liebt es nicht, seine Mitarbeiter auszusuchen. Das würde nämlich zur Folge haben, daß sich ein persönlicher Kontakt entwickelt, der sogar vielleicht zu politischen Gesprächen eines Tages führen könnte. Nichts würde ihm unerwünschter sein.

Die Autorität nach außen war durch seine Stellung in der Partei gut gefestigt. Durch seine Frau, die früher viel in Künstlerkreisen verkehrt hat, von denen man niemals weiß, wieweit sie oben durch zweifelhafte Abstammung oder sonstwie in Mißkredit geraten sind – ist eine Möglichkeit geboten, sich dort eine Art

Rückendeckung zu schaffen; es ist ziemlich viel Mißstimmung ringsum zu bemerken.

Er selbst hat schon Gelegenheit gefunden, in engstem Kollegenkreis die Bemerkung anzubringen, er sei nicht in Politik interessiert, und mit einem leichten Augenzwinkern, nicht mehr interessiert; nur seinem Beruf, intensiv seinem Beruf zu leben, das hat er sich als weitere Aufgabe gestellt.

Unlängst erst hat er der Frau zu verstehen gegeben, es wäre ganz ratsam, daß heißt er würde es nicht ungern sehen, wenn sie, unverbindlich und zunächst ganz in der Stille, den Verkehr mit einigen früheren Bekanntschaften wieder aufnehmen würde. Die Frau hat ihm darauf sehr kühl geantwortet: „Mein Lieber, dazu ist es wohl schon zu spät." Das hat ihm durchaus nicht gefallen; eine jener groben und taktlosen Bemerkungen, mit denen ihn die Frau von Zeit zu Zeit zu überraschen pflegt. Und wenn er heute darüber nachdenkt, im Grunde hat ihn die Frau in diese Stellung hineingehetzt; so ungeheuer groß war eigentlich damals sein Ehrgeiz nicht.

Jetzt hat ihn die Frau wieder mit dem Brief eines ihrer früheren Bekannten gequält, anscheinend noch immer oder wieder geduldet, der an ihn das Ansinnen richtet, sich besonders um diese Kranke in der Zelle 4 der Station 6 zu bekümmern und notfalls zu intervenieren. Als ob er in dieser Zeit sich überhaupt mit einem Einzelfall beschäftigen könnte. Ein Brief des Vaters, der Verbindungen zu diesem Bekannten hat, wird erwähnt. Er erinnert sich dunkel, er hat einmal so einen Brief, ob an ihn gerichtet oder an sonst wen, weiß er nicht, gesehen. Es ist zu bezweifeln, ob er bei den Akten liegt. Ja, und maliziös hat ihn die Frau dabei angesehen als er das Schreiben beiseite gelegt hat, maliziös ist das richtige Wort. Aber er muß das jetzt beenden, der Gestapobeamte, der vor ihm sitzt, muß abgefertigt werden. Seltsam, daß ihm der Gedanke an den Brief gerade jetzt in der Erinnerung aufstoßen muß.

„Sehen Sie -" so wird er später dozieren, ruhig, überlegen, weit ausholend und nicht ohne innere Anteilnahme, Humor. „Wir haben ja nicht immer die Mittel, es fehlt an allen Enden. Im allgemeinen, das heißt, wenn wir in der Lage sind, auch die entsprechende Therapie durchzuführen. Wie auch anderwärts in gewissen Zweigen der Betreuung, wie auch bei Ihnen, sind uns die Hände gebunden – an den Möglichkeiten, möchte ich sagen."

„Das kann ich mir denken. Ja, das habe ich auch gedacht."
Das Fräulein Doktor glaubt, dem Chef beispringen zu sollen. „Es ist nicht nur, daß es uns an den entsprechenden Medikamenten fehlt, wir können sie auch nicht verabreichen, da wir eine sorgfältige Krankengeschichte nicht aufbauen können. Wir haben keine Unterlagen, Vererbung und so weiter. Meist werden uns die Kranken nur mit einem Zettel eingeliefert, mit dem wir nichts anfangen können. Wir müssen uns darauf beschränken: Isolierung und Ruhe. Übrigens wird das heute in der klinischen Behandlung allgemein empfohlen."
„Auch das Personal ist weniger geeignet", wirft etwas schüchtern die Frau Dr. B. ein.
„Aber der klinische Befund liegt vor", führt der Herr die Befragung weiter. Die Leute sollen nicht annehmen, er verstünde von den Dingen nichts – stellt er befriedigt bei sich fest.
Jetzt ist es wieder an dem Professor zu Wort zu kommen. „Klinischer Befund, das setzt gerade bei diesen Fällen hier auf der Station eine längere Beobachtung voraus. Wie das Fräulein Doktor schon darauf hinwies, ist dies unter den gegenwärtigen Verhältnissen nicht immer durchzuführen. Heilen, wirklich heilen, wenn Sie diesen therapeutischen Ausdruck richtig deuten wollen, können wir hier nicht."
„Ich meine nur, Herr Professor, Sie müssen meine Aufgabe verstehen..."
„Ich verstehe vollkommen."
„Schließlich ist es ja eine Frage der Verantwortung."
„Nun, Herr – (räuspernd) die Verantwortung tragen *wir* nicht, können wir garnicht tragen."
„Wieso? Sie stellen doch die Personen zusammen. Die Verordnung legt ausdrücklich die tatsächliche Verantwortung in Ihre Hände. Wer denn sonst?"
„Nein, mein Herr. Die Verantwortung trägt die Behörde. *Sie* sind es, der bestimmt, nicht ich."
„Ich weiß nicht, ob Sie sich nicht täuschen. Die Verordnung läßt Ihnen bei der Auswahl freie Hand. Sie schreibt sie Ihnen sogar vor, wenn ich recht unterrichtet bin."
„Ja, es liegt ein solcher Befehl vor, das stimmt. Aber ich muß das abgrenzen, das hat mit den rein medizinischen Dingen, der Behandlung und so weiter nichts zu tun." Bei dem Hin- und Herrücken der Blätter auf dem Tisch sind einige heruntergefallen; sie

bleiben liegen. Der Professor wünscht sich weit weg. Vielleicht hat er sich schon zu sehr vorgewagt. Wer weiß, was noch kommen wird.

„An und für sich ist das keine Streitfrage. Sie geben mir die Liste, und damit geht mich das Weitere garnichts an."

Der Mann lenkt ein, spürt der andere. Nicht Sie sollten das sagen, möchte er ihm klar machen – *mich* nämlich geht das garnichts an, ich habe ja meinen Befehl – mit diesen Menschen weiß man niemals, wie man dran ist. Besser, an solchen Dingen nicht allzuviel zu rühren. Zur Geheimhaltung vorgeschrieben – aber wo sind die Grenzen? Seine beiden Assistentinnen, fällt ihm plötzlich ein, sind noch nicht vereidigt. Er hat keine Ahnung, wie ihm diese Menschen ins Haus gekommen sind. Er wendet sich jetzt an die beiden, die noch hinter ihm stehen wie die Salzsäulen, furchtbar, mit wem man heute alles zusammenarbeiten muß: „Sie haben doch die Fälle geprüft?"

Das Fräulein Doktor, die sich zuerst angeredet fühlt, nickt. „Und sie sind hier in den Laufzetteln beschrieben, nicht wahr?"

„Ja. Namen und der Einlieferungsbefund, soweit es angängig Diagnose, je nach dem, was die Eingelieferte an Papieren mitbekommen hat. Das ist dann hier auf dem Bogen vermerkt."

Frau Dr. B. zieht einen der Bogen aus dem Stoß und reicht ihn dem Chef. „Es sind übrigens einige heruntergefallen." Der Herr fischt das Papier zu sich heran und reicht es hinüber der Frau Doktor, die zu ordnen beginnt.

Der Professor blättert. Zu dem Beamten: „Da haben Sie das, was Sie wünschen. Wollen Sie, daß wir jeden einzelnen Fall näher durchgehen?" „Ach" – eine unbestimmte Geste. Der Professor glaubt ihm anscheinend nicht. Ihm ist es wirklich ganz gleichgültig.

„Sehen Sie hier", fährt dieser unbeirrt fort, „Krüger Franziska, 16 Jahre. Zur Beobachtung. Da liegt ein Schein vom Landgericht II bei. Rückfalldiebstahl, fällt auch unter die Paragraphen zum Schutz der Landesverteidigung. Eine Akte der Sicherheitspolizei, auf der Straße mit Männerbekanntschaften aufgegriffen, ausländische Arbeiter, Franzosen und Belgier; die Anzeige eines Feldwebels, – ja, medizinisch kann ich daraus nichts entnehmen. Keine Familie, keine feste Wohnung – sehe ich hier, allerdings eine Mutter –" Der Herr nickt.

Die Frau Doktor ist an der Reihe. „Die Mutter war mehrere Male

hier. Und hat gebeten, sie will das Mädchen zu sich nehmen."
„Die Mutter ist in Arbeit?"
„Ja, ich glaube wohl. Aber ein Haufen Kinder. Das Mädchen ist die Älteste und nichts Besonderes zu finden. Eine gewisse natürliche Veranlagung zum Schwachsinn, willensschwach, schlechtes Erbgut, obwohl wir den Vater nicht kennen."
„Also dieser Fall ist typisch für Absatz 3 der Verordnung: Personen, die unter Strafverfolgung fallen und zur Beobachtung eingeliefert sind."
Der Professor sieht den Beamten bedeutsam an.
„Wir konnten sie auch nicht weggeben, ohne vorher bei der Behörde anzufragen," fügt die Frau Doktor noch etwas zögernd hinzu.
Der Beamte fühlt sich angesprochen. Etwas weiß er auch über die Gesetze Bescheid. „Aber diese... Krüger muß vorher der Strafvollzugsbehörde übergeben werden. Sonst kommt da eine Rückfrage."
Hier kommen keine Rückfragen mehr, denkt der Professor und mit weit ausholender Geste, einstudiert für das Katheder, kann er zur Antwort geben: „Aber bitte sehr, nehmen Sie die Person mit."
„Ich? – Ich kann sie nicht mitnehmen."
„Wir bestehen nicht darauf. Ich bin froh, wenn ich sie los bin."
„Nein, nein." Der Herr ist entschlossen, auf dem Boden der Tatsachen zu bleiben. Das Landgericht ist schon weg. „Ich weiß auch nicht, wo ich sie hinbringen soll." Vorsicht heißt es jetzt, der Professor will ihm etwas aufladen.
„Wie Sie wünschen – und dann ist, wenn ich so gerade nach der Liste fortfahren darf, dieses Mädchen aus der Strafzelle 4. Sie erinnern sich, ein ziemlich unklarer Fall."
Das Fräulein Doktor tritt jetzt vor und sucht einen Doppelbogen aus den Papieren heraus, den sie dem Chef überreicht. Sie wendet sich an den Professor unter betonter Beiseiteschiebung des Beamten in diesem vertraut abgrenzenden Ton, wie er unter Kollegen und engeren Mitarbeitern üblich ist: „Auch hier ist aus den beigelegten Schreiben eigentlich nichts ersichtlich. Hier ist die Einweisung der Dienststelle, daneben ein Befund des dortigen Arztes, aus dem hervorgeht, daß die Betreffende der Simulation verdächtig ist, immerhin wird aber auf einen Selbstmordversuch verwiesen. Die Kollegin hat zunächst auf rauschgiftsüchtig behandelt und eine entsprechende Entziehungsmethode ange-

wandt. Aber ich habe das später nicht feststellen können, allgemeiner Verfall, sehr unruhig, das habe ich denn auch hier geschrieben."

„Das war, weil die Kranken immer nach schmerzstillenden Mitteln verlangt hat", wirft die Frau Doktor ein, „so hat es mir wenigstens die Oberschwester berichtet."

Dieser Brief, denkt der Professor, wenn ich nur wüßte, um was es sich da im Einzelnen gehandelt hat – ich hatte sogleich das Gefühl, daß es mit diesem Brief noch Unannehmlichkeiten geben würde. „Ein Brief des Vaters, glaube ich, muß doch bei den Akten liegen", wendet er sich an Frau B.

Diese zuckt die Achseln. „Wir haben hier keinen gesehen."

„Doch –" das Fräulein A. zieht die Behandlung des Falles jetzt auf sich.

„Der Vater ist einmal hier gewesen. Und er wollte Sie auch aufsuchen, Herr Professor. Er hat einen Brief dagelassen für die Tochter, der muß Ihnen in die Verwaltung hinübergebracht worden sein. Ich erinnere mich sehr gut. Primär scheint eine Leberaffektion vorzuliegen, Nervenüberreizung, vielleicht durch Überarbeitung – so etwas deutete auch der Vater an, aber wir haben uns noch nicht damit beschäftigen können. Nach den Berichten aus der Station zu urteilen, ist in den letzten Tagen eine Erschöpfung eingetreten, die möglicherweise eine Wendung zum Besseren verspricht."

„Sie sehen", greift der Professor den Faden auf, „wir tun, was wir können." Dabei quält ihn der Gedanke an den Brief; was für ein Vater, Brief des Vaters, er weiß von einem Brief, den so ein Schriftsteller seiner Frau hat zustecken lassen, ein Bekannter – eine verworrene Geschichte, sehr unzeitgemäß für diese Situation.

Wozu drehen sich diese sonderbaren Leute hier im Kreise – der Herr nickt dem Chefarzt zu, Ärzte – der eine sagt das, der andere jenes, und alle wissen sie nichts. Er hat keine Lust mehr, er verliert nur seine Zeit.

Der Professor läßt nicht nach. „Ich schlage vor, wir hören noch einmal die Schwester. Sie hat schließlich den unmittelbarsten Eindruck." Er hat es sich zur Regel gemacht, an der Bezeichnung „Schwester" festzuhalten, obwohl es sich längst nur mehr um Aufwartefrauen handelt. Der Beamte kommt nicht dazu, den Vorschlag als überflüssig abzulehnen. Die Frau B. ist bereits an

die Tür zu der Klingel gegangen und hat den Knopf gedrückt.
„Das funktioniert also noch", lenkt der Professor ab. Das Fräulein lächelt schwach. Der Sache muß ein Ende gemacht werden, fühlt der Beamte.
Er ist von seinem Hocker aufgestanden und tritt an den Tisch heran, hinter dem sich anscheinend der Professor verschanzen will. „Wissen Sie", der Ton ist unwillkürlich gröber geworden, „das führt ja zu nichts. Geben Sie mir Ihre Papiere hier mit. Sie werden ja eine Sammelliste haben. Ich bin nicht der Fachmann. Ich verstehe davon nichts."
„Es könnte doch sein – es gibt eben solche Grenzfälle, bei denen die Entscheidung schwieriger ist. Zum Beispiel..."
„Ach was!" Die Unterbrechung ist jetzt reichlich grob geworden. Die Berufung des Arztes, einem dem Tode bereits Verfallenen wieder ins Leben zu verhelfen, ist ins Gegenteil verkehrt. Es wird notwendig sein, dem ärztlichen Stande wieder seine ursprünglichen Bedingungen zu gewinnen, später – zu erkämpfen, wenn dies erforderlich sein sollte. Darüber hat der Professor schon sprechen wollen im Kreise der Kollegen, andeuten wenigstens, daß man auch auf ihn wird zählen können, wenn erst einmal die Zeit wieder reifer sein wird. Sich aber jetzt anfahren lassen von so einem Menschen, sich in diese schiefe Situation noch hineinbringen lassen, hat er das nötig? Er ist sehr unzufrieden mit den beiden Assistentinnen, Weiberwirtschaft! Nichts ist präzise!
„Machen Sie weiter!" herrscht er die Frau Doktor an, die in den Blättern gesucht und gesammelt und damit einen Augenblick aufgehört hat, den Professor fragend anzusehen. „Wir haben nur die eine Sammelliste."
„Macht nichts", stellt der Beamte fest. „Quittieren kann ich Ihnen auf jedem Fetzen Papier, oder? –" Die Stimmung braucht nicht überspitzt zu werden. Mit einem Grinsen versucht er, in ein freundliches Fahrwasser zu lenken.
Die Wärterin Lisa ist eingetreten.
Das Fräulein Doktor fährt auf sie los: „Wie fühlt sich die Kranke auf 4?" Die Stimme hat einen schrillen Unterton. Nanu, denkt der Chefarzt und blickt überrascht auf.
Lisa sieht, sie soll vernommen werden. Das hat noch gefehlt. Sie hat ihre Arbeit zu machen, das andere ist nicht ihre Sache, geht sie nichts an. Sie schweigt und zuckt die Achseln.
„Ich meine, –" bohrt das Fräulein weiter, „Sie müssen doch Ihre

Beobachtungen gemacht haben. Haben Sie mit ihr gesprochen, hat sie zu Ihnen etwas gesagt, was haben Sie für einen allgemeinen Eindruck – so reden Sie doch!"

„Ich weiß nicht" – und nach einer längeren Pause, „wie immer ebent." Der Profesor wendet sich unwillig an die Assistentin: „Lassen wir die Frau." Vollständig ungebildet, stellt er fest. Noch schöner, das so hinzustellen, als ob wir angewiesen wären auf die Beobachtungen von so einer Person.

„Natürlich hat sie gesprochen" sagt Lisa. „Wie immer – sie will hinaus. Will bald das und jenes. Nichts Besonderes." Sie möchte jetzt noch mehr sagen, es quillt und drängt, aber sie weiß, sie bringt es nicht heraus. Vor allem über den ganzen Betrieb, und was mit ihr werden soll – sie sieht sich wütend im Kreise um. Soll jeder sehen, wie er sich heute durchbringt.

Der Professor gibt ihr einen Wink. „Sie können wieder gehen. Das heißt, warten Sie auf mich, vorn an der Station. Ich komme noch durch, und Sie werden mir assistieren."

Lisa geht, geräuschvoll, sie schlägt die Tür hinter sich zu? – Nein, wie ein Schemen ist sie verschwunden.

„Wegen dieser Sammelliste" – wendet sich der Professor an den Beamten, „leider haben wir nur dieses eine Exemplar" – er überreicht es ihm, „aber es sind nur die Zurückgebliebenen, andere sind nicht hier und kommen ja auch nicht in Frage."

„Eben." Der Herr nimmt sich einen Zettel vom Tisch und schreibt darauf die Quittung.

Die beiden Assistentinnen geben sich einen Blick, einander abschätzend. Die Jüngere hat sich zu einem Entschluß durchgerungen, von der Anstrengung ist das Gesicht gerötet und ein wenig verzerrt – eine unschöne Person, fühlt der Chef, abstoßend – sie wendet sich direkt an den Beamten, spricht ihn an. „Ich bin bereit, noch eine genauere Untersuchung zu machen. Ich denke, wir sollten nichts unversucht lassen in diesem Falle?"

Aber diesem ist längst die Geduld gerissen; wollen die hier mit ihm spielen – was soll das? „Schluß damit! Ich erinnere mich. Nicht transportfähig."

„Nicht transportfähig –" nickt der Professor.

„Na also."

„Ich meine aber doch..."

„Was Sie meinen –" ironisch schneidet ihr der Professor das Wort ab. Das Fräulein lächelt spitz; jedenfalls sieht es so aus; vielleicht

verlegen und zugleich anmaßend. Die andere ist zum Schrank getreten und hat einen Kasten herausgezerrt. „Na, gehen Sie schon!" – als sie noch zögert. Der Professor gibt sich keine Mühe mehr, die wahre Meinung über seine Helferinnen zu verbergen. Auch auf den Abgang muß er bedacht sein. Und liebenswürdig fügt er zu dem Beamten hinzu, ganz Weltmann: „Also wollen wir gehen? Sie haben es sicher eilig. Ich begleite Sie bis zur äußeren Tür, die möglicherweise schon geschlossen ist."
„Gehen wir", nickt der Herr.
„Und dann noch rasch an die Arbeit. Ich habe auch noch drüben zu tun und bin etwas in Zeitnot –" zufrieden nimmt er den Kasten unter den Arm.
„Tun Sie das, mein lieber Professor" – das sollte hell und kameradschaftlich klingen. Der Herr in Zivil versteht sich auf feine Lebensart. Der Herr schreitet voran, der Professor folgt – zur Tür hinaus.
Die beiden Assistentinnen stehen noch unschlüssig. Die Ältere ist dabei sich den Kittel auszuziehen. Die andere will das gleiche tun, sie hat die klemmende Schranktür aufgemacht, es gibt einen häßlichen knarrenden Laut; es wird, so still es ist, bis über den Hof zu hören sein.
Brüsk fährt sie die Kollegin an: „Gehen Sie weg?", als diese den Kittel nicht in den Schrank hängt, sondern zusammenfaltet und einzuwickeln beginnt; soviel Papier ist noch auf dem Tisch übrig geblieben. „Genauso wie Sie", gibt diese zur Antwort, „oder haben Sie andere Nachricht? Irgendetwas wird man uns doch mitteilen müssen."
„Ich gehe jetzt rüber zur Verwaltung – wenn da überhaupt noch jemand ist."
„Sicher."
„Der gewillt ist, mit einem zu sprechen."
„Ich gehe mit – die Abteilung 3 soll gestern nach Mariazell gegangen sein."
„Die Unseren sind noch nicht verladen."
„Verladen –? Was denken Sie – vielleicht sind sie bis zum Bahnhof gekommen, aber weiter nicht. Wenn sie Hunger spüren, werden sie sich schon verlaufen – und wenn sie Glück haben. Der Professor, höre ich, will nach Salzburg gehen mit der Universität."
„Möglich."

„Na, tun Sie nicht so geheimnisvoll. Haben Sie Pläne?"
„Nein."
„Übrigens ganz vernünftig, daß Sie den Kittel gleich mitnehmen."
„Soll ich das Zeug etwa hierlassen – das kann man gut gebrauchen, später einmal." Sie ist jetzt fertig mit dem Einwickeln.
„Ich komme mit", sagte die andere, „so warten Sie doch. Aber – eigentlich möchte ich doch den Kittel noch anbehalten. Ich habe diesen Nachmittag noch Dienst, beinahe hätte ich es vergessen."
„Sehen Sie – aber beeilen Sie sich."
„Ich komme doch lieber vielleicht nicht mit. Der Chef muß noch durchkommen, das heißt – nur auf einen Sprung mit hinüber..."
Die Frau Doktor steht schon an der Tür.
Jede von ihnen hatte das Schicksal dieser armen gequälten Menschenwesen für einen Augenblick in der Hand. Es bedurfte keines Entschlusses, keiner Verantwortung, keines Opfers – ein einfacher Strich, niemand kümmert sich darum, niemand wird je danach fragen. Der Augenblick ging vorüber, war vorüber gegangen.
Unterwegs: „Aber, Fräulein Doktor, das war vorhin nicht schön, wie Sie mich vor dem Beamten blamiert haben."
„Wieso denn –" sie ist wieder rot angelaufen.
„Das wissen Sie doch ebenso gut wie ich. Aber auf was haben *Sie* denn behandelt?"
„Frau Doktor, ich habe ja überhaupt nicht behandelt."
„Eben – das wollte ich nur sagen."
„Soll das ein Vorwurf sein?"
„Nein – uns wird man nichts vorwerfen."
Ist das Bosheit, denkt die andere, offener Hohn – dieses stille gedrückte Wesen, sie hat der Kollegin viel zu wenig auf die Finger gesehen.
Die Frau Doktor ist gegangen; ohne Gruß. Sie möchte ihr noch etwas nachrufen, das sie treffen wird – aber das bleibt noch vorbehalten, für später; so eine verrückte Person, einfach die Nerven zu verlieren und davonzulaufen. Wenn der Chef nicht so zugeknöpft wäre, könnte sie mit ihm darüber sprechen... So aber tritt sie ans Fenster und macht die Verschalung auf, beugt sich hinaus – heute, bis jetzt, noch kein Fliegeralarm.
Auch der Beamte, der den Professor an der Tür endlich abgeschüttelt hat, ist jetzt nicht empfänglich für die Mitteilungsbe-

dürfnisse eines andern, beschäftigt sich mit dem Ausbleiben des Alarms. Sind die Russen schon so nahe? Politische Gedanken hat er sich abgewöhnt. Auf der versprochenen Wohnungszuteilung wird er allerdings bestehen; es sind noch genug Kandidaten in der Stadt, die man hinaussetzen kann. Vorerst wird er dem großen Auszug folgen, die Dienststelle ist inzwischen auf mehrere Stellen weiter ins Innere aufgeteilt. Die Frau mit den drei kleinsten Kindern muß in Marsch gesetzt werden. Es ist Zeit – er muß sich den Mut nehmen, noch heute mit dem Inspektor zu sprechen. Dessen Frau ist schon seit Wochen weg – zu Besuch bei Verwandten. Spindler – gut, daß er sich dem Professor nicht erst vorgestellt hat, nur den Ausweis hingehalten – muß unwillkürlich grinsen, ganz unvorschriftsmäßig.
Auf dem freien Gelände außerhalb des Krankenhausareals sind die Schuttmassen der dort zusammengestürzten Häuser von den ungarischen Juden bereits weggeräumt. Vor dem Eingang zum öffentlichen Luftschutz-Bunker drängt sich dort das Volk herum, obwohl es verboten ist. Frauen stehen mit kleinen Kindern auf dem Arm, zerlumpte alte Männer, junge Burschen lümmeln am Eingang – Spindler schüttelt den Kopf. Ein erfolgversprechendes Arbeitsfeld – aber aus dem Straßendienst ist er glücklicherweise herausgezogen; nur keine überflüssige Arbeit.

IN DIE MASCHINE HINEINGERATEN –

Dagny, wie ist denn das soweit gekommen?
Es ist eben – ich konnte mich nicht länger mehr halten. Ich war immer allein, mit wem hätte ich sprechen, an wen mich halten sollen... Die Kranke hat sich aufgerichtet, in Zelle IV Station 6 des Allgemeinen Krankenhauses in Wien und scheucht eine Wolke schwerer und drohender Gedanken von sich.
„Es ist ja auch nichts weiter. Ein Rückfall; im Abklingen." Wäre jemand anwesend, der ihr zuhören würde, dem würde sie sagen, nicht in diesem Jahr, vorher schon ist die Krise gewesen. Und diese hat sie schließlich glücklich überwunden.
Vor Monaten noch hat es ihr geradezu Spaß gemacht, die einzelnen Stufen zu skizzieren. Sie hat es aufgeschrieben und, wahr oder nicht, sie hat manchmal laut dabei herauslachen müssen.
„Als der Krieg sich in die Länge zu ziehen begann, ist mir eine

Stelle in einem der großen Nachrichtenbüros zugewiesen worden, als Stenotypistin. Ursprünglich hatte diese Beschäftigung als Vertrauensstellung gegolten. Im Laufe der Jahre aber waren die Arbeitskräfte knapper geworden. Es wurde rasche Auffassungsgabe und eine vollkommene Beherrschung der Stenografie zur Aufnahme der Telefonate verlangt, so daß auf die politische Einstellung, Herkunft und Familie, kein Gewicht mehr gelegt wurde; durch die Fliegeralarme und die schlechten Verkehrsverbindungen war die Arbeitszeit praktisch unbegrenzt. Die Mädchen, die zum Stammpersonal gehört hatten, sind zu Sekretärinnen der Arbeitsleitung aufgerückt oder versetzt auf einige ruhigere Ausweichstellen. Schon sehr früh hatte der Zug aufs Land, in die Berge eingesetzt. Die Auslandsposten sind doppelt und dreifach beschickt, die Korrespondenten nahmen ihre Sekretärinnen mit, verheiratet aus Zweckmäßigkeitsgründen und auf Zeit.

Das hinderte nicht, daß trotzdem der Betrieb im Zentralbüro immer größere Ausmaße angenommen hatte, jeder Dienst wurde in mehrfachen Varianten geliefert, es kamen die Sonderdienste auf für die Wirtschaftsinteressenten, einzeln und in Gruppen, für die Behörden, für die Führungsstäbe und die Polizei, parteibetont, politisch farblos und oppositionell gefärbt. Daneben die Dienste ins Ausland, in die besetzten Gebiete, ebenfalls verschieden gegliedert und serviert, auch ins feindliche Ausland über eigene Zwischenstellen und Gesellschaften, oft nur eine Nummer des Telefonapparates – eine außerordentlich komplizierte Maschinerie für den ersten Blick – im Wesentlichen aber nur für die Expedition, denn das Material floß aus einer Quelle und wurde nur verschieden dosiert.

Kompliziert – das ist verwickelt und in unzählige durcheinander laufende Nebenaufgaben gespalten wie das Amt, das die Arbeitskräfte zu schaffen hatte; aber nicht undurchsichtig. Wer sich auskennt, kann sich der Drohung, in die Fabrik gesteckt zu werden, entziehen. Für so viele ist es eine Drohung, am Fließband oder am Säurebottich zu stehen, sie haben keine richtige Vorstellung davon, schmutzige Arbeit, keine Pflege, die Mädchen in Barakken untergebracht. Lieber im Beruf bleiben, denn die Drohung gilt nur für die Widerspenstigen. Es braucht nicht betont zu werden, daß alle Posten mit leichteren Arbeitsbedingungen besetzt und in festen Händen waren. Eine Schicht von Tausenden und

Hunderttausenden – und doch wie ein geschlossener Kreis, der nicht so leicht zu durchbrechen war. Manchmal, wie die Luftblase im gährenden Teig, öffnete sich ein Loch; man mußte Glück haben und Beziehung, um hineinzuschlüpfen."
„Dagny schien das gelungen zu sein. Sie war bei einer Filmgesellschaft beschäftigt gewesen, in der Vertriebsabteilung. Die Gesellschaft hatte einen leitenden Mann abgeben müssen, der die Beziehungen zum Propagandaministerium vielseitig zu betreuen verstand, Geld, Manuskripte, Darsteller und das Atelier. Ohne diesen Mann – bisher glaubten die Hintermänner im Schatten zu bleiben, vielseitiger Schatten, kriegswichtig und mächtiger Gewinn – sahen sie sich plötzlich vor der Notwendigkeit, ins Helle zu rücken; die Gesellschaft trat in die Liquidation. Sie zerstreuten sich in bessere Deckung. Dagny kam vors Arbeitsamt. Damals hatten sie gerade ein Mädchen kennengelernt, eine Kollegin – Dagny und ihr Freund, mit dem sie im gemeinsamen Haushalt lebte.
Der Freund – früher in einem Reisebüro beschäftigt, war bisher von Nutzen gewesen, Besitzer einer Segeljolle. Allerdings der einzige Wert, sonst gut aussehend. Sie kamen gut miteinander aus. Sonntags gingen sie auf Segelfahrt. Dort hatte sich das Mädchen ihnen angeschlossen. Und dem Mädchen gefiel der Freund ausnehmend gut.
Sie hatte in dem vorerwähnten Nachrichtenbüro eine Stelle. Es traf sich, sie wußte für Dagnys Schwierigkeiten sofort Rat. Dem Personal war gerade mitgeteilt worden, daß dieses Jahr auf Urlaub nicht zu rechnen sei, es fehlt die Ersatzkraft. Wenn sie Dagny hineinbringt, wird sie selbst Urlaub bekommen, oder außerdem die beiden enger an sich binden. Dagny war damit zufrieden, die eigenen Beziehungen zu dem Freund sind schon manchmal recht lästig geworden. So wechselt sie in das Nachrichtenbüro ohne Schwierigkeiten. Die Erfassung über das Arbeitsamt regelte sich von selbst, Angelegenheit des Personalchefs.
Die Darstellung ist etwas grob, nicht wahr?
Es war eine Zeit, die keine Bedenken kennt. Dagny war zudem hereingefallen. Wochenweise wechselnd Tages- oder Nachtdienst, wobei es sich ergibt, daß sie meist sowieso gezwungen ist, im Luftschutzkeller des Bürohauses zu schlafen; die Angestellten haben dort ihre besondere Ecke. Wird sie soviel Geld verdienen, sich ein eigenes Heim zu schaffen, das ist ihre Sorge; sehr zur

Unzeit, wo ringsum die Heime zerstört werden. Der Freund ist völlig auf ihren Verdienst angewiesen. Solange er sich drehen kann, ohne unter die Lupe der Behörde zu geraten, scheint er gesichert. Die Kolleginnen von Dagny machen sich einen Spaß daraus, die Sache in die Hand zu nehmen, und tatsächlich – der junge Mann wird als Volontär in den Betrieb aufgenommen. Er hat Zeitungen zu lesen, auszuschneiden, mit Hinweisen zu versehen, die tägliche Propagandaliteratur des befreundeten und feindliche Auslandes, in Sprachen, die er nur im Erraten versteht, das ist die Aufgabe eines Anwärters. Man nimmt bereits ohne weiteres an, daß er mehrere Sprachen spricht, der Mann hat es auch nicht ohne weiteres verneint. Jetzt kann er sich üben. Es herrscht eine stille Übereinkunft im Hause, ihm zu helfen, wo es nur geht – eine Abwechselung, hat auch seine komischen Seiten, über die man lachen kann, die untere Schicht wenigstens.
Darin liegt etwas, schreibt Dagny, von einem Protest nach oben. Es ist billig, und man setzt sich nicht einer Gefährdung aus. Wäre ein Fremder in den Maschinensaal eingetreten, an dessen Längswänden die Telefonkojen aufgebaut sind, auf einem Podium der Tisch mit dem Dienstleiter, dahinter die Tafel mit den Telefonzeichen, nach Ländern, Städten und Abonnenten, Empfang und Sendung geordnet – natürlich ein völlig Fremder, einer aus der anderen sagenhaften Zeit, er hätte über die Organisation, das zweckmäßige Erfassen und Verteilen, den Arbeitseifer, die umfassende Intelligenz nicht genug in Verwunderung geraten können. Ein Einheimischer, nicht nur etwa aus der gleichen Branche – er brauchte nur mit etwas zu tun zu haben, was statistisch erfaßt und als kriegswichtig klassifiziert ist, wußte Bescheid. Es war alles Leerlauf, eine ungeheure Seifenblase und ein grotesk anmutendes Meisterwerk von Selbstbetrug. Berichtet wurde von Ost und West, Norden und Süden und allen den Apparat erreichbaren Plätzen der Welt, was schon vorher auf dem Kurierwege in bestimmten Anweisungen nach drüben gegeben worden war. Alle Ereignisse sind schon vorher geschehen und zum Geschehen gebracht worden in der Nachrichtenstelle eines Führungsstabes, am Schreibtisch in Paragraphen gebracht und nach den besonderen Umständen abgestuft. Mit Buchstaben und Ziffern in Anweisungen niedergelegt. Dann kamen sie in das Verteilersystem – die Vorverteilung, das ist die Nachrichtenagentur. Sie werden auseinandergezogen wie die durchgeknetete Teig-

masse, bis sich der Hohlraum bildet, das Ereignis, die Kritik, der Stoß, der die Welt aus den Angeln heben soll. Um diesen gruppiert sich die Meldung, der Bericht und die öffentliche Meinung. Unvorhergesehenes war ausgeschlossen, nicht nur überflüssig, sondern schädlich; es hätte für den Berichterstatter schlimme Folgen haben können. Gegen Ablauf des Krieges waren daher die Agenturen auch hinreichend verdächtig. So sind die Organisationsfehler im Apparat entstanden. Die Maschine lief sehr bald mit Nebengeräuschen. Nur wer die Hände in den Schoß legte, war einigermaßen sicher. So erklärt sich auch das pomphafte Auftreten der deutschen Auslandskorrespondenten. Sie hatten ihre vorgeschriebene Bedeutung, und je geringer diese war, umso mehr Geld; sie hatten nichts zu tun."
Ich will mich aber nicht in Einzelheiten einlassen. Ich brauche die Aufzeichnung des Apparates nur für die Schilderung der Atmosphäre, in der die Arbeit vonstatten ging.
„Der Sache nach; das Persönliche ist davon beeindruckt und abhängig. Es wäre ein Irrtum, aus dem Verhalten gegen den sprachenunkundigen Anwärter etwa schließen zu wollen, die Angestellten hätten untereinander sich einer besonderen Kameradschaftlichkeit befleißigt; im Gegenteil – es diente dazu, die Unkameradschaftlichkeit zu verdecken. Jeder trug seinen eigenen der Anlage entsprechenden Selbstbetrug mit sich herum. Jeder war vor dem anderen abgeschlossen. Die persönlichen Gespräche waren von einer brutalen Uninteressiertheit. Lief mal eine persönliche Note unter, so war sie lauernd und abschätzend, mit Sicherheit falsch. Keiner kannte den anderen, keiner wollte den anderen kennenlernen, und jeder hätte es sich verbeten, nach seinen persönlichen Lebensverhältnissen gefragt und angesprochen zu werden. Es gab trotzdem so etwas wie Vermutungen und Kombinationen, aus dem Mosaik gelegentlicher unbeherrschter Äußerungen zusammengesetzt, die genauestens registriert wurden. Sie werden aber nur herangezogen, um den Betreffenden zu schaden, falls er den eigenen Interessen im Wege stehen würde – ihn zu verdächtigen, nicht das zu sein, was er vorgibt, mit dem zynischen Unterton, schließlich ist dies auch sein gutes Recht. Erreicht wurde, daß tatsächlich die Leute außerhalb des Büros einander mieden, keiner kümmerte sich um die privaten Verhältnisse des anderen, bestimmt nicht darum, was der andere tut, sobald er das Haus verläßt. Einig waren sie sich

darin, dem anderen keinen Vorsprung zu lassen, keine Erleichterung zu gönnen, keine Bevorzugung zuzulassen. Dafür war jedes Mittel recht. Einig waren sie sich darin, sich über ihre Arbeit, über den nächsten Vorgesetzten, über die leitende Schicht lustig zu machen.

Auch Leute mit langjähriger Vorbereitung und Schulung auf dem Gebiete des Korrespondenzwesens hätten Zweck und Inhalt des so aufgeblasenen Nachrichtenapparates nicht mehr verstanden. Ich glaube nicht, daß es auch nur eine einzige Angestellte gegeben hat, die sich für den unaufhörlich anschwellenden Strom von Berichten und Richtlinien, Telefonogrammen und Blitzmeldungen interessiert, die sich auch nur einen Gedanken darüber gemacht hätte. Es sollte wohl so etwas geben, eine herrschende Partei, den Nationalsozialismus im öffentlichen und privaten Leben, denn die Zeitungen schreiben davon; aber es wäre vergebliche Mühe gewesen, nach einem zu suchen, der sich nun wirklich dazu bekennt; wenigstens in dieser Schicht. Dabei gab es sicherlich welche, die bei der Partei als Mitglieder eingeschrieben waren; manche, die es von sich behaupteten, waren es nicht. Natürlich, es gab Fragebogen beim Personalchef, die auszufüllen waren. Es gab auch eine Organisationszelle; die ständigen Verschiebungen aber, durch Einziehungen und drohende Auskämmungen bedingt, hatten diese Form von Erfassung längst unwirksam gemacht. Es war wie mit den kleinen bunten Lampen auf dem Brett hinter dem Tisch des Dienstleiters – sie leuchteten auf, aber sie stimmten nicht mehr, weder nach der Zeit noch nach Person und Ort.

Wo waren denn die Anhänger der Partei, die dem äußeren Leben ihren Stempel aufdrückte –? Es gehörte zum guten Ton, darüber nicht zu sprechen. Sie waren überall und nirgends. Da war z. B. der Luftschutzwart des großen Bürohauses, der nebenbei mir, als meine Stadtwohnung ausgebombt worden war, ein Zimmer am Rande der Stadt in einer der Arbeitersiedlungen verschafft hatte. Er trieb die Leute unerbittlich in den Keller, er denunzierte die Säumigen, er duldete keine die Partei herabsetzenden Gespräche. Es ging in dem Keller zu wie in der Schule, wenn die ungezogenen Kinder geduckt werden und vor dem gestrengen Herrn Lehrer zittern; keiner war ausgenommen, auch der Direktor mit den guten Beziehungen nicht. Der Mann führte ein reines Schreckensregiment, alle hatten Angst vor ihm – der echte Natio-

nalsozialist, vom Scheitel bis zur Sohle. Eines Tages war er verschwunden; verhaftet, er hatte kommunistische Flugblätter verteilt. Sein wahres Arbeitsfeld war in einem anderen Stadtviertel gelegen. Den zynischen Bemerkungen nach zu urteilen über die Amtswalter der Bewegung vom Blockwart bis zu den Spitzen, mußte ein Mißverständnis vorgelegen haben, daß die Partei ans Ruder kam, Gleichgültigkeit und ein Gutteil Schadenfreude, soweit man überhaupt bei dem einzelnen politisches Verständnis voraussetzen konnte. Die meisten von den Zwanzigern aufwärts hatten weder politische Erziehung noch Verständnis und noch weniger den ernsten Willen, sich darum zu bemühen.
Stellung und Einschätzung regelte sich nach dem Nachbarn, nach dem Nebenmann im Glied, nach Launen für oder gegen, je nach dem, was man von dem anderen erwartete. Was sonst noch geschieht, das ist mehr eine Marotte von einigen wenigen, die es besser wissen wollen – meinetwegen, solange der Einzelne nicht direkt davon betroffen wird. Es wurde zu einem für alle verbindlichen Lebensgesetz, draußen zu bleiben, nicht davon betroffen zu werden. Wen es dann erwischte, der hatte es scheinbar verdient; helfen konnte man so einem Menschen dann sowieso nicht. Von der Rassenfrage z. B. hatte diese Schicht der Bevölkerung, die bei weitem überwiegende – kaum bisher etwas gehört. Jetzt, wo die Frage zu einem politischen Problem geworden war, rechnete es sich jeder als persönliches Verdienst an, nicht zu derjenigen Rasse oder Weltanschauung zu gehören, die verfolgt wurde und anscheinend zur Ausrottung bestimmt war. Die persönliche Leistung, nicht dazuzugehören, war eigentlich schon genug."
War von diesen Menschen ein Widerstand gegen das Regime zu erwarten? Jeder Mensch lebt nach seiner eigenen Zeit, außen wie nach innen. Die Anpassung hat das Bewußtsein getrügt und das Gefühl der Selbstverantwortung zu einer Konvention herabgesetzt. Nichts gelernt und nichts behalten von dem Wert der Person und dem des eigenen Ich, lebten diese Menschen nach eigenen Bedingungen, kaum erfaßbar für das Gesetz der Partei, ohne ein anderes Ziel als dieses, sich im Dasein zu behaupten. –

DAGNY – MITTELGROSS, BLOND

Breitflächiges Gesicht, veränderlich, unsicher im Auftreten, schüchtern, wenn die andern nicht hinsehen – eher schlank.
Das junge Mädchen, von dem ich erzähle, ist gegen Mitte des ersten Weltkrieges geboren. Nicht gerade mit freudigen Erwartungen von den Eltern aufgenommen. Die Eltern standen nicht gut miteinander. Beide sehr unduldsam, der Vater wirtschaftlich und beruflich ohne festen Boden, die Mutter einer damals in Mode gekommenen Anschauung huldigend, der Mann bediene sich der Familie zur Zerstörung der Individualität – daher frei von dem Zwang der Ehe und los vom Mann, ohne indessen etwas aufzugeben, weder die Ehe noch die Bemühungen ein Heim zu schaffen. Es reichte nur insoweit, daß immer wieder in Ausbrüchen von hysterischer Leidenschaftlichkeit, der jedes tiefere Verständnis füreinander zu fehlen schien, dasjenige zerstört wurde, was soeben aufgebaut worden war; und dann fingen sie wieder von vorne an.
Der Mann war dieser Theorie eher abgeneigt. Trotzdem war er es indessen, der die praktischen Auswirkungen ruhiger hinnahm, aus Bequemlichkeit und aus Trotz. Der Ausbruch des ersten Krieges war eine erwünschte Gelegenheit, das bisherige Zusammenleben, das Zusammengekettetsein, zu lösen. Der Mann meldete sich freiwillig, um bald zu erkennen, daß er, um einer Belastung zu entgehen, nur eine noch größere eingetauscht hatte. An der Front draußen angekommen, war der Trotz bald zusammengebrochen. Der Mann wurde krank oder ließ sich krank schreiben, entfernte sich aus dem Lazarett und fuhr nach Hause – die Flucht, im Wesentlichen die Flucht vor sich selbst, zur politischen Heldentat umgemünzt.
Für die Frau war das eine harte Belastungsprobe. Sollte sie den Mann halten, sollte sie ihn irgendwo unterbringen, so würde dies das Ende ihrer vermeintlichen Unabhängigkeit bedeuten. Sie hatte es auf sich genommen, mehr aus Instinkt als in berechnender Vorausschau. Indessen wurde der Mann verhaftet und vor ein Kriegsgericht gestellt. Durch Intervention literarischer Freunde – so etwas gab es damals noch – entkam er einem Urteilsspruch und wurde entlassen; geistige Verwirrung, Anlage zur manischen Melancholie; entlassen nach Hause. Die Frau, in ihrer Überzeugung ein Opfer zu bringen, sah sich enttäuscht und beschämt. Sie

hatte bereits einen anderen Mann ins Haus genommen, in Anlage ähnlich wie der erste, aber weicher und gebildeter, mehr ausgeglichen und zudem als feindlicher Ausländer verfolgt. Dieser hielt es für seine Aufgabe, die Eheleute wieder zusammenzubringen. Es hatte auch nicht schwer gehalten. Die mehrmonatige Einzelhaft im militärischen Untersuchungsgefängnis war ein günstiger Boden gewesen für romantische Vorstellungen von Wiedervereinigung, Entgegenkommen und einer gewissen Zärtlichkeit. Als Ergebnis dieser Wiedervereinigung, in der Atmosphäre von Hoffnung und guten Vorsätzen, erblickte Dagny das Licht der Welt.
Sie war bereits zu spät gekommen. Längst waren diese Vorsätze verlassen und hatten einer tiefen Verstimmung und Gleichgültigkeit Platz gemacht. Die knappen materiellen Verhältnisse, die früher oftmals Grund für Streitigkeiten gewesen waren, hatten sich im Kriege rasch verbessert. Die beiden waren bereits so weit, sich nachtragend ihre gegenseitigen Beleidigungen vorzurechnen, sie hatten sich manchmal nicht verstanden, und der Mann wollte auch jetzt nicht mehr verstehen, hochmütig, eitel und gekränkt, im Bewußtsein einer gewissen Minderwertigkeit. Beide hatten wie schon gesagt keine Geduld, geringe Achtung voreinander und sehr wenig Einsicht in die Bestimmung zur gegenseitigen Verantwortung! Als das Kind geboren wurde, hatte es der Vater nicht für nötig gefunden, zur Klinik zu gehen; telefonische Verständigung genügte. Er bereitete auch nichts für das neue Heim vor. Unter dem Arm das Paket, in dem das Kind eingewickelt war, fuhr die Mutter aus der Klinik mit der Straßenbahn in die Vorstadt, wo noch zu guter Letzt eine Wohnung gefunden worden war.
Die Zärtlichkeit einer Mutter kann man nicht nach den äußeren Formen messen. Wenn das Flaschenkind schreit, so wird die Mutter unruhig. Sicherlich fehlt etwas der Kleinen, tut weh – und zu der Ungeduld gesellt sich die Angst, etwas zu versäumen, falsch zu machen, und die Gewißheit, den Bedürfnissen des Kindes nicht gewachsen zu sein.
In der Wiege ist der Mensch noch so winzig, der Kopf ist einmal zu groß, dann wieder zu klein, und die Form der Nase entspricht nicht dem Bild einer verschwommenen Vorstellung von Ebenmaß und Schönheit; und immer ist das Kind naß, es gehorcht nicht, es hat die Augen offen und sieht nicht, es schreit. Die Jahre,

die noch darüber hingehen werden, scheinen kaum zu tragen.
Die Mutter war grob zu dem Kind; weil sie auch grob und böse zu sich selbst war. Der Blick aus verschütteter Sorge heraus, mit dem sie das Kind betrachtet, wird lauernd und zornig und läßt das Kindwesen erschrecken. Es schreit noch mehr. Das Kind wird hochgehoben und hin- und hergetragen, geschüttelt, der Mund wird zugestopft. Die Weiterfolge: sie will es erzwingen, daß die Kleine still wird. Die Mutter ist schon am Ende der Kraft, sie kann sich kaum mehr beherrschen, daß sie dem Kind nicht ein Leid antut. Es würgt in der Kehle, sie wird selbst anfangen zu schreien, läßt alles stehen und liegen und stürzt aus dem Zimmer; nur weg ehe ein Unglück geschieht. Sie erinnert sich jetzt, daß man sie genau so behandelt hat, ohne behutsame Liebe. Auch ihre Mutter wird grob gewesen sein, auch diese mußte mit dem Kind nichts anzufangen gewußt haben; eine Last, und nebenher die Scham, sich das einzugestehen.
Der Mann steht und spricht nicht mit ihr. Er ist auf der Lauer. Er wird den Hut nehmen, weggehen und sie allein lassen. In der aufsteigenden Wut beginnt sie zu schimpfen, das Kind schreit.
Mag es wohl allenthalben so sein, bei Dagny war es besonders schlimm. Sie bekam Krämpfe. Sie begann zu schreien, die Glieder verzerrten sich und wurden steif, das Gesicht lief blau an, sobald die Mutter sich nur näherte. Die Großmutter wurde zu Hilfe gerufen. Sie brachte den ganzen Hausstand mit, aus einer kleinen Stadt in der Provinz, wohin sie die Frau abgeschoben hatte. „Ich kann dieses Weib nicht mehr sehen. Ich habe gehofft, daß sie mir nie mehr unter die Augen kommt." Die Atmosphäre dieser Familie war nicht günstig.
Um keine Einzelheit in dem Netzwerk dieser Atmosphäre wegzulassen, in die das Kind mit seinen ersten Eindrücken hineinwachsen sollte, muß erwähnt werden, daß der Mann, wenn auch gelegentlich empfindsam berührt, teilnahmlos dieser Entwicklung zusah. Er suchte sich zu beweisen, daß ihre Ehe bereits zerstört, der Zusammenhang nur noch ein künstlicher war, und daß die Frau entsprechend ihrer Lebensauffassung aufhören sollte, von ihm mehr zu erwarten als den notwendigsten materiellen Rückhalt für das Kind. Denn inzwischen hatte er den Werbungen einer anderen Frau nachgegeben, jetzt sich erst bewußt geworden, seiner gekränkten Eitelkeit etwas zugute halten zu sollen. Die Frau dagegen glaubte darüber hinwegsehen zu können, ent-

täuscht, verängstigt und erschreckt – jetzt würden sie doch erst zueinander gehören! Man hätte sich früher aussprechen sollen, sie wird sich die Mühe geben, sie hat vieles gelernt. Der Mann will nicht und täuscht eine Überlegenheit vor, die nichts anderes ist als Rache, Erfassung der günstigsten Situation, die Frau zu treffen. So zog sich das einige Wochen hin. Der Mann nahm die andere Frau ins Haus. Nach außen schien alles glatt zu verlaufen, in Wirklichkeit schwelte die Auseinandersetzung unter der Oberfläche, die Loslösung – der Mann bereit, jedes Mittel anzuwenden, gestützt auf das Entscheidende, das Geld. Es gab Streit, Beschimpfungen, kalt berechnend und böse. Die Liebe einer Frau ist in der Sprache nur ungenau zu erfassen. Sie legt weniger Wert auf die Bedeutung der Worte, sie wechselt die Formen – nur wer die gleiche Liebe entgegenbringt, spricht die gleiche Sprache. Der Mann wollte nicht mehr. Der Schock für die Frau war von dem Ausmaß einer Katastrophe, über Nacht stürzte eine Welt zusammen. Die Erkenntnis, allein zu sein, ist ein Gift, das sich einfrißt, und von dem diese Frau sich nicht mehr erholt hat. Obwohl – und gilt für den Durchschnitt, das Ende nicht unerwartet hätte sein dürfen.

Andere Kinder werden behutsam betreut, Streitigkeiten lösen sich auf, Gegensätze glätten sich. Über diesem Kind aber wurde der Streit, die Loslösung in allen diesen vergifteten Bgleiterscheinungen ausgetragen. Dagny wuchs nicht nur hinein, sondern sie lebte damit zusammen; es wurde der Gegenstand des sich bildenden Bewußtseins. Vater und Mutter – sie sind vorhanden, die Großmutter spricht davon, und sie selbst kann danach fragen, aber sie sieht sie nicht, sie sieht sie auch nicht zusammen. Sie lernt bald, daß sie Fremde und sich selbst auch fremd sind. Das Kind lebt bei der Großmutter. Mit einer gewaltigen Kraftanstrengung hatte die Mutter das Kind halten wollen, dem Manne ihre Liebe beweisen. Wie bei allem, was gequält für sich allein im Raum steht, war diese seelische Reaktion in das Gegenteil umgeschlagen – die Nachbarn haben sich eingemischt, sie hätte das Kind geschlagen, in der unflätigsten Weise einen harmlosen Postboten beschimpft, der gerade vorbeigekommen – hat gut zureden wollen, überhaupt die unklaren und zweideutigen Verhältnisse in dieser Familie ... genug, die Beteiligten waren mehr fluchtartig auseinandergestoben, jeder für sich; die Großmutter nahm das Kind mit. Wieder zurück in ihre Heimat. Der Vater wird Geld

schicken. Die Mutter vorläufig noch, irrt in der Welt, begleitet von Abenteurern, die ersten Jahre der Nachkriegszeit.
Dagny war bei der Großmutter aufgewachsen. Wann ist ein Kind dem Erwachsenen eine Last -? Die Grenzen verwischen sich, die zärtlichste Betreuung kann in der Wandlung eines Augenblicks der betreuenden Person zur unerträglichen Last werden, den Launen der Unzufriedenheit unterworfen. Und die alte Frau war sehr wandelbar. Sie hatte selbst ein Kind in die Welt gesetzt, das unerwünscht gekommen war, ohne Vater. Mit geringen Abweichungen wiederholt sich alles. Wie hat sie sich um die Heranwachsende gemüht und gesorgt, und diese ist bald ihre eigenen Wege gegangen, und sie selbst - Dank hat sie nicht geerntet. Einem Mann hat sie damals die Wirtschaft geführt, der den Vater nicht hat ersetzen können. Es war nur natürlich, daß sie die Tochter früh aus dem Hause geben mußte, ein Heim konnte sie nicht bieten. Wieder ist es so gekommen. Die Tochter hat es jetzt am eigenen Leibe erlebt, und sie hätte es besser haben können - ist sie der Meinung, und sie selbst auch. Auf die Mutter hat sie nicht gehört. Wenn es mit diesem Manne nicht gegangen wäre, findet sich ein anderer, sie würde den beiden die Wirtschaft geführt haben; eine alte Frau, die nichts mehr zu erwarten hat im Leben; kümmerlich von dem lebt, was man ihr gnädig zuschickt. Hochfahrend ist sie geblieben die Tochter und auch der Mann, der es nicht verdient hätte, daß die Tochter sich ihm an den Hals geworfen hat...
Andere Kinder werden in den Schlaf gesungen. Die Großmutter weiß Märchen zu erzählen. Was dann die Erinnerung formt, ist eine süße Begleitmusik im Unterton des ganzen Lebens. Dagny bekam nur die Klagen zu hören, die Beschuldigungen. Sie nahm Teil an den Ängsten zu jeder Monatswende, ob die Unterstützung auch rechtzeitig eintreffen würde. Die Großmutter bewohnte Stube und Küche im Dachgeschoß eines kleinen Hauses, das einem Schuster gehörte, der mit der Familie die unteren Räume innehatte. Der Schuster, die Frau und ein größerer Junge, der beim Vater die Lehre durchmachen sollte, aber immer weglief - das war ihre Welt. Dann waren noch der Bäcker und der Fleischer in derselben Straße, bei denen die Großmutter meist in Schulden war, und die es oft besser war, nicht aufzusuchen. Überhaupt durfte sie nicht auf die Straße - die Leute sind neugierig und fragen dich aus, was brauchen sie alles zu wissen. Mit der

Schusterfamilie war es etwas anderes. Dort hatte man Verständnis für die Verhältnisse. Die Großmutter konnte auch die Miete schuldig bleiben und hier und da auch mal Geld borgen, wenn gerade die Eltern in großer Sorge waren um den Jungen; in solchen Tagen pflegen die Menschen dem fremden Unglück gegenüber weichherziger zu sein.

In diesem Jahre, bis das Kind reifer zu werden beginnt, ereignet sich nichts, was des Erinnern Wert wäre. Der wahre Inhalt eines Erlebnisses, die Form, in der die Umwelt sichtbar wird und aufgenommen werden muß, ist bei allen Kindern ungefähr die gleiche. Der Unterschied liegt nur darin, welche Umwelt, das Behutsam-Ausgleichende oder das Unausgeglichene in brutaler Schärfe, die Mängel und das Fehlende. Und doch hatte sich ein Ereignis zugetragen, das in seiner vollen Bedeutung erst viel später erkennbar sein würde. Die Mutter war schon früher hin und wieder als Besuch aufgetaucht. Sie hatte den Eindruck hinterlassen einer feinen Dame, einer großen und unabhängigen Persönlichkeit; nach Meinung der einen, im Verkehr mit künstlerischen Kreisen, andere hielten sie selbst für eine Künstlerin, der Mann soll eine Rolle in der Politik spielen; wieder andere wußten, daß sie vom Theater war, der Mann soll Schriftsteller sein – und alles was sich in einer kleinen Stadt von dem Bedeutenden und Geheimnisvollen der Welt draußen in der Vorstellung bildet, hatte seinen Teil daran. Der Apotheker, der Schullehrer, bei dem die Mutter persönlich das Kind zur Schule angemeldet hatte, der Wirt des Bahnhofsrestaurants, der zur See gefahren und die Welt gesehen hatte, wären gern zu einer engeren persönlichen Bekanntschaft gekommen, um die Vorurteilslosigkeit ihrer Anschauungen unter Beweis zu stellen. Sie hatten eine besondere Vorliebe für das Kind gefaßt, da der Glanz der Anwesenheit der Mutter meteorhaft immer sehr rasch verschwand. Für das Kind begann sich der Kreis über die Familie des Schusters hinaus zu erweitern, auch die Alte begann festeren Boden zu ertasten, sie nahm von dem Aufsehen und der Duldung ihren Teil an Repräsentanz – als durch ein Ereignis von gänzlich unerwarteten Begleiterscheinungen und Folgen alles mit einem Schlage vernichtet wurde.

In die Enge dieser Stadt und ohne ersichtlichen Grund hatte die Mutter eines Tages einen ihrer Freunde mitgebracht, einen durch Skandalgeschichten aller Art mehr berüchtigten als bekannten

Schriftsteller. Das Paar war in einem Gasthof am Rande der Stadt, das Ziel der sonntäglichen Spaziergänge der Bürger, abgestiegen. Anscheinend war der Schriftsteller dabei, Material für einen Kleinstadt-Roman zu sammeln. Ein hemmungsloses Treiben, Spiegelbild für die Vorstellungen der Gesitteten vom Großstadtsumpf, in einem kleinen Kreis von Bevorzugten und Zugelassenen, wüste Scenen von Betrunkenheit und Rausch, zu dem der Apotheker die Gifte zusteuerte, das freie Leben, nicht mehr gebunden an Rücksicht und Moral – in der Tat, der Schriftsteller machte seinem Namen alle Ehre; für die Stadt wurde es ein großer Skandal; der Bürgermeister, bisher ziemlich freundlich und entgegenkommend, setzte sogar die Gendarmerie in Bewegung. Zudem wurden die Stadtväter und Beamten in einigen dem Freund zur Verfügung stehenden Wochenblättern beschimpft und lächerlich gemacht, die Stadt war zum Objekt geworden der Launen eines Schreibers, der sich darin gefiel, Anregungen zu suchen und für sich Reklame zu machen. Das Paar mußte fluchtartig die Stadt verlassen; überdies unter Zurücklassung bedeutender Schulden. Dagny war zurückgeblieben, die Großmutter war zurückgeblieben. Von dieser Zeit her tritt bei dem Kind eine besondere Schüchternheit auf. In der im Heranwachsen beginnenden Aufschließung der Verstandeswelt, der Einsicht in die Anpassung, dem Erlebnis vergleichenden Urteils war ein für die Entwicklung nach außen bestimmter Kraftstrom nach innen geschlagen. Dagny war in der äußeren Haltung, im Verkehr mit den Menschen unsicher geworden, unausgeglichen und Übertreibungen ausgeliefert; erste Station auf ihrem Leidensweg. Nicht etwa, daß sie sich des Auftretens ihrer Mutter geschämt hätte, in Wahrheit berührte es sie nicht, da sie nichts davon verstand – übrigens ähnlich wie die Großmutter, die zwar mehr davon verstand, aber die Schuld den anderen gab. Für Dagny war bei alledem etwas Strahlendes in der Erinnerung zurückgeblieben, das von der Mutter ausging, ein heller Schimmer in dem Dämmer der Monate, die immer gleich waren und dahingingen. Und dann war die Mutter so selten auf Besuch, und schließlich war es die Mutter. Wie bedeutend und großartig, in wieviel noch stärkerer Bewegung mußte erst dann der Vater sein ... Diese Vorstellung keimte, um Wurzeln zu fassen und sie nicht mehr loszulassen. Ein Rückschluß auf andere Möglichkeiten hatte sie nicht. Wer hätte sie ihr auch vermitteln sollen – die Großmutter sprach darüber nicht. Sicherlich gab diese dem Mann an der unglücklichen Entwicklung und Trennung die alleinige Schuld. Es war nur unklug darüber zu sprechen. Sie war angewiesen auf das Geld, das er gewöhnlich neben den regelmäßigen Zuwendungen der Mutter schickte, und sie hatte das Kind auch angehalten, von Zeit zu Zeit durch einen Brief an den Vater sich in Erinnerung zu bringen. Es versteht sich, daß diese Briefe wohl ausgewogen und überlegt und entsprechend auch von der Voraussetzung der Bedeutung des Empfängers diktiert waren. Als Dagny später aus Eigenem diese Briefe zu schreiben begann, war eine solche Voraussetzung bereits tief in ihr verwurzelt, sie brauchte sie nur mit der vagen Sehnsucht des jungen Mädchens zu durchdringen, um die Liebe zu finden; die Liebe zum Vater, die Liebe zum Heim, der Wunsch endlich nach Haus kommen zu dürfen – dort wird es schön sein, dort ist Geborgensein, die allgemeine Achtung, das Glück, reiche Kleider und viel zu essen.

In der Tat schien auch eine entscheidende Wendung sich vorzubereiten. Es wurde viel hin- und hergeschrieben über die Möglichkeit, das Kind anderswo unterzubringen. Erschwert durch die verschieden gearteten Interessen, der Vater auf der einen Seite, der relativ gleichgültigen, die Mutter und die jeweiligen Freunde der Mutter auf der anderen, dazwischen als dritter Beteiligter die Großmutter, deren materielle Existenz jetzt mit dem Verbleiben des Kindes verbunden war, zog sich die Angelegenheit, sie hat sich über Jahre hingezogen, während derer Dagny bereits ihre Wünsche und Erwartungen, alles Buntschillernde ihres Vorstellungsvermögens spielen lassen konnte. Der Grundstein für den abenteuernden Zug ihres Wesens war gelegt. Von allen Aussichten und Vorschlägen blieb schließlich nur der eine übrig, der auch am verlockendsten war – das Haus des Vaters, genauer gesagt, der Eltern des Vaters. Denn hier wurde Dagny aus dem Briefwechsel darüber eine neue Überraschung. Dort lebte ihr Bruder, es war ihr Bruder, von dem niemand ihr bisher gesprochen hatte. Auch dieser Junge war, noch kurz vor dem Krieg geboren, bei Ausbruch des Krieges bei den Großeltern abgesetzt worden. Er wuchs dort nicht als Enkel, sondern mehr als Kind des Hauses auf; des Vaters glaubten die Eltern sich schämen zu sollen. Dies war der Grund, warum von dieser Seite so lange gezögert wurde, sich eines weiteren Kindes anzunehmen. Immerhin, so wußte die Großmutter zu berichten, die Eltern des Vaters sind sehr reich, sie sind sehr angesehen in ihrer Stadt. „Und warum wohnt denn der Vater nicht dort?" hatte die Kleine gefragt. Es kam jedenfalls zu einem Briefwechsel, in dem noch mancherlei Hinhaltungen, schließlich der Besuch vereinbart worden war. Endlich war es soweit, der in materiellen Forderungen begründete Widerstand der Großmutter – sie fürchtete, daß man das Kind ihr wegnehmen würde, die letzte und halbwegs sichere Erwerbsquelle – war überwunden; der Großvater hatte darauf bestanden das Kind selbst abzuholen.

Von dieser Reise, von dem Aufenthalt bei den Eltern des Vaters, von der Existenz ihres großen Bruders blieb in der Erinnerung des Kindes haften ein großer Traum, über jedes aufzeichenbares Erlebnis hinaus; nicht so sehr in der nachwirkenden Empfindung von Glück als der Erfüllung ihrer Wünsche, sondern die Entdeckung einer breiteren Umwelt, einer neuen Welt überhaupt, für die es für die Neunjährige keine Vergleichsmöglichkeit gab, und die nurmehr ihr erschlossen wurde. Dabei waren die Verhältnisse für ein Erlebnis so besonderer Art wenig günstig. Die Mutter des Vaters war schon recht krank, zugleich eher ablehnend, da sie ihre Zärtlichkeit auf den Jungen übertragen hatte, dem nichts davon geschmälert werden sollte. Dagegen war der Großvater eher geneigt, und dieser hatte auch durchzusetzen gewußt, daß mit Beginn des neuen Schuljahres Dagny übersiedeln würde. Der Bruder war kühl und zurückhaltend, zudem im Alter des schon Halberwachsenden, das Gefühlsregungen für einen Familienzuwachs keinen Raum gibt. Der Großvater war auf die Kleine überaus stolz, er führt sie an der Hand durch die Straßen, spazierte in den Anlagen und ging mit ihr in die Konditorei, bewundert und bestaunt, zahllosen Fragen ausgesetzt; dem Kind war es geschienen, als sei dieser Mann allen bekannt und von allen geehrt, und sie selbst war der Mittelpunkt. In die Zeit dieses Besuches fiel obendrein noch ihr Geburtstag. Wieder bei der Großmutter, schien die Zeit stille zu stehen. Dann kam die Nachricht, daß die Mutter des Vaters gestorben war, die fremde und etwas abweisende Frau, vor der sich Dagny etwas gefürchtet hatte. Und alles war anders geworden; sie wußte es nicht und wollte es nicht wahrhaben, daß alle Hoffnungen im Winde zerstoben, die Freude und das Glück an ihr vorübergegangen war. Die Zeit stand still.
Trotzdem war die entscheidende Wendung eingetreten; noch benommen von dem Zusammenbruch ihres Märchentraumes

nahm das Kind die neue Entwicklung hin ohne Freude und ohne besondere Anteilnahme als etwas Selbstverständliches. Ihr Vater hatte nach einigen Monaten sich entschlossen, das Kind zu sich zu nehmen, ins eigene Heim. Dagny lernte einen neuen Grad von Verwandtschaft und Beteiligtsein kennen, die Stiefmutter. Dagny wurde in deren Familie untergebracht.

Die neue Großmutter legte besonderen Wert auf bürgerliches Äußeres, Aussehen und Benehmen. Dabei war der Ton im Hause rüde und zynisch; neben der ältesten Tochter, mit der der Vater Dagnys jetzt verheiratet war, sind noch zwei Töchter im Haus vorhanden, im kaufmännischen Beruf, bei sehr geringem Einkommen. Inzwischen wurde auch Dagnys Bruder dort untergebracht. Es wäre zuviel gesagt, die Geschwister verstanden sich nicht – der Junge, der eine Mittelklasse des Gymnasiums besuchte, nahm von der kleinen Schwester überhaupt keine Notiz. Um den Haushalt aufzubessern, war noch ein Zimmer an zwei junge Leute vermietet, bald waren es Angestellte, bald Studenten oder Musiker, immer nur kurzfristig. Von einem Heim konnte man jedenfalls nicht sprechen.

Es mußte erst wieder eine geraume Zeit vergehen, ehe die Stiefmutter das Kind ins eigene Haus nehmen konnte. Sie hätte es, wie sie immer versicherte, schon früher getan, aber ohne besonderen Wunsch des Vaters wäre das nicht gegangen. Sie bemühte sich um das Kind mit einer scheuen und mehr verschlossenen Zärtlichkeit, vor der Dagny eher zurückgeschreckt war. Diese hatte sich mehr an die Großmutter angeschlossen, die bei einem gleichbleibenden Wohlwollen ihre Erziehungsaufgabe trotzdem als Last empfunden, den Schwestern, der Stiefmutter blieb sie fremd. Eindringling und lästiger Beobachter. Es gab viel Streit, Fehler wurden übertrieben und in dem im Hause üblichen Tone verdächtigt, bar jeden Entgegenkommens und jeder inneren Moral. Der Bruder war schon früher übersiedelt, später dann nach auswärts gebracht; wie hatte sie den Bruder beneidet, er würde Musik studieren. In diesem Strudel, der das Wasser nach der Spitze zudrehen läßt und aufsaugt, war alles dazu angetan gewesen, das Kind nicht zur Ruhe und zu einer gewissen Ausgeglichenheit kommen zu lassen.

Der Vater hatte teilnahmslos zugesehen, mit sich beschäftigt. Er war eher bemüht, Distanz zu halten, eine Wand aufzurichten, gegen die das Kind nicht hindurchzustoßen vermocht hatte. Es mag sein, daß er eine Beunruhigung gefürchtet haben mochte, ein Schuldgefühl aus mangelnder Verantwortung. Dagny sah in dieser Abgeschlossenheit den Schimmer eines hehren Ideals, dem zu nähern sie noch nicht reif war; die Stiefmutter bestärkte sie darin. Aber später – dann würde sie es schaffen. Das war das Ziel. Sie war interessiert daran, sie versuchte dahinter zu kommen, mit welchen Mitteln es die Stiefmutter erreicht hatte, dem Vater nahe und unentbehrlich zu sein. In der Erinnerung war als Vorwurf enthalten, daß dies der Mutter nicht gelungen war. Der letzte Anstoß, ins Heim des Vaters zu kommen, sind die ständigen Vorwürfe und Beschuldigungen seitens der Familie der Stiefmutter. Dagny verläßt das Haus ohne Bedauern, aber auch ohne Erwartung, bereits schon früh erwachsen, gereift in dem Klatsch, der Bosheit eines in den Zerfall treibenden Familienzusammenhalts. Auch in den Jahren der sich entwickelnden Reife ereignet sich für einen jungen Menschen wenig, das später in einer Gesamtschau der Erinnerung sich besonders hervorheben würde. Was bei der Ausfeilung des Bewußtseins schon vorhanden war, das wird für jedes Erlebnis Urgrund und Leitmotiv. Neues wird eigentlich als Erkenntnis in diesen Jahren nicht aufgenommen oder dringt nicht durch. Erst sehr viel später, wenn zurückschauend das Leben wieder zusammengebaut werden muß, wird sich der Mensch damit beschäftigen – die Möglichkeit, die nicht ausgenutzt, die Gelegenheit, die versäumt worden ist. Ohne sorgsame Betreuung, sich selbst überlassen, gleitet der junge Mensch in ein Schicksal, gegen das er sein Leben lang dann revoltiert und das sich vor ihm aufbaut als ein großes Mißverständnis. Ich teile nicht die weitverbreitete Ansicht, daß sich in diesen Entwicklungsjahren der Charakter bildet, der für das weitere Schicksal bestimmend ist. Ich glaube vielmehr, daß ein Erlebnis der Umwelt nur vorbereitet, formt und ausreifen läßt, was der Heranwachsende schon von Kindheit an mitbekommen hat an Wärme, Anpassung und Liebe. Besonders bei Aufschließung der Sinnenwelt, Lust und Reiz, wird sich das erweisen. Dagny hat wenig mitbekommen. Nichts, an das sie sich halten kann, um darin das, was man das Persönliche nennt, zu erkennen und aufblühen zu lassen. Eine große Leere, ein merkwürdiger Zustand, dem anscheinend der Mensch unterworfen ist, durch den er hindurch muß, den er wegschieben kann – mit dem er aber so oder so fertigwerden muß – ich meine die Liebe.

Für Dagny sind kaum diese Krisen und Konflikte, über die soviel geschrieben wird, vorhanden. Eines Tages wird sie entdecken, daß manche Dinge, von denen in ihrer Umgebung, die Gleichaltrigen wie die Erwachsenen, gesprochen wird, in einer etwas gesteigerten Betonung, auch sie selbst angehen. Die erste Liebe ist ihres romantischen Reizes entkleidet, ein wenig Neugier, keinesfalls ein tiefer greifendes Ereignis – so ist das also, und die Tage gehen weiter. Sie wird es nicht wahrhaben wollen, aber sie erinnert sich kaum noch, war es einer der Zimmermieter oder der Bruder einer Schulfreundin oder der Herr im Auto, der sie zu einem Ausflug über Land mitgenommen hatte, der die körperliche Funktion der Liebe erschlossen hatte – einer war wie der andere und im allgemeinen ziemlich langweilig, und da sie von vornherein nicht viel erwartet hatte, nicht mal besonders enttäuschend.
Wozu die Aufregung – denn diejenigen, zu denen sie sich bibbernd trotzdem zugehörig gefühlt hatte, waren schrecklich aufgeregt. War sie erwachsen? Es schien so. Sie hatte die Handelsschule hinter sich, sie war selbständig.
Eines Tages blieb sie von zu Hause weg. Sie kam noch einmal wieder. Die Stiefmutter war beleidigt und hatte ihr Vorhaltungen gemacht. Als Dagny davon unberührt schien, versuchte diese es mit der Überbrückung des Altersunterschiedes, sie würden Freundinnen sein, Schwestern; sie warb um Vertrauen. Dagny blieb starr. Der Vater hatte sich um die Auseinandersetzungen nicht gekümmert. Schließlich blieb sie wieder weg.
Diesmal hatte sich die Mutter eingemischt, die die ganzen Jahre über sozusagen nur besuchsweise aufgetreten war. Diese Frau war im Grunde auf dem Punkte stehen geblieben, an dem sie der Vater seinerzeit verlassen hatte. Mit der Naturgewalt einer Strömung waren beide Menschen von einander getrieben worden, die Frau hatte es schon damals nicht verstanden und noch weniger gewollt. Allmählich war sogar die Erinnerung an den Mann ein wenig ins Verklärte und Heroische gewachsen, das Kind hatte daraus geschöpft. In der schwärmerischen Verehrung des Kindes für den Vater, die sie im Untergrund teilte, sah die Mutter zugleich den Keim einer Entfremdung, eine Kritik; so wenig diese Verehrung auch in der Wirklichkeit begründet sein mochte. Mutter und Tochter sind darüber in Streit geraten, Explosionen von Beschimpfungen und gegenseitiger Zärtlichkeit. Diesmal war die

Gelegenheit, den Vater zu einer klaren Stellungnahme zu zwingen. Die Tochter wird zu der Mutter ziehen, und es wird Sache des Vaters sein, sie dort zu besuchen. Es wurde alles vorbereitet nach dem Stil einer Entführung, wie eine Verschwörung. Freunde der Mutter waren aufgeboten, um wenn es notwendig sein sollte, Mutter und Tochter vor den Nachforschungen, den Verfolgungen des Vaters zu schützen. Aber es geschah nichts dergleichen, es blieb alles still, der Vater ließ nichts von sich hören.

In diesen Wochen und Monaten der Erwartung wurde bei Dagny der Grund gelegt zwischen dieser seltsamen Mischung von Geborgenheit und Abwehr, die sich bis zum Haßgefühl steigern konnte, das den Krämpfen im ersten Kindesjahr entspricht. Mutter und Tochter warfen sich gegenseitig vor, ihr Leben verpfuscht zu haben, wissend um ihre geheime Sehnsucht, voneinander loszukommen, um sich ein eigenes Heim zu schaffen, unwissend über die Mittel und Möglichkeiten, sich dem Leben anzupassen, beide gleich starr und beide gleich ungeduldig.

Dann hatte Dagny die erste Stellung angetreten; bei einem Kohlenhändler, Sprachkenntnisse und Stenographie waren nicht verlangt. Die Mutter hatte ihr die Arbeit verschafft, das Geld im Hause war knapp geworden, Dagny soll beitragen, etwas zu verdienen, anstatt herumzusitzen und zu warten. Dagny stand den Tag über im Keller und notierte die Bestellungen. Zu Hause war die Mutter mit dem jungen Mann, mit dem sie jetzt zusammenlebte, und der dem Alter nach Dagnys Bruder hätte sein können, in ständigem Streit. Die Mutter hatte ihn gegen den Willen seiner Familie an sich gefesselt und schließlich geheiratet. Der Junge, ursprünglich Kunststudierender, der Vater war Professor an der Akademie – war auf die Unterstützung der Familie angewiesen; da diese jetzt ausblieb, fuhr er als Taxichauffeur.

Nach einiger Zeit wechselte Dagny die Stellung und kam unter bei dem Unternehmer, der die Taxen, von denen der Kunstmaler eine fuhr, in Verkehr setzte. Sie konnte bald feststellen, daß der Junge nur einen Teil seines Verdienstes der Mutter zuhause ablieferte. Die Ehe, die unter der idealistischen Verbrämung einer Gemeinschaft freier Menschen begonnen hatte, ging darüber in die Brüche. Die Familie kaufte übrigens ihren Jungen der Frau wieder ab, gegen eine monatliche Rente. Dagny war sehr enttäuscht – so sah also das Zusammenleben in der Ehe auf höherer geistiger Ebene aus, von der ihr die Mutter auch bezüglich ihrer ersten Ehe mit dem Vater vorgeschwärmt hatte. Sie nahm sich vor, ihr auf diesem Wege nicht zu folgen; sie würde sich bald auf eigene Füße stellen. Auch die zweite Ehe des Vaters war inzwischen der Auflösung verfallen.

Versuch, mit dem Vater wieder in Verbindung zu kommen. Es zeigte sich, daß im Grunde dem nichts im Wege stand, der Vater war gleicherweise freundlich und zurückhaltend. Wenn sie es fertig bringen würde, für sich bei ihm um Verständnis zu werben, Verständnis – ? nein, Beachtung – sie würde anfangen mit ihm zu sprechen, etwas erzählen von sich, was sie ihm sein könnte, und daß sie zu ihm gehört, daß sie ihn versteht, mehr noch, daß sie ihn liebt, daß sie helfen könnte – die Gelegenheit schien gegeben, nachdem die Stiefmutter aus dem Wege geräumt war; so hätte sie es gerne gesehen, so würde sie es sich gern vorgestellt haben, sie selbst tritt auf und weist die Stiefmutter aus dem Haus. Indessen alles war bereits ohne ihr Zutun geschehen, und es war auch anders verlaufen; der Vater würde sich wieder mit einer anderen Frau verbinden, und ihr selbst kaum Beachtung schenken, gleicherweise freundlich und zurückhaltend. Sie hatte keine Aussicht, diesen Wall, der ihn umgab, zu durchbrechen.

Immerhin, er war ihr soweit entgegengekommen, mit ihr darüber zu sprechen, sie solle sich einer Beschäftigung zuwenden, die mehr ihrer Begabung und ihren Kenntnissen entspräche. Mit abgeschlossener Mittelschulbildung, guter Auffassungsgabe und einem wachen Interesse für die Vorgänge in der Umwelt hätte sie die Möglichkeit, sich aber einen Beruf zu wählen, der ihr zusagt, und der sie vor allem ausfüllt. Das Gespräch blieb ihr noch lange in Erinnerung.

In der unausgeglichenen Freude, vielleicht dennoch ein wenig Beachtung gefunden zu haben, vermischt mit der Furcht, den Erwartungen des Vaters nicht gewachsen zu sein. Die Mutter hatte am Theater sich nicht durchsetzen können, sie war schließlich in einer Schautruppe im Varieté gelandet, und zwar – wie der Vater es ihr geschildert hatte, weil sie nicht bescheiden genug gewesen war, an sich selbst zu arbeiten und sich zu einer inneren Disziplin zu erziehen. Wenn sie glaube, daß sie dafür die Ausdauer aufbringen könne, so solle sie es mal versuchen, er würde ihr behilflich sein; dem Vater waren damals diese Wege offen gestanden. Und Dagny griff mit Eifer zu, sie versuchte es. Allerdings nicht, wie der Vater in Anbetracht der besonderen Verhältnisse geraten hatte, anzufangen im Büro und im Sekretariat, sondern zugleich in die Theaterschule und in den Privatunterricht eines Schauspielers, den der Vater für sie gewonnen hatte. Wozu erst wieder ins Büro – wieder nur die untergeordnete Sklavenarbeit, die den freien Flug des Geistes tötet, hatte die Mutter entschieden. Der Ausgleich, Begabung und Ausdauer in der Reserve einer geregelten und bezahlten Arbeit erproben zu können, war damit versperrt. Soll er doch zahlen, wenn er dir helfen will... die Mutter war zu sehr in ihren eigenen Erfahrungen erstarrt, als daß sie Dagnys Pläne mit Verständnis gefördert hätte.

Aus einem leichten Anstoß, dem unverbindlichen Rat, drohte ein Gewitter aufzuziehen, das von neuem hätte eine Auseinandersetzung zweier Menschen bringen sollen, die sich nicht verstanden und einander gequält hatten, sich zu finden – zurechtzufinden; der Vater zog sich sehr bald zurück. Auf dem Rücken von Dagny wurde der Streit, der in Wirklichkeit sich erst am Horizont zeigte, ausgetragen. So begann das Abenteuer und endete nach weiterer Zeit auch entsprechend – auf der Suche nach einem Halt, in quälender Zerfahrenheit, in völliger Isolierung, in Überheblichkeit. Der Grad der Vereinsamung wird dem jungen Menschen weniger bewußt. Er meldet sich erst, wenn ein späteres Erlebnis, das mit dem Wunsch, ins Leben zurückzukehren, verknüpft ist, in der Erinnerung ausgefüllt und verankert werden soll.

Dagny konnte nirgends Fuß fassen. Die Versuche, sich in einem künstlerischen Beruf zu behaupten, wechselten, sofern jeweils die ersten Schwierigkeiten auftauchten, wechselten mit der Annahme einer Beschäftigung zur Aufrechterhaltung der nackten Existenz, für den reinen Broterwerb. Sie konnte sich, nicht ohne das Gefühl einer selbstquälerischen Befriedigung, immer wieder bestätigen, daß sie auf niemanden angewiesen war.

Kühl und beobachtend hat Dagny diese Jahre hingebracht, in denen sonst die Mädchen gleichen Alters im Überschwang ihrer Hoffnungen und Erwartungen, in dem sich bildenden Glücksbewußtsein, zu einem selbständigen Wesen berufen zu sein, Erlebnisse sammeln, der Grundstock für die Formung des künftigen Lebensweges. Erlebnisse mögen zur Genüge gewesen sein, sie drangen nicht durch zu einer inneren Formung, sie blieben nicht haften. Es sollte sich später herausstellen, daß Dagny keineswegs in einer besonders ungünstigen Ausnahmestellung gestanden war; die andern Mädchen ihres Alters hatten eine ähnliche, jeweils nach veränderten Umständen zwar verschiedene Erfahrung hinter sich. Ihre Vereinsamung, die sie davor zurückschrecken ließ, sich an Freundinnen anzuschließen, war das kennzeichnende Merkmal in der seelischen Haltung einer Generation, nach Alter, Geschlecht und äußeren Lebensumständen abgestuft.

Die heranwachsende Jugend in dieser elenden Zeit lebte trotzdem nicht in einem luftleeren Raum; sie wurde politisch erzogen, sie richtete sich nach dem Vordermann. Ein gutes Jahrzehnt, das mit einer Revolution hätte beginnen sollen und auch noch den Anspruch darauf erhob, war schon zu Beginn zu müde, Mißfallen und Widerspruch in eine sichtbare Form zu bringen, die mit der Zentrifugalkraft eines Sammelpunktes hätte wirken können. Es genügte, darüber zu lesen und hin und wieder zu sprechen und zu wissen, daß andere da waren, die schon das Richtige tun würden. Es war so beruhigend das zu wissen. Im übrigen war das äußere Leben so voller Widersprüche, so voller ungelöster Rätsel, wenn jemand sich die Mühe gemacht hätte, darüber nachzudenken, daß es diese Mühe nicht lohnen würde. Es gab ja die Einzelnen, die einen Beruf daraus gemacht hatten; war das nicht genug? Wer in eine politische Anschauung hineingeboren war, der suchte das zu vergessen.

Schließlich wurde das zu einer blassen Erinnerung, wie an die Schule. Zum Leben war das Politische, daß die Stellung zur Gesellschaft hätte bestimmen sollen, nicht geweckt worden. Die Zeitungen schrieben darüber, war das nicht genug? Was ging das alles ein junges Mädchen an, das mit sich selbst nicht fertig werden konnte...

Als sich die Anzeichen mehrten, daß es so etwas wie eine politische Gewalt geben mußte, die auch in die Privatatmosphäre einzugreifen begann, da gehörte es bereits zum guten Ton, darüber tunlichst hinwegzugehen. Es war der große Haufen der Uninteressierten und Gleichgültigen; die wenigen, die Widerstand leisteten, sind an diesem Haufen zerschellt. Viele mochten Witze darüber machen und sich anpassen, wie man eben einen Rock trägt, der einem nicht steht, notgedrungen, wenn gerade kein anderer zur Hand ist. Dagny hatte sich allen solchen Erwägungen gegenüber, dem Eindruck des äußeren Geschehens gegenüber

völlig verschlossen, es existierte einfach für sie nicht; auch darin keineswegs eine Ausnahme. So war die Zeit dahingegangen. Für sie wie viele ihresgleichen stellten sich die politischen Kämpfe und insbesondere die nationalsozialistische Bewegung nicht anders dar als die Sportveranstaltungen in einer Arena. Ihr Interesse reichte nicht einmal, das Eintrittsgeld zu bezahlen. Sie stand draußen am Gitter und sah gelegentlich zu, besonders wenn es drinnen recht lärmend zuging – komische Leute waren das; was sie wohl bezweckten und ob es wirklich ernst gemeint war? Denn sie hatte längst die Beobachtung gemacht, daß die gleichen Leute, die sich so wild gebärdeten, im privaten Gespräch ganz vernünftige und normale Leute zu sein schienen und eher geneigt, über das, was sie soeben noch als ihre fanatische Überzeugung verkündet hatten, einfach hinwegzulächeln. Es war keineswegs interessant *und* berührte sie im Grunde nicht, auch nicht bedrohlich, wie ihr der Vater geschrieben hatte, der inzwischen ins Ausland gegangen war. Sie wußte, daß er eine Zeitlang eingesperrt gewesen war; es war ihm gelungen, den weiterhin zu erwartenden Verfolgungen zu entkommen. Unmittelbar wurde sie davon nicht betroffen, zu vieles von ihren Hoffnungen auf eine endgültige Bindung war zu dieser Zeit schon verschüttet.
Der Ausbruch des Krieges und auch schon sein Vorläufer fand sie beschäftigt in einer Hamburger Export-Agentur. Merkwürdig, daß der Krieg, der zur Folge hat, die Bindungen der Menschen untereinander auf gewaltsame Weise zu vernichten, auf der anderen Seite diese Menschen aber auch aus der Erstarrung löst und sie befähigt neue Bindungen einzugehen und bereits verlorene wieder aufzunehmen. Die Stellung war gut bezahlt, allmählich war sie auf den Verkehr mit den Behörden spezialisiert und hatte praktisch das Geschäft in der Hand. Sie half zunächst der Mutter auf die Beine, die in Schwierigkeiten geraten war, die letzten Jahre hatte nur noch eine lose Verbindung zwischen den beiden bestanden. Sie verschaffte ihr eine Wohnung, und später, als das Geschäft liquidiert werden mußte, zog sie mit ihr zusammen. Alles, was ihr der Vater hätte sein sollen, brach wieder stärker durch; sie lebte in Angst und Sorge. Und es war schwer, einen brieflichen Verkehr zustande zu bringen. Aber es war schließlich gelungen.

UND NICHTS BEHALTEN?

Vielleicht, daß der Boden nicht genügend bearbeitet worden ist, der Baum nicht von Ungeziefer freigehalten und bespritzt, damit er blühe und Früchte tragen kann.
In der vergleichenden Naturgeschichte beansprucht die Blume eine besondere Stellung. Wir studieren ihre Wachstumsbedingungen, ihren Standort, wir erwähnen ihre Blütezeit, beschreiben die Blüte selbst in allen Einzelheiten. Allmählich ist es nicht mehr die Seltenheit ihres Vorkommens, die Größe, die Form oder eine besondere Pracht der Farben, an der wir ihren Wert schätzen, sondern das Blühen schlechthin, das Wachsen und Reifen, das in der Erinnerung haftet und sich zu einer Vorstellung verdichtet, die wir in Gleichnis setzen mit der Wesenheit einer Person, die uns nahe steht. Wir geben den Maßstab auf, mit dem wir bisher geschätzt und gerechnet haben, die äußeren Begleitumstände von Herkunft und Moral, die nicht mehr gültig sind, wenn im Spiegelbild des Naturgeschehens die Erinnerung an unsere Leidenschaften und Fehler uns auf die eigene Unzulänglichkeit weist.
So hat die Blume in dieser Vorstellung vor allem anderen, was wir noch gewohnt sind, nach ästhetischen Grundsätzen zu messen, etwas Versöhnendes. Sie spricht zu uns eine eindringliche Sprache, sei es zur Mahnung, die Umwelt vertrauensvoller aufzunehmen, sei es zu begrenzen nach dem, was jedem in seiner Anlage gegeben ist.
Dann vermögen wir zu erkennen, daß auch die winzige Blume am Wegrande, zwischen Schutt und Abfall in unscheinbarer und blasser Farbe in der anspruchlosen Form ihrer Blüte nach ihrem Gesetz eine Schönheit entfaltet, die uns erschüttert, die – hätten wir früher zu vergleichen gehabt mit einem uns Nahestehenden – beschimpft und verfolgt, beiseite geworfen und zertreten worden wäre. So aber... Daran denke ich, wenn ich wieder zurückfinde zu der jetzt leicht delirierenden Kranken im Gitterbett der Neurosestation. Der Weg, der mit einer sich zuspitzenden Vorstellungsreihe begonnen hatte, ist noch nicht zu Ende und windet sich hoch; auch diese Steigung muß genommen werden.

Dem wiederaufgenommenen Briefwechsel mit dem Vater waren auch gelegentliche Begegnungen gefolgt. Von einer dieser spricht folgender Brief:
„Liebe Dagny, nimmst du unsere letzte Begegnung nicht etwas zu wichtig? Du schreibst, daß du ganz berauscht und erschüttert gewesen bist – langsam, langsam. Du hast mir leid getan, in dem kalten verdunkelten Bahnhof zwischen dieser Menge von stoßenden und schimpfenden Menschen eingekeilt, und es ist gut, daß du wenigstens überhaupt noch mitgekommen bist. Natürlich wird der Leerzug in den Bahnhof schon vollbesetzt hineingefahren, wußtest du das nicht? Dazu ist doch die strenge Sperre da, daß man den Beamten etwas in die Hand stecken soll, oder du mußt Beziehungen haben über die Büros, – die Hauptsache ist, man muß vorzeitig da sein, daß es nicht so auffällt. Immerhin, auf dieser Fahrt wird dir die Beschwingung kommen, in die du dich hineingefühlt oder geschrieben hast, bald vergangen sein. Nicht wahr, es wäre nicht möglich gewesen, daß wir beide heimlich wie Verschwörer uns treffen müssen, in dieser Zeit, wo jede Reise schon Verdacht erregt, zumal noch über die Grenze, und höchst unerwünschte Folgen nach sich ziehen kann; damit ich immer nur wieder bestätigen soll, daß ich selbstverständlich für dich da bin, daß du mich, geht es irgendwie bei dir schief, um Rat fragen sollst, und daß es einfach eine Täuschung ist – es ist nicht wahr, daß du mir zur Last fällst, daß ich mich nicht um dich sorge, und daß ich dich zurückstoße, wenn du zu mir kommen willst. Wie bist du nur darauf verfallen – gut, daß wir Gelegenheit gehabt haben, uns gerade darüber auszusprechen.
Ich fühle hier die Notwendigkeit, dir nachträglich darüber noch einiges zu schreiben. Ob du früher meinen Rat befolgt hast oder nicht, ob du dir manchmal im Klaren darüber gewesen bist, daß du oft darauf aus warst, mir zu schaden, meinen Ruf zu untergraben, wenn du bei meinen Bekannten die Runde gemacht hast, wolltest du mich eigentlich herausfordern? – Ich meine, daß müssen wir alles als nicht geschehen ansehen, als Mißverständnisse; haben wir uns neulich darauf geeinigt?
Siehst du? Ich habe zu solchen Vorfällen geschwiegen, ich bin nicht aufgestanden, mich zu schützen, mich bei irgend jemandem zu verteidigen, dich zur Rede zu stellen und zur Verantwortung zu ziehen. Der einen wie der zweiten Frau gegenüber, die glaubten dir helfen zu sollen, dich in unser Heim zu gewöhnen,

schon allein meinetwegen, bin ich oft dadurch in eine schiefe Lage geraten, denn oft schien ja gerade das Heim selbst durch deine Eskapaden, ja? – wollen wir es so nennen, bedroht. Ich habe sie hingenommen und dazu geschwiegen. Du hast dahinter Gleichgültigkeit vermutet, Ablehnung; wolltest du dich lieber mit mir herumstreiten? Ich weiß, ich habe nichts dazugetan, dir im Leben ein wirklicher Vater zu sein. Ich bin da, ich bin vorhanden, und du kannst dasjenige, was du davon brauchst, benützen – im Guten wie im Bösen, aber ich kann dir nicht das Heim schaffen, den Zusammenhalt der Familie. Ich mag oft in der Lage sein dir zu helfen, aber ich kann dir nicht die Betreuung geben, die du von der Familie erwartest.
Es ist klar, daß du, der du ohne diesen Rückhalt der Familie aufgewachsen bist, gerade diesen Mangel schärfer empfindest, empfunden hast als ich, der ich glaubte, der junge Mensch kann auch ohne dieses auskommen, solange ich selbstgeborgen, vor allem in der immer stärker werdenden Erinnerung meiner eigenen Jugend geborgen bin.
Gewiß, ich trage einen großen Teil der Schuld, aber nicht allein. Ist es denn mir gelungen, mit deiner Mutter außer einigen gelegentlichen sentimentalen Redewendungen etwas Entscheidendes an wirklicher Hilfe für deine Existenz zu vereinbaren? Du weißt es selbst gut genug, man kann mit deiner Mutter nichts vereinbaren, sie ist heroisch in ihrer Vereinsamung, sie kann aus ihrem Rahmen einer, möchte ich sagen, gewissen Selbstzerstörung nicht hinaus, und ich messe ihr keine Schuld zu. Aber ich kann ihre Ausbrüche, Anfälle, vielleicht besser gesagt, nicht verpflichtend für mich hinnehmen. Ich kann das nicht aufrecht erhalten, nicht jetzt und auch schon vor vielen Jahren nicht, was man den inneren Zusammenhalt der Familie nennt. Aus diesem Mangel erwächst deine Unruhe, dein Suchen nach Halt, manche Bosheit, manches Leid, das du deiner Mutter, und manche Sorge, die du mir bereitet hast.
Nicht nur Unbequemlichkeiten in meiner äußeren Lebensführung – die würde ich gerne hingenommen haben, könnte ich damit die Aussicht erkaufen, mich dadurch von Schuld und Verantwortung zu befreien. Du scheinst bisher etwas Ähnliches angenommen zu haben, und auch deine Mutter scheint davon überzeugt; mit einem Menschen, der um einen besorgt ist, geht man sonst zarter um. Aber das ist nur so durchgeschlüpft. Ich

hoffe, wir haben uns neulich verstanden, und damit soll es genug sein. Immer kann man wieder von neuem beginnen und nichts von lebendigem Wert ist endgültig zerstört. Ich schreibe dir das alles, und ich bin froh, daß ich es schreibe, damit der Eindruck, ich sehe über dich hinweg, ich kümmere mich nicht, mir ist alles gleichgültig und ähnliches, nunmehr endgültig bei dir getilgt wird."

Dann war in dem Briefe noch Dagnys Freund Georg erwähnt. Der Vater hat es geradezu ängstlich vermieden, ihren Wünschen nach Kritik und Stellungnahme zu entsprechen. Er besteht darauf, daß sie selbst entscheiden muß, ob sie Georg heiraten, ob sie bei dem Manne bleiben soll.

Sie hat sich bemüht, dem Vater die Lage zu schildern, den Charakter des Freundes, ihre Meinungsverschiedenheiten, ihre Ansprüche – und sie hat hören wollen, daß der Vater ihr zureden würde, den Mann aufzugeben. Denn sie hat auch manches verschwiegen, einiges übertrieben, und von sich selbst in dieser Verbindung kaum gesprochen. Sie hat nur betont, daß Georg sehr gutmütig ist, hätte der Vater entschieden, besser noch einen Zwang ausgeübt, Befehle, Drohungen – sie würde gefolgt haben, sie würde nicht gefolgt haben.

Dagny hat den jungen Mann aufgegriffen, sagt man so? – Sie gibt ihm den Halt, scheinbar würde er sich sonst auflösen in einen Nebel von Meinungen und Gefühl. Sie erzieht ihn, sie stößt ihn vorwärts; er klammert sich an sie. Mehrmals waren sie schon auseinander, im Streit! Und haben sich dabei ausgerechnet, was er und was sie selbst in den Haushalt eingebracht, gekauft und geschenkt bekommen haben, und jeder hat sich seine Sachen genommen; die Segeljolle hätten sie allerdings in Stücke schneiden müssen – auf dieser Basis haben sie sich wieder vertragen.

Dagny will jetzt nicht länger warten. Sie fühlt sich noch stark genug, den Mann zu halten. Liebe – das kann man nicht sagen. Eine Übereinkunft, trotz allem ein Geborgensein; sie verstehen sich gut. Dagny hat ruhig zugesehen, wie er mit den Mädchen ins Büro gegangen ist, natürlich aus Trotz gegen sie. Sie hat sich aber auch nicht im geringsten Gedanken darüber gemacht, daß sie mit dem Auslandsvertreter der Firma in Schweden, mit dem sie schon vorher einige schwärmerische Briefe gewechselt hatte, abgesehen von dem täglichen telefonischen Diktat, in den bayerischen Bergen den Urlaub gemeinsam verlebt hat. Wenn es so etwas gibt, so war dieser ihr Typ.

Ein sehr ernster Mensch, hat sie dem Vater neulich angedeutet, „er hat mich sehr gern gehabt und er braucht mich, aber ich möchte ihn nicht heiraten". Georg? – „Georg muß sich damit abfinden. Es wird immer schwerer Menschen zu finden, die man liebt, überhaupt jetzt in dieser Zeit – ich werde kaum einen Menschen noch finden, und wozu auch?"

„Dagny – das ist nicht wahr. Einmal kommt für jeden Menschen die Stunde, da er sich selbst betrachten muß."

„Die Männer, mit denen ich zusammengewesen bin, haben mir nichts bedeutet. Ich habe sie nicht gehalten. Ich schäme mich auch nicht. Ich habe mir im Grunde nichts vorzuwerfen. Sie wollten etwas von mir, aber ich nichts von ihnen. Irgendetwas haben sie in mir gesucht und sich vorgestellt, aber das bin ich nicht; ich will es nicht sein."

„Dagny – in der Triebhaftigkeit sucht der Einzelne über seinen eigentlichen Wesensinhalt hinauszukommen, eine höhere Stufe zu erreichen, auf der er mit den anderen leben wird."

„Vielleicht habe ich auch gesucht, aber nicht gefunden. Es ist mir gleichgültig; auf jeden, der mich enttäuscht hat, ist immer ein anderer gekommen, und auch der ist wieder gegangen."

„Das ist es nicht, du hast gesucht, und bist müde geworden. Du hast auch nicht ernstlich gesucht und zu wenig Geduld bewiesen. In dieser Unruhe hast du das verbraucht, was jede Frau in ihrem Wesen mitbekommt, die Klarheit, die Sicherheit und die Liebe zu sich selbst. Du hast nicht verstanden, dich anzupassen."

„Das will ich gerade mit Georg tun."

„Ob es nicht schon zu spät ist. Auch anpassen kann man sich nur dem Grad der eigenen Lebensfähigkeit entsprechend."

„Georg ist nicht weggeblieben wie die anderen, wenn ich ihn im Stich gelassen habe. Er ist wiedergekommen. Es war durchaus nicht bequem, wieder von neuem zu beginnen. Ich habe mir auch immer andere Männer neben ihm vorgestellt, gewünscht. Sie sind mir dann zeitweilig umso wertvoller gewesen. Aber jetzt will ich bei Georg bleiben."

„Dies Triebhafte, die Unruhe, dieses Unbefriedigtsein hättest du bekämpfen sollen."

„Ich bin nicht unruhig. Ich fühle mich durchaus sicher und ich bin

zufrieden. Ich will nicht mehr, als was ich selbst mir schaffen kann."
„Dagny – denke auch daran..."
„Ich will nicht mehr denken."
„Erinnere dich, daß du immer gerade das gewollt hast, was die anderen haben. Nach eigenem, das von dir kommt, von dir geschaffen und zu dir gehört, hast du kaum gestrebt."
„Ich bin so aufgewachsen."
„Nein. Denk an die verschiedenen Männer, fast alle waren verheiratet oder sonstwie bereits gebunden."
„Meine Chefs oder Kollegen. Wie man in der täglichen Arbeit mit den Leuten zusammenkommt."
„Gerade diese haben dir besonders zugesagt? Um diese hast du geworben, dort hast du gesucht?"
„Mag sein, andere habe ich nicht kennengelernt. Vielleicht auch aus Neugier, um die Frauen habe ich mich nicht gekümmert."
„Eben. Sie haben den Tisch für dich gedeckt."
„Ich brauch das nicht. Aber es ist richtig. Das Heim, die Familie, alles das habe ich nicht kennen gelernt. Von den Männern hat sich auch keiner ernsthafte Mühe um mich gegeben. Vielleicht hätte ich sie haben können; dann wäre es notwendig gewesen um sie zu kämpfen, das hat mich nicht interessiert. Sicherlich hätte es sich nicht gelohnt."
„Aber auf diese Weise konntest du doch niemals zu einem Heim kommen."
„Ich sehe das ein."
„Und dann wolltest du es nicht, aus Trotz."
„So große Gedanken habe ich mir nicht darüber gemacht, wenn ich mit einem dieser Männer zusammen gewesen bin. Ob es moralisch war, nach Ordnung und Sitte, mich hat es nicht gestört, es hat mich auch niemand danach gefragt. Es ist auch kein Schaden entstanden."
„Wer hätte dir denn etwas sagen sollen? Du bist doch weggelaufen."
„Ich bin nicht weggelaufen. Ich war überflüssig. Man hat mich hinausgestellt. Ich merke, wenn ich schließlich zur Last falle."
„Du hast nicht gesprochen. Du hättest dich anvertrauen sollen."
„Wem denn?! Ich wollte auch nicht sprechen. Mit den Frauen? – nein. Und mit der Mutter überhaupt nicht. Ich bin froh, daß ich

mit ihr nicht darüber zu sprechen brauchte. Es ist doch auch so gegangen."

„Wenn man sich zurückgesetzt fühlt, dann ist es immer aus Trotz. Aber es war auch bei mancher dieser Liebschaften etwas Abenteuer dabei. Erinnere dich –"

„Ich erinnere mich."

„Die Liebschaft mit dem Bekannten des Vaters, die unglücklichen Folgen, Verhör bei der Gestapo, die Bewachung, die Unmöglichkeit noch einmal einen Paß zu bekommen."

„Dem Vater habe ich nicht geschadet."

„Vielleicht nicht, weil wie durch ein Wunder alles im Sande verlaufen ist."

„Es ist verlaufen. Ich hätte dem Manne folgen sollen und für ihn arbeiten. Ich hätte auch etwas tun wollen. So aber bin ich wieder in meinem Büro geblieben, in meinem Dienst, und die Leute haben mich auch dort vor der weiteren Untersuchung geschützt. Sie waren so nett zu mir. Mir ist es dann ganz gleichgültig geworden. Mich interessiert auch die Politik nicht. Ich habe mich niemals dafür interessiert. Wenn ich zurückdenke, Georg habe ich damals beim Rudern kennengelernt. Ich war zu Besuch bei der Mutter. Damals lag der Wohnkahn noch am Stölpchensee bei Berlin. Damals war ich in Hamburg in Stellung. Ich habe das Exportgeschäft ganz allein in der Hand gehabt, ich hatte die Schlüssel, die ganze Korrespondenz, die Kasse und die Verhandlungen mit den Behörden. Der Mann hätte mich geheiratet, aber die Frau hat mir nicht gefallen, so demütig und verlogen weich, sie hatte Angst. Das hat mir den Mann verleidet. Im Urlaub in Berlin kam mir Georg gerade recht, ein verträumter Junge. Wir wollten auswandern, auf einer Insel an der dalmatinischen Küste allein leben. Georg war Angestellter in einem Reisebüro, hatte den Schlafwagen nach Dalmatien zu bearbeiten. Er hat mich mitgenommen, ich bin in Zagreb verhaftet worden, ohne Ausweise, Paß und Geld. Drei Wochen bin ich dort im Gefängnis gewesen. Georg hat sich herausreden können, ich bin dann wieder nach Deutschland abgeschoben worden, und in ein Filmbüro gegangen, schwarz. Ich hätte beim Film bleiben sollen, viele haben mir das gesagt und hätten mir auch geholfen. Ich bin aber als Sekretärin geblieben, denn ich mußte auch Georg, der seine Stellung verloren hatte, über Wasser halten. Dann brachte Georg eine Freundin ins Haus, aufgeblasenes Mädchen, kaltschnäuzig. Sie war

beschäftigt in dieser Nachrichtenagentur, in die sie mich später mit hineingebracht hat, als Sekretärin des Chefs. Dort habe ich sie schon nach vier Wochen hinausgebissen. Und Georg dann nachgezogen. Viel Arbeit, viel Aufregung und alle hatten mich eigentlich gern. Bis ich dann nicht mehr weiter konnte und krank geworden bin. Der arme Georg, zum Schluß haben sie ihn doch bekommen, als Soldat. Wären wir, hätten wir zusammenbleiben können, niemals wär das geschehen."
Der Atem der Kranken ist ruhiger geworden, gleichmäßiger und hinübergleitend.

DER TYP?

Die Kranke schläft. Der Traum hat sich in seiner Bildfolge auseinandergezogen, er ist nicht mehr stechend, nicht gewaltsam und eruptiv. Er ist verankert in der Überlegung, mit der Dagny selbst manche Geschehnisse begleitet hat. Die Erfahrung ist gelöst und hat ihr Eigenleben begonnen, so wie es bereits von Dagny skizziert worden ist. Der Traum wird produktiv; unwillkürlich hebt sich die Brust, etwas Farbe kommt in die Wangen.
Es stimmt doch nicht alles, was sie dem Vater gesagt hat – hat sie es eigentlich ihm gesagt? Nein, sie hat nicht mit ihm darüber sprechen können, sie hat sich gescheut und ein wenig gefürchtet; nein, sie hat sich geschämt.
Kennengelernt (die Vorstellung folgt im Wesentlichen den eigenen Aufzeichnungen Dagnys, die Diktion ist von der ersten auf die dritte Person getauscht) hat sie diesen Freund aus Schweden in ihrer letzten Stellung; einer von dem Dutzend, deren Telefonate sie täglich aufzunehmen hatte. Mit seiner Art zu sprechen, manches nur anzudeuten, vieles zu verschweigen, das in belanglosen Redewendungen trotzdem eine beredte Sprache führte und, nicht zu überhören, geradezu nach außen drängte, war sie von Beginn merkwürdig vertraut. Der Stockholmer Korrespondent war mit ihrer Aufnahme sehr zufrieden. Bisher hatte er immer Anstände gehabt, das mangelnde Verständnis der Aufnahme war schuld; jetzt ging alles glatt. Und auch der Abteilungsleiter war zufrieden, denn aus nicht näher erkennbaren Ursachen nahm dieser Korrespondent im Hause eine Sonderstellung ein.

Im Grunde ohne ausreichende Vorbildung und Erfahrung im journalistischen Beruf, war der Mann von einem der großen Geldgeber – der Kohle, der Schwerindustrie oder der Wehrmacht, die ihrerseits untereinander wieder in einer Person oder Gesellschaft gebunden waren – in die Agentur hineingesetzt worden. Das Propagandaministerium, das sonst die Überwachung fest in den Händen hielt und die Auswahl der Korrespondenten streng begutachtete, auf bewährte Parteigenossen sah und ähnliches, hatte das durchgehenlassen; verständlich wenn man weiß, daß auch in diesem Parteiapparat die Geldgeber ihre Leute untergebracht hatten, die zwar oft nicht gerade an der Spitze aber in entscheidenden Schlüsselstellungen saßen. Solche Machtkämpfe, bei denen einander entgegengesetzte Interessen beide sich des Parteischildes mit Erfolg bedienten, wurden in der letzten Welle im Betrieb ausgetragen, im allgemeinen blieben die wahren Zusammenhänge undurchsichtig. Die leitenden Persönlichkeiten gefielen sich in Vermutungen, mit bedeutsamen Augenzwinkern, aber sie hüteten sich, irgendeinen Kompetenzkonflikt heraufzubeschwören, denn niemand hatte schließlich die Gewißheit, welche Gruppe die stärkere und ob überhaupt eine Gruppenbildung vorhanden war. Von diesem Auslandsvertreter wußte man nur, daß er der Partei, zum mindesten bis zu seinem Eintritt in seine Stellung bei der Agentur, nicht angehört hatte, daß dagegen sein Einfluß und vor allem seine Beziehung gefestigt genug war, Denunziationen und Intrigen im Keim ersticken zu lassen; Erfahrung macht klug.

Viele wurden eingesperrt und aufgehängt, die berufliche Existenz vernichtet, die Familie auseinandergerissen und zerstört, die eine Verbindung gesucht hatten zu dem Ausland; andere wurden hierfür eigens gerufen und durften sich einer besonderen Bevorzugung erfreuen, die bereits eine solche Verbindung aufzuweisen hatten. Ähnlich wie in den Konzentrationslagern – wer das Glück hatte, in einem mehr ruhigen Lager oder auch Block untergebracht zu sein, durch äußere Zufälligkeiten bedingt, der konnte damit rechnen, einmal noch herauszukommen; wo aber geschlagen und gemordet wurde, auch wenn er selbst davon nicht betroffen war, der hatte keine Aussicht. Auch hier formte sich daraus eine persönliche Leistung, die der unterschiedlichen Behandlung Unterworfene voneinander schied, und auch in der Zukunft weiter scheiden wird. Licht und Schat-

ten, an dem Schatten darf man nicht rühren, strebe zum Licht. Dagny hatte sich bisher keine anderen Gedanken darüber gemacht, als dies die überwiegende Mehrzahl tat; es ist so gekommen, und es muß wohl so sein.
Der Mann in Stockholm nahm ihr größeres Interesse in Anspruch. Der hatte den großen Überblick. Dem stand die Welt offen. Der bewegte sich in Kreisen, denen man nichts mehr vormachen konnte, und denen nichts verborgen war. Der saß mit den Agenten des feindlichen Auslandes, die hier im Lande als Schreckgespenst an die Wand gemalt wurden, an einem Tisch. Und sie zogen ja auch alle an einem Strick, sie zogen von einem Geldgeber, dem sie sich turmhoch überlegen fühlten, den sie bespöttelten und je nach Temperament mehr oder weniger verachteten. Man sprach von Ministern wie von Kanzleibeamten und bedachte die eigenen Missionschefs, in der Diplomatie oder sonstwie in geheimem oder mehr privatem Auftrag, mit wohlwollender Ironie, sich der Unangreifbarkeit seiner Stellung bewußt. Solange er noch von drüben über einen dieser Leute berichtete, konnte ein schiefes Wort dem Opfer die Karriere oder Existenz vernichten, schlimmer noch, es war eine Nebelpatrone, es konnte den Verdacht aufsteigen lassen. So sah es Dagny – das war der Mann!
In die Telefonate waren schon hin und wieder rein persönliche Bemerkungen eingeflossen, die bereits schon zu Beanstandungen seitens der Telefonüberwachung geführt hatten. Es war allmählich ein Spiel mit Worten entstanden, das nur den beiden verständlich war, in den Phrasen amtlicher Propaganda getarnt. Sie brauchten sich nicht erst eigens darüber zu verständigen, das gegenseitige Verstehen wuchs von selbst, ein unterhaltsames Geheimnis.
Eines Tages war der Mann leibhaftig im Büro erschienen, Dagny hatte es die ganze Zeit geahnt. Im Äußeren so wie sie sich ihn vorgestellt, im Auftreten bei weitem nicht so sicher und überlegen, keine Draufgängernatur, kein Herrenmensch, keine Führerpersönlichkeit, wie sie beinahe gefürchtet hat, aber zu sehr etwas vom Schauspieler, sehr vorsichtig und nicht ohne Ängstlichkeit, die er hinter Zynismen zu verbergen suchte. Was wird jetzt werden – der Mann fuhr zu Besprechungen ins Rheinland und zudem in seine Heimat. Dagny hatte zwei Wochen Urlaub in Reserve. Am gleichen Nachmittag hatten sie eine Verabredung in

einer Art Konditorei in der Nähe des Büros. Sie müßten sich, hatte er gesagt, jetzt auch mal näher kennenlernen. Er hatte Konfitüren und Zigaretten und Strümpfe mitgebracht. Sie waren beide durchaus nicht verlegen, wie Dagny zunächst von sich angenommen hatte. Sie lernten sich näher kennen. Sie beschlossen Dagnys Urlaub in den bayerischen Bergen zu verbringen. Der Mann hatte dort einen Bekannten, der ihnen ein Zimmer in seinem Landhaus zur Verfügung stellen würde.
Schon immer hatte Dagny für die Berge geschwärmt. Das Haus lag an einer breit abfallenden Lehne, der Blick ging in den tiefen Einschnitt eines Tales, auf dessen Sohle ein See sich hinzog, in dem man baden, rudern und fischen konnte. Aber der Weg bergab war beschwerlich und zeitraubend, während vom Fenster ihres Zimmers aus, das Fenster nahm die ganze Breite des Wohnraumes ein, über die gegenüberliegende Höhe hinweg das Panorama einer Alpenkette in Erscheinung trat, fern, scharf in den Konturen und irgendwie drohend. Dagny zog diesen Blick vor, und besonders schön war es, wenn die Nebel sich ins Tal hinunterzogen, Regen – und Gewitterwolken, sich entladender Sturm um das Haus geht.
„Wie du stehst und schaust, Dagny – du solltest es doch noch einmal beim Theater oder Film versuchen."
„Dafür bin ich zu alt."
„In tragischen Rollen, meine ich."
„Pfui –" Sie merkt jetzt, daß er sie aufziehen will; in den paar Tagen ist sie ein merkliches Stück reifer geworden, sie hat bisher eigentlich nur halb gelebt. Und dann fügt sie seufzend hinzu: „Irgendetwas muß der Mensch ja mit seinem Leben anfangen." Es ist, denkt sie, wirklich an der Zeit, eine klare Linie in ihr Leben zu bringen.
Nach einer längeren Pause, ein Vogel streicht draußen in der Höhe des Blicks mit breitem langsamen Flügelschlag vorbei, ein Adler oder Bussard oder eine große Krähe, jedenfalls ein Unglücksvogel – „Ich möchte heiraten."
„Das wollen alle jungen Mädchen." Wieder der gekünstelt burschikose Ton, den sie nicht leiden mag. Der Mann spürt das, und möchte verbessern. „Um nur irgendwo rasch unterzukriechen – das traue ich dir nicht zu. Dafür kenne ich dich schon zu gut." Die Stimme wird noch weicher. „Du wirst noch etwas warten müssen. Ich jedenfalls, ich kann noch nicht heiraten."

„Warum nicht –" Sie spürt, wie heiser ihre Stimme ist, nur das nicht, sie hört sich sprechen wie ihre Mutter. Sie hat diese Heiserkeit in der Stimme, die eine innere Erregung verrät.
Der Mann hat sich weggedreht.
„Ich meine ja auch nur –" setzt sie hinzu; höchst unzufrieden mit sich. Sie hat den Mann nicht verstanden. Sie hat ihm deutlich gezeigt, daß sie ihn nicht versteht.

Aber es ist nicht wahr; am anderen Tagen kommt er wieder auf ihre Frage zurück. Er erzählt, daß er selbst den Krieg erst überstehen muß, um sich die Frage beantworten zu können nach seiner Lebensfähigkeit.
„Aber andere heiraten doch gerade jetzt – was nachher wird, das trägt sich leichter zu zweit."
„Für viele mag das stimmen; aus der allgemeinen Unsicherheit heraus. Sie wissen noch nicht, was ihnen bevorsteht." Und er versucht ihr zu beweisen, daß dieser Krieg nur mit der völligen Vernichtung enden kann. Das deutsche Regime hat alles darauf angelegt und hält sich damit überhaupt nur aufrecht. Solange noch nicht das letzte Machtmittel verbraucht, solange noch irgendetwas vorhanden ist, was noch eingesetzt werden kann, wird dieser Krieg nicht beendet werden. Für die Gegenseite steht das Problem anders, sie muß nur die Nerven aufbringen warten zu können und den Selbstvernichtungsprozeß mitbeschleunigen helfen.
„Und kann bei uns nichts geschehen, um dem Einhalt zu tun?"
„Es geschieht schon, aber nicht entschieden genug. Im übrigen steht hier das gleiche Problem. Man kann nicht die eine Meinung, etwa die herrschende Gruppe, einfach beiseite schieben und dafür dann die andere setzen; dieses meinst du doch, man kann sie nur vernichten, ausrotten bis zur letzten Keimzelle. Und das – scheints geht nicht. Der Krieg mit seinen Begleiterscheinungen ist bei uns so angelegt, daß jeder daran seinen Anteil trägt. Wenn wir siegen, hat man uns gesagt, werden wir alle daran teilnehmen können, an der Verteilung der Beute in jeder Hinsicht. Ob wir es wahrhaben wollen oder nicht, wir sind darauf hereingefallen. Es ist auch so, daß die Macht sehr weit verzweigt nach unten ist. Anteil an der Macht haben, das bedeutet nur mit dem Strom zu schwimmen, und das ist schon von jeher das Bequemste gewesen. Selbst diejenigen, die den fortschreitenden Verfall sehen und

das Ende sich bereits vorstellen können, und das sind in der umfangreichen Maschinerie dieses Krieges die Mehrzahl derjenigen, die das Schaltwerk bedienen und am Hebel stehen, können es nicht aufhalten. Womit beginnen – vor allem, wenn die Feinde dann nicht helfen? Und warum sollten diese auch helfen? Sie würden doch nur insoweit helfen, als es ihren eigenen Zwekken dient und das tatsächliche Ende des Krieges beschleunigen kann. Aber ein anderes Regime in den Sattel setzen und diesem Garantien und alles das, was ein billiger Frieden verlangt, versprechen und für die neuen Leute noch retten von dem, was schon für den Schutthaufen bestimmt ist, warum sollten sie das? Die deutsche Schwerindustrie kann nicht mehr hoffen, wie das schon einmal der Fall war, draußen noch Gehör zu finden. Da ist grundsätzlich nichts mehr zu machen, auch wenn die die Generale vorschicken. Übrigens bemüht sich die SS auf der gleichen Linie. Zuviele sind mit Angeboten unterwegs, und die Angebote sind zu verlockend, als daß man die Sicherheit des totalen Zusammenbruchs dafür eintauschen möchte. Der Schutt hat seine eigene Stille, ohne Gärung – zur Verwaltung und Betreuung übergeben einer anderen Armee, der Heilsarmee." Dagny schwimmt zunächst in solchen Gedankengängen munter dahin. Sie freut sich schon jetzt auf die Überraschung, mit der die Amtswalter, einschließlich ihres Personalchefs, das Ende über sich hereinbrechen sehen. Aber sie möchte doch wissen, was man eigentlich tun sollte. Diese Frage hat ihr auch der Vater bisher niemals klar beantwortet.
„Das muß jeder für sich allein wissen und auch mit sich allein abmachen", weicht er aus.
Dann erzählt sie ihm, daß sie es schon versucht hat, ein paar Jahre früher, mit einer sozialistischen Gruppe im Ausland, Freunde des Vaters, Verbindung zu halten, Briefe weiterzuleiten, Material, das ist Verfolgungen und Verschickungen, Verordnungen und ähnliches zu sammeln wie man es ihr aufgetragen hatte. Aber eines Tages ist niemand mehr bei ihr erschienen. Einmal hat sie ein Ehepaar bei sich aufgenommen, die über die Grenze flüchten wollten; der Frau hat sie als Ausweis ihr Arbeitsbuch mitgegeben. Die Leute scheinen hinübergekommen zu sein, sie hat nichts mehr von ihnen gehört. Und dann ist sie auch schon bei der Gestapo vernommen worden, um über den Verbleib ihres Vaters Auskunft zu geben, da sie nach ihrer verunglückten Reise

nach Dalmatien angegeben hatte, sie wollte dort ihren Vater aufsuchen. In ihrem damaligen Geschäft ist einige Male ein Beamter erschienen und hat sich nach ihr erkundigt. Die Auskünfte müssen befriedigend gewesen sein, sie ist nicht mehr behelligt worden.
Der junge Mann will das alles nicht gelten lassen, er schiebt es mit einer ärgerlichen Handbewegung weg. „Alles Wege zum Selbstmord. Du verstehst ja nichts von Politik. Sentimentalitäten." Er wird aufgeschlossener und gibt sich Mühe, daß sie ihn versteht. In einer konservativen Jugendvereinigung ist er von unten herauf großgewachsen, die ihr Dasein der Laune eines rheinischen Industriemagnaten verdankt. Die Bewegung entwickelte sich sehr bald, wie der Mäzen auch vorausgesehen hatte, nach links, hielt Tuchfühlung mit sozialistischen und kommunistischen Splittergruppen, ohne indessen ihrem konservativen Grundcharakter zu entsagen. Der ganze Verein wäre als Zeiterscheinung bedeutungslos geblieben, wenn er sich nicht zum Sammelpunkt der Widerstandsbewegung in der Jugend gegen die Nazi-Jugend geeignet hätte. Zuerst noch geduldet und von Geldgebern gestützt, später aufgelöst und verfolgt, Objekt für die Geheime Staatspolizei. Nur wer aus anderen Lagern in diese Gruppe gelangte, die über eine Reihe von Stützpunkten im Reich verfügte, kam in Untersuchung, die ursprünglichen Hauptakteure wurden in Parteifunktionen abgeschoben oder sonstwie untergebracht; unser Freund war einer davon.
Der Gedanke liegt nahe, die Frage aufzuwerfen, zu welchem Zeitpunkt denn und unter welchen Formen diese Liquidierung eingesetzt hatte; auch bei Dagny taucht dieser Gedanke auf, und der junge Mann hatte nur ein bezeichnendes Lächeln dafür. „Glück muß man haben."
Ursprünglich Mediziner, hatte er das Studium mit der Journalistik vertauscht. Er konnte für sich in Anspruch nehmen, einigen seiner Kameraden von unüberlegten Handlungen abgeraten zu haben, die sie unweigerlich ins KZ gebracht hätten; vielleicht auch, daß nach seiner Vernehmung, wenn in der ersten Zeit noch seine Zeugenaussage benötigt wurde, manche mit einer Verwarnung und der Untersuchungshaft davongekommen waren. Er pflegte, so sagte er Dagny, alles zu bagatellisieren, auf jugendlichen Überschwang, mangelnde Einsicht, Romantik abzustellen. „Jeder muß sehen, wo er bleibt, fest auf den Füßen bleibt." Heute

war er gut Freund mit der Emigration, zu vertraulichen Diensten bereit, in seiner Art sogar zuverlässig. „Aber nicht hineinhetzen lassen in ein Abenteuer. Ich werde selbst bestimmen, wann und was ich etwa tun kann." Schwer für ein Mädchen, das in ihm den Helden, umwittert von den Abenteuern der Revolution sehen will, solches zu verstehen.

Mit dem Instinkt der Frau tastete Dagny solche Charakterzüge, die er vor ihr ausbreitete, nach der schwachen Stelle, die sie später zu betreuen haben würde. „Und wenn einmal dieser ganze Rummel zu Ende sein wird?"

„Er kommt nicht zu Ende. Es bildet sich jetzt, noch inmitten der zusammenstürzenden Fassaden, die Schicht, die am Leben bleiben wird. Wir kämpfen bereits um die Positionen. Wie sie in Wirklichkeit aussehen werden, weiß noch keiner, zu viele Unsicherheitsfaktoren in der Rechnung. Aber so ungefähr: nieder mit dem, was gewesen ist, rücksichtslos und ohne Traditon, keine Romantik, dafür oder dagegen zu sein, Ellbogen gebrauchen für die Gegenwart und dasjenige, was heute oben ist, der Lächerlichkeit anheimfallen lassen; sie sind sowieso schon am Ersticken."

Es klingt für Dagny zuerst überzeugend. Es entspricht dem, was sie sich schon selbst manchmal gedacht hat, wenn sie die Propagandaphrasen von sich selbst abgleiten läßt. Ihr Lebensraum ist ein Zimmer mit Küche, noch besser, wenn sie sich um die Verpflegung nicht zu kümmern braucht. Damit ist sie im Grunde zufriedengestellt.

An Arbeit hat es bisher nicht gefehlt, und sie ist sicher, sie wird auch später Beschäftigung finden. Nur erscheint ihr doch in den mit deklamatorischer Betonung vorgetragenen Perspektiven manches zu einfach und etwas gekünstelt. Der eine Teil hat das Elend heraufbeschworen, über den anderen Teil ist es hereingebrochen. Werden nicht die ersteren in ihrer Aktivität wieder oben schwimmen? Sie leben von dieser Betriebsamkeit, sie verdienen daran, und es wird sie wenig kümmern, daß die kleine obere Schicht durch eine andere abgelöst wird. Sie selbst sind unentbehrlich, die Mitläufer, die Nutznießer, der Hefeteig. Der weit überwiegenden Mehrzahl aller davon Betroffenen ist diese Betriebsamkeit nicht gegeben. Sie schnappen nach Luft, um gerade am Leben zu bleiben. Mehr haben sie auch vorher schon nicht aufbringen können. Sie sind die Masse, die geknetet wird, und mit der man anscheinend experimentiert; und sie werden es auch weiterhin sein. Sie erinnert sich an Gespräche des Vaters mit seinen Freunden, denen sie zugehört hatte, ohne mehr davon zu verstehen, als daß damals viele von der großen Hoffnung erfüllt waren, die Trägheit und Unwissenheit dieser großen Masse aufzulockern, sie mit Eigenleben zu erfüllen, damit jeder sein Schicksal selbst in die Hand nehmen kann – lange bevor noch die Nazibewegung zur Macht gekommen war, was sicherlich verhindert worden wäre, wenn – sie sieht den Vater vor sich und unterhalten mit dem jungen Mann, dem sie vielleicht die Stichworte zuflüstern muß. Der Vater wird nicht einverstanden sein. Sie weiß bereits, daß sich der Vater mit dem Mann niemals verständigen wird. Ist es eine Frage der Generationsfolge, auf die Erkenntnis der großen Zusammenhänge zu verzichten –? Und sie ist entschlossen, dem Vater von diesem ihrem neuen Freund nur ganz allgemein, vielleicht besser überhaupt nichts mitzuteilen.

Wie der Mann so spricht und erklärt und mit großen Schritten im Zimmer auf- und abgeht, dann sich setzt und eine Zigarette an der anderen raucht, fühlt das Mädchen, er spricht gar nicht zu ihr, er verteidigt sich, er spricht zu sich selbst, er fürchtet sich, unterwegs angehalten und zur Rede gestellt zu werden – das ist der schwache Punkt, den Dagny gesucht hat. Es wird nicht einfach sein, sie erschrickt sogar im Aufblitzen dieser Erkenntnis zunächst, aber sie ist zufrieden. Bestimmt wird er mit solchen Ansichten vor dem Vater nicht bestehen können. Es ist seltsam, es fällt ihr manches ein, was sie früher gelesen und oft noch wiedergefunden hat in den Kreisen, denen sie glaubte verbunden zu sein: die Entwicklung der menschlichen Gesellschaft folgt ihren eigenen Gesetzen, sie läßt sich nicht aufhalten, die Etappen lassen sich aber auch nicht überspringen. Ob die Entwicklung mit den Erwartungen im Einklang steht, hängt von der Fähigkeit der Menschen ab, ihre Aufgabe im Rahmen dieser Entwicklung zu verstehen, von der Erkenntnis der Notwendigkeit, sich zur Erfüllung dieser Aufgabe zu einer Einheit zusammenzufinden, die einzelne Person ist belanglos. In der Anregung, richtig oder falsch, erfüllt sich deren Aufgabe. Ist diese erfüllt und ausgeschöpft, verliert der Anregende seine Bedeutung; ob es sich um Weltanschauung oder persönliche Leistung handelt. In der Gegenwart mögen die Formen, in denen das Absterben und die Vernichtung sich vollzieht, schreckenerregend sein, für die Zukunft ist es nichts anderes als das Abstoßen der dürren Blät-

ter, der Baum lebt weiter, mit neuer Kraft und neuer Zuversicht. Es sind nur die Umwege, die Verzögerungen und Hemmungen in der Umschichtung, der Geburt einer Gesellschaftsordnung, an denen der Einzelne leidet. Die Geschichte, dieser große Leidensweg der Menschheit, ist nur ein Mißverständnis, das sich über Jahrtausende schon hinzieht. – Dagny ist glücklich, daß der Mann sie zu solchen Spekulationen angeregt hat; sie wird ihn wieder zurechtrücken. Denn die Ehe, heißt es, greift tiefer als sich nur gegenseitig zu dulden, sich aneinander anzupassen. Der Gleichklang des gemeinsamen Erlebens ist in Wahrheit ein neues Leben. Sie ist voller Ungeduld. Ein wenig ängstlich in ihrer Neugier, in der Erwartung, daß sie oft und hart sich aneinander stoßen werden. Sie traut nicht dem Mechanismus dieser Kraft, die allein aus der Tatsache, Zufall oder Gewißheit, mit dem Leben davongekommen zu sein, erwachsen soll. Man wird sehen...
„Wenn du später den Vater einmal kennenlernen wirst, sollte dir manches verständlicher erscheinen."
„Das möchte ich bezweifeln. Ich bin kein Prophet. Die alten Leute haben alles mögliche erklärt und sind dabei immer unverständlicher geworden."
„Ich nehme an, daß ihr euch doch verstehen werdet." Es lag eine Frage darin; aber sie ist fallengelassen worden, ehe sie noch ausgesprochen ist.
Er zuckt die Achseln. „Verstehen kann man sich mit jedem."
„Oder willst du sagen, daß du es nicht erst versuchen willst."
„Genau das. Vielleicht will ich genau das sagen. Ich werde mich jedenfalls nicht herumstreiten."
„Warum streiten?"
„Weil alle diese alten Leute mit dem Anspruch auftreten, daß die es besser wissen." Es entsteht eine Pause. Dann setzt er hinzu: „Am besten allem, was gewesen ist, aus dem Wege gehen."
„Was rechnest du denn zu alt?"
„Was gewesen ist." Der Ton ist reichlich schroff geworden.
„Ich weiß sehr wenig, ob man die Welt, so wie sie ist, verändern kann. Aber sie setzen sich für die Idee ein, sie haben doch große Opfer gebracht und eigentlich sind es doch diese Opfer, die man nach außen noch sieht."
„Eben, weil du nichts davon verstehst." Die Sprache ist erregt geworden, die Worte stürzen heraus und überschlagen sich. „Die

Opfer bringen sie sich selbst, aus Eitelkeit, aus gekränktem Ehrgeiz und weil sie sowieso am Ende sind. Sieh dir doch die eigentlichen Stützen der Nazis heute an, wieviele sind frühere Sozialisten, besonders die unteren Schreier, und die anderen sind solche, die früher gern Sozialisten gewesen wären, aber sich geniert oder gefürchtet haben, etwas anderes dafür aufgeben zu müssen. In diesem Brei rühren diejenigen herum, die sich davon einen besonderen Kuchen versprechen, Leute mit gekränkter Eigenliebe, steckengebliebene Philosophen, Abenteurer, die rechts und links vom Wege ein paar Ideen aufgegriffen, aber schlecht verstanden und nicht verdaut haben. Und wie leicht sind sie zu betrügen, im Grunde so naiv und harmlos, wenn man erst einmal den Dreh heraus hat. Sie haben ihre Sache sehr schlecht gemacht. Wir werden das besser machen."
„Wer sind das, die – Wir?"
„Na diejenigen, die übrigbleiben. Wie viele das sein werden und welche insbesondere, weiß ich auch nicht. Da gibt es auch kein besonderes Programm und kein eigentliches Ziel. Glück und Zufall und ein gut Teil Robustheit werden das entscheiden. Ewig hält dieser Zustand, in dem solche Leute wie ich vor dem Zugriff irgendeines Gestapobeamten geschützt sind, auch nicht. Das Blatt kann sich wenden, und hat sich schon gewendet. Ich muß sehen, daß ich noch rasch wieder aus dem Lande komme, es stinkt bereits." Die letzten Worte hat er mit einem Lachen unterbrochen; er gibt sich auch keine Mühe mehr, seine Unruhe zu verbergen.
Welch unglaublicher Leichtsinn, denkt Dagny, und welche Verworrenheit – er hat doch Einblick in viele Dinge, die sie selbst bisher nicht beachtet hat; er muß doch die Schwierigkeiten sehen, den ganzen Apparat der Macht und zugleich die Widerstände, die heroischen Opfer und die Verzweiflung, über die er so einfach hinweggeht, und überhaupt alles so leicht und spielerisch nimmt. Sie wird sich jetzt ernstlicher darum kümmern müssen, was um sie herum vorgeht; schließlich wird er das von ihr verlangen – nein, erwarten. Dann wenn sie erst zusammenleben werden, dann ist nicht nur der Haushalt zu besorgen, sie wird für ihn arbeiten müssen, und dann soll ja die Frau auch so eine Art Schutz sein, sie muß raten und ausgleichen und helfen und auch widersprechen und die Zügel in die Hand nehmen, daß der Mann nicht kopfüber in den Abgrund stürzt – ein erregendes Zukunftsbild,

was alles zu tun sein wird, und Dagny ist schon sehr neugierig darauf.
„Und siehst du, deswegen eben können wir nicht heiraten. Du mußt das einsehen, wenn du vernünftig bist, wie ich dich einschätze." Schon wieder diese Ablehnung; er hätte es doch gar nicht nötig, sich zu wiederholen, möchte sie ihm sagen. Denn sie ist sowieso darüber anderer Meinung. Und das wird sich finden, ob sie sich durchsetzen wird, im Grunde zweifelt sie nicht ernstlich daran; er brauchte sich nicht so anstellen.
Er will der heraufziehenden Spannung ausweichen. „Wer weiß, ob wir es überhaupt schaffen, und wer von uns beiden übrigbleibt." Das ist doch ohne Frage. Wenn du deiner so unsicher bist, denkt sie, und eben das ist meine Aufgabe, dir das auszureden – so ist das eine bestimmt sicher, daß ich es bin, der übrig bleibt, denn mich berührt das Ganze nicht. Wenn es also schon darauf ankommt, wer von uns beiden, dann bin ich wohl der nächste. Der Gedanke ist nicht schön, stellt sie fest, aber warum will er nicht auf mich hören...
Sie bringt es nicht richtig in Worte, sie spricht davon, er brauche auf sie keine Rücksicht zu nehmen, sie hätte es sich nur so vorgestellt, und er wäre ihr auch ganz gleichgültig. Es klingt nicht gerade überzeugend.

In den noch verbleibenden Tagen war diese Spannung nicht mehr gewichen. Sie hat mich nicht verstanden, fühlt der Mann. Er kommt immer wieder darauf zurück, ich bin nur besorgt, ich möchte dir Enttäuschung ersparen, und ich will, daß du Vertrauen zu mir hast. Eine Frau verlangt Zärtlichkeit, er lernt das in diesen Tagen, und es läßt die Selbstsicherheit, mit der er gepanzert scheint, ins Wanken kommen.
Die bisherige äußere Ruhe ihres Beisammenseins wird noch gestört, der Besitzer des Landhauses ist zu Besuch gekommen. Der Bekannte ist der Sohn und Erbe einer der industriellen Dynastien im deutschen Westen. In seiner Begleitung sind ein halbes Dutzend Bardamen, die Mädchen sind aus seiner Stammbar in Essen die volle Belegschaft, die er auf Ferien mitgenommen hat; die Bar ist solange geschlossen, das heißt, sie wird renoviert. Der junge Industrielle genießt nicht den besten Ruf, wenn auch der Tradition nach zu großen Aufgaben berufen. Einige Jahre älter als der Freund, der ihn von der Universität her kennt

und der ihn später in Schweden wiedergetroffen hat, wo sie in näheren Verkehr miteinander gekommen sind. Dagny fürchtet den Trubel, der sich über ihr Geborgensein ausbreiten wird und drängt zur Abreise. Aber der Hausherr weiß die etwas steif gewordene Dagny, eine Form ihrer Schüchternheit, zu beruhigen und in Liebenswürdigkeiten einzuspinnen. Die Mädchen, weit davon entfernt, ihren Barbetrieb in die bayerischen Berge zu verpflanzen, sind stille und bescheidene Pensionsgäste; von der ruhigen Sicherheit ihres Auftretens ist Dagny ganz überrascht. Dagegen ist der Journalist zunehmend unsicherer geworden. Aus den Unterhaltungen der beiden ist zu entnehmen, daß der Freund dem anderen als Beschützer gewissen Überwachungsstellen gegenüber, die in der diplomatischen Vertretung verankert sind, gedient hat, weiter aber, daß die Rollen scheinbar jetzt vertauscht sind. Der Industrieerbe hat inzwischen Aufnahme in Parteikreisen gefunden, Rückkehr des verlorenen Sohnes. Ursprünglich Offizier, entlassen aus der Wehrmacht irgendwelcher Skandalgeschichten wegen, die ihn nach den geltenden Bestimmungen untauglich für den Wehrdienst machen, Sexualdefekt im Sinne der herrschenden Gesellschaftsmoral, war er einige Zeit, wie man in diesen Kreisen zu sagen pflegte, von der Gestapo aus dem Verkehr gezogen worden. Der Einfluß seines Vaters und vermutlich gewisse Versprechungen, haben ihm die Bewegungsfreiheit wiedergegeben, mit dem Ziel einer Bewährung, die den Aufenthalt im Ausland zur Folge hatte. Der Journalist hatte ihn zunächst für einen prominenten Flüchtling und Emigranten gehalten. In der Anrede ist der ironische Ton, vielleicht ein Grundzug seines Wesens, dem Beschützer gegenüber, der ihn nach allen Seiten hin eingeführt hat, nicht zu verkennen und bleibt die ganze Zeit über auch vorherrschend.

Es ist zu spüren, daß der Journalist sich sehr unbehaglich fühlt, er hat Angst bekommen – wie weit wird der andere dicht halten oder vielleicht ihn als erstes seiner Opfer darreichen... eine klare Aussprache darüber scheint unmöglich, und er ist bestimmt, im Ungewissen zu bleiben, zappelnd in seinem Netz. Der Gastgeber weidet sich daran, und der Mann ist nicht dumm. Einmal ausgerutscht, versteht er jetzt meisterhaft sich auf dem glatten Parkett zu bewegen, das der Zwielicht-Atmosphäre der führenden Gesellschaftsschicht angepaßt ist. Da gilt nicht mehr die Tradition, Treue und Freundschaft, oder etwa gar Dankbarkeit; rücksichtslos gegenüber dem, was gewesen, und Ellbogen gebrauchen gegenüber dem, was ist. Er hat die besseren Karten in der Hand als der junge Mann, der ihn für sich glaubte einsetzen zu können, und vor allen Dingen, er hat dank seiner Beziehungen die Möglichkeit, sie als Trümpfe auszuspielen, während bei dem anderen schließlich Fehlkarten eben Nonvaleurs bleiben; der Journalist ist der Sohn eines kleinen Unternehmers, dessen Vater noch an der Drehbank gestanden ist.

Dagny hat ausreichend Gelegenheit, zwischen beiden Vergleiche anzustellen. Dabei verliert der Freund viel von seinem Nimbus der Überlegenheit, der spielerischen Sicherheit, die ihr bisher so gut gefallen hat. Sie sieht vor sich eine Aufgabe emporwachsen, die sie nicht erfüllen kann, und die ihr auch nicht liegt. Sie hat sich das wesentlich anders vorgestellt. Es wird ihr klar, eine Frau kann den Mann stützen, der über das Ziel hinausschießt, ins Kreiseln geraten ist und nach einem Halt greift, sie kann einem bösen Menschen das Böse mit tragen helfen und das Gute zum Nutzen anwenden. Sie kann dazu beitragen, Mängel und Unzulänglichkeiten, Verstricktsein in Widerspruch und Zweifel, die innere Unruhe verstehen zu lernen, eine Verknotung in Güte aufzulösen oder durch Streit einer Entscheidung zuzuführen. Im gemeinsamen Zusammenleben ist es eine der Aufgaben der Frau, den Mann immer wieder zu stellen, ins Licht treten zu lassen, damit er sich selbst beweisen kann. Der Erfolg, ob sich die Partner zu einer Einheit finden oder aneinander zerbrechen, oder sich trennen und weglaufen, berührt diese Aufgabe nicht und hebt sie vor allem nicht auf, weil sie einem der Grundelemente der Lebensatmosphäre entspricht, ohne die ein Erleben der eigenen Wesenheit, der Umwelt und ihrer Bindungen zur Person nicht denkbar ist. Allerdings muß vorausgesetzt werden, daß der Mann, an dem sich diese Aufgabe erfüllen soll, überhaupt lebt und zu leben gewillt ist; ein Schemen ist nur Gegenstand der Phantasie. In diesem Zwielicht, das den Schatten eine geradezu artistische Bedeutung zukommen läßt, wirkt der menschliche Wesenskern doppelt schwer.

Wenn Dagny sich jetzt an der Seite dieses Mannes vorstellt, so ist es, als ob sie in Nebel greift, der am Haus in langen Schwaden, manchmal zu Ballungen gestaut und gelegentlich gar geformt ist zu einer Gestalt, in der Schattenspiegelung eines Hintergrundes. Anders kann sie den Mann nicht sehen, sie sieht weder einen

Inhalt noch ein Ziel. Gewiß, der andere mag in einer bevorzugten Lage sein. Er versteht sie auch glänzend auszunutzen. Er hat es nicht nötig, eine Überlegenheit hervorzukehren. Er hütet sich mehr zu zeigen als die Höflichkeit einer polierten Erziehung, die entgegenkommende Freundlichkeit, ein paar Stunden oder Tage gemeinsam zu verleben und sich angenehm zu machen. In sich umso verschlossener, je offener er sich gibt und je breiter die Tore, den Eingang zu seiner gewinnenden Persönlichkeit zu finden, geöffnet scheinen. Ein solcher Mann kann auf seiner Zurückhaltung beliebig spielen, von der Gleichgültigkeit bis zur Enttäuschung und Melancholie, gesalzen mit einem Schuß Ironie. Alles zusammen verfehlt nicht den Reiz auf die Frau.

Auch Dagny ist nicht unbeeinflußt. Schon die Neugier, den eigentlichen Inhalt dieses Menschen offenbar werden zu lassen, ladet zu Spekulationen ein; sie erkennt zwar nicht, daß sie dazu bereits eingeladen ist. Diesen Menschen, denkt Dagny, müßte man so grob behandeln, mit einem Meißel, daß aus dem Stein Funken sprühen – oder sehr, sehr zärtlich und behutsam, daß er zu sprechen beginnt. Erst dann wird man sehen, was vorhanden ist, das Material und Beschaffenheit, und was übriggeblieben ist, aber dazu fühlt sie sich nicht vorbereitet, auch nicht sicher genug; vieles in der Lebensproblematik ist ihr eigentlich in diesen Wochen erst klar geworden. Sie wird es lieber mit nach Hause nehmen, wie etwas, das sie auf dem Wege gefunden hat, und das erst gesichtet und verarbeitet werden muß. Sie möchte zurückfahren und lieber ein paar Tage früher den Urlaub beenden, als sich weiter in das Spiel einzulassen; denn in der Konversation scheint bereits ein hinreichender Grad von Vertrautheit mit dem Gastgeber erreicht, der eine Weiterentwicklung voraussehen läßt.

Sie nimmt auf den Freund keine Rücksicht mehr, sie überspitzt sogar ein wenig die Distanz, die die Entfremdung einleiten und besiegeln soll, unzufrieden mit sich, daß sie trotzdem noch an einer Beobachtung der Wirkung interessiert ist. Der Mann bietet auch kein gutes Bild, fahrig und ängstlich und aus dem Gleichgewicht gebracht. Sie nimmt ihm zudem übel, daß er sich nicht wenigstens mit den Barmädchen beschäftigt, denen er sichtlich und beinah provozierend wenig Beachtung schenkt.

Dagny hatte bisher keine oder eine sehr allgemein, in bürgerlichen Moralbegriffen verschwommene Vorstellung von der

Beschäftigung in einem Barbetrieb. In gelegentlichen Gesprächen mit den Gästen mußte sie die Erfahrung machen, daß sie sich gründlich darin getäuscht hatte. Von den Voraussetzungen, die in diesem Beruf verlangt werden, hätte sie keine einzige mitbringen können als vielleicht zur Not gerade diese, die eben entgegen der allgemeinen Ansicht nicht verlangt werden. Die Bardame hat die Besucher zu unterhalten, was nach der gewöhnlichen Ansicht gleichbedeutend ist, diesen das Geld aus der Tasche zu ziehen. Sie tritt dazu auf in der entsprechenden Toilette und in einer bestimmten Aufmachung, und sie muß viel an alkoholischen Getränken vertragen können. Dagny hat das natürlich nicht direkt gesagt, aber sie wird es wohl angedeutet haben, oder es war in ihren Gedanken zu lesen, denn die Mädchen waren freimütig bereit, ihr einige Aufschlüsse zu geben. Danach muß eine Bardame über eine geschulte Beobachtungsgabe, ausreichende Menschenkenntnis und die entsprechende Bildungsgrundlage als wesentliche Voraussetzungen verfügen, um die Wünsche und Erwartungen ihrer Besucher richtig einschätzen zu können, auch den Grad der Belastung seines Ausgabenetats, im Rahmen von Entspannung und Vergnügen. Wer einmal geneppt worden ist, kommt nicht wieder – dieser zum Sprichwort gewordene Ausspruch ist falsch; derjenige kommt nicht wieder, der sich am nächsten Morgen Vorwürfe macht, zuviel ausgegeben zu haben. Die Aufgabe besteht darin, Kunden nicht nur heranzuziehen, dafür sorgt im wesentlichen die Geschäftsleitung, sondern sich zu erhalten. Diesem Zweck dient das Mittel der Unterhaltung. Eine solche Unterhaltung mag zunächst der Stimmung und Laune des Gastes unterworfen sein, aus den vorerwähnten Voraussetzungen wird die Bardame bemüht sein müssen, Thema und Interessenbetonung, sozusagen das Vertrautsein, in die Hand zu bekommen; dann erst ist der Besucher zufrieden und wird sich wohlfühlen. Dafür wird sie bezahlt und dafür hat der Unternehmer, gestützt auf den Kredit seiner Lieferanten, den Betrieb aufgemacht. Oft hängen Hunderte von wirtschaftlichen Existenzen davon ab. Im Kriege und unter einer politischen Diktatur ist eine solche Beobachtungsgabe, die als Begleiterscheinung zur Betreuung auftritt, ein vielbeachteter Vorzug, man könnte sagen, die verwöhnte Schwester der Sanität. Neben diesen Eigenschaften muß die Bardame natürlich auch die Schulung und die Kenntnisse der Angestellten im Wirtschaftsgewerbe aufweisen können, in deren Rahmen sie als ein besonders hochgezüchteter Typ erscheint.

Die Mädchen, denen Dagny in dieser Gesellschaft begegnet, waren sich dieser Vorstellung auch durchaus bewußt. Es wäre unmöglich gewesen, unvorstellbar, sie nach dem was und wie, dem woher und wieso zu fragen. Das ist der Typ einer geschlossenen Persönlichkeit, wie Dagny ihn für sich selbst wünschen würde; aber welche Arbeit, wieviel innere Disziplin mag das gekostet haben; und welche bewußte Zerstörung von menschlichen Impulsen und menschlicher Wärme.

Sie sehnt sich in ihr Büro zurück, es fehlt ihr dort weiter nichts als die Freiheit, sonst ist sie unbehelligt. Es fragt keiner und sie kann machen, was sie will. Der Gedanke läßt sie erschauern, der Beobachtung dieser beherrschten Mienen, der freundlichen Ironie dieser Blicke, der kalten Zuvorkommenheit im Verkehr ausgeliefert zu sein. Für sie wäre das nichts, in diesem Zwielicht zu atmen. Man sagt von der Gestapo: Nicht alle gehören zur Staatspolizei, die an sich dort registriert sind; ein Alpdruck aber sind diejenigen, die einen zwingenden Eindruck hinterlassen dazuzugehören, aber trotzdem nicht registriert sind. Sie würde in dieser Atmosphäre ersticken. Der Freund gewinnt damit wieder etwas an Boden. Sie versteht jetzt, warum er den Mädchen aus dem Wege geht, wie sie überhaupt, nachdem sie ohne sein Zutun tiefer in ihn hineingesehen hat, vieles besser versteht. Es tut ihr leid.

Er selbst tut sich noch mehr leid, er ist völlig verzweifelt und muß obendrein noch aufpassen, sich keine Blöße zu geben und die zur Schau getragene Sorglosigkeit zu verlieren. Er hat es gleichfalls eilig wegzukommen, aber er ist unentschlossen, ob er einen stichhaltigen Vorwand findet. Mit Entsetzen sieht er, daß ihm Dagny dabei eigentlich im Wege steht. Ihre Haltung in den letzten Tagen läßt darauf schließen, daß ihr seine Begleitung unerwünscht sein wird. Alle Versuche, mit ihr darüber vernünftig zu sprechen, sind fehlgeschlagen, sie weicht ihm aus. Sie sollten jetzt nicht darüber streiten, möchte er ihr sagen, ob etwas vorgefallen ist, was ihre Ablehnung erklären würde, es hängt soviel davon ab, daß sie geeint bleiben, gemeinsam auftreten, einen Schutzwall bilden, keine Blöße geben, in die der Feind eindringt – wie schwer sind die Frauen zu lenken, auch wenn sie klug sind ... daß Dagny klug ist, hat er ihr zugegeben; es ist ihm nicht leicht gefallen, denn das heißt schließlich nichts anders als zuzugeben, daß er sie braucht,

und daß sie ihm helfen soll. Ob er sie liebt, weiß er nicht, und weiß auch überhaupt nicht, was Liebe ist, zum mindesten nicht, was Dagny sich darunter vorstellen mag. Aber er weiß, daß ihn Dagny jetzt nicht fallen lassen darf, jetzt nicht und auch, mit ziemlicher Gewißheit wird er das sagen können, für die Zukunft nicht. Es wäre schrecklich, wenn Dagny darauf bestehen sollte, daß er ihr das alles aufschreiben müßte...
Dagny bestand nicht darauf. Sie hörte sich den Redeschwall, der plötzlich mit der Wucht eines Kataraktes auf sie niederging, mit Erstaunen an. In Wahrheit, sie hatte überhaupt auf eine Aussprache nicht gerechnet.
Tiefe Wolken hängen ins Tal hinunter und drücken in ihren Ausläufern und Spitzen wie mit einem Würgegriff zusammen, was eben noch in der Sonne von farbigem Leben erfüllt schien, die Wiesenhänge, die Rodung und den jungen Tannenwald. Die Bergkette war in Nebel gehüllt, ihre Drohung ausgelöscht. Nur weg von hier – Dagny fühlt die ganze Schwere ihres Alleinseins.
„Du tust mir Unrecht. Erinnere dich doch, daß ich es gewesen bin, der zu dir gekommen ist." Das ist nicht wahr, denkt Dagny. „Du bist der einzige Mensch, zu dem ich sprechen, dem ich mich anvertrauen kann."
„Es interessiert mich nicht", lehnt sie ab.
„Es muß dich interessieren", beharrt er, „ich kann einfach nicht zulassen, daß du dich so in eine Idee verrennst. Wie können wir denn heiraten, wo keiner von uns weiß, was der nächste Tag bringen kann – und trotzdem gehören wir zusammen."
„Nein wirklich, es interessiert mich nicht mehr."
„Sei doch nicht so starrsinnig. Ich lese in deinen Gedanken. Haben wir uns denn nicht verstanden, gleich vom ersten Tage an? Ich habe es schon in Stockholm gewußt, ich habe es so zwingend gefühlt, daß ich in dir den Menschen finden werde, der zu mir gehört. Das darf nicht sein, daß ich dich einer Laune wegen verliere. Laß mich doch das Mißverständnis aufklären. Dagny – höre mir doch zu!"
Sie hat das Gesicht abgewandt, sie verzieht keine Miene, er hat das Empfinden, sie hört nicht zu.
„Wir müssen zusammenhalten. Ein solches Mißverständnis darf nicht überwuchern und sich einfressen. Es kann eine tödliche Gefahr für uns bedeuten, wenn wir uns jetzt nicht verstehen. So rede doch!"

„Ich habe mich eben geirrt; weiter ist nichts." Je dringender der Mann spricht, umso bitterer wird ihr die Erkenntnis, was sie eigentlich verloren hat und wie stark sie auf ihre Erwartungen gebaut hat.
„Das kann nicht sein. Du bist von Sinnen. Ich spüre, daß du weit weg bist. Erwache doch..."
„Ich will nicht mehr." Nach einer kleinen Pause: „Es hat keinen Zweck, daß wir weiter darüber sprechen." In den letzten Worten schwingt bereits ein leiser Unterton von Erregung.
Er greift danach wie nach einem Halt, der Boden scheint ihm unter den Füßen wegzurutschen. „Hast du denn alles schon vergessen?" Er möchte den Arm um ihre Schulter legen, aber es kommt nicht so weit. Er spürt schon vorher, daß sie ihn abweisen wird; und Dagny ist ihm einen Augenblick dankbar dafür, daß er es nicht dazu kommen läßt. Will er es darauf anlegen, sie zu quälen?
„Siehst du –" hat er sich wieder gefaßt, „solange dieser verdammte Krieg noch nicht beendet ist, kann ich dir nicht alles sagen. Glaube mir, daß es mir nicht leicht fällt. Ich bin in großer Sorge, warum dich damit noch obendrein belasten – ich habe ein schweres Gepäck zu schleppen. Ich dachte, nein, ich habe es gefühlt, daß du mir dabei helfen würdest. Für dich ist es ja nicht so schwer, nur ein wenig zu warten und das Vertrauen, daß wir einander verstehen und daß wir einmal beisammen bleiben werden, wenn das Unwetter vorüber ist." Die Stimme ist voller Zärtlichkeit. „Ich habe ja sonst niemanden, keinen Menschen auf der Welt, an den ich mich halten kann. Und du könntest mir helfen, du hast mir schon geholfen..."
Dagny unterbricht, sie bringt es kalt, schneidend und abschließend heraus: „Ich kann nicht in der Gesellschaft leben, in der du dich anscheinend wohl fühlst –" als er von dem Ton zurückschreckt und sie verständnislos anstarrt, „in einer Gesellschaft von Spitzeln." Sie möchte noch hinzufügen, du selbst in deiner tändelnden Art, der gemachten Leichtigkeit, die mir so gefallen hat, gehörst dazu, die Selbstgefälligkeit eines Spitzels – aber sie ringt es nieder. Röte hat die Stirn überzogen. Das ist die Frau, die ich mir gewünscht habe, denkt er.
Merkwürdig, die Worte selbst berühren ihn nicht. Er hat dafür ein flüchtiges Lächeln, mit einem schmerzlichen Zug um den Mund, stellt Dagny fest, die ihm jetzt voll ins Gesicht sieht.

„Das sind wir doch mehr oder weniger alle. Wir sind nur Figuren, die man an einer Schnur laufen läßt, dirigiert und beliebig wieder einziehen kann. Wenn es nur das wäre – der eine bespitzelt den anderen, und alle sich gegenseitig; es kommt darauf an, sich einen möglichst starken Hintergrund zu sichern; darauf ist schließlich jeder aus; und meistens hält auch dieser nicht lange."
Ein schreckenerregendes Bild von menschlicher Verlassenheit steigt vor Dagny auf.
So also sieht in Wahrheit die Ehe aus, die sie sich vorgestellt hat. Dann besser allein bleiben. „Es ist mir auch gleichgültig."
„Ich denke, wir sollten es doch versuchen..." tastet er sich weiter. Es stimmt – natürlich ist es nicht nur das Undurchsichtige, das sie enttäuscht, die Schwäche, die Unsicherheit, von der sie auf den Charakter schließen muß. Es genügt ja nicht, daß er in manchen Dingen recht haben mag, sie kann sich nicht mehr daran halten, sie wollte lernen, sich an ihm bilden, es sollte sein, daß sie zu ihm aufblicken kann – es hat keinen Zweck, und er tut ihr wirklich leid. Die Stimmung schlägt merklich um, läßt etwas Wehmut aufkommen in der Gewißheit, wieder allein zu sein. Aus dieser Wehmut heraus gelangt sogar ein kleines Lächeln an die Oberfläche – sie wird es doch bei nächster Gelegenheit mit dem Vater besprechen und es ihm zu schreiben versuchen; vielleicht daß er einen Rat weiß.
War es die Sonne, die wieder die Wolken zerteilt – die beiden kommen sich wieder ein wenig näher, sie lassen das Gespräch ruhen und wenden sich Erörterungen zu, was unmittelbar zu tun sei – bemüht, wenigstens für den Augenblick eine Überbrückung zu finden. Hätte er gestritten, weiß Dagny, abgeleugnet und den Entrüsteten gespielt, so wäre der Bruch bereits endgültig vollzogen; so aber wird es noch weiterschleppen...
Sie reisen gemeinsam ab. Der Freund wird sie nach Hause begleiten und wie er dem Gastgeber lachend sagt, sicher abliefern. Der ist etwas verlegen, mehr noch enttäuscht; anscheinend hatte er eine andere Entwicklung erwartet. Er verspricht aber, in nächster Zeit Dagny im Büro zu besuchen. Die Mädchen sind unbeteiligt geblieben, gleicherweise freundlich und zuvorkommend.
Die beiden reisen ab. Vieles von der Spannung ist abgefallen. Es geht weiter. Es rollt immerhin dem Ende zu.
Zu Hause angekommen, bleibt Dagny noch ein Tag beschwingter Freiheit. Sie beschließen, ihn in der näheren Umgebung der

Stadt, an den Seen zu verbringen. Das Wetter ist einladend, die Verkehrsüberfüllung nicht zu groß, draußen ist sogar eine völlige Stille, das Gefühl der Leere, die den Tod ahnen läßt und der Vernichtung vorangeht. Der Wald von schmächtigen Kiefern, der sich in vielfach gewundenen Schleifen um diese Seen zieht, hat selbst seine Melancholie verloren, die sonst einen nicht unerwünschten Gegensatz zu der Betriebsamkeit der Stadt gebildet hat; er wirkt dürftig, kränklich und unterernährt, bereits im Lebenskern getroffen. Sie hatte dem Freunde die Stelle zeigen wollen, wo früher der Wohnkahn der Mutter verankert gewesen war, daneben die Bootswerft, in der sie schon seit vorigem Jahr ihre Segeljolle untergestellt hatte – das Befahren der Seen war schon seit langem verboten. Die Zugänge waren versperrt, der Boden weithin umgewühlt, umgekippte Loren, Rollen mit Stacheldraht, die Arbeit sollte erst beginnen oder war schon beendet; kein Mensch sonst zu sehen, nur vereinzelt stehen Posten unter Gewehr. Der Anblick ließ schwärmerische Träumereien nicht aufkommen, auch die letzte Andeutung einer glückhaften Stimmung wurde darin erstickt, der Anblick mahnte eindringlich an die Wirklichkeit. Etwas betreten beeilten sich die beiden, wieder in die Stadt zurückzukommen, unterwegs obendrein von dem Fliegeralarm überrascht. Es wäre noch so vieles zu besprechen gewesen, die Stimmung hatte sich bei Dagny noch einmal wieder um eine volle Umdrehung verschoben. Jetzt war sie es, die dem Freund hätte sagen wollen, sie müßten sich noch gedulden, ehe sie sich eine Klarheit darüber bilden könnten, ob sie zusammengehören, und es wäre auch nicht ausgeschlossen, daß sich daraus noch für später doch noch die Möglichkeit ergeben würde; sie wird sich Mühe geben, und es wäre ja selbstverständlich, daß sie die Verbindung aufrechterhalten würden – der Mann war inzwischen bereit, die Sicherheit einer Eheregistrierung solchen Erwartungen vorzuziehen. Der Aufenthalt in einem Luftschutzkeller hingegen duldet keine Aufgeschlossenheit, er ist einer Aussprache nicht förderlich. Wenn man überhaupt von einer Einwirkung auf die Gedankengänge, die eher gelähmt werden, apathisch gemacht – sprechen kann, so ist es eine Verlegenheit, die einander quält, und die es ratsam erscheinen läßt, so rasch als möglich voneinander wegzukommen, um allein zu sein. Der Mann verabschiedet sich auch bald, noch Besuche bei Behörden, verschiedene Erledigung und ähnliches – die Zeit ist knapp geworden. Sie verabreden, daß er morgen, noch vor seiner Abreise, sie im Büro aufsuchen wird, und sie hoffen, daß es möglich sein wird, sich noch für eine Stunde frei zu machen. Dagny sieht ihn über den Platz laufen und in der Menge untertauchen, die in den Eingang zur Station der Untergrundbahn strömt. Sie hat ihn nicht mehr wiedergesehen.

Am anderen Morgen, sie kommt infolge der großen Umwege über die noch von Schutt versperrten Straßen reichlich verspätet ins Büro, wartet dort ein Herr auf sie, sichtlich ungeduldig wartet er schon geraume Zeit. Er wartet im großen Aufnahmesaal, Mittelpunkt des Interesses der Kollegen, die allerdings Gleichgültigkeit vortäuschen, ladet sie sogleich mit einer Handbewegung ein, ihm ins Nebenzimmer zu folgen, das Zimmer, das der Personalchef dienstfertig und devot zur Verfügung stellt.
Der Herr murmelt ein paar Worte von der Notwendigkeit einer Befragung und zieht eine Blechmarke aus der Tasche. Er hat sich hinter den Schreibtisch gesetzt und sagt geschäftsmäßig: „Fräulein, Sie dürfen auch Platz nehmen."
Dagny hat Platz genommen. Sie ist noch ziemlich verwirrt, die Gedanken haben sich noch nicht geformt, ein wildes Durcheinander.
„Sie kommen ziemlich spät. Kommen Sie immer so spät?" leitet der Beamte das Verhör ein.
„Ich bin erst gestern zurückgekommen. Von den Umleitungen inzwischen habe ich nichts gewußt, und die Bahn, die ich sonst benutze, fährt nicht mehr."
Eine eiskalte Welle ist über sie hinweggegangen, sie greift bis ans Herz – sie wundert sich selbst, daß sie völlig ruhig bleibt.
„Wo waren Sie denn?"
„Ich hatte meinen Urlaub."
„Das weiß ich selbst." Aha, denkt Dagny, dem Ton nach zieht die Schraube an. „Ich meine, wo Sie den Urlaub verbracht haben –"
„In den bayerischen Bergen."
Mit einem belustigten Seitenblick wirft er hin: „Halten wir uns doch nicht auf. Sie wissen doch genau, was ich von Ihnen wissen will."
„Ich weiß ja überhaupt nicht, was Sie von mir wollen."
Der Herr hebt die Stimme. „Hören Sie mal –" er besinnt sich, „na schön, also wo waren Sie? Wo haben Sie sich aufgehalten?"

Dagny ist versucht, irgendeine Antwort hervorzustoßen, einen beliebigen Ort, die Mutter – blitzschnell kreuzen sich die Gedanken, einer letzten Eingebung folgend, sagt sie den richtigen Ort.
„Müssen Sie sich erst das überlegen?" Es ist zu merken, eine leichte Verärgerung liegt im Tonfall, Enttäuschung. Sie hat den ersten Punkt gewonnen, fühlt sie. Und die Ruhe ist wiedergekehrt, sie ist jetzt erfüllt davon – es ist sonst nicht ihre Art.
„Nein. Wieso! Ich denke nur noch nach, wozu Sie das wissen wollen." Der Beamte macht ärgerlich einen Strich über den Bogen Papier, den er vor sich ausgebreitet hat. „Waren Sie allein?"
„Nein."
„In Begleitung von wem?"
Sie nennt den Namen.
„Und wo haben Sie gewohnt?" Er fährt sie plötzlich grob an: „Können Sie das nicht alles im Zusammenhang erzählen, anstatt daß ich jedes einzelne Wort aus Ihnen herausziehen muß –"
„Ich sage Ihnen doch, daß ich nicht weiß, was Sie überhaupt wissen wollen und wozu." Ihr Ton hat sich dem anderen angepaßt.
„Na schön. Und was haben Sie dort gemacht?"
„Ich bin spazieren gegangen."
Der Beamte versucht nicht mehr, seinen Ärger zu verbergen. „Das will ich nicht wissen, vielleicht haben Sie auch gegessen und getrunken."
Mit barscher Stimme, die Drohung darin ist nicht zu verkennen: „Und wozu frage ich, sind Sie dahin gefahren?"
Dagny zuckt die Achseln. „Ich war eingeladen." Sie weiß, sie hat den zweiten Punkt.
„Eingeladen – kennen Sie diesen Herrn schon längere Zeit?"
„Nein und ja." Sie setzt hinzu, mehr getrieben als einer Überlegung folgend, „ich habe ihn jetzt erst kennengelernt."
„Und dann fahren Sie mit diesem Herrn sofort in die Sommerfrische?"
Dagny schweigt.
„Vielleicht wird es Ihnen jetzt klar?" nutzt der andere seinen Vorteil, „daß wir immerhin schon einiges wissen."
Aber Dagny hat sich wieder gefaßt. „Ich sagte doch, nein und ja –"
Sie erklärt, daß schon im Rahmen der täglichen Telefonate eine persönliche Vertrautheit sich entwickelt hat, vereinbart worden ist, den Urlaub gemeinsam zu verbringen.
„So –" Das Gleichgewicht ist wieder hergestellt. „Sie bestreiten

also, daß Ihr Aufenthalt irgendwelchen politischen Zwecken gedient hat, oder überhaupt über politische Fragen gesprochen worden ist, oder –? Das wollen Sie doch sagen?"
„Natürlich – ich verstehe davon auch nichts, und es würde mich auch nicht interessieren. Ich bin mit dem Herrn befreundet, und wir haben davon gesprochen, uns zu heiraten –" Das war gut, schießt es ihr durch den Kopf.
Der andere hat inzwischen das Punktespiel aufgegeben. Er ist sehr sachlich geworden. „Ist Ihnen etwas aufgefallen?"
„Nein." Eine Pause.
„Eine Bemerkung? Sind Briefe gekommen? Waren noch andere anwesend? Sie müssen sich doch erinnern können."
„Ja" – Sie erzählt von dem Hausherrn, den Barmädchen. Der Beamte nimmt keine Notiz davon. Dagny ist gesprächiger geworden. Die ganze Situation prägt sich jetzt messerscharf in ihrer Erinnerung – es war eine Falle, von langer Hand vorbereitet, sie ist nicht nur blind hineingetappt, sie hat sogar den Anstoß dazu gegeben – und mit einem Mal ist ihr sehr weh ums Herz, sie wird den Freund warnen müssen, und dann peinigt sie der Gedanke, vielleicht ist es schon zu spät, er wird wohl überhaupt nicht mehr kommen. Einen Augenblick ist sie schwach geworden, sie hält sich mit Mühe aufrecht.
Der Beamte beachtet es nicht, oder will es nicht beachten. Das Persönliche interessiert ihn nicht. Es entkräftet sogar wahrscheinlich den unmittelbaren Verdacht.
„Dann erzählen Sie mal, wie Ihre telefonische Verbindung mit den Auslandskorrespondenten vor sich geht; was haben Sie im Einzelnen dabei zu tun?"
„Das kann Ihnen doch der Abteilungschef besser sagen."
„Das weiß ich selbst. Von Ihnen aber will ich es hören." Die Stimme ist wieder schärfer geworden.
Dagny verbreitet sich über den technischen Arbeitsvorgang; mechanisch, ihre Gedanken sind ganz woanders. Mag er sie doch mitnehmen, ihr ist es schon gleichgültig.
Es gibt noch ein paar technische Hin- und Herfragen. Das Verhör ist beendet.
Dann schließt der Beamte: „Es ist schließlich Ihre Sache, Ihre Lage zu verbessern. Ich gebe Ihnen jetzt die Gelegenheit." Es entsteht eine längere Pause. „Wie Sie wollen – wir werden ja sehen."

Dagny hat die letzten Worte kaum aufgenommen. Die Spannung, die sie aufrechterhalten hat, ist gewichen, Sie fühlt sich wie gelähmt. Was mag geschehen sein – wird der Mann noch kommen?
„Sie können vorläufig gehen." Sie steht auf und geht hinaus.
Draußen sind die Kollegen sehr geschäftig. Sie beachten sie nicht. Dagny spürt mehr, als daß sie es ausdrücken könnte, sie wünschte nicht hineingezogen zu werden, sie wissen von nichts, sie wollen nichts wissen. Eine ruft über die Schulter, als Dagny sich an ihren Arbeitsplatz setzen will: „Sie sollen zum Chef kommen."
Dieser ist ein älterer Herr, von betonter Jovialität den Angestellten gegenüber. Sie muß noch eine Weile im Vorzimmer warten, die prüfenden Blicke der Sekretärin über sich ergehen lassen. Dann war es so weit.
Der Chef hat seine eisige Miene aufgesetzt.
„Ja ja – mein Kind."
Dagny ist dem Mann jetzt durchaus gewachsen, der Widerstand regt sich, der Trotz.
Auf die weitere Frage: Was haben Sie denn eigentlich angestellt? gibt sie die Antwort: „Ich weiß von nichts. Völlig schleierhaft."
„Lassen Sie das. Der Mann war schon gestern hier. Ich weiß Bescheid."
Er sieht Dagny prüfend an, kalt abschätzend. „Das geht natürlich nicht, daß wir Ihretwegen hier Unannehmlichkeiten haben."
Sie erinnert sich, daß der Freund gerade mit dem Chef auf besonders vertrautem Fuß gestanden haben muß, sie hat oft noch die Leitung umstellen müssen. Sie erinnert sich jetzt auch wieder einer persönlichen Bemerkung: zu den wenigen, auf die mit Sicherheit zu zählen ist, gehört der Chef, ein prima Mann. Es drängt sie geradezu, in diesem Augenblick zu sprechen, ihn um Hilfe zu bitten, die Situation zu schildern, so wie sie es sieht – aber der Blick des Vorgesetzten zwingt sie zu schweigen, die Worte, die sie sagen will, noch rasch hinunterzuschlucken; eisig und unnahbar.
„Ja ja, mein Fräulein, wir haben uns wohl alle in Ihnen getäuscht."
Es entsteht wieder eine lange quälende Pause.
„Wollten Sie noch etwas sagen?"
„Nein." Das klingt fest und bestimmt.
„Dann melden Sie sich bitte beim Personalchef."

Das wäre ja großartig, denkt Dagny, wenn sie mich herausschmeißen würden. Sie geht zurück in den großen Saal und packt vom Tisch ein paar persönliche Sachen in ihre Handtasche. Die anderen sehen sie neugierig an, fragen aber nicht; sie hätte ihnen auch keine Antwort gegeben. Sie ist bereits fertig mit diesem Betrieb. Was weiter werden soll, das ist im Augenblick nicht wichtig. Dann geht sie zum Personalchef. Es schien in der ersten Zeit, als wollte dieser körperlich etwas behinderte, aber sonst gut aussehende Mann Anstalten treffen, ihr näher zu kommen. Sie hatte diese Versuche auf ein gut freundschaftliches Verhältnis abbiegen können, und sie waren auch bisher gut miteinander ausgekommen. Als sie jetzt ins Zimmer tritt, beachtet er sie nicht. Er sah nicht mal von seinem Tisch auf, wo er sich mit irgendwelchen Listen beschäftigte. Er ließ sie ruhig stehen. Dagny war es recht; der Abgang soll entsprechend sein. Sie ist innerlich beinah froh darüber. Nach einer Weile blickt er auf: „Sie sind abgelöst aus dem Telefonsaal und nach der Expedition versetzt." Dagny kann es zunächst nicht fassen. Es ist der schwerste Schlag, der ihr in dieser Stunde versetzt worden ist. Sie rührt sich nicht von der Stelle.
„Na gehen Sie schon! Es ist da ein Haufen von Korrespondenz aufzuarbeiten."

IM STRUDEL – ZU HILFE!

Es wird Ihnen auch schon so gegangen sein, daß plötzlich die Empfindung einen überkommt, ohne eigentlich greifbaren Anlaß, man kann sich auch ebenso schnell darüber hinweganalysieren – dies war die Katastrophe, der Anschluß ans Leben ist gerissen. Der Sturz in den Abgrund hat begonnen, in rapidem Abgleiten; ich bin schuld. Der Freund ist nicht mehr gekommen, Dagny bearbeitet den Briefverkehr der Expedition, und als in der nächsten Woche im Abonnementbüro die Sekretärin auf Urlaub geht, wird ihr deren Arbeit auch aufgehalst. Man hat sie nicht erst darum gefragt. Zu den Chefbüros hat sie keinen Zutritt, die Verbindung wird durch ein Laufmädchen aufrechterhalten. Es ist reine Strafarbeit, von der übrigen Belegschaft ist sie wie abgetrennt. Keiner spricht mit ihr außer von dem, was notwendigerweise zur Arbeit gehört, und Dagny, zutiefst beleidigt und getroffen, hält sich nicht minder zurück. Eine vorsichtige Anfrage beim Personalchef, dem sie auf der Treppe begegnet, ob sie nicht für einen Stellungswechsel freigegeben werden könnte, wird barsch zurückgewiesen, in der Drohung erstickt, sie solle es nur versuchen, und man würde schon Mittel und Wege finden, ihr die Arbeitsdisziplin ins Gedächtnis zurückzurufen. Sie ist sehr verstockt und voll geballten Widerstandes, so daß sie sich nicht einmal überwinden kann, jemanden zu fragen, ob der Freund seinen Dienst aus Stockholm schon wieder aufgenommen hat. Sie fürchtet die Antwort und sie redet sich ein, sie will es nicht wissen. Mit den Leuten in der Expedition ergibt sich allmählich ein etwas gelockerter Verkehr, eher zwangsläufig. Mit zwei Kriegsinvaliden, die in der gleichen Abteilung untergebracht sind, kommt sie sogar auf guten Fuß. Sie sind ihr behilflich gewesen, sich einzuordnen. Sie besorgen ihr sogar gelegentlich Einkäufe auf ihre Karten; denn sie kommt jetzt noch weniger weg als früher, und sie nimmt das hin in dumpfer Bedrückung, mehr noch aus Trotz. Georg, der Volontär, jetzt zum Redaktionsanwärter bereits aufgestiegen, mit dem sie bisher in gemeinsamem Haushalt gelebt hat, ist weggeblieben. In Wahrheit, sie hat ihn am Tage nach ihrer Rückkehr, noch unter dem frischen Eindruck der Katastrophe, vor die Tür gesetzt. Er ist nicht wiedergekommen. Er arbeitet sowieso jetzt in einer Abteilung, die entsprechend dem ansteigenden Betrieb der Agentur räumlich ein paar Häuser weiter von ihrem Büro verlegt worden ist; sie sieht ihn nicht.

Eines Tages aber sucht sie in einer freien Vormittagsstunde einen Bekannten des Stockholmer Freundes auf, dem dieser seinerzeit noch in der ersten Phase ihrer Verbindung durch sie hatte einen Gruß bestellen lassen. Sie hatte das damals telefonisch erledigt und den Vorfall sofort vergessen; sie erinnert sich daran, daß sie auch eingeladen worden war, einmal in der freien Zeit vorbeizukommen. Der Mann ist der Herausgeber einer Privatkorrespondenz, der vielgedruckte Leitartikler von Interpretationen der Finanz- und Wirtschaftsverordnungen der Regierung. Das Büro liegt im gleichen Stadtviertel, und Dagny macht sich Vorwürfe, nicht schon früher diese Verbindung aufgenommen zu haben; vielleicht kann er ihr eine andere Arbeit verschaffen, und vielleicht weiß er auch etwas von dem Freund, der, wie sie jetzt hat feststellen können, noch immer nicht in Stockholm eingetroffen ist und dort vorerst noch vertreten wird.

Der Empfang ist über alle Erwartungen freundlich. Die Privatwohnung ist in den gleichen Räumlichkeiten, so daß die Gelegenheit sich bietet, zugleich auch mit der Frau bekanntzuwerden. Es stellt sich heraus, daß Dagny dem Ehepaar bereits keine Unbekannte ist, der Freund hat von ihr gesprochen, und anscheinend nicht nur so nebenher, denn die Leute freuen sich wirklich über den Besuch. Sonst, was den eigentlichen Zweck anlangt, erreicht sie nicht viel. Die Leute sind sogar ein wenig beleidigt, daß der Freund sie vor seiner Abreise nicht noch einmal wie verabredet aufgesucht hat. Der Mann weiß von nichts, und hat auch nichts gehört, will sich aber erkundigen; Dagny rückt auch nicht mit der Sprache heraus, was in Wirklichkeit vorliegen könnte, und was sie befürchtet. Ebenfalls mit dem Arbeitswechsel wird es schwer sein, er zudem selbst hätte nicht die Möglichkeit, eine Kraft anzufordern, obwohl er sie dringend gebrauchen würde. Aber Dagny wird zu einem Imbiß eingeladen, sie bekommt Tee und Bäckerei, Cigaretten und Likör – es ist geradezu himmlisch und sie muß versprechen baldmöglichst wiederzukommen, sobald und wann immer sie sich frei machen kann, schon für den nächsten Abend bestimmt. Es wird sich leicht einrichten lassen, wenn sie nicht erst den langen Weg nach Hause zu machen braucht; die Züge, für die expediert werden muß, sind sowieso wegen des Alarms in den Nachmittagsstunden früher und für die Nachtstunden später gelegt, so daß gerade die Abendstunden frei geworden sind. Dagny rechnet schon damit, es möglich machen zu können. Bei einem flüchtigen Blick in das Bürozimmer hat sie dort zwei Stenotypistinnen sitzen gesehen; das ist für einen Mann, der an die hundert Zeitungen bedient, bei tunlichst individueller Behandlung zu wenig. Wer hätte das gedacht – sie ist geradezu glücklich, und die beiden Leute sind wundervoll.

Damit beginnt ein seltsames Zwischenspiel. Sie verbringt künftighin, wenn es nur irgend geht, ihre freien Abende bei dem Ehepaar, und sie findet bald Gelegenheit, der Frau in dem Geschäft behilflich zu sein.

Denn die Frau betreibt neben dem des Mannes auch ihr eigenes Unternehmen, sie liefert den von dem Mann bedienten Zeitungen die Reklameberatung, sie vermittelt die Inserate der Banken und großen Industriegesellschaften, soweit sie außerhalb der Absatzwerbung fallen, für die die Gesellschaften eigene Werbebüros unterhalten, die ihrerseits wiederum ihre Mittel einem

Fonds des Propagandaministeriums zuführen, das praktisch von dieser Reklame zum großen Teil finanziert wird.

Diese beiden Leute haben eine Lücke entdeckt, von der aus sie eine Ader des Goldstromes in die eigene Tasche ablenken können – der Motor der offiziellen Propaganda läuft mit Nebenluft. Der Mann, der die Geschäftsberichte dieser Gesellschaften in der Presse bespricht, kann leicht durch einen Wink an die Steuerbehörde, das Arbeitsamt und die Beschaffungsstellen Andeutungen einfließen lassen, die das Gleichgewicht, an dem alle verdienen, zu stören geeignet sind; daneben ist für die interne Intrige der Personalpolitik ein breiter Spielraum. Das alles wäre nicht besonders erwähnenswert, denn so etwas hat es auch längst vor dem Kriege gegeben, wenn nicht jetzt die einzelnen Behörden, deren Kompetenzen sich gegenseitig überschneiden und konkurrieren, selbst als Kunden für eine vorsichtig getarnte Sonderbehandlung ihrer Interessen in der Öffentlichkeit zu werben gewesen wären. Nicht etwa um eine besondere interessenbetonte Aufklärung zu erzielen, der Leser war nicht mehr das Objekt, der Leser war überhaupt gleichgültig – sondern das Ziel war der Beleg; solche Belege, in genügender Zahl gesammelt, waren bei dem allfälligen Vertrag nach oben einer gewonnenen Schlacht gleichzusetzen, es war die öffentliche Meinung. Das Geschäft dieser Sonderkorrespondenzen war nicht ganz ungefährlich, und viele Konkurrenten sind auf der Strecke geblieben. Es bedurfte eines starken Rückhaltes, etwa eines der Führungsstäbe, und der Geschicklichkeit in einem Streit der Auffassungen den Gegner, der schließlich nicht minder gerüstet war, nicht direkt anzugreifen, sondern ihm in der Darlegung der Argumente durch Schnelligkeit und durch größere Verbreitung zuvorzukommen. Darin war dieser Journalist äußerst geschickt. Das Ehepaar verdiente sehr viel Geld, verdiente? – das ist nicht treffend genug, es schöpfte das Geld.

Ich erwähne diese Episode, weil sich für Dagny eine neue Welt erschloß. Auf ihrer Arbeitsstelle verachtet und gemieden, hier verwöhnt und gehätschelt und mit offenen Armen aufgenommen. Sie war hellhörig genug, bald herauszufinden, daß geschäftliche Verbindungen mit dem Stockholmer Freund bestanden. Er war behilflich gewesen, größere Summen Geldes nach drüben zu bringen, und hatte einen Weg gefunden, daß dies auch laufend geschehen würde. Dort wurde das Geld anscheinend in Grundstücken angelegt, er selbst sollte auch gut daran verdienen – Dagny wußte darüber nichts, hütete sich aber das zuzugeben, wenn immer wieder nach Einzelheiten gefragt wurde; im wesentlichen Kern drehte sich bald das Gespräch ausschließlich darum. Sie wartete mit allgemeinen Andeutungen über seinen dortigen Verkehr, von dem sie genügend gehört hatte, auf. So war ein geheimnisvolles Helldunkel entstanden, an dem Dagny nach Kräften mitwirkte. Der Ausschlag des Pendels nach der anderen Seite – die Sekretärin, die in der großen Welt mitzuspielen beginnt, das Minderwertigkeitsgefühl in gesteigerte Bedeutung umgesetzt, die Schüchternheit im Gewande der Überlegenheit, auf der Jagd nach schrankenlosem Genuß.

Der Journalist wußte natürlich bereits, daß seinem Stockholmer Geschäftspartner eine Panne zugestoßen war. Aber nach welcher Richtung hin – würde er dicht halten, was wußten die anderen, und was wußte Dagny?

Die Frau war überzeugt, daß der Kollege seine Operationen bei Dagny gesichert hatte, daß er sicherlich mit dem möglichen Fall einer Panne gerechnet und sich daher besonders geschützt hatte, und daß Dagny über Depots und Strohmänner, Kennworte und die Verzweigung der Anlagen genauestens unterrichtet war. Zu viel Vorsicht, warf die Frau ihrem Manne vor, geht immer auf Kosten der Sicherheit.

Der Mann in seinen dicken Hausschuhen, von denen er sich auch im übertragenen Sinne nicht trennte, die große Cigarre im Mund, hatte dazu nur bedächtig den Kopf geschüttelt. Solche Belege und Quittungen gehören besser nicht ins Haus, er wußte nur, daß einer der Mittelsmänner im Rahmen der diplomatischen Vertretung drüben arbeitet, aber es kamen eigentlich zwei in Betracht, und wie sich jetzt an einen der beiden wenden – „Man muß erst abwarten, wie der Hase läuft." Dagny fühlte das zwar nicht in dieser vereinfachenden Klarheit, aber sie ahnte genug, daß sie in einer günstigen Position war, die es auszunutzen und zu verteidigen galt; in diesem Fahrwasser würde sie schwimmen und sich tummeln, ein überraschendes Abenteuer. Sie vergaß darüber ganz das Schicksal des Freundes und ihr eigenes – so seltsam wandelt sich oft das Gemüt der Frau.

Der Angriff gegen ihre Position begann eigentlich schon nach wenigen Tagen, und zwar von allen Seiten. Es stand nicht nur die Reserve und der Rückhalt eines großen Vermögens, sondern im

Falle einer Durchleuchtung der Zusammenhänge einfach die nackte Existenz auf dem Spiel. Da unmittelbar anscheinend aus dem Mädchen nichts herauszubringen war, versuchte es die Frau zunächst mit Offenheit. Sie freundete sich an, führte vertrauliche Gespräche, und Dagny gefiel das, sie sah sich noch mehr an Bedeutung gewinnen. Die Frau erzählte von sich, von dem Mann, von ihrem Zusammenleben, den Eigenheiten, sie breitete ihre Vergangenheit aus und erging sich in Erwartungen. Dagny tat dasselbe. Es schien eine herzliche Freundschaft unterwegs, in ihrer Plötzlichkeit entgegen allem Herkommen einem Wunder zuzuschreiben. Der Mann ist zurückhaltender. Er betont nur seine enge Verbundenheit und Kameradschaft zu dem Verschwundenen und versucht sie über ihre politische Einstellung auszuhorchen.
Dagny macht kein Hehl daraus.
Sie erfährt eine weitere Überraschung: Sie selbst wäre gar nicht in der Lage gewesen, von allgemeinen Redewendungen abgesehen ihre Ablehnung des Regimes zu präzisieren, sie steht ihm völlig fremd gegenüber, wie eben jemand, der sich bewußt um politische Fragen nicht gekümmert hat, und tunlichst dem ausgewichen ist, sich Gedanken darüber zu machen. Bei diesem Ehepaar trifft sie aber auf einen Haß, eine aufgestapelte Wut und eine Verachtung der Idee und der führenden Persönlichkeiten, die keineswegs zu vergleichen sind mit den bösartigen Witzen, die man sonst allenthalben hört. Es ist umso mehr überraschend, als sie in krassem Gegensatz zu der Form der Lebenshaltung stehen, die nur im Einklang und Anpassung an das Regime sich aufrechterhalten läßt, und obendrein von diesem die Grundlagen hat und den Nutzen zieht. Abermals öffnet sich ein Blick in eine ihr bisher unerschlossene Welt.
Auch hier ist zunächst die Frau der treibende Teil.
Das Kind ist bei Verwandten in Deutschland großgezogen worden. Sie ist auch hier, unter Ausnutzung der Geschäftsbeziehungen des Vaters, der sich inzwischen von der Frau getrennt hat, in Stellung gegangen. Als sie heiratete, war sie als Reisende für verschiedene technische Verlage, Reiseländer Rumänien, Bulgarien, Griechenland, tätig. Mit dem Anschwellen der Kriegsgeschäfte sah sie tausend Möglichkeiten, sich einzuschalten, war aber bisher durch den Widerstand der für den Außenhandel eingesetzten Amtsstellen über Projekte, Denkschriften und Vorverträge noch

nicht recht hinausgekommen. Der Mann, ein Meister auf seinem Spezialgebiet, eignete sich nicht für diese Geschäfte. Er verstand, von den amtlichen Stellen Geld zu nehmen, dagegen scheute er davor zurück, welches zu geben, und bei einem Handelsgeschäft muß von Beginn an und in jeder einzelnen Phase geschmiert werden. Gewiß, der Mann verdiente viele Tausende im Monat und verhältnismäßig ruhig, bei ihr aber lagen in der Chance die Millionen, ihr Weltbild war nach diesen Millionen geformt. Sie nahm es den führenden Männern des Regimes persönlich übel, sie bisher daran gehindert zu haben, und sie konnte Dutzende solcher Persönlichkeiten aufzählen, die, statt sie mit an den Kuchen heranzulassen, sich diese Gewinne selbst vorbehalten und in die eigene Tasche gesteckt hatten.

Der Mann war, wie schon erwähnt, viel vorsichtiger. „Katherine wird uns noch ins Unglück bringen", pflegte er lachend die wütenden Ausfälle seiner Frau gegen die herrschende Schicht abzutun.

Es kamen viele Gäste ins Haus – Leute, mit denen er geschäftlich zu tun hatte, aus der Finanz und Industrie, die Pressereferenten in den verschiedenen Zentralbehörden, Balkankaufleute aus der Projektenschmiede der Frau; der Tisch war immer reich gedeckt mit allerhand Leckerbissen, die längst aus dem Handel verschwunden waren – eine Sorgfalt der Organisation, die immer wieder von neuem Dagnys Verwunderung erregte. Zunächst waren die Gäste über die Haßausbrüche der Frau etwas schockiert, meist aus Furcht, sich selbst damit zu kompromittieren, später amüsiert – die Frau war eben ein Original, ein geduldetes Original. Schließlich bot das Spiel einen besonderen Reiz; andere kamen aus weit harmloserem Anlaß ins KZ oder wurden aufgehängt. In diesem so gastfreien Hause trafen sich die Gäste, um sich aus Herzenslust über das Regime und die führenden Persönlichkeiten auszuschimpfen; alle waren gut gedeckt. Wie die Mitglieder irgendeiner geheimen Loge erkannte man sich am Ton, mit dem über ein beliebiges Tagesereignis gesprochen wurde, vielleicht an einem bestimmten Augenaufschlag – Dagny hätte es nicht feststellen können. Es wäre anzunehmen gewesen, daß aus diesem Kreis, eine der Zellen von zweifellos zahlreichen allerorts vorhandenen, sich das Zentrum einer allgemeinen Erhebung, einer organisierten Sabotage, das Ziel eines offenen Widerstandes entwickeln würde – so war auch der erste Eindruck, den

Dagny von dieser Gesellschaft mit nach Hause nahm. Noch ganz wirr im Kopf, wenn sie daran dachte, daß diese Leute, meist im amtlichen Auftrag, im Ausland hin- und herreisten und sich der Verbindungen zum gegnerischen Informationsdienst rühmten, die an und für sich ja auch amtlich gefördert wurden. Aber es war alles nur in den Wind gesprochen. Im besten Falle reichte ihr Ekel und ihr Mißvergnügen, die Perspektive des sicheren Zusammenbruchs nur für den Hausgebrauch, das heißt sich Reserven, drinnen im Lande wie draußen, an Werten anzulegen und sich nach einer geeigneten Rückendeckung bei dem vermeintlichen Gegner im Lande wie draußen beim Feind umzusehen. Es war schließlich nichts anderes als eine der vielen sich überschneidenden Tarnungen, an denen diese Zeit so reich war.

Zu den ständigen Gästen gehörte auch ein junger Mann, Ministerialrat in einem der Führungsstäbe, wie sie sich um die Person der Prominenten der Bewegung in den Ministerien gebildet haben. Schnellkarriere, in den letzten Jahren vor dem Kriege Parteiredner in der Studentenschaft, als Kongreßteilnehmer und Delegationsmitglied viel auf Reisen im Ausland, später ein paar Wochen besonderer Schulungskurs bei der SA oder SS und der engeren Gefolgschaft eines Ministers zugeteilt, nach außen Führerauslese, nach innen zum Kammerdiener erzogen, weltmännische Bildung sklavisch ausländischen Vorbildern nachgeahmt, dienstbeflissen und ergeben – große Jungens, zu früh der elterlichen Erziehung entlaufen, und mit einem Brett vor dem Kopf. So hat diese Leute Dagny charakterisiert, so harmlos in ihrer Bedeutung und gefährlich in ihrer Unbedeutendheit, so sah das vom Ausland oft überschätzte und bestaunte Räderwerk in der Verwaltungsmaschinerie des Regimes aus. In einer ungezwungenen Unterhaltung, die bar war aller Voraussetzungen von Autorität und Behördenfurcht, schmilzt diese Überheblichkeit rasch zusammen, die Unnahbarkeit wandelt sich in Schüchternheit. Von den Eltern her mit einem Vornamen wie Dieter abgestempelt fühlt sich der Junge darin alles andere als wohl.

Dagny ist durch den schnellen Wechsel in ihrer Lage aus dem Gleichgewicht gebracht und stürzt sich kopfüber in das Abenteuer einer neuen Gesellschaft, was auch in ihrem neuen Büro mit einer gewissen Verwunderung bemerkt wird; ihre Angelegenheit mußte günstig stehen, daher ist auch die Stimmung unter den Angestellten ihr gegenüber freundlicher geworden.

Der junge Mann mit dem Vornamen Dieter macht Dagny besonderen Spaß. Sie gefällt sich darin, ihn in seiner vermeintlichen Bedeutung aufzuziehen, dem wahren Inhalt nach ihn auf den rechten Platz zu rücken. Sie macht sich über ihn lustig. Ohne Schwierigkeiten hat sie sich dem Ton dieser Gesellschaft angepaßt.

Die Hausfrau sieht darin eine weitere Möglichkeit, an das Mädchen näher heranzukommen. Die Zeit der gegenseitigen vertraulichen Geständnisse ist vorübergegangen, ohne das geringste Ergebnis gezeitigt zu haben. In einem solchem Gespräch ist von vorneherein der eine Partner bestrebt, den anderen nur auszuhorchen. Er entblößt sich und gibt sich preis, um den anderen zum Sprechen zu bringen. Es ist ihm nicht ernst, was er von sich dem anderen anvertraut – verständlich, daß es auch nicht immer die reine Wahrheit ist und vor allem schon zu abgegriffen wie ein oft benutztes Klischee, als daß es noch als Wahrheit nachwirken könnte. Es sind die Sprossen, auf denen der andere in den eigenen Schacht hinabsteigen soll. Es gehört psychologische Geschicklichkeit dazu, den anderen zu bewegen, auch die richtige Sprossenleiter zu benutzen. Meist, und das war auch bei Dagny der Fall, kommt etwas heraus, was den anderen in keiner Weise interessiert. So war es der Frau ganz gleichgültig, die näheren Umstände zu erfahren, in denen Dagny aufgewachsen war, und mit anzuhören, wie vereinsamt sich der Mensch fühlt, der nicht zur Familie gehört, ständig auf der Suche, sich ein Heim zu schaffen und eine Bindung zu finden, die das alles ersetzen kann. Das wird langweilig und dem Zweck nach enttäuschend, und zunehmend erwächst daraus Bosheit und Ironie, denn wenn es nur darauf angekommen wäre, so hätte sie das auch von sich erzählen können. Ein hartgesottenes Ei – hatten die Ehegatten unter sich festgestellt, entweder ist das Mädchen zu raffiniert, oder sie ist noch sehr unerfahren, und das macht sie doppelt gefährlich. In ihren Gefühlsübertreibungen eine geradezu unverschämte Person, war die Charakteristik der Frau für ihre junge Freundin, sie fällt einem auf die Nerven.

Der Umschwung in der Taktik der Behandlung gab Gelegenheit, ihre Stellung ins richtige Licht zu rücken. Die Frau öffnete ihren Kleiderschrank. Sie paradierte in Abendkleidern und Mänteln, der Variation ihrer Pelze, dozierte die Notwendigkeit, den Schuh nicht nur der Farbe des Kleides sondern auch der jeweiligen Stimmung anzupassen, womit die umfangreiche Aufreihung auf den Ständern erklärt wurde – „mein Mann ist vernarrt in meine Schuhe, ich weiß schon gar nicht mehr wohin damit –" und sie breitete ihren Schmuck aus, den sie auf ihren Balkanreisen zusammengehamstert hatte. Dagegen konnte eine Uhrensammlung ihres Mannes nicht aufkommen; er interessierte sich zudem mehr für Spirituosen und Cigarren, die unterzubringen das frühere Dienstmädchenzimmer gerade genügend Raum bot. „Ein Dienstmädchen können wir uns nicht mehr halten; bei den vielen Sachen, die wir hier im Hause haben. Man zieht sich bloß Feinde heran, Diebe und Denunzianten. Die grobe Arbeit besorgt die Familie des Portiers, dem mein Mann den Posten hier und die Freistellung vom Militär verschafft hat, er trägt auch die Briefe aus."

Und weiter sagte sie eines Tages: „Dagny, wenn ich mir das so richtig überlege, wie du dich abquälen mußt – hast du eigentlich schon einmal richtig darüber nachgedacht, ich würde an deiner Stelle heiraten."

Dagny zögert etwas, der Gedanke ist ihr durchaus nicht fremd. „Sieh mal, du mußt doch wissen, wo du hingehörst. Und es verpflichtet doch auch zu nichts." Sie sieht, daß die andere ihren Vorschlag nicht gerade allzu begeistert aufnimmt. „Nein, nein – ich meine es wirklich ernst", als Dagny Anstalten trifft, sie auszulachen. „Heute heiraten doch alle in deiner Lage. Ich rate dir ja nicht gerade einen Kriegsblinden zu heiraten, obwohl du eine fertige Wohnungseinrichtung und eine dauernde Pension doch sicherlich gebrauchen könntest. Ich denke da an etwas ganz anderes. Laß mich nur machen – es bringt viele Erleichterungen, in jeder Hinsicht, und es ist fast das einzige, was ich dir raten würde, nicht wahr?" Sie verbreitet sich darüber, daß es ihr nicht schwer fallen würde, sogleich eine Anzahl Bewerber aus ihrem Bekanntenkreis aufzutreiben, junge und alte, in freier Stellung oder gebunden. Die Leute säßen heute den ganzen Tag im Dienst und im Büro, sie kämen ja praktisch aus ihrem Betrieb nicht heraus und könnten kaum Bekanntschaften machen. Sie zählt die Vorteile eines gemeinsamen Haushaltes auf, für die Arbeitspflicht, für eine abwechslungsreichere Verpflegung. „Und das braucht ja nicht von Dauer zu sein. In dieser schwierigen Zeit kann man sich

doch schon eine Weile vertragen mit einem Menschen, bei einigermaßen gutem Willen; so wäre euch doch beiden geholfen."
Dagny verspricht, sich den Gedanken durch den Kopf gehen zu lassen. Die für sie völlig neuartige Atmosphäre, in der sie sich seit Wochen bewegt, hat breite Spuren hinterlassen. Sie fühlt sich von dem Alleinsein zermürbt, sie hat keinen Boden unter den Füßen. In dem Überschwang der Aufregungen und Überraschungen der letzten Zeit kann sich ihre Anlage zu Übertreibungen voll entfalten, auch nach unten hin, im Sinne der Zerstörung von dem, was an innerer Einsicht noch geblieben sein mag. Sie braucht keine Lebensaufgabe, sie hat auch keine, sie sieht nur die Aufgabe zu leben, sie braucht das Leben schlechthin. Im Hintergrunde gewittert die Erinnerung an den Stockholmer Freund, dem sie die Aufnahme in diesen Kreis zu danken hat. Sie rät ihr zur Vorsicht. Nicht deswegen, eine vielleicht schon vorhandene Bindung zu diesem aufzugeben, sondern um, sollte sie in der Tat vorhanden sein, was sich erst noch erweisen wird, sie nicht merken, ja sie überhaupt nicht aufkommen zu lassen. Am einfachsten, erst nicht daran zu rühren – es wäre euch doch beiden geholfen, hatte Katherine gesagt, und sicher damit ihren Stockholmer Freund gemeint. Sie beginnt sich neugierig und belustigt in der Kette ihrer Bewerber, genauer gesagt – der Möglichkeiten, die ihr vorgeführt werden, umzusehen. Der Journalist ist begeistert von dieser Idee seiner Frau und betreibt sie auch seinerseits mit Feuereifer. Was auch mit dem Mädchen los sein mag, im Ernstfall ein Gegenzeuge weniger, wenn sie erst einmal in festen Händen ist; die Hände müssen für eine erforderliche Deckung ausreichend sein.
Sobald Dagny sich einmal in das Abenteuer eingelassen hat, wird ihr Blick wieder kritischer. Sie ist schon nur noch halb überzeugt, daß dieser Weg der richtige ist, aus einer inneren Lähmung und Verkrampfung herauszukommen. Anzeichen einer Nervenüberreizung, durch übermäßige Arbeit, ungewohnten Alkoholgenuß und Nikotinmißbrauch machen sich bemerkbar. Die Erkrankung der Drüsen bereitet sich vor. Sie hat in der Magengegend stechende Schmerzen, die sie vorerst noch durch Betäubungsmittel niederhalten kann.
Eines Tages sieht sie sich neben Dieter in dessen Dienstwagen, auf einer Ausflugsfahrt ins Grüne. Es war nicht ihre erste Fahrt, sie ist schon gelegentlich eingeladen worden, in Gesellschaft mit

anderen aus ihrem neuen Freundeskreis. Sie hat mit ihm das Theater besucht und eine Sportveranstaltung, in deren Mittelpunkt ein großer Aufmarsch von Bannerträgern und Amtswaltern die Machtfülle des Regimes zu versinnbildlichen hatte. „Laß nur dem Manne Zeit, seine Schüchternheit zu überwinden", hatte Katherine ihr bedeutet, „der ist schon der Richtige. Robert" – das war der Ehemann, „meint das auch; anscheinend hat er mit ihm gesprochen." Dieter würde das Referat für die Auslandspresse bekommen in seinem Ministerium. Im Hintergrunde, wenn alles gut ging, winkte der Attachéposten im Ausland. „Gebe Gott, daß der Krieg noch ein paar Jahre dauert, daß wir uns draußen fest verankern können", hatte sie augenzwinkernd hinzugesetzt. Neben diesem Manne, der ihre kühnsten Erwartungen hätte erfüllen können, ins Ausland zu gehen, eine freiere Stellung in ihrem Büro, vielleicht von dort überhaupt loszukommen – saß jetzt Dagny und kam sich, wie sie sich manchmal das ausgemalt hatte, keineswegs feierlich vor. Sie fühlte sich im Gegenteil sogar recht unbehaglich. Im Grunde genommen hatte alles keinen Zweck. Bis auf den Personalchef, der sie in einer ihr eigentlich unverständlichen Weise mit einem blindwütigen Haß verfolgte, waren die Leute im Büro wieder freundlicher geworden. Vielleicht hätte sie sich wieder verbessern können, aber sie hatte es abgelehnt, genauer gesagt, sie hatte sich um den Posten einer Sekretärin in einer der neu gegründeten Abteilungen erst nicht beworben, obwohl sie bestimmt nicht ohne Chance gewesen wäre. Ihre Affäre schien dort vergessen zu sein. Ihr war sie indessen umso brennender in Erinnerung geblieben. Sie ertappte sich dabei, noch jetzt darüber in Wutanfälle zu geraten, in ohnmächtiger Wut Verwünschungen auszustoßen. Obwohl der unmittelbare Anlaß dazu ihre Schmerzen in der Magengegend, die nicht mehr wichen, zuzuschreiben war. Das Vergnügen, einen Herrn von Einfluß kennengelernt zu haben, der sich um sie bemüht, hatte sie bereits hinter sich und verbraucht; es war eher schon lästig und langweilig geworden.

Während ihr Begleiter, zunächst ihre Schweigsamkeit respektierend, ihr Interesse mit Scherzen allgemeiner Art einzufangen suchte, stand ihr immer quälender die aufdringliche Vertraulichkeit dieser Frau vor Augen, die ihr geradezu widerlich geworden war. Sie protzt mit ihren Anschaffungen in Hamsterware, ihren Beziehungen und ihren Millionen, die sie noch im Laufe des

Krieges und später verdienen wird, und hat es nicht fertig gebracht, ihr Leben so einzurichten, daß es der Mühe und der ganzen Aufmachung wert wäre. Man kann nicht mal sagen, sie sei hohl wie eine Seifenblase, eine schillernde – sie ist überhaupt nichts, sie schillert nicht, sondern sie verbreitet einen penetranten Geruch. Es ist ein alter Wunschtraum von Dagny, daß die Frau das Geschäft in der Hand hat, die Prognose stellt und das Geld verdient; der Mann, zumindest die Männer, die sie kennengelernt hat, sind dazu nicht in der Lage, in ihrer Überheblichkeit, aber auch in ihrem Leichtsinn und ihrer Ungeschicklichkeit. Sie reden sich auf das Politische heraus, dem sie angeblich dienen. Sie hat bisher kaum große Unterschiede feststellen können, welcher Farbe dieses Politische auch immer sein mag. Was dieser Mann ihr auch bieten könnte, es genügt schon, daß er von dieser Frau her irgendwie kommt, um ihn abzulehnen.
Es müßte schrecklich sein, einen solchen Mann immer um sich zu haben, aufreizend wie diese triste Landschaft, in der sie fahren – dahinbrausen, hat der Mann neben ihr eben gesagt, ein See neben dem anderen, Kiefernwälder, die Bäume aufgereiht zum Spalier, Regimenter zum Stillgestanden kommandiert, Aufmarsch der Hunderttausend, die erfüllt sind von dem mystischen Ruf nach einem Führer; es gellt ihr in den Ohren, und es ist zum Erbrechen. „Nun, Fräulein Dagny, wir sind angelangt." Der Wagen hält an einer Gastwirtschaft. Daneben der See, daneben der Wald, heller – mit Buchenbeständen durchsetzt. Der Mann lächelt freundlich und öffnet den Schlag. Liegt Ironie in seinem Ton? – Bisher hat ihr der Mann Spaß gemacht, es war ganz amüsant, sie haben sogar zusammen lachen können, über sich selbst und über die Situation, aber sie hat jetzt durchaus keine Lust mehr. Die Qual dieser Fahrt, schon unlustig begonnen, hat ihr die Qual ihres bisherigen Lebens, ihres Lebens überhaupt offenbart. Da ist der dienstfertige Wirt, der den Tisch im Erker der Veranda, nach beiden Seiten Blick auf den See, reserviert hat. Es ist schon alles vorbereitet, gedeckt, das Tuch aus Leinendamast, wie aus einer Brautausstattung in der guten alten Zeit. Wein und Wasser und die Kaffeemaschine zum Selbstbedienen; selbst die Zündhölzer zum Anzünden des Spiritus sind nicht vergessen. Draußen an dem langen Steg im Wasser liegen Boote an der Kette. Das Eisen schlägt an den Holzpfosten, es ist der ihr so vertraute Laut; eine leichte zärtliche Brise, herrliches Segelwetter. Ein Stück

abseits vom Steg stehen ein paar junge Leute herum und beschäftigen sich mit etwas – es wird wohl der Fischkasten sein. Noch ein Stück weiter sitzt einer auf dem breit ausladenden Ast einer Erle, der über das Ufer hinein in den See hängt, und angelt – so etwas gibt es also noch, tiefster Frieden. Hier könnte man ... hier wäre ... hier werden jetzt die Vorspeisen serviert, und der Wein in die Karaffen gefüllt, der Rotwein, während der Mosel in der Flasche im Kübel bereitgestellt wird. Das Laub der Linde vor dem Haus tönt ins Gelbliche neben den hellroten Blättern des wilden Weines, die Sonne ist überall, und die Fäden des Nachsommers ziehen in der Luft. Drüben vom jenseitigen Ufer leuchtet der dichte Buschwald, dazwischen gewaltige Eichen, am Einschnitt einer Bucht ein wunderschönes Landhaus, von Spätrosen überwuchert, in einen Teppich bunter Herbstblumen gebettet – eine Gärtnerei, vielleicht das Haus des Revierförsters. Es ist die Stabswache. Drüben ist das Jagdrevier eines der Obersten des Regimes, und das Revier ist in seiner riesigen Ausdehnung umgeben von vielen solcher Wachhäuser. Es ist nicht jedem vergönnt, hier zu sitzen mit dem Blick auf diese Stätte der Ruhe und des Wohlbehagens, auch die Zufahrtswege bedürfen zur Benutzung noch eines besonderen Erlaubnisscheines; Dagny hat auf der Herfahrt nicht darauf geachtet.

Das Essen, das jetzt aufgetragen wird, entspricht der bevorzugten Atmosphäre. Es ist mit Sorgfalt zubereitet und sagenhaft in seinen Zutaten; alles frisch gemacht, eigens besorgt und das Beste vom Besten, wie der Wirt versichert. Auch die Frau des Wirtes holt sich ihren Dank, sie hat sich eine weiße gestärkte Schürze umgebunden und begrüßt die Gäste, um darauf aufmerksam zu machen, daß der Kuchen erst ein wenig später serviert werden kann. „Aber wenn sich die Herrschaften schon vorher das Zimmer ansehen wollen, es ist alles schon bereit."

Der Herr dankt, lächelt verlegen und wagt nicht, wie es die Regel wäre, seine Begleiterin bedeutungsvoll anzusehen. Diese hat keine Miene verzogen, möglicherweise – denkt der andere, hat sie die recht verfrühte und unziemliche Bemerkung nicht gehört. Denn während des Essens wird zwischen den beiden nur gerade notdürftig eine Unterhaltung aufrechterhalten. Dagny hört sich antworten und auch ihrerseits Fragen stellen und sich so allgemein dahinsprechen, zu ihrer eigenen Verwunderung. Bis der Mann schließlich Mut faßt, sie zu stellen:

„Fräulein Dagny, Sie sind so nachdenklich. Woran denken Sie denn?"
„Es ist sehr hübsch hier."
„Nicht wahr? Ich habe schon gedacht, hier ein paar Tage Urlaub zu verbringen. Und es wäre doch sehr nett, wenn wir dann zusammensein könnten."
Dagny lächelt schwach. Sie hat die Tabletten im Mantel, und der hängt draußen im Vorraum. Die Schmerzen werden langsam unerträglich. Sie fühlt sich außerstande aufzustehen.
Er zwingt den Ton seiner Stimme noch um einen Grad leichter und sieht ihr voll in die Augen. „Ich weiß, daß Sie in vielem mit mir nicht einverstanden sind. Das macht nichts. Es gefällt mir sogar, es gefällt mir besonders. Ich habe wenig Gelegenheit, mit Menschen zusammenzukommen, mit Menschen – müssen Sie wissen. Man kann sich aneinander reiben, man bildet sich dabei."
Soweit war der Text, den er sich hin- und herüberlegt und sich schließlich zugebilligt hat. Nunmehr freier geworden vermag er sich noch zu steigern.
„Ich bin überzeugt, daß wir gut miteinander auskommen."
„Meinen Sie wirklich?"
„Und ob ich das meine! Ich könnte den Urlaub beantragen, wenn ich heirate. Es wird nicht allzu schwierig sein, die Erlaubnis durchzusetzen, unter den Kriegsverordnungen zu heiraten, eine Kriegsheirat. Meine Papiere reichen dafür aus. Und auch bei Ihnen, Dagny, liegen ja keine Schwierigkeiten vor. Es sei denn ..." Dagny unterbricht heiser und brüchig: „Das kommt nicht in Frage."
„Wieso denn nicht – ich meine, falls Sie sich nicht anderweitig gebunden fühlen. Und da glaube ich, soweit ich mich habe darüber erkundigen können –" unbedingt, fühlt er, muß er den leichten Ton halten, und er fügt scherzhaft hinzu: „oder sind Sie mir deswegen etwa böse?"
„Durchaus nicht." Ihre Stimme ist noch heiserer geworden.
„Na sehen Sie. Das wird sich leicht machen lassen." Da entsteht eine Pause, eine quälende Pause, in fiebernder Unruhe. „Ich habe auch von Ihrem Bekannten gehört, mit dem Sie wohl bisher befreundet waren – Dagny, lassen Sie mich Ihnen sagen, daß ich ..." Eine abwehrende Handbewegung.
„Dagny, wir wollen uns doch mal vernünftig aussprechen. Ich habe nicht das Gefühl gehabt, daß ich Ihnen unsympathisch bin."

„Ich kenne Sie doch gar nicht", stößt Dagny zwischendurch hervor.
„Eben, und sie werden sehen, wenn Sie mich erst besser kennenlernen, daß ich für alles Verständnis habe, besonders bei einer Frau, so wie ich sie mir vorstelle, und deren Bild Sie sehr nahe kommen, Dagny – daß ich großzügig zu sein verstehe. Ich denke mir, daß wir die wirkliche Prüfung Ihrer Gefühle einer späteren Zeit überlassen können, ich fühle mich durchaus sicher, daß ich Ihnen beweisen kann …"
Wieder unterbricht Dagny mit einer Handbewegung. Das ist einfach unerträglich, nur weg – wenn sie nur aufstehen könnte!
Der Mann ist bedenklich aus dem Konzept gekommen. Unsicher geworden; er darf das Ziel nicht aus den Augen verlieren.
„Warum sträuben Sie sich denn? Warum wollen Sie denn eigensinnig sein – ich weiß es doch besser!"
Schnell fügt er hinzu: „Sehen Sie, Dagny, das ist zum Beispiel ein Zug bei Ihnen, der mir gerade besonders gefällt, ich habe das schon beobachten können. Das ist so erfrischend, eben der Mensch, den man braucht, nicht?"
Er strahlt beinahe über das ganze Gesicht.
Dagny hört sich kurz auflachen, nicht sehr freundlich; es klingt eher grob. Sie sieht praktisch zum Greifen die Frau vor sich, wie sie diesen Mann bearbeitet hat. Eine Welle von Scham, sich dieser Frau ausgeliefert zu haben, ausgeliefert zu sein …
Der Mann hat inzwischen wieder Anschluß gefunden an das, was er sagen will. Er leiert die Worte herunter wie eine auswendig gelernte Lektion.
Er zählt die beiderseitigen Vorteile auf. Er betont immer wieder seinen guten Willen zuzuwarten, daß sie sich anpassen würden. Er schichtet auf, was dem entgegenstehen würde, in zwei Haufen. Der eine sei nur ein Problem des Übergangs, der bald von selbst verschwinden würde, eine verständliche Scheu vor dem Ungewohnten, der ungewöhnlichen Zeit angepaßt. Der andere – darauf kamen die etwaigen Unterschiede in der Lebensauffassung, in der Weltanschauung, in der politischen Meinung; er müsse gestehen, er habe sich damit noch nicht abgequält, man trägt sie wie eine Uniform, in die man hineingesteckt oder hineingeboren ist, man kann sie auch ablegen, besser sich daran zu gewöhnen und sich überhaupt keine Gedanken darüber zu machen. In Wirklichkeit läßt sich alles auf einen sehr kleinen

Inhalt zurückführen – wenn sie beide ein gemeinsames Ziel haben – im Leben gut vorwärts zu kommen, und hier stünden ihm, das könne er sagen, alle Möglichkeiten offen. Er sei völlig frei von Vorurteilen, er habe auch kein Verständnis dafür, und es sei ihm ganz gleichgültig, was die anderen denken und tun.
Dagny sieht den Mann wie durch einen grauen Schleier mit schwarzen Tupfen drin. Er ist ihr völlig fremd, eine Drohung, die vor ihr aufsteigt. In einer entsetzenerregenden Verzerrung von allem, was sie sich unter Heim und Geborgensein vorgestellt hat. Sie ist allein und bedrückt und belastet und eingekreist; niemand ist da, den sie zu Hilfe rufen kann. Die Gedanken sind von ihr gegangen – nach Hause, wohin sie selbst nicht mehr zurückfinden wird.
Wieder fängt der Mann an zu sprechen und tastet über den Tisch hinüber nach ihrer Hand... es wäre zuviel gesagt, wenn sie sich in diesem Augenblick an irgendjemanden erinnert hätte, es ist niemand da, und schon die ganze Zeit über, ihr ganzes Leben, ihr ganzes Leben ist niemand bei ihr gewesen. Die Krise ist auf dem Höhepunkt. Sie springt auf, das Gesicht ist verzerrt, die Stirn scheint nach unten verschoben. Vielleicht sieht sie noch, daß der Begleiter sie fassungslos anstarrt – und während noch die Gläser klirren, etwas vom Tisch ist zu Boden gefallen, die linke Hand ist in der Tischdecke verkrampft, greift sie die Wasserkaraffe und schüttet den Inhalt dem Mann ins Gesicht.
Der ist aufgesprungen und hält ihren Arm. Es sind noch mehr Gegenstände vom Tisch zu Boden gefallen. Er bewegt sich wie ein Automat, er hat überhaupt kein Gesicht. Es ist die völlige Leere, der Abgrund, in den sie beide sogleich stürzen werden. Die Worte sind verstummt.
Da beginnt sie zu schreien. Der Mann ist um den Tisch herumgekommen und hält sie jetzt an beiden Armen fest. Sie tritt mit den Füßen, sie will sich losreißen, und stößt und spuckt ihm ins Gesicht. Sie schreit, schreit gellend und schrill – gurgelnd, im Verröcheln, als er ihr den Mund zuhalten will.
Der Herr Ministerialrat hat nicht mehr Gelegenheit, einen Gedanken zu fassen und sich auf eine Haltung zu besinnen. Die Leute sind herbeigelaufen, die Wirtsleute, die jungen Männer vom Steg, der Angler, mit der Rute noch in der Hand. Der Herr zuckt nur die Achseln, für Erklärungen ist keine Zeit. Die Frau, die er in den Armen hält, gleitet zu Boden – er kann sie, er will sie

nicht halten – und schlägt mit dem Kopf auf die Steinfliesen auf, dumpf, der Schlußpunkt. Dann spricht er irgendetwas zu den Leuten. Die Männer stehen auf der Treppe zu der Veranda und schauen interessiert und sind noch unentschlossen sich zurückzuziehen. Der Ministerialrat muß zu ihnen gehen und versuchen, wenigstens eine unmittelbare Amtshandlung zu vermeiden. Es sind die Männer von der Wache von drüben, die jetzt ihre Freizeit haben. Die Wirtin ist mit der am Boden Liegenden beschäftigt. Die Kranke hat die Knie angezogen und windet sich in Schmerzen.

Auf irgendeine Weise hat der Mann Dagny nach Hause gebracht und dort abgesetzt, sie weiß es nicht mehr.
Am nächsten Morgen ist Georg wieder in der Wohnung erschienen. In seiner stillen und scheuen Art hat er alles auf seinen Platz gestellt, was in Unordnung geraten war, und mit verlegenem Lächeln sich erkundigt, was etwa weiterhin zu tun sei. Der Arzt ist gekommen, das Leben beginnt wieder von neuem, am nächsten Tage wird sie wieder ins Büro gehen können. Dagny fühlt sich müde und bis in die Wurzeln erschöpft. Sie schlief fast den ganzen Tag, die Schlafmittel taten das Übrige. Sie ging wieder in die Arbeit. Das Büro nahm sie wieder auf, ihre Unruhe und ihre Schmerzen. Sie versuchte sie zu übertäuben. Sie riß immer mehr Arbeit an sich, der Betrieb war zufrieden. Sie ließ sich versetzen in die Abteilung, in der Georg die Auslandspresse bearbeitete, und es wurde ohne weiteres bewilligt. Man behandelte sie mit einer beinahe freundlichen Zurückhaltung, die nicht ohne eine gewisse Erwartung war. Es wurden Umstellungen in der Gesamtleitung vorbereitet, strafferer politischer Einfluß, neue Direktoren, neue Korrespondenten waren in Sicht.
In dieser Zeit kam Dagny wieder zu dem jungen Mann zurück, mit dem sie das Abenteuer dieser Stellung begonnen hatte. In dieser Zeit faßten die beiden den Entschluß, von neuem ins Ausland zu gehen, und Dagny arbeitet an diesem Plan mit einer fieberhaften Energie. Der Freund wurde in den Mittelpunkt gerückt und zurechtgestutzt, um als sprachenkundige Hilfskraft in einem Büro im Südosten unterzukommen. In dieser Zeit gelang auch eine Verbindung zu dem Vater, der den Plan nicht nur unterstützte, sondern auch die materielle Möglichkeit bot, ihn zu verwirklichen. Georg würde von Budapest angefordert werden, und

sie selbst dann im Winter sich einen Kuraufenthalt in der Tatra verschreiben lassen und von dort schwarz über die Grenze gehen. Selbst die technische Seite des Erholungsscheins schien bei einem einigermaßen sorgfältigen Vorgehen nicht aussichtslos, dem Büro waren gerade jetzt einige Plätze dort für den Winterurlaub zugeteilt worden. Notfalls würde sie dafür ihren Sommerurlaub eintauschen, sie arbeitet mit doppeltem Eifer.
Das Verständnis für ihren Freund war gewachsen, in der Resignation bildet sich eine neue Kraft. Er würde anfangen, auch für ihre gemeinsame Zukunft zu arbeiten. Er würde die ungarische Nationalität annehmen, was nach seinen Papieren nicht schwer fallen wird, und wozu er schon vom Konsulat aufgefordert worden ist; sie selbst hat bisher immer dagegen Einwendungen erhoben – und dann könnten sie draußen heiraten. Sie würde bei ihrem Vater unterkommen, der überdies sicherlich die Möglichkeit hatte, sie auf dem Lande irgendwo zu verstecken – soweit schien alles ganz einfach, alle Schwierigkeiten waren gelöst. Sie erinnerte sich daran, daß ihre Verbindung zu Georg damit begonnen hatte, mit dem Plan auszuwandern, mit einem Segelboot übers Meer zu fahren und sich auf einer einsamen Insel niederzulassen. Daraus war dann die konkretere Vorstellung einer Insel an der dalmatinischen Küste entstanden. Dahin kam man allerdings mit der Eisenbahn, und am Eingangstor standen die Paßbeamten – aber war denn Georg nicht angestellt in einem Reisebüro? Gut, es war auf den ersten Versuch hin nicht gelungen, man muß es zum zweiten Mal versuchen. Im Grunde genommen, wenn auch die Verhältnisse sich geändert haben, ist es dasselbe. Sie werden zwar nicht auf einer Insel leben, aber sie werden ein Heim haben. Es wird auch keine Gelegenheit sein, ihre Romane zu schreiben, wovon sie damals mehr im Scherz gesprochen hat, und für wen denn – es wird sowieso niemand mehr lesen, und von dem, was heute in der Welt ist, und was sie ringsum erlebt und sieht, ist auch nichts des Schreibens wert. Die Menschen sind anders geworden, die Gesellschaft – und sie selbst hat sich verändert. Es ist überflüssig geworden, auf eine innere Stimme zu hören.
In dieser Zeit tauchte auch ihre Mutter in der Wohnung überraschend auf. Der Lebensgefährte, mit dem sie zuletzt gelebt und der auch den Wohnkahn zu einer gemeinsamen Wohnung hergerichtet hatte, war auf und davongegangen. Bei näheren Erklärungen stellte sich heraus, daß er zum Militär eingezogen worden

war. Die Mutter hatte sich dem widersetzt. „Wozu ist er eigentlich Sozialist", erzählte sie der Tochter, „und hat jahrelang seine Beiträge an die Partei gezahlt und die großen Abzüge an die Gewerkschaften. Dazu noch die ständige Sorge wegen seiner früheren Zugehörigkeit zur Partei eingesperrt zu werden, einmal war es schon so weit, als er angefangen hatte, Unterstützungsbeiträge zu sammeln – stelle dir das vor, auf unserer kleinen Insel – ich habe ihn wieder herausgeholt, alles das habe ich mittragen müssen. Warum hat er denn unseren Kahn nicht nach Schweden gebracht –? Wir hätten doch die ganze Zeit leicht hinüberfahren können. Aber es geht nicht, er hat immer nur zu sagen gewußt, es ist aussichtslos und drüben ist keine Arbeit. Ich habe ihn nicht halten können. Als ob ein Elektrotechniker keine Arbeit findet! Erst ist es noch mal gelungen, ihn beim Militär auf ein Jahr zurückstellen zu lassen, er hatte den Unfall am Leitungsmast, aber jetzt war er nicht mehr zu halten. Also ist er gegangen, und am besten, er bleibt gleich draußen."
„Aber das geht heute nicht", antwortet die Tochter. „Wie stellst du dir denn das vor –"
„Nun, ich denke an deinen Vater. Der ist auch im ersten Kriege damals zuhause geblieben."
Dagny weiß, es war nicht ganz so; aber hat es Zweck, zu widersprechen?
„Wir waren eigentlich schon einig, daß ich ihn mit hierhergebracht hätte. Schließlich hätte er bei dir untertauchen können, du würdest sicherlich irgendetwas gefunden haben, eine Arbeit oder eine Möglichkeit – dann hat er es sich wieder überlegt, und zum Schluß ist er doch gegangen und hat den Affenrock angezogen. Was habe ich ihm zugeredet, er hat nicht auf mich gehört."
„Um Himmelswillen – das ist unmöglich. Ich hätte ihn überhaupt nicht aufnehmen können ... und auch sonst – das wäre ausgeschlossen gewesen, daß er sich hätte halten können!"
„Das sagt man so – nachher geht es eben doch."
Mutter und Tochter sehen sich an, die Mutter sieht blühend aus, das Gesicht von der Sonne und der Seeluft gerötet.
„Aber soll er bleiben, wieder eine Enttäuschung mehr."
In Dagny regt sich der Widerspruch, mehr noch – eine stille Wut. Mutter und Tochter sind beinah gleichaltrig. Die Mutter ist größer und schlanker als Dagny, das Haar ist weißblond, die hohe breite Stirn ist bei beiden dieselbe, bei der Älteren ist der Schnitt

des Gesichts schärfer, eine gewisse Starrheit darin verleiht dem Gesicht einen Zug von Fanatismus. Sehr viel Geduld muß notwendig gewesen sein, in ihrer Miene, aus ihren Gesten und der ganzen Haltung Zärtlichkeit und Milde zu lösen. Die Jüngere fühlt sich bedrückt, so – in Eis gefroren, von der Umwelt gegerbt und zerknittert – sieht ihr eigenes Schicksal aus. Nichts in den Linien um die Mundwinkel, um die Augen läßt darauf schließen ... nur im Blick verrät sich die Frau, daß sie schon an die fünfzig Jahre zählt; der Blick ist kalt und forschend, zeitweilig flackernd, auf der Suche nach einem Halt.
Die Mutter wird bei Dagny wohnen. „Im Bett ist Platz für zwei", als die Tochter Bedenken äußert, sie unterbringen zu können. Der Kahn soll verkauft werden, die Sachen werden hergeschafft – das ist das Programm.
Es gelingt Dagny nach großen Mühen, sie davon abzubringen. Der Kahn, wohnlich eingerichtet die Kajüte, ist immerhin ein Heim, und die Mutter, die seit Jahren an einer Kehlkopferkrankung leidet, braucht die Seeluft; dieser Notwendigkeit war auch der Gedanke, sich einen Wohnkahn zu beschaffen, seinerzeit entsprungen. Langsam, sehr langsam kämpft sich die Jüngere vorwärts, die Erstarrung der anderen zu lockern. Sie ist völlig erschöpft. Sie versäumt das Büro. Sie überhörten den Alarm. Sie hat noch etwas echten Tee. Sie wird der Mutter eine Tasse kochen – mit Schwierigkeiten, da das Gas ausgeschaltet ist. Wie sie sich dann am Tisch gegenübersitzen, kommt ihr die Mutter vor wie ein Huhn, das der Umfriedung entschlüpft und entlaufen ist – findet sich nicht mehr zurück, flattert und schlägt mit den Flügeln wild um sich. Draußen, nicht allzu weit entfernt, fallen die Bomben, so daß die Tassen zittern.
Die Mutter hat sich häuslich eingerichtet. Sie sitzt den Tag über am Fenster und wartet, daß Dagny nach Hause kommt und den Haushalt besorgt. Sie brütet vor sich hin, sie raucht eine Cigarette, was sie früher mit Rücksicht auf ihr Kehlkopfleiden niemals getan hat. Dagny legt sich sogleich ins Bett, wenn sie aus dem Büro kommt, sie kann sich gerade mit Mühe noch aufrechthalten. Die Besuche bei dem Journalistenehepaar hat sie längst aufgegeben. Nach dem Vorfall damals ist sie nicht mehr hingegangen, und es hat sich auch niemand bei ihr gemeldet oder nachgefragt. Georg besorgt das Notwendigste, bescheiden und zurückhaltend, mit einem verlegenen Lächeln, und bedrückt.

„Ich könnte diesen Menschen nicht immer um mich haben", bohrt die Mutter.
Dagny wehrt müde ab.
Die Ältere läßt den Vorteil, mit der Tochter ins Gespräch zu kommen, nicht wieder fallen. Sie sehen sich kaum, und sie hat überhaupt keine Gelegenheit mit ihr zu sprechen. „Man muß jeden Mann erst zu einem Menschen erziehen. Von selber kommt das nicht. Wenn ich daran denke, wie ich mich mit den Männern gequält habe, und die wenigsten sind Menschen geworden. Du siehst es wieder mit Hans –" das ist der Elektromonteur – „sobald es ernsthaft darauf ankommt, geht er seiner Wege."
Dagny hat sich im Bett nach der anderen Seite umgedreht.
„Ich habe daran gedacht, du könntest Hans hier bei dir anmelden. Ich muß ihm allerdings vorher erst noch schreiben. Es besteht nämlich jetzt eine Verordnung, daß jeder einen Urlaub bekommt, dem von zu Hause ein Bombenschaden gemeldet wird." Pause. „Nachher muß man weiter sehen, daß er dann untertauchen kann. Du solltest dich mal bei deinen Leuten danach erkundigen!"
Bei der Jüngeren schwankt die Stimmung, soll sie darüber lachen, soll sie wütend werden ...
„Du mußt dich jetzt zu etwas entschließen, wenn du nicht willst, daß ich hier zugrunde gehe."
„Das geht einfach nicht."
„Wieso nicht – weil du dir keine Mühe gibst, weil du schon die kleinste Anstrengung scheust mir zu helfen."
Die Stimmung ist gereizt. „Erstens ist Georg hier schon gemeldet, und der Portier wird das nicht zulassen. Dann ist noch kein Bombenschaden, und dann muß das auch bestätigt werden, daß er der Inhaber der Wohnung ist und so weiter. Und dann ist es ganz ausgeschlossen, daß er von hier verschwinden kann. Und schließlich will er es wahrscheinlich auch nicht."
Die Mutter ist beleidigt. „Wie du meinst –" wieder nach einer Pause, „schließlich hätte ich mir das um dich verdient."
„Du bist völlig von Sinnen. Ich verstehe nicht, wie du überhaupt auf solche Gedanken kommen kannst."
„Denn bei einem einigermaßen guten Willen", spricht die Ältere unbeirrt weiter, „geht alles – der Mann muß aus dem Haus! Soll sich dieser Mann eine andere Wohnung suchen, dafür zieht der

andere ein, und die Schwierigkeiten beim Portier sind damit überwunden."
„Rede doch nicht! Die Wohnung geht auf Georgs Namen. Sonst hätte ich die Wohnung nicht bekommen."
„Da braucht er sie ja nur umschreiben lassen auf Hans. Dann ist die Sache noch einfacher ..."
„Du bist verrückt."
„Oder du – wenn du so weiter machst und dir die Männer auf dem Kopf herumtrampeln läßt, wirst du nicht weit kommen. Auf mich hast du nie gehört."
„Ich wünsche nicht, daß du dich in meine Angelegenheiten hineinmischst."
„Sieh mal an –"
Dagny fängt an zu lachen. Die Mutter murmelt etwas vor sich hin, und das Gespräch ist zu Ende.
Die Spannung bleibt. Sie ist eher noch gewachsen.
Ein solches Gespräch, in der gleichen Form und bei einem ähnlichen Anlaß, wird immer wieder von neuem beginnen. Dagny sieht die Mutter vor sich, wie sie das Bild noch in Erinnerung hat – sie steht auf dem Kahn und füttert die Fische. Dagny hat sie angerufen, damit sie die Laufplanke ans Ufer werfen soll, aber die Mutter hat nicht gehört, ein paar Meter nur entfernt; in Gedanken versunken, in ihre Beschäftigung vertieft, vollständig abgewandt ihrer Umgebung und der Welt. Sie füttert die Fische. Die Katze streicht um ihre Füße, denn die Frau wird dann die Angelrute nehmen und einen Fisch fangen, auf den die Katze wartet und der ihr schon versprochen ist; stundenlang wiederholt sich das. Das Bild vermittelt den quälenden Eindruck einer völligen Verlassenheit. Aber in dem Bild steht das eine schief; diese Frau ist stolz auf ihre Einsamkeit, in dem Kreis ringsum von Verschlossenem brodelt ein unheimlich lebendiger Trotz, läßt den neckenden Zuruf der Besucherin in der Kehle stecken bleiben, Dagny war versucht gewesen wegzulaufen und sich zu verstecken und niemals mehr wiederzukommen. Die Mutter hat ihr schrecklich leid getan, so überwältigend war das Gefühl, daß ihr die Tränen aufgestiegen sind, sie hätte nicht mal im Einzelnen genau sagen können, warum – Ob es einen Dämon der Einsamkeit gibt, von dem manche Frauen besessen sind und an dem sie leiden? – Es wäre unmöglich für die Tochter gewesen, in solchen Stunden und Tagen der Mutter näher zu kommen, überhaupt nur vernünftig

mit ihr zu sprechen; jedes gütige Wort, die kindliche Zärtlichkeit erstarrt in diesem magischen Kreis von Abgeschlossensein zu Eis, zu einer Bedrohung und Beleidigung. Sie hat das oft genug früher erfahren müssen. Und sie weiß, die andere ist in ihrer Art zufrieden mit sich, in Wirklichkeit leidet sie nicht, der Vorrat von Leid ist vielleicht schon erschöpft. Sie lebt davon und hält sich damit aufrecht, frischer mit jedem Jahr, zäher gegen das Alter und bereit und fähig, dem gegenüber nicht einen Schritt zu weichen. Immer weniger wird sie sich mit denen, die ihr nahestehen, verständigen können. Sie selbst kann in den Tagen, da sie sich aussprechen will, kaum noch auf Verständnis rechnen. Es ist eine furchtbare Katastrophe, wenn die Menschen sich nicht mehr verstehen.

Das Kind sieht sich in der Mutter im Spiegel. Solange war Dagny der Notwendigkeit ausgewichen, sich in diesem Spiegel zu schauen, mehr noch – sie hatte es ängstlich vermieden und sich davor gefürchtet. Die eigenen äußeren Verhältnisse (die ihr Alleinsein und ihre Einsamkeit zu einer brennenden Wunde gestempelt haben) so, wie sie auf sie einwirken, zwingen sie dazu, nach innen zu schauen und sich im Spiegel der Älteren zu betrachten. Trotzdem ist es ihr Spiegelbild. Sie weiß jetzt, daß sie sich dagegen gewehrt hat, daß sie die ganze Zeit über davongelaufen ist, daß sie Umwege über Umwege gemacht hat, um dem auszuweichen, sich zu verstecken. Jetzt hat es sie eingeholt. Es muß wohl so sein. Sie hat keine Kraft mehr; wohl noch den Widerstand, die Abneigung, die Auflehnung – aber keine Kraft mehr wegzulaufen.

Auch die Mutter ist durch die Jahre der Kindheit sozusagen hindurchgeschleppt worden, sie kommt frühzeitig aus dem Haus, sie ist frühzeitig weggelaufen. Die Großmutter hat es ihr angedeutet – die Großmutter ist auf dem Lande aufgewachsen und dann in die Stadt als Dienstmädchen gegangen; sie kann in bescheidenen Verhältnissen eine Wirtschaft führen, mehr kann sie nicht. Einem aufgeweckten Kind ist dieser Rahmen zu eng, daher ist sie auch weggegangen. In der kaufmännischen Lehre hat es die Mutter nicht lange ausgehalten. Sie wollte Künstlerin werden, sie hätte die Kunstschule besuchen können, die Anlagen waren genügend – eine Art Vorprüfung hatte das festgestellt, aber es fehlte nach allen Seiten hin an genügendem Rückhalt, an Geld, an Zähigkeit in der Durchsetzung des Zieles und an Geduld. Sie ist dann in die Kunstschule gegangen, aber als Modell. Sie ist später in eine Theaterschule vorgedrungen, als Tänzerin steckengeblieben, Mitglied einer Schautruppe am Varieté, mit der sie in der Welt herumgefahren ist. Die äußeren Verhältnisse haben diesen Weg vorgeschrieben, in Wirklichkeit? – Das ist die Frage, die Dagny beschäftigt.

Damals, auf diesen Reisen, hat sie den Mann getroffen, mit dem sie sich in das Abenteuer stürzte, das Heim zu gründen, die Familie. Sie hätten zusammenstehen müssen, sich gegenseitig erziehen und bilden, stattdessen sind sie aneinander zerbrochen, zunächst die Mutter. Es ist erstaunlich, wieviel sie an Kenntnissen in ihrem Leben gesammelt hat, der Vater hatte es darin leichter, dank seiner Erziehung hatte er schon vieles mitbekommen. Sie aber mußte es in eigener Erfahrung durchleben, aufnehmen und verarbeiten. Eine überwältigende Aufgabe, von der sie sich manchmal zu entlasten suchte, wenn sie darauf aus war zu zerstören, was soeben erst aufgebaut war. Auch ihr wird das Kind eine Last gewesen sein. Nach außen hat sie diese Last von sich geschoben, nach innen wird sie vielleicht doppelt schwer daran zu tragen gehabt haben – das ist es, was Dagny erfahren möchte. Vieles spricht dafür, aber die Mutter spricht es nicht aus.

Nur das eine wird offensichtlich, daß sie selbst, das Kind, die Last dieser Eltern auf sich genommen hat. Davor ist sie nicht weggelaufen, im Gegenteil – sie hat sich angeboten, sie besteht auf ihrem Platz, sie fordert; möchte die Mutter doch das verstehen. Dann wird es auch leichter sein, sich gegenseitig zu helfen.

Sie vermag sie noch einmal zu überreden, auf den Wohnkahn zurückzukehren. Sie verabreden einen näheren Zeitpunkt, in dem es vielleicht möglich sein wird, eine gemeinsame Wohnung zu finden. Dagny geht die Zahl ihrer Bekannten durch und die Möglichkeit, die Stellung zu wechseln und aufs Land zu ziehen; die großen Rüstungsbetriebe, zu denen sie ohne weiteres überwechseln kann, sind auf diesem Wege schon vorangegangen. Sie verschweigt noch, daß sie eigentlich die stille Hoffnung hat ins Ausland zu kommen, sie weiß bereits, die ersten Schritte sind dazu eingeleitet und nicht ohne Hoffnung und Erfolg. Sie sieht die fast unüberwindlichen Schwierigkeiten, die dieser erste Kontakt mit der Mutter solchen Plänen bereitet – alles andere wird demgegenüber bedeutungslos. Eine neue schwerwiegende Bedrückung, sie muß sich entscheiden.

Dagny bemühte sich, dieser Entscheidung nicht auszuweichen, sie suchte die Mutter zu verstehen und das ihrige dazu beizutragen, den anscheinend völlig festgefahrenen Lebenskarren wieder in Gang zu bringen. Sie nahm sich bereits im Stillen vor, ihr laufend etwas zu schicken, notfalls ihr die Wohnung zu überlassen; sie würde für sie sorgen, auch wenn sie dann vielleicht außer Landes sein sollte.

Sie schrieb in der Annahme, die Mutter sei bereits schon auf ihre Insel zurückgekehrt, dieser einen langen Brief. Sie schrieb zum ersten Mal in ihrem Leben von sich, ihren Erwartungen und Befürchtungen, den eigenen Beobachtungen ihres bisherigen Lebensweges mit schrankenloser Offenheit. In der Erleichterung des Vertrauens, in der Gewißheit des Verstandenwerdens, in der Sehnsucht nach Wärme und Verbundensein. Gehärtet in ihren Erfahrungen und Fehlern, beglückt von einer neuen Einsicht, und voller Zukunftshoffnung – erstmals in ihrem Leben das wirkliche, das echte Kind. Sie hatte die Kruste gesprengt, die sich im Dämmer ihrer Jugendentwicklung gebildet hatte, sie hatte sich durchgerungen, um ans Licht zu kommen, zur Klarheit. So vieles war in letzter Zeit an Verschwommenheiten und Illusionen von ihr abgefallen. Es war ein Programm, es würde die Grundlage ihres weiteren Lebens sein. Ein Tor hatte sich geöffnet; sie war berauscht von dem Gedanken, ihr bisheriges Leben aufzuschreiben, die Hintergründe zu klären, die Atmosphäre und die Nebenwege mit Anmerkungen zu versehen. Sie ging sogleich ans Werk, in fiebernder Hast, in einer bisher nicht gekannten Beglückung. Wiederum hatte sich ihr eine neue Welt erschlossen.

Der Brief war geschrieben worden zwischen Anfällen von Nervenschmerzen, die trotz aller ärztlichen Behandlung nicht weichen wollten, inmitten einer Arbeitsüberlastung, die bereits die Grenzen des Möglichen überschritten hatte. Sie setzte ihren Ehrgeiz darein, ihren Leuten im Büro zu beweisen, daß sie nicht unterzukriegen war, vielleicht war es die ihr genehme Form der Distanz. Unter Nadelstichen von allen Seiten und Bedrohungen. Eine Aufforderung, im Amtsgebäude der Gestapo an einem beliebigen Tage „gelegentlich" vorzusprechen, legte sie beiseite, interessierte sie nicht. Dem Personalchef war es gelungen, ihr einen Rüffel zu verschaffen, der sich möglicherweise zur Eintragung einer Verwarnung ins Arbeitsbuch auswachsen würde – es stimmt, sie war in größeren Abständen drei oder viermal je einen Tag zu Hause geblieben, einfach unfähig aufzustehen, um ein ärztliches Attest hatte sie sich erst nicht bemüht; daß sie den verlorenen Tag durch doppelte Arbeitsleistungen nachzuholen bestrebt war, davon nahmen die Leute keine Notiz. Es war ein Stich, und er blieb auch bohrend im Gedächtnis; aber er interessierte sie jetzt nicht. In ihren schriftstellerischen Bemühungen, mit denen sie die immer bedrohlicher werdenden Nervenschmerzen betäubte, hatte sie das Mittel gefunden, alles Störende und Unangenehme von sich fernzuhalten. Sie würde sich um den Abschaum, der sich anscheinend rings um sie angehäuft hatte, nicht mehr kümmern. Sie vergaß darüber, noch immer nicht im Gleichgewicht, die Zeit.

In dem Brief hatte sie auch davon geschrieben, daß sie nunmehr entschlossen war, Georg zu heiraten. Sie wußte, daß die Mutter ihr nicht nur abgeraten, sondern den Gedanken geradezu als verrückt bezeichnet hat. Diesmal hielt sie sich erst nicht mehr damit auf, sich über die Gründe im Einzelnen auseinanderzusetzen und wie sie nach mancherlei Überlegung für und wider zu diesem Entschluß gelangt sei, sondern hatte nur das unumstößlich Feststehende mitgeteilt – einen Augenblick mußte sie sogar daran denken, daß dies die gleiche Art war, in der die Mutter ihre Entscheidungen zu treffen und vor allem bekanntzugeben pflegte. In Wahrheit hatte es nämlich keinerlei Überlegungen bedurft; was früher dagegen gesprochen haben mochte, war einfach nicht vorhanden, und wenn trotzdem – würde es geändert und verbessert werden. Das heißt es war bereits alles anders geworden, zwar nicht äußerlich, aber der Blick nach innen – der sah manche Zusammenhänge anders. Sie würde eine Familie haben, ein Heim und ein Kind. Wenn nicht von Georg, so von einem anderen Mann, sie beide aber werden es aufziehen. Alles Verworrene und Verborgene vereinfacht sich zum Schluß. Mit diesem Entschluß – Georg zu heiraten – mit dem sie eines Tages aufgewacht war, hatte sie sogleich Ernst gemacht. Der junge Mann hat eine ältere Schwester in der Nähe, die mit einem Holz- und Materialienhändler verheiratet ist. Der Mann ist Soldat, die Frau führt allein das Geschäft. Eine Stunde Bahnfahrt von der Stadt. Die beiden fahren hin, der Bruder hat schon nach Jahren die Schwester nicht mehr aufgesucht. Dagny trifft eine robuste Frau, die mit beiden Füßen im Leben steht; einen größeren Gegensatz zwischen Geschwistern kann man sich kaum vorstellen. Von Dagny ist alle Schüchternheit, alles Unbestimmte, alle Unsicherheit, die im Wesentlichen den Charakter bisher bestimmt hat, gewichen. Die beiden Frauen kommen sogleich ins Gespräch, Dagny hat eine mütterliche Freundin gewonnen. Es stellt sich heraus, daß die Schwester sich um Georg ernstlich bemüht hat, ihm eine Stellung im Leben zu sichern, sie kennt seine Schwäche und seine Haltlosigkeit – Verträumtheit, verbessert Dagny für sich. Sie hat ihn schließlich aufgegeben, und der Bruder ist weggeblieben; er hätte auch in ihrem Geschäft arbeiten können. Die Frau ist froh zu hören, daß sich jemand seiner annehmen wird, daß er in feste Hände kommt. Sie will nach Kräften behilflich sein. Von der Frau, fühlt Dagny, geht eine wunderbare Wirkung aus, Kraft und Zuversicht.

Es ist da auch ein Vater vorhanden, in einer höheren amtlichen Stellung in Wien, Georg hat niemals von seinem Vater gesprochen. Die Eltern leben schon seit vielen Jahren getrennt, aufgewachsen ist Georg bei fremden Leuten – Dagny kennt jetzt schon diesen Entwicklungsweg, sie hat nur Menschen bisher um sich, denen die Familie fehlt. Es ist eigentlich belustigend. Mit dem alten Herrn wird auch die Verbindung hergestellt; Georg kannte nicht einmal die Adresse. Und die Schwester nimmt sich sonst der Pläne des jungen Paares an. Sie gibt eine Reihe Ratschläge und guter Winke, wie man durch die Schwierigkeiten vielleicht hindurchkommen kann. Die Schwester ist ein großes Geschenk und ein mächtiger Auftrieb. Sie ladet Dagny ein, bei ihr zu wohnen, sie wird sie verpflegen und sie wird sie gesund machen.

Während Dagny in manchen Nachtstunden an ihren Versuchen schreibt, sie hat aus ihrer Lebensgeschichte an vielen Etappen zugleich angefangen, sitzt Georg gegenüber am Tisch und liest in den Zeitungen, blättert, streicht an, macht Auszüge und versucht sich selbst schriftstellerisch in kleinen Berichten und Stimmungsbildern. Dagny lacht ihn, wenn er es ihr vorliest, aus. Er ist beleidigt und will nicht zuhören, wenn sie dann von sich etwas vorlesen will – eine Idylle, die Vorstufe des Heims.

Auch der Vater hat eine Nachricht übermitteln lassen, daß der

Unterbringung in der Hohen Tatra nichts im Wege steht, und daß alles weiter vorbereitet ist. Es fehlt nur noch die Ausreise, indessen die Aussichten sind günstig.

Diese Aussichten erhalten einen gewaltigen Schlag. In der Wohnung erscheinen Polizeibeamte – Haussuchung! Es ist zuerst niemand anwesend, später kommt Georg hinzu, als die Haussuchung sogut wie beendet war, die Beamten hatten sich ein Stück Wurst am Herd gebraten. Sie waren gerade dabei, ein Siegel für die Tür vorzubereiten, die vorher schon von ihnen gewaltsam geöffnet worden war. Die Beamten nahmen den angehenden Journalisten mit. So bleibt die Tür offen, und Dagny erfährt von den Nachbarsleuten, was vorgegangen ist, vorgegangen sein könnte – denn Genaueres wissen diese auch nicht, nur die üblichen Vermutungen.
Die Zeit bringt sich unmißverständlich in Erinnerung.
Der Schlag – scheints, ist nicht zu überwinden. Die Hoffnung, vielleicht eben noch davonzukommen und neu beginnen zu können, zeigt sich schon in der Wurzel angefault. Die Beamten haben zudem sämtliche auffindbaren Papiere mitgenommen, auch ihr Manuskript. Der Portier weiß zu berichten: volle Aktentaschen, prall gefüllt. Bei aller Verzweiflung trotz einer plötzlich übermächtig werdenden Angst, die sie sich zunächst nicht eingestehen will, ist Dagny versucht laut darüber herauszulachen. Irgendjemand also, das ist sicher, wird ihre ersten literarischen Versuche lesen. Leider fehlt aber auch der Paß und eine Reihe weiterer Ausweispapiere, selbstverständlich alle Briefe.
Im Vergleich zu den vielen Jahren, in denen sie blind und mit Scheuklappen durchs Leben gegangen ist, vollzieht es sich diesmal nur in einer knappen Stunde, daß sie begreift, was eigentlich um sie herum vorgeht, begreift, was sie versäumt hatte zu tun, und was man von ihr hätte erwarten sollen. In Scham und Angst geht diese Stunde vorüber; in Scham darüber, daß sie alle solche Erwartungen nicht erfüllt hat, daß sie nicht nur unwissend geblieben ist, sondern auch egoistisch und unentschlossen – der Blick, stur auf den Nebenmann gerichtet, ist leichter.
Sie weiß jetzt selbst nicht, was sie eigentlich tun soll, wie sich wehren und wie und wen schützen. Aus Angst, daß sie mit Sicherheit das Falsche tun wird, sie ist sehr verwirrt. Wenigstens entschließt sie sich abzuwarten, wegzulaufen hätte auch keinen

Zweck gehabt. Nach einiger Zeit kommt eine große Ruhe über sie, hüllt sie ein, nimmt den Rest von Gewissensskrupeln, von denen sie sich ziemlich schnell befreit hat. Sie wird sich bis zum Äußersten wehren, die Dinge an sich herankommen lassen und auf dem Posten bleiben. Vergleichbar diese Ruhe mit der Wirkung ihrer schmerzstillenden Mittel, vielleicht nur einer Betäubung – denn sie fühlt es bereits als gewiß. Die Qual, die Unruhe, die Angst und die Scham, die Verzweiflung wird wiederkehren. Immerhin, sie geht am nächsten Tage wieder ins Büro und vermag den ganzen Tag über unentwegt zu arbeiten. Abends wartet ihrer eine Überraschung, war es nicht, daß sie beinahe getrieben wurde, wieder in die Wohnung zu gehen? – Sie hätte gut noch im Büro bleiben können. Georg ist bereits zurückgekommen. Er sitzt am Tisch mit seinen Zeitungen beschäftigt.
Es ist harmlos verlaufen; allerdings hat man sämtliche Papiere noch zurückbehalten, in ein paar Tagen soll er nochmals vorbeikommen.
Verhör? – Nein, kein eigentliches Verhör. Gesucht hat man nach dem Elektrotechniker, von dem man anzunehmen schien, daß er sich in der Wohnung aufhalten würde. Viel mehr wußte Georg nicht zu sagen. Den Mann kannte er ja kaum dem Namen nach, ebensowenig die Zusammenhänge mit der Mutter, die sich bei ihnen kurze Zeit besuchsweise in der Wohnung aufgehalten hatte. Es muß dem Beamten glaubwürdig, mehr noch verständlich gewesen sein. Sie haben ihn die Nacht über warten lassen, und noch bis zum Mittag, dann ist er entlassen worden; gefragt hat ihn keiner mehr. In der Einfachheit dieses Berichts blieben die schwerwiegenden Perspektiven wie Bleigewichte hängen. Bei Dagny hatte die äußere Ruhe einer tiefen Erschöpfung Platz gemacht. Sie hätte dem Freund von der Zuversicht sprechen wollen, daß sie diese Krise gemeinsam überstehen würden, von ihrer immer weitreichenderen Verbundenheit – es langte nicht mehr. Gedanken und Worte geraten in einen Strudel und sind verwirrt.

Auch dieser Anfall ging noch einmal verhältnismäßig rasch vorüber. Der Arzt versuchte es mit einem neuen Medikament, befürwortete eine neue Serie von Injektionen und schrieb das Attest für das Büro. Dagny hätte eine Woche im Bett bleiben können, die innere Unruhe aber trieb sie schon am dritten Tage wieder ins Büro; man darf jetzt für die technische Vorbereitung der Ausreise

keinen Tag versäumen, es steht zuviel auf dem Spiel. Die Decke im Zimmer war zu niedrig und die Wände schoben sich zusammen, als wollten sie die Kranke erdrücken.
Sie erinnert sich, an einem der darauffolgenden Tage war die Mutter wieder in der Wohnung erschienen. Sie hatte etwas von ihrer starren Sicherheit eingebüßt, sie machte einen gehetzten Eindruck, der Blick war flackernd. Wie auf beiderseitige Verabredung der augenblicklichen Eingebung folgend, vermieden es die jungen Leute zunächst, von der Haussuchung zu sprechen. Im Laufe der Unterhaltung kam die Mutter damit heraus, daß sie einen Urlaub von einigen Tagen für ihren Lebensgefährten erwirkt hatte, die Unterstützung war noch nicht geregelt, nötigenfalls wäre eine Kriegsheirat in Frage gekommen. Nach einer neuen Verordnung war die Frau, die seit längerer Zeit mit einem Manne zusammenlebte, von dessen Unterstützung sie abhängig war, den Rechten nach der Ehefrau gleichgestellt. Die Frau brauchte sich also nicht scheiden zu lassen und konnte die Unterstützung des letzten Ehegatten von dessen Familie ruhig weiterbeziehen. Es hätte für die nächste Zukunft ziemlich rosig ausgesehen – wenn Hans rechtzeitig aus dem Urlaub wieder zurückgekehrt wäre; aber sie waren sich eben darüber nicht einig geworden. Die Mutter war nicht, wie Dagny angenommen hatte, nach Hause gefahren, um dort zu bleiben, sondern nur um sich die notwendigen Bestätigungen zu holen, so daß sie aller Wahrscheinlichkeit nach auch Dagnys Brief nicht erhalten hatte; die Tochter fragte auch nicht danach.
Sie hatte die Vorstellung, daß ein übermäßiges Gewicht auf sie gelegt ist, ein schwerer Deckel, der sie niederdrücken wird, eine Tür, gegen die jemand drückt, um sie eingeschlossen zu halten. Es wäre leicht dabei in Gedankenverknüpfung zu denken an Sarg und Sargdeckel, aber in diesen Vorstellungen lag keine Todessehnsucht oder Todesfurcht. In einer Ecke des menschlichen Bewußtseins ist dies genauestens registriert. Dagny war sich im Klaren darüber, es ist noch nicht zu Ende, sie hat noch eine weite Strecke Weges vor sich. Es steht ihr jetzt erst bevor, sich über das bisherige Leben einen Überblick zu verschaffen, die Bilanz zu ziehen und versuchen, das was falsch gewesen ist, besser zu machen. Eine solche Erkenntnis ist unerbittlich wie ein Naturgesetz, unabänderlich – es hat kein Zweck sich dagegen zu sträuben, dem entfliehen zu wollen, daher wehrt sie sich auch mit allen

Kräften, ein Wunder an noch vorhandener Zähigkeit, gegen das Gewicht, das sie niederdrückt. Sie stemmt sich dagegen, sie hebt den Deckel, Zoll für Zoll. Sie öffnet die Tür, die sich zuschließen will, Spalt für Spalt. Alles dieses tut entsetzlich weh, es reißt an den Nerven, es ist, als ob die Eingeweide um die Magengegend herum mit Nadeln durchstoßen, mit einer Feile bearbeitet und angesägt werden. Sie muß diesen Deckel emporheben, wenn sie aus dem Bett aufstehen, am Tisch sich erheben, die Treppe hinunter- und hinaufgehen, mit irgendetwas sich beschäftigen und sprechen will. Nachher geht es wieder eine Weile, aber es wiederholt sich diese schmerzhafte Anstrengung, die sie rasch abmagern läßt.
Die Mutter bleibt in der Wohnung, sie hat nirgends mehr Unterkommen. Bisher war sie noch bei einigen von früher bekannten Familien aufgenommen worden, das bisher ihr bewiesene Wohlwollen schien verbraucht. Dagny hört meist nicht mehr hin, die Erzählungen wiederholen sich Punkt für Punkt und waren sich aufs Haar gleich, nur jeweils in einer anderen Situation, die Namen waren ausgewechselt. Es stellte sich heraus, daß die Mutter trotzdem ihren Lebensgefährten bei der Dienststelle des Ausbildungslagers als hier wohnend angegeben hatte, gleichzeitig sich beide auf der Insel abmeldend. Jetzt ist auch kein Grund mehr, die Nachfrage der Polizei zu verschweigen.

Die Mutter nimmt das sehr ruhig hin, sie wird davon nicht berührt, denn, sagt sie, „er ist inzwischen schon gegriffen worden." Wahrscheinlich aufgrund der Denunziation eines ihrer Bekannten, dem die beiden zur Last gefallen sein mochten. „Aber es wird nicht viel herauskommen", schließt sie ab. Sie hat zufällig auf der Straße einen alten Freund getroffen, der heute als Beisitzer bei einem Kriegsgericht viel von diesen Dingen zu verstehen scheint. Er wird ihr behilflich sein in der Anfertigung eines Schriftsatzes und der Beschaffung entsprechender Zeugen, so daß allein schlimmstenfalls eine Urlaubsüberschreitung in Frage kommt, für die auch Gründe und Erklärungen genug gegeben sind; selbstverständlich sind auch Dagny und ihr Freund als Zeugen vorgesehen. Wozu sich darüber streiten – denkt Dagny.
Es schleppen sich die Tage und die Wochen. Es verändert sich nichts. Die Mutter hat es fertiggebracht, den Monteur wieder freizubekommen, allerdings wird dieser sogleich an die Front

geschickt. Die Jüngere muß sich zugeben, in dieser Weise hat sie selbst sich nicht bisher für Menschen, die ihr nahestehen, eingesetzt; vielleicht später, wenn sie gesund sein wird, und wenn sie erst rausfahren kann – sie hat keine Vorstellung mehr, wie es dann draußen sein wird, es ist alles wieder recht unwirklich geworden.

Es wird erwogen, sie in ein Krankenhaus zu bringen. Georg ist schon seit geraumer Zeit auf der Suche nach einer Aufnahme. Es können aber wieder noch Wochen darüber vergehen. Inzwischen läuft die Arbeit weiter, der Körper ist schon soweit mechanisiert, daß er sich ohne weiteres fügt; allerdings revoltiert er dafür zu Hause um so energischer, er revoltiert auch gegen die Medizin und die verschiedenen Beruhigungsmittel. Sie wirken nicht mehr und die Grenze, bis zu der man sie steigern kann, ist bereits erreicht.

Die Mutter beobachtet das Hinschwinden Dagnys mit großer und echter Sorge. Nachdem der Kampf um Hans vorerst abgeschlossen ist, wird sie die Angelegenheit der Tochter in die Hand nehmen. Es kann nicht ausbleiben, daß sie auch die Hoffnungen und Pläne, ins Ausland zu kommen, erfährt, soweit diese bisher eingeleitet und fortgeschritten sind.

Für den jungen Mann ist die Ausreise bewilligt, es sind nur noch belanglose Formalitäten zu regeln. Dagny kommt indirekt ihre Krankheit zugute, allerdings kann sie den Erholungsschein erst Anfang nächsten Jahres beantragen; noch ist das Jahr 43 nicht zu Ende gegangen. Es steht sogar, versucht sie sich zu einem etwas wehmütigen Scherz aufzuraffen, im Dezember noch erst ihr Geburtstag bevor.

In diesem Hin- und Herziehen, in diesem Dämmer, der in der Oberfläche der Wellentäler ruht von Schmerzen, Verzweiflung und letzten Widerstandswillen, entfaltet sich eine gewaltsame Entladung. Die Mutter hat Anstalten getroffen, auch ihrerseits sich der geplanten Expedition der beiden anzuschließen. Nicht nur daß die Höhenluft der Tatra ihrem Kehlkopfleiden vielleicht gut tun würde, entscheidend ist, daß Dagny kaum die Strapazen einer Reise allein wird ertragen können, sie braucht einen Begleiter – darauf ist der Plan der Mutter abgestellt; außerdem will sie nicht allein zurückbleiben, ihre Erstarrung scheint wesentlich gelockert.

„Ich verbiete dir, dich in meine Angelegenheiten zu mischen."

„Wenn es den Vater angeht, habe ich schließlich auch noch ein Wort mitzusprechen. Du denkst wohl, ich soll mich auf dich verlassen, daß du dem Vater gut zuredest. Nein – da kenne ich euch beide zu gut. Ich gehe lieber gleich selber mit."
Die Tochter ist ruhiger geworden, die Explosion ist vorüber. „Es geht aber nicht."
„Weiter weißt du nichts – du bist auch nicht besser als alle die anderen, dein Vater nicht ausgenommen – ein Haufen Dreck!" Georg, der zufällig anwesend ist, versucht einzugreifen, wird grob abgewiesen. Er gibt im Grunde nur das Stichwort zu gröberen Beschimpfungen; in den Minuten sich steigernder Erregung ist die Stimme der Frau weniger heiser. Sie überschreit sich, die Nachbarn laufen zusammen – auch Menschen dieser Zeit, auf die jetzt die Flut der Verwünschungen sich lenkt.
„Na so etwas –" sagt die Frau des Nachbarn, die den Mut hat, den Kopf zur Tür hereinzustecken und sich nach der Situation umzusehen, „hat man schon so etwas gehört –!" Der Portier, von der Treppe her, murmelt etwelche Drohungen.
Die Mutter ist still geworden, hockt in sich versunken auf ihrem Stuhl. Die jungen Leute machen den Eindruck verprügelter Kinder – in der Tat wäre es eine falsche Beurteilung, wollte man annehmen, die Mutter hätte nur ihren persönlichen Vorteil im Auge. Sie hat nur eine beschränkte Anzahl von Ausdrucksmitteln, um sich verständlich zu machen. Anders kann sie die Sorge um ihr Kind noch nicht ausdrücken ...
Dagny kehrt am nächsten Tage nicht mehr in die Wohnung zurück, sie ist zu der Schwester von Georg gefahren. Bei günstiger Benutzung der Fahrtverbindungen würde sich sogar kaum etwas ändern, wenn sie wieder dem Nachtdienst zugeteilt werden könnte. Es kommt nicht mehr dazu.
Sie hat die Wohnung fluchtartig im Stich gelassen, es ist möglich, daß sich die Mutter dort noch aufhält oder auch weggeblieben ist. Die Schwester Georgs ist liebevoll um sie besorgt; sie kann nicht viel tun, vor allem keine Hilfe bringen. Sie hat wenigstens einen Arzt bei der Hand, der nach wenigen Tagen schon eine Aufnahme von Dagny im Kreiskrankenhaus durchsetzt.
Damit begann der erste Stationsweg ihres Spitalaufenthaltes, über den schon eingangs gesprochen worden ist.
Das Jahr 43 ging gerade zu Ende.

DAS JAHR DER ENTSCHEIDUNG – JAHR OHNE GNADE

Die Kranke in der Isolierzelle 4 der Station 6 ist aufgewacht. Die traumhaften Vorstellungen, die in der das Hindämmern aufhellenden Erinnerung plastischer hervorgetreten sind, haben sich verflüchtigt. Das Bewußtsein tastet nach dem Greifbaren der Gegenwart: was ist?
Es kann auch eine Täuschung sein, Schritte sind im Gedächtnis haften geblieben; das Geräusch schwebt noch im Raum – aber es ist völlig still. Sie ist allein. Selbst draußen vom Hof dringt kein Laut. Die Kranke greift nach den Gitterstäben des Bettes, sie muß fühlen, daß sie wach ist. Ein leises Klirren – sie atmet befreiter, sie ist wirklich wach, und sie hat das Gehör nicht verloren, wie sie das in einer Sekunde des Erschreckens befürchtet hatte. Aber das Gitter ist heruntergelassen – richtig, vorhin war die Wärterin abberufen worden und hat vergessen, das Gitter wieder zu schließen. Jetzt ist sie völlig wach.
Es ist an der Zeit, daß sie wieder zu Kräften kommt. Sie richtet sich etwas auf, schiebt die Schulter an den Pfosten hoch und sitzt aufrecht – es geht. Über den Rahmen der Fenster-Verschalung, nur halb eingeschoben, hängt der Rahmen lose, dringt ein Strahlenbündel von Licht; es könnte vielleicht die Sonne sein. Es ist auch Zeit, daß sie sich aufmacht, von hier fortzukommen. Sie ist zuversichtlich, daß die Last dieser Krankheit und dieser Schwäche von ihr abfallen wird. Sie hofft es nicht nur, sie weiß es. Es ist eine schwere Prüfung gewesen, die bitterste in ihrem Leben bisher; schon im Vorübergehen, sie ist überwunden. Sie fühlt keinerlei Schmerzen mehr.
Die Kranke ist dabei, sich in der Zelle umzusehen. Der Blechtopf mit ihrer Suppe, er steht sonst am Kopfende des Bettes, ist nicht mehr da. Lisa wird ihn herausgeholt haben, um neue Suppe zu bringen und die Scheibe Brot. Sie hat Hunger.
Es kommt nicht mehr darauf an, sich eine eigene Schuld vorzuwerfen und nach dem Grad dieser Schuld zu messen –
Es kommt darauf an, zu einer Klarheit vorzustoßen, was jetzt geschehen soll. Die Trümmer und die Splitter liegen vor ihr ausgebreitet, es ist vieles zusammengebrochen und in Scherben gegangen, was noch nicht mal richtig hingestellt und aufgebaut war. Und es ist vieles, was am besten mit einer entschlosse-

nen Handbewegung einfach beiseite geschoben werden sollte. Es war ihr eben nicht gelungen, die beiden einzigen Menschen, bei denen sie sich hätte geborgen fühlen können, aufzufinden – den Vater und Georg. Sie hat allen Versprechungen geglaubt, mehr noch, sie hat sich daran geklammert, sodaß sie von sich aus nichts oder nicht das Richtige unternommen hat. Das war es, sie hat hier in Wien gesessen und gewartet, daß sie jemand an der Hand nehmen wird und über die Grenze führen; hatte aber nicht der Vater immer davon gesprochen? – Aus den Mitteilungen, die er an sie hatte gelangen lassen, ging das deutlich hervor. Anders Georg, der nur von seiner kritischen Lage geschrieben hatte, und davon, daß er sich nicht mehr lange würde halten können, und daß er selbst Anstalten treffen würde, wieder schwarz über die Grenze zurückzukommen, um sie zu treffen und bei ihr zu bleiben. Wenn sie jetzt solche Gedanken vor sich ausbreitet, so erinnert sie sich, daß ihr die verzweifelten Briefe Georgs mehr zugesagt haben als die Anweisungen des Vaters, die sich zudem als undurchführbar erwiesen und von einer Hast diktiert schienen, die eher eine Last rasch abschieben als wirkliche Hilfe bringen will. In dieser Wartezeit hatte sie eingesehen, wie richtig ihr Entschluß gewesen war, mit Georg gemeinsam das Leben aufzunehmen, um sich gegen alle Schwierigkeiten zu stemmen; sie hatte den Freund erst überhaupt in seinem Wesen kennengelernt, den Lebenskameraden verstanden. In der immer drängender werdenden Unruhe dieser Wartezeit ist vieles in ihr ausgeglüht worden, was bisher dem gegenseitigen Verständnis im Wege gestanden war. Sie ist nicht mehr gleichgültig den Geschehnissen gegenüber, in die sie hineingestellt ist. Sie ist erfüllt von der Notwendigkeit, sich aus eigener Kraft durchzusetzen und die Vereinigung mit Georg zu erzwingen, sich loszulösen von der gewitternden Stimmung der Angst vor dem Zusammenbruch, die sie rings um sich spürt. Tag für Tag wird sie skeptischer den Beteuerungen des Vaters gegenüber, zuzuwarten und sich ruhig zu verhalten. Jahr für Jahr hat sie das gehört; zwar hat sie sich wenig darum gekümmert und vor allem es auch nicht zu ernst genommen, eigentlich ist es sie auch nichts angegangen. Hätte er sie nur verstanden – sie würde sich dagegen aufgelehnt haben. Der Blick ist schärfer geworden, der Blick ist offen. Die Not, zu leben, die Notwendigkeit, am Leben zu bleiben, hat den Dämmerzustand, in dem sie bisher herumgelebt hat, zerstieben lassen und den

Blick geöffnet; die Gewißheit, für einen andern Menschen am Leben zu sein. Von der Gewißheit, von dieser Sehnsucht hat sie dem Vater schon früher geschrieben, aber im Grunde ist er darauf nicht eingegangen, hat solche Äußerungen vielleicht als übertrieben beiseite geschoben. Sie hat auch, das weiß sie heute, einen anderen Menschen gemeint, den Mann, dem sie verbunden sein will. Ob das die Liebe ist, von der in Büchern geschrieben wird? Der Gedanke steht in einer Schärfe vor ihr auf, daß sie ihn lieber nicht weiter verfolgen möchte. Die Kruste löst sich, das Eis schmilzt, Erschütterung will aufkommen - - -
Angefangen hat es seit ihrer Entlassung aus der Universitätsklinik in Greifswald. Sie fühlte sich nicht mehr allein. Über die räumliche Entfernung hinweg hielt sie Zwiesprache mit einem Menschen, und eine Stimme in ihr gab Antwort, die nicht ihre eigene war. Das Bild des Vaters begann zu verblassen. Es war, als ob es sich auseinandergefaltet und einem zweiten Gesicht Raum gegeben hätte, das dem ihres Freundes ähnlicher geworden war; es hob sich allmählich hervor aus dem Hintergrund und verschmolz dann mit dem anderen zu einem einzigen, dem immer ein wenig verlegenen von Georg, über dessen Hilflosigkeit sie so oft gespottet hatte. Eine große Kraft ging davon aus, eine große Freude, ein zäher Wille und die klare Erkenntnis von dem, was sie jetzt zu tun hatte. Sie war nicht mehr allein.
Denn es war notwendig geworden, hart zu kämpfen und im Ziel verbissen sich durchzusetzen. Die Wogen der Widerstände rollen heran, sie muß hindurch. Sie hat in den Monaten ihrer Krankheit gelernt, es wird ihr nichts geschenkt. Eine Schuld kann verziehen werden, aber das, was versäumt worden ist, muß nachgeholt werden. Damals waren die ersten Anzeichen des Frühlings über dem Land; bald ist ein volles Jahr vergangen seit ihrer Entlassung aus der Klinik, das Jahr ohne Gnade.
Habe ich das schon gesagt? - Ach ja, Dagny war zunächst wieder zur Mutter zurückgekehrt, anstatt die neugewonnene Kraft dafür einzusetzen, mit einem einmaligen großen Anlauf über die Grenze zu kommen. Der Tisch in der Kajüte ist gedeckt, die Mutter hat von dem Bauern Butter, Eier und Schinken besorgt, das kleine Fischerdorf nimmt lebhaften Anteil an der Rückkehr der Kranken; die Mutter hat sie vom Festland abgeholt. Was tue ich eigentlich hier, denkt Dagny, als sich die beiden am Tisch gegenübersitzen. Die See ist unruhig, Brecher schlagen über das Heck

des Wohnkahns, schieben sich unter den Kahn, der ins Rollen kommt.

„Hans hat geschrieben. Er scheint sich da draußen wohl zu fühlen. Er schreibt, daß er mit den Kameraden gut auskommt. Sie liegen am Wolchow. Willst du den Brief lesen?"

„Wozu? Ich wollte nur sehen, was von meinen Sachen noch geblieben ist. Du hast sie doch abgeholt –"

„Das sind nur Fetzen und Lumpen."

„Ich meine die Koffer, die im Keller standen, die Wäsche, die Kleider. Der Portier hat mir gesagt, du hast alles von mir, was noch dort stand, abgeholt."

„Die eine Seitenwand war eingedrückt, die Tür hing lose in den Angeln. Alles lag im Zimmer zerstreut. Was noch brauchbar gewesen sein mag, hatten die Nachbarn längst abgeholt. Hast du denn die Wohnung nicht gesehen –? Was noch herumlag, habe ich nicht erst mitgenommen. Es hätte sich nicht gelohnt."

„Nein, das weiß ich ja. Ich meine die Koffer im Keller – die standen doch schon vorher dort."

„Natürlich, die habe ich abgeholt. Hätte ich sie denn dort stehen lassen sollen – sie waren übrigens offen, und Interessenten werden auch schon darüber hergewesen sein."

„Das weiß ich; denn Georg hat noch seine Sachen herausholen müssen."

Es ist so verwirrend, diese schrecklichen Umwege –

„Ich will sie aber sehen. Ich muß sie mitnehmen. Wenigstens das Notwendigste an Kleidern und Wäsche, Schuhe und die Koffer."

„Mitnehmen? Wohin willst du sie denn mitnehmen?"

„Na, hör mal – das weißt du doch. Ich fahre hinüber und bin eigentlich nur gekommen, um sie abzuholen."

„Daraus wird nichts. Vorläufig hast du deinen Schein vom Professor, daß du noch nicht arbeitsfähig bist. Mit den Leuten hier habe ich schon gesprochen. Du kannst dann später hier in der Gemeinde untertauchen. Da fragt niemand mehr nach. Möglich, daß im Herbst Hans wieder nachhause kommt. Er schreibt, daß er dann Aussicht auf Urlaub hat; und wenn nicht, muß er sich eben krank schreiben lassen, und dann können wir sehen, daß wir vielleicht nach Schweden hinüber kommen können. So ist es das Beste."

„Ich will aber nach Ungarn. Und zwar sogleich. Ich denke schon in der nächsten Woche drüben zu sein."
Die beiden verstehen sich nicht. Das Gespräch plätschert noch eine Weile hin und her, voller Hintergründe und Spitzen. Der gute Vorsatz, die Dinge gehen zu lassen und die Mutter nicht zu reizen, schwindet bei Dagny.
„Wie du meinst."
Die Mutter ist schon aufgeregt und böse.
„Du hast es immer verstanden, mit dem Kopf gegen die Wand anzurennen. An mich denkst du dabei nicht!"
„Es geht einfach nicht. Ich kann dich nicht mitnehmen. Wo willst du auch hin – du bist doch hier gut aufgehoben."
„Ich will auch nicht – wenn du das meinst, daß ich deinem Vater nachlaufe. Ich habe genug davon." Durch das Bullauge an der Kajütenwand tröpfelt das Sprühwasser. Es ist nicht wahr – von neuem drängt in der Tochter der ganze Wust hoch, der ihr Leben bisher vergiftet hat.
„Wir werden dir schreiben. Der Krieg wird nicht mehr allzu lange dauern. Wenn ich erst mit Georg verheiratet bin, wird es leichter sein, daß du dann zu uns kommst."
„Ich will nichts mehr hören. Auf eure Briefe bin ich nicht neugierig. Ich bin nicht gewöhnt, das Leben mit so schmutzigen Kompromissen zu verschwenden."
Dagny hat den Teller beiseite geschoben. Wenn sie sich beeilt, kann sie die Fähre noch erreichen.
„Dann gib mir jetzt meine Koffer."
Aus einem Kasten holt die Mutter ein Bündel Sachen. Es sind wirklich nur noch Lumpen.
„Das ist alles."
„Das ist alles?"
„Nun ja – von was denkst du denn, daß ich hier lebe? Oder soll ich vielleicht verrecken?" Es entsteht eine Pause. Die Katze ist an den Rest von Schinken gegangen. Die Mutter ist dabei, sich eine Zigarette anzuzünden. Einladend liegt die Schachtel mit den Zigaretten auf dem Tisch – Dagny hat dem Professor versprochen, nicht mehr zu rauchen, wenigstens die erste Zeit, und so lange als möglich nicht.
„Du hast meine Sachen – verkauft? Die Schuhe, die Koffer?"
„Natürlich. Die Fischer rechnen auch. Wenn sie mir was geben, wollen sie auch etwas dafür haben. Geld braucht heute niemand.

Davon kann ich hier eine ganze Weile auskommen, und du auch, wenn du vernünftig bist. Ich bekomme natürlich immer nur das, was sie selbst haben. Aber wir werden schon nicht zu kurz kommen."

Dagny ist aufgestanden. Sie hat sich wieder in der Gewalt. Sie sucht aus dem Haufen noch einiges heraus. Die Leinentücher, die Unterwäsche, die Strümpfe sind weg. Ein zerrissener Wolljumper, ein schon aufgetrenntes Kleid, das sie hatte umarbeiten wollen, ein Paar abgetretene Halbschuhe – das ist alles, was sich noch des Mitnehmens lohnt. Sie packt es zusammen zu einem Bündel, das sie bequem unter dem Arm tragen kann.

Die Fähre wird bald fahren. Auf der jenseitigen Bucht der Insel ist der Dampfer schon ausgelaufen.

„Also dann – lebwohl."

„Adieu."

Nach Berlin zurückgekommen, unternimmt Dagny einen Vorstoß bei ihrer alten Arbeitsstelle. Sie ist eigensinnig; auch dieser Besuch war im Programm nicht vorgesehen. Fast allenthalben neue Gesichter, die meisten Männer in Uniform, die zivile und militärische SS-Uniform überwiegt. Es konnte schon für Leute jüngeren Alters gelegentlich mit Unannehmlichkeiten verbunden sein, sich in gewöhnlichem Zivil auf der Straße zu zeigen; der Straßen-Streifdienst der verschiedenen Partei-Organisationen pflegte solche Leute aufzugreifen. Die große Ablöse war in dem Büro bereits durchgeführt, die Abteilungen sind noch mehr auseinandergelegt, das Personal-Büro ist noch geblieben, der Aufnahmeraum in einer Militär-Baracke in einem der abgelegeneren Vororte untergebracht. Sie hat trotzdem das Glück, sogleich einem etwas näheren Bekannten zu begegnen, einem Herrn von altem Adel, der sich Georgs immer besonders angenommen hatte. Er stand auch jetzt noch in direktem Briefverkehr mit Georg, hatte ihm in den Schwierigkeiten, die sehr bald mit der neuen Gesamtleitung und anläßlich der Umstellung auch des Budapester Büros entstanden waren, wohlmeinende Ratschläge gegeben. Die Entlassung war auf Termin erfolgt, im Augenblick sei Georg noch tätig, der Vertrag wird aber automatisch ablaufen, wenn Georg nicht zum Termin zurückkehrt. Dies alles sprudelte der Herr an Neuigkeiten heraus, in der liebenswürdigsten Weise – und versprach, sich Dagnys anzunehmen, den Freund zu ver-

ständigen, auch einen Brief zu übermitteln. Er gab ihr auch den Rat, vorerst den Personalchef nicht aufzusuchen, zu warten, bis sich die Firma von selbst meldet.
„Ich habe hoffentlich bald Gelegenheit, Sie wiederzusehen; dann müssen wir uns mal gründlich aussprechen. Es waren so nette Abende bei Ihnen –" dann verabschiedete er sich. In der Tat, der Herr war in den letzten Wochen vor ihrer Erkrankung öfters bei ihnen abends zu einer Tasse Tee erschienen.
Viele Neuigkeiten auf einmal, und Dagny machte kehrt, um das für sie zuständige Polizeirevier aufzusuchen. „Versuchen wir es mal", hatte ihr liebenswürdiger Bekannter gesagt, als sie diesem ihre Ausreisepläne mitgeteilt und auf die Möglichkeit hingewiesen hatte, aufgrund ihres Krankenscheines eine Ausreise offiziell bewilligt zu bekommen; der Professor war so besorgt um sie gewesen, in seinem Gutachten ausdrücklich darauf hinzuweisen. „Versuchen wir es, meine Liebe, manchmal – gerade bei den unteren Stellen, wenn etwas Glück dabei ist, kann man damit durchrutschen." Aber sie hatte kein Glück.
Sie steht eine gute Stunde an, dann kommt der übliche Alarm, der sich über die am Tor angeschlagenen Amtsstunden erstreckt, die dem Publikum eingeräumt sind. Nach dem Alarm bleibt das Amt geschlossen – also morgen, recht früh. Am nächsten Morgen erfährt sie, daß eine Bescheinigung vom Arbeitsamt eingereicht werden muß, bevor an sie der Fragebogen ausgegeben wird, den sie dann auszufüllen hat. Der Fragebogen wird, hört sie von einem Mann neben ihr in der Reihe, der ihr freundlicherweise und ungebeten Auskunft erteilt, wenn er vom Amt begutachtet und die Angaben bestätigt sind, an das Polizeipräsidium weitergeleitet, Dauer 3–4 Wochen, ehe der Bescheid ans Amt wieder zurückkommt. Dann ist es soweit, der Paß würde ihr dann bestenfalls ausgestellt werden, das Visum erhält sie aber wieder nur von einer besonderen Stelle im Präsidium, nachdem noch vorher eine Bescheinigung vom Finanzamt einzuholen ist, der Nachbar fügt noch hinzu, sie möge noch ein wenig zuwarten, bis er selbst abgefertigt ist, und dann könnte er ihr das noch genauer erklären, er würde sie in ein Caféhaus einladen. Irgendwie ist das natürlich zum Lachen. Aber der Dagny ist durchaus nicht zum Lachen zumute. Sie muß sich erst absetzen von diesem Getriebe, sammeln und wieder zu Atem kommen.

Der Frühling hat nicht ganz Wort gehalten, es schneit, der Schnee wirbelt in großen regenfeuchten Flocken, die Straßen sind voller Schutt und Geröll, die Bahnen fahren meist nicht. Bis in die Knöchel versinkt sie über jedem Schritt in Schmutz und Schlamm. Es wäre gut, jetzt ihre festen Bergschuhe zu haben, auch den Mantel hätte die Mutter nicht weglegen sollen.
Sie war bisher bei einer Bekannten der Mutter untergekommen. Sie hatte den Leuten angedeutet, daß sie ihre Decke holen und sie für die Mutter zurücklassen würde; die Decke war noch im Luftschutzkeller ihres Büros liegen geblieben. Der Keller ist inzwischen umorganisiert worden, die Decke ist nicht gefunden. Dagny merkt bereits, sie fällt den Leuten zur Last, auf die Decke können die Wirtsleute nicht mehr rechnen. Sie schläft zwar auf dem Divan ohne Decke, aber man ist nicht sehr freundlich zu ihr. Dagny gibt nicht nach, sie geht trotzdem am nächsten Tag zum Arbeitsamt. Hat es eigentlich Zweck? Sie läßt sich von dem Zweifel nicht zurückschrecken. Warten, Anstehen, Nummernausgabe. Ihre Nummer erweist sich später als nicht zutreffend für das, was sie beantragen will; Schalter 7! Der Schalter hinter dem Schalter 2, der sie zurückweist, gibt sich mit dieser Auskunft noch nicht zufrieden. Er beugt sich aus dem Kojenfenster heraus und brüllt die Nummer noch einmal hinter ihr her, anscheinend persönlich beleidigt. Vielleicht ist es aber auch die rauher gewordene Art, Freundlichkeiten zu erweisen.
Am Schalter 7, nach Wiederholung der vorangegangenen Prozedur, sitzt eine Frau. Nicht unschönes Gesicht, etwas schief und unregelmäßig verquollen beim näheren Hinschauen, unbestimmbaren Alters, breit ausladende Brust, am Hals die Falten, die den Wechsel anzeigen im Körpergewicht, die 7 fetten und die 7 mageren Jahre. Die Beamtin hat Dagnys Vorgängerin in der Reihe abgefertigt, verabschiedet sich, reicht ihr durch das Fenster die Hand, süßlich lächelnd – so uneben scheint sie also nicht zu sein. Dagnys Nummer wird aufgerufen.
Dagny setzt der Frau auseinander, was sie will und was sie braucht. Die Frau nestelt an ihrer Figur. Und jetzt sieht Dagny verblüfft, das breite Gesicht ist kleiner geworden, geradezu zusammengeschrumpft, der Mund eingekniffen.
„Zeigen Sie mal her!" Sie nimmt das Gutachten des Greifswalder Professors und den Krankenschein, nimmt beide Papiere, nachdem sie ihr Dagny überreicht hat, und legt sie ungelesen bei-

seite. „Und nun will ich Ihnen mal etwas sagen", fährt sie die völlig verdutzte Dagny an, „das ist schon der Gipfel der Unverschämtheit. Über 2 Monate und 2 Wochen sind Sie schon aus der Arbeit, und Sie haben sich noch nicht gemeldet? Ihr Arbeitsverhältnis bei Ihrer bisherigen Stelle hat automatisch aufgehört, wenn Sie über 6 Wochen der Arbeit fern geblieben sind."
„Aber ich war doch krank –", mehr weiß Dagny im Augenblick nicht zu sagen.
„Das wird sich finden. Sie werden natürlich hier noch untersucht. Solche Wische, die Sie jetzt bringen, zählen bei uns nicht." Sie gibt dann in einem schnarrenden Ton Name und Dienststelle des Amtsarztes an, bestimmt die Zeit – 2 Tage – innerhalb derer sie sich wieder zu melden haben wird. Es wird die nächste Nummer aufgerufen.
In einer seltenen Eingebung von klarer Voraussicht vermag Dagny mit ruhiger und gleichgültiger Stimme um die Rückgabe ihrer Papiere zu bitten. Anscheinend war das nicht vorgesehen, die Frau hörte schon der nächsten Aufgerufenen zu. Aufrechterhaltung der Autorität, Ausdruck der Mißachtung, Wut und eine augenblickliche Ohnmacht, das Zweckmäßige zu überlegen, gingen durcheinander und verwirrten sich, die Frau nahm die Papiere, während sie mit der anderen noch spricht, und warf sie zum Klappenfenster hinaus. Sie flatterten auf den Boden hin. Die hinter Dagny in der Reihe Stehenden kichern. Es ist nicht zu verhindern, Dagny ist rot geworden, wie sie die Blätter vom Boden aufhebt. Was war eigentlich – was hat die bloß? Aber einmal aus dem Vorraum hinaus und auf der Straße, ist Dagny zufrieden, war das eine Probe? Dann hat sie die Probe bestanden; es hätte schlimmer ausgehen können.

In dieser Stimmung geht sie sogleich zu dem Bekannten von Georg, um ihn um seinen Rat zu bitten. Es leuchtet ihr ein, daß bei der Firma nach dieser neuen Entwicklung zunächst der Rückhalt gesichert werden muß. Der Mann läßt sie außerordentlich lange warten. Es heißt zuerst, er ist überhaupt nicht im Hause. Aber sie hört ihn im Nebenzimmer sprechen und macht den Boten, der ihr diesen Bescheid bringt, darauf aufmerksam. Also kommt dieser mit einem zweiten Bescheid zurück, sie möge warten. Der Herr vom alten Adel hat seinen Charme verloren, er ist durchaus nicht mehr bezaubernd und liebenswürdig. Es ist, versteht sich von selbst, wie er das auszudrücken pflegt, ein Gegner des herrschenden Regimes und jederzeit bereit, sich an einer Aktion zu beteiligen, die geeignet ist, dieses Regime zu diskreditieren. Er hat einen Vetter in Dänemark, zu dem er sich, wie er allen erklärt, die es hören wollen, zurückziehen kann, wenn die Sache in Deutschland brenzlich wird. Solche Andeutungen sind bestimmt, seine Stellung zu festigen, sie sind dem Ansehen förderlich; vielleicht, daß er den einen oder anderen der Parteigenossen, die sich auf guten Fuß mit ihm gestellt haben, dann mitnehmen wird.

Dagny hat vor, ganz offen mit ihm über ihre Schwierigkeiten zu sprechen, ihn nicht um Rat, sondern um Hilfe zu bitten. Sie kommt nicht dazu. Als er endlich erscheint, unterbricht er sie schon nach den ersten Sätzen. „Ich muß Ihnen sagen, daß es absolut unmöglich ist, daß Sie mich hier aufsuchen. Für solche Dinge habe ich nicht eine Minute Zeit. Ich werde auch jede Verbindung zu Ihrem Freund aufgeben; ich bedaure schon sehr, mich überhaupt seinerzeit für ihn eingesetzt zu haben. Mit Menschen Ihrer Art kann man nicht vorsichtig genug sein. Ich kann für Sie nichts tun –" und mit erhobener Stimme, „ich will auch nichts tun."

Geräuschvoll die Tür hinter sich schließend, ist er wieder ins Nebenzimmer hinübergegangen.

Der Mann ist verrückt geworden, denkt Dagny.

Es ist nunmehr wirklich an der Zeit, alles stehen zu lassen und der Stadt den Rücken zu kehren. In dieser Welt der Schatten und der Bosheit findet sich Dagny nicht mehr zurecht. Vielleicht hätte sie schon früher die Leute aufsuchen sollen, deren Adressen der Vater ihr vor längerer Zeit einmal gegeben hatte; über eine dieser Adressen ist auch einmal eine Mitteilung aus Budapest an sie gelangt. Sie hat damals nicht weiter darauf geachtet, jetzt könnte das von großer Bedeutung für sie sein.

Der erste Gang ist umsonst, Mann oder Firma existiert nicht mehr. An einer zweiten Stelle findet sie das pompös eingerichtete Büro einer Maklerfirma, in dem noch wenig beschädigten Westteil der Stadt. Der eine Inhaber, den sie eigentlich entsprechend dem aufgegebenen Namen, der ihr nunmehr deutlich vor Augen steht, hat sprechen wollen, ist auf Reisen; der andere nicht im Hause – genauer gesagt, er ist längst im Ausland, was aber zu-

nächst im Falle einer Nachfrage verschwiegen zu werden pflegt. Indessen ist aber noch der Bürochef erreichbar, augenblicklich auf Rücksprache bei Zentralbehörden unterwegs, wird aber zurückerwartet. Eine Sekretärin, die Dagnys Unentschlossenheit bemerkt, fordert sie zum Eintreten auf.
Im Chefzimmer findet die Eintretende ein halbes Dutzend Stenotypistinnen um den Konferenztisch versammelt. Die Damen trinken Kaffee, echten Bohnenkaffee. Dagny nimmt das schon nicht weiter Wunder, sie ist an erstaunliche Situationen bereits gewöhnt. Sie hat nur mit dem Blick der Sachverständigen feststellen können, daß keine einzige dieser Damen vom Lehrmädchen an in einem normalen Bürobetrieb gearbeitet haben dürfte. Sie sind sehr gut gekleidet, gut gepflegt, in guter Laune und in voller Harmonie; das sieht man auf den ersten Blick. Dagny wird mit zu einem Kaffee eingeladen.
Ins Gespräch gezogen, nennt sie ihren Namen und den Zweck ihres Besuches, sie will sich einen Rat holen. Sie ist dabei, ins Ausland zu fahren – und als sie dabei Budapest erwähnt, erinnert sich diejenige, die sie zuerst hereingebeten hat, auch des Namens ihres Vaters; sie glaubt, der Chef hätte ihn gelegentlich aufgesucht.
Die Mädchen tun sich in ihrer Unterhaltung keinen Zweck an, die meisten sind, wie aus den Bemerkungen hervorgeht, verheiratet; der Mann im Felde, Offizier oder auf Sonderkommando.
Die Zeit vergeht im Fluge, gearbeitet wird in diesem Büro anscheinend nicht. Erstaunlich, denkt Dagny, auf welche Weise der Mann sein Geld verdienen mag, irgendwo muß es schließlich doch herkommen.
„Nicht wahr", sagt die eine zu Dagny, „Sie wollen schwarz über die Grenze? Der Chef soll Sie mitnehmen – er nimmt immer eine von uns mit, wenn er nach dort hinunterfährt." Dagny hat das garnicht zu hoffen gewagt und nickt beglückt. „Aber das nächste Mal fahre erstmal ich. Er hat es mir fest versprochen." Die anderen lachen, anzüglich – wie es Dagny vorkommt. „Sie müssen nämlich wissen, für die Reisen nach Westen hat er seine besonderen Freundinnen. Damit können wir nicht konkurrieren, aber dahinunter nach dem Balkan läßt er eher mit sich reden, der Gute...", der Ton ist wirklich ungezwungen.
Der Bürovorsteher kommt nicht mehr, die Damen rüsten sich, nach Hause zu gehen. In einigen Tagen, spätestens einer Woche

wird der Chef zurück sein; sie möge nur wieder vorbeikommen. Einen Entschluß, das wird ihr schmerzlich klar, als sie jetzt auch aus dem Lederfauteuil sich erhebt, kann Dagny nicht fassen, so stark hat sie sich bereits einlullen lassen von dieser Atmosphäre der Wärme, des leichten Lebens und der abenteuernden Bequemlichkeit. Die gleiche, die vorhin mit ihrer überraschenden Frage ins Schwarze getroffen hat, nimmt Dagny vertraulich unter den Arm und zieht sie ein wenig abseits. „Nicht wahr, Sie müssen doch verstehen können – ich muß nämlich hinüber. Ich kann es Ihnen ganz offen sagen, ich bin von einem SS-Mann schwanger, schon im dritten Monat. Der Mann sah ja fabelhaft aus, aber nicht mein Typ, und Erwin – das ist mein angetrauter Mann und Gebieter, wird damit nicht einverstanden sein. Obendrein ist er jetzt zu einer Sicherungstruppe im Osten kommandiert und läßt nichts mehr von sich hören. Dagegen sorgt mein Mann aus dem Felde wirklich rührend für mich. Sie verstehen, ich möchte ihm Kummer ersparen –" sie hat dafür ein silbriges Lachen. „Erwin haßt solche Typen. Einmal haben sie ihn schon in der Mache gehabt und umerzogen. Das war ja schrecklich, was der Mann auszustehen hatte. Nicht wahr? Und wenn Sie irgendwie früher dahinkommen sollten, so lassen Sie mich Ihre Adresse wissen, ja? Es soll ja drüben so leicht sein, zwei Tage – und meistens bleibt der Chef vier bis fünf Tage, bis dahin muß alles fertig sein, und da haben wir noch Zeit etwas einzukaufen und uns ein wenig zu amüsieren, es soll ja großartige Nachtlokale dort geben, verstehen Sie ... das wäre herrlich. Und Sie könnten für mich schon etwas vorbereiten ... nicht wahr? Wir Frauen müssen uns in solchen Fällen gegenseitig helfen –" sie lacht belustigt.

Aber Dagny wird jedem näheren Eingehen darauf – es wird auch kaum erwartet worden sein – enthoben durch einen späten Besucher, der sogleich von den Damen mit großem Halloh empfangen wird – Eberhard mit Vornamen.

„Eberhard, hast du mir etwas mitgebracht?" „Eberhard, warum kommst du so spät?" „Eberhard, heute abend ladest du mich zum Essen ein, ich habe so großen Hunger –?" „Ach Eberhard, Liebling, du hast ja wieder nur diese schlechten Cigaretten –"

Wie ein Schwarm ungezogener Kinder sind sie über ihn hergefallen, greifen rechts und links in seine Taschen, versuchen den kleinen Handkoffer zu öffnen, den er abgestellt hat. Eberhard strahlt

255

über das ganze Gesicht. Der Mann ist Vertreter der Firma in Wien, Schrittmacher für die Balkanreisen des Chefs. Der erste Eindruck ist der eines mehr untersetzten wohlbeleibten Mannes, aber er trägt sich nur schlecht, er läßt die Schultern vornüber hängen und scheint unsicher auf den Beinen, dicke Wulste um die Augen und Hängebacken, ein Mann vielleicht in den Sechzigern. Es gibt aber Augenblicke, wo er sich strafft, er wird größer, er ist sehr viel jünger, das Auge bleibt zwar starr, der Blick bekommt indessen etwas Drohendes, Herr und Kavalier alter Schule; denn im vorigen Weltkrieg ist er als Offizier im ersten Garderegiment zu Fuß ins Feld gezogen, Regimentskamerad mit Leuten königlichen Geblüts. Von den anderen kurz ins Bild gesetzt, nimmt er sich sogleich Dagnys an. Er ladet sie zum Essen ein.

Als sie einer kleinen Likörstube zusteuern, von denen es früher Dutzende von Filialen in der Stadt gegeben hat, möchte sie ihn darauf aufmerksam machen, daß ihr vom Arzt jeglicher Alkohol verboten ist. Er sieht sie verwundert an und heißt sie schweigen, denn selbstverständlich gibt es in diesem Lokal schon längst keine Liköre mehr. Eberhard ist dort gut bekannt. In dem an und für sich nicht sehr großen Gastraum, den sie vom Hof her betreten, die Tür nach der Straße ist geschlossen, die Gaststätte ist normalerweise überhaupt nicht im Betrieb – sind nur wenige Tische besetzt, die Gäste kennen sich untereinander. Ihr Begleiter bestellt das Essen, und Dagny kommt aus dem Staunen nicht mehr heraus, so gut hat sie auch in Friedenszeiten nicht gegessen. Es gibt Wein, und Dagny kann nach Zureden nicht widerstehen mitzutrinken. Eberhard ist sehr belustigt. Er begleitet jeden Satz mit einem Augenzwinkern – ein komischer Onkel, denkt sie, aber gutmütig und ein wenig vertrottelt. Er führt witzelnde Reden zu den anderen Tischen hinüber, die ihrerseits entsprechend und dröhnend Bescheid geben. Eine gemütliche Stimmung, keine Musik und eine gute Gesellschaft; die Gesellschaft ist bereits reichlich angetrunken.

Eberhard kann auch wundervoll unterhalten. Er tastet unmerklich die besonderen Interessensphären ab und schwimmt dann munter in diesen Themen. Dagny, von dem schon ungewohnten Wein angeregt, plaudert darauflos. Sie hört sich von Dingen sprechen, mit denen sie sich eigentlich noch schwer beschäftigt und die ihr selbst noch nicht völlig klar geworden sind. Es ist wie im Märchen.

„Und jetzt meine Liebe, erzählen Sie mal, was Ihr Vater eigentlich vor hat."
Dagny weiß es nicht. Die Frage erscheint ihr unpassend und falsch gestellt, im Grunde ist sie beschämt und irgendwie schmerzlich berührt, beiseite geschoben – daß sie es wirklich nicht weiß, was der Vater vorhat. Es fällt ihr nichts anderes ein, als zu antworten: „Er wird wohl nur vorhaben, am Leben zu bleiben." Sie braucht nicht erst hinzusehen, sie fühlt, wie der andere sie unter den heruntergelassenen Augenlidern beobachtet. Das Lachen, mit dem sie ihre Bemerkung begleitet, klingt nicht echt.
„Na sehen Sie – das habe ich mir auch gedacht." Er beugt sich zu ihr hinüber, jovial und grinsend, und flüstert ihr vertraulich zu: „Sie brauchen sich nicht zu genieren vor denen da drüben. Alles alte Freunde, alte Kämpfer." Dagny wird es sehr unbehaglich zumute. Die Stimmung ist verflogen. Der Begleiter hat die Spannung und den Kurzschluß gespürt. „Sie können mit mir reden wie mit einem alten guten Freunde. Ich habe mit Ihrem Vater oft schon darüber gesprochen. Ich verstehe nämlich nicht, ich sehe es doch, es geht ihm nicht gut, und er könnte viel Geld verdienen. Das müssen wir alle, wenn wir nachher, wenn erst einmal der große Zusammenbruch kommt, nicht auf der Straße liegen wollen. Hat er das nötig?"
Dagny ist hilflos, sie weiß nichts darauf zu antworten!
„Wie herzig! Kindchen, Sie sehen aus, wie aus dem Wasser gezogen. Ganz wie der Vater. Ich sehe schon, ich muß euch beide in die Kur nehmen. Sehen Sie, ich rechne nämlich auf Sie. Wenn Sie nach drüben kommen, müssen Sie ernstlich Ihren Vater ins Gebet nehmen. Das ist er auch Ihnen schuldig. Heute darf man nicht mehr lange warten. Wir müssen Geld verdienen. Darin ziehen wir alle an einem Strick. Wir in unserer Firma – das bin ich schon allein der Firma schuldig, nicht wahr? Wir haben alle vor, am Leben zu bleiben." Das Lachen des Mannes ist echter. Dann verbreitet er sich darüber, wie mühsam das ist, die Leute, von denen man abhängt, bei guter Laune zu erhalten. „Jeder will etwas haben und jeder hat seine besonderen Wünsche. Das sind die Direktoren der großen staatlichen Gesellschaften, bei denen die fettesten Polizzen zu holen sind. Solche Leute fahren ins Ausland, aber genieren sich etwas auszugeben, um keine Schwierigkeiten mit der Devisenverrechnung zu bekommen, und die

zweite Garnitur, die auf Tagesspesen reist – auch diese Leute wollen einkaufen. Da müssen wir eben einspringen. Ihr Vater ist doch Devisenausländer?" Dagny weiß es nicht.
„Sehen Sie, er könnte für unsere Rechnung einkaufen, das Geld schicken wir ihm schon auf irgendeine Weise rüber, wir müssen nur einen entsprechenden Vertrag und Abschluß finden. Wir richten einen Pendelverkehr ein. Das wäre doch etwas für Sie? Und dann diese Lümmels von der Gestapo – die sind besonders unverschämt; immer mehr und immer ausgefallenere Sachen. Wo soll ich das alles hernehmen, wenn ich mich gerade zwei oder drei Tage dort aufhalten kann. Ich gebe euch genaue Listen an die Hand, über den Transport müssen wir noch besonders sprechen. Ich habe da meine besonderen Ideen, Liebesgaben, Kameradschaftshilfe und so weiter. Also ich rechne mit Ihnen, im Ernst – Sie müssen den Schwung hineinbringen." Der Redestrom fließt eine Weile so fort. Die Gesellschaft an den anderen Tischen ist noch lärmender und noch betrunkener geworden.
Dagny ist mit ihren Gedanken nicht ganz bei der Sache. Sie hat den ersten Schock überwunden; vielleicht ist das sogar alles möglich, und sie hätte für Georg bereits eine Basis – der Mann belustigt sie, der Mann ist drollig. Sie hat ein gewisses Zutrauen gewonnen.
Im Laufe der weiteren Unterhaltung hat sie ihm ihre besonderen Nöte geschildert, und Eberhard zeigt volles Verständnis dafür. Er rät ihr, so schnell wie möglich nach Wien zu fahren und dort das weitere abzuwarten. Und merkwürdig, erst während des Gespräches ist ihr der Gedanke aufgetaucht, sie wird bei Georgs Vater Unterkunft finden. Sie erinnert sich, daß sie damals noch vor ihrer Erkrankung sogar eingeladen worden war. Das hatte sie ganz vergessen – aber wird sie auch mit dem Zuge mitkommen? Der Begleiter kann sie darüber beruhigen, es gibt nur ein Mittel – sich dumm zu stellen und den Geldschein nicht zu vergessen. Als sie sich dann trennen, verspricht sie ihm, sogleich nach ihrer Ankunft ihn in seinem Wiener Büro aufzusuchen.
Auf der verdunkelten Straße, zwischen dem Schutt dahinstolpernd, auf dem Wege zu ihrer gestrigen Schlafstelle – es ist garnicht mal sicher, ob sie dort überhaupt unterkommt, fällt ihr ein, daß auch der Mann morgen nach Wien, wie er gesagt hat, zurückfahren will. Warum hat er eigentlich sie nicht mitgenommen, wenigstens auffordern hätte er sie sollen; über die Maklerfirma

hätte sie übrigens leicht den Dringlichkeitsschein für die Reise bekommen können – es ist wie ein Blitzstrahl, der sie ernüchtert, der sie in ihren hoffnungsvollen Gedankengängen wieder völlig aus der Bahn wirft. Was hat sie dem Mann nicht alles erzählt –! Sie ist verzweifelt. Erstens hat sie die Gelegenheit nicht ausgenutzt, zweitens sich in der übelsten Weise gehen lassen, und dann sich wieder Illusionen hingegeben, die sie glaubte sich bereits ein für allemal abgewöhnt zu haben – der Professor würde sehr ungehalten sein, Pfui! In diese Gedankengänge hinein überrascht sie der Alarm.

Im öffentlichen Luftschutzkeller hat sie Gelegenheit, noch weiter darüber nachzudenken. Die Luft ist zum Ersticken. Bomben schlagen in der nächsten Nachbarschaft ein, so daß sich der Boden hebt, der Kalk bröckelt von den Wänden. Sie war noch nicht gefestigt genug. Sie möchte weglaufen; laufen und laufen, daß sie das Ziel nicht verliert. Es geht schon in die Morgenstunden, als sie wieder auf der Straße steht. Planlos und noch immer nicht entschlossen, steuert sie dem Bahnhof zu. Im Laufe der nächsten Stunde wird vielleicht ein Zug fahren, der wegen des Alarms nicht weitergekommen ist. Sie wird ihn benutzen können, denn die Strecke wird wahrscheinlich umgeleitet werden müssen, so daß sie die gute Hälfte ihres Weges auf alle Fälle dem Ziele näher kommt. Vermutlich wird sie den Anschluß an den Zug vom letzten Abend noch erreichen, der irgendwo auf der Strecke liegengeblieben sein dürfte, heißt es in der Auskunft, je unbestimmter die Auskunft, je sicherer ihr Entschluß – sie wird sogleich fahren. Mögen ihre Sachen, das wenige, was noch im Koffer ist, liegen bleiben. Schluß damit! Und sie hat Glück. Der Zug fährt ab, und infolge der besonderen Umstände ohne Kontrolle. Am nächsten Morgen ist sie in Wien.

Das innere Gleichgewicht war bereits wieder bedenklichen Schwankungen ausgesetzt. „Achten Sie auf das innere Gleichgewicht", hatte Dagny der Professor in Greifswald mit auf den Weg gegeben, „lieber einmal die Hände in den Schoß legen und nichts tun, das Leben benötigt Vorbereitung und innere Sammlung. Im allgemeinen bekommt das der Mensch von der Erziehung her im Hause der Eltern mit; Sie haben das nicht mitbekommen. Da heißt es aufpassen..." Auf der Fahrt hat sie sich diese Worte wieder ins Gedächtnis gerufen. Ruhig bleiben, das Ziel nicht verlie-

ren, die Augen offen halten und die Schwierigkeiten nehmen, um sich hindurchzuwinden. Fehler sind schon bei ihren ersten Schritten auf dem neuen Lebensweg genug unterlaufen.
In dieser Stimmung macht sie sich sogleich auf die Suche nach dem Büro, in dem der Vater von Georg seine Amtsgeschäfte leitet. Die strapaziöse Fahrt hat sie nicht müde gemacht, im Gegenteil erfrischt – ein wohliges Gefühl, wieder bei Kräften zu sein. Alles verläuft nach Wunsch. Dagny findet einen springlebendigen alten Herrn, der vor Überraschung und Aufregung ganz außer sich gerät, als sie sich vorstellt. „So habe ich Sie mir vorgestellt ... welche Freude! Wie bin ich glücklich, Sie kennenzulernen!" Später sagt er im Gespräch: „Ich habe mir nicht vorstellen können, daß der Georg überhaupt eine Frau findet. Die Frau, die zu diesem unerzogenen und schwachen Jungen passen würde, habe ich mir nicht vorstellen können." Es gilt als selbstverständlich, daß Dagny bei ihnen wohnen wird, die Frau wird sich außerordentlich freuen, und es ist noch ein Baby im Haus. Die Wohnung entspricht allerdings nicht dem, was Dagny der äußeren Stellung nach erwartet hat, zwei kleine Zimmer und ein Vorraum, der zugleich als Küche dient. Ihr wird eine Lagerstatt in dem Vorraum bereitet. Die Aufnahme ist wirklich herzlich. Dagny hat sich zunächst nach der Frau umgesehen, als ein junges Mädchen sie in die Wohnung bittet; es ist eine große Überraschung, als das junge Mädchen, viel jünger als sie selbst, tatsächlich die Frau des Hauses ist, sie hätte eher die Enkelin des Mannes sein können. Tagsüber ist Dagny meist allein, die Frau geht mit dem Baby in ein Säuglingsheim, wo sie zugleich auch verpflegt wird. Abends, wenn sie zu dritt um den Tisch sitzen, sprechen sie von Georg und der Zukunft. Sie muß dem Alten gegenüber den Freund nach Kräften verteidigen, der Vater hat nicht das geringste Zutrauen zu seinem Sohn. Ein wenig störend noch, daß der Alte scheints ein fanatischer Parteigänger des Regimes ist. Es kostet Mühe, politische Gespräche, die zu Leitartikeln und Versammlungsreden sonst ausarten, abzubiegen. Dagny, vorsichtiger geworden, weicht aus, zeigt sich uninteressiert und unterdrückt jede Andeutung, daß sie etwa die Absicht haben könnte, schwarz über die Grenze zu gehen. Der Alte hat sie schon am ersten Tage ziemlich unverblümt gerade danach gefragt. Er hat nicht hinzugefügt, er würde sich sonst Schwierigkeiten zuziehen, wenn sie dann in seinem Hause gewohnt hat, aber Dagny hat das

ohne weiteres herausgehört. Es ist alles in bester Ordnung, sie hat ihm den Schein gezeigt, sie wartet jetzt nur auf Paß und Visum, das ihr nachgeschickt werden soll. Inzwischen muß sie warten – das ist bei der heutigen Lage selbstverständlich, stellt der Alte fest, und soweit auch ganz in Ordnung.

Das Gleiche hat sie auch erfahren müssen in der Maklerfirma, nämlich, daß sie warten muß. Es bleibt nichts übrig als abzuwarten. Nach einigem Zögern hatte sie am nächsten Tage dennoch das Wiener Büro der Maklerfirma aufgesucht; die Möglichkeit, im Auto mitgenommen zu werden, war zu verlockend. Der Vertreter, der gerade erst selbst mit dem Zuge eingetroffen war, zeigte sich nicht sonderlich überrascht. „Tapfer, tapfer – wie haben Sie das angestellt?" – Er sagte das nicht, aber Dagny hörte es; das sind Gesprächsschattierungen, die präziser zu hören sind als tönende Worte. Er war gleichzeitig liebenswürdig und zuvorkommend und lud sie sogleich zum Mittagessen in sein Hotel ein; Eberhard war nicht gewohnt, sich mit dem Risiko einer eigenen Wohnung zu belasten, er wohnte im Hotel. Gesprächsführung, Witze und Ermahnungen waren die gleichen geblieben. Dagny hörte nur heraus, daß vielleicht schon in der nächsten Woche der Chef über Wien nach dem Südosten reisen würde, Eberhard selbst dann wahrscheinlich schon einige Tage früher, sie solle nur nächstens mal im Büro vorbeikommen, und dort würden sie dann alles weiter besprechen. Bis dahin – ein kräftiger Händedruck, ein Blick aus den blauen Portweinaugen, alles Gute! Sie war verabschiedet. Sie würde warten. Der Frühling war jetzt über die Stadt hergefallen. Sie hatte es bisher nicht bemerkt, die gelben Blüten des Pfeifenstrauchs, die ersten Anemonen und Gänseblümchen hatte sie vom Fenster der Klinik aus gesehen, hier waren über Nacht Flieder, Vergißmeinnicht, Kuhblumen und Stiefmütterchen in Blüte gekommen; die grünen Flächen längs der Straße sind zwar nicht gepflegt, aber noch nicht mit Schutt zugedeckt. Wird dieses Jahr den großen Umschwung bringen, die große Wandlung in ihrem Leben? – Sie wagt sich die bange Frage nicht zu beantworten. Das Warten ist schwer.

Es wird noch schwerer, als nach der ersten Woche das Interesse der Familie an ihrer Person und Gegenwart abzuflauen beginnt. Sie hat keine Marken, sie hat auch kein Geld mehr; mit jedem Tag – sagt sie, müssen ihre Sachen eintreffen. Die Frist, die sie sich gestellt hat, ist vorübergegangen, sie kann wieder zu der Maklerfirma gehen. Sie muß draußen bei der Sekretärin warten, es ist geschäftlicher Besuch da. Vom Nebenzimmer kommt das Geräusch einer angeregten Unterhaltung, Gläserklirren, eine spitze Frauenstimme, dazu der dröhnende Baß eines Herrn, der über einen Witz von Eberhard in ein schallendes Gelächter ausbricht. Trotzdem weiß Dagny die Sekretärin zu bewegen, eine robuste und griesgrämige Person, die indessen zu ihr nicht unfreundlich ist, daß sie angemeldet wird. Durch das Haustelefon kommt der Bescheid, sie möge morgen wieder kommen. Es ist ganz natürlich, aber Dagny wird ein unangenehmes Gefühl nicht los. Sie kommt am nächsten Tag wieder, das Büro ist geschlossen. Sie spaziert in der Umgebung auf und ab – sicher, es ist immer noch Frühling – eine Stunde, zwei Stunden, das Büro bleibt geschlossen. Was bleibt anders übrig, – sie geht am nächsten Tage wieder hin. Die Sekretärin hat einen Zettel an der Außentür angeschlagen, daß sie vorübergehend nur von 8 bis 10 Uhr im Büro anwesend sein wird. Es ist 11 Uhr vorbei. Dagny wird einen weiteren Tag warten. Die junge Frau von Georgs Vater ist schon ungeduldig geworden. Sie versucht es nicht zu verbergen, Dagny erfährt am nächsten Tag, daß die Herren verreist sind, gestern früh sind sie abgefahren, nach Budapest – „Wußten Sie das nicht?" – ja, auch der Chef der Firma, der im Nebenzimmer war, als sie draußen wartete – „Schade". Dagny wird aufgefordert, Platz zu nehmen. Sie nimmt Platz. Vielleicht, daß ihr die Tränen aufgestiegen sind, aber sehr unwahrscheinlich – denn Dagny kann nicht weinen, das Gemüt ist noch hart verkrustet, aber die andere muß doch etwas gemerkt haben, sie erkundigt sich teilnehmend, ob ihr nicht wohl sei.

Dagny vermag stockend herauszubringen, welche Hoffnungen sie auf eine Begegnung und Aussprache mit dem Chef gesetzt hatte. „Aber das macht doch nichts. In ein paar Tagen ist er wieder zurück. Ich will es bestimmt einrichten, daß er Sie sogleich empfängt."

„Ja – das wäre sehr liebenswürdig." Dagny hat wieder etwas Mut gefaßt und erzählt Näheres von sich, was sie erhofft und was ihr auch der Herr hier in Wien versprochen hat.

„Das, glaube ich, geht ohne weiteres. Da sind keine Schwierigkeiten. Wir haben öfter mit solchen Reisen zu tun", beruhigt sie die Sekretärin. „Wohnen Sie hier bei Verwandten?"

„Ja, aber das wird auch nicht mehr lange gehen –" sie hat keine Abmeldung, keine Marken, kein Geld.
Bei der Sekretärin schwingt in ihrem nach außen zwar liebenswürdigen Ton etwas Grobes mit, Ablehnung, Verachtung und Bosheit – praktisch hat sie den Betrieb in der Hand, wenigstens nach der geschäftlichen Seite. Eberhard versteht davon nichts, wird sie später Dagny, als diese sie schon regelmäßig Tag für Tag aufsucht, erzählen. „Der Mann ist gutmütig, aber er hat einen Vogel, den Adelsfimmel, und weiß Gott, was der für Ansprüche noch stellen will." Sie selbst hat sich mit dem Gedanken getragen, Eberhard zu heiraten, als unlängst ihr langjähriger Freund gestorben ist, ein älterer und verheirateter Mann, den sie übrigens die ganze Zeit über hat nur pflegen dürfen. Der Mann hat ihr nichts hinterlassen, dieser schieche Trottel, obwohl sie es ihm immer und immer wieder gesagt hat, denn wie leicht kann so ein Alter plötzlich abkratzen, und richtig – so ist es auch gekommen. Da wäre Eberhard gerade recht gewesen, aber er macht keine Anstalten; „eher im Gegenteil, ich spüre das, er ist auf der Suche, und da habe ich schon gedacht, Sie wären das Opfer, wie er neulich so um Sie herumgeschwänzelt ist. Denn, sage ich mir, was will denn dieser Mann mit so einem jungen Ding" – als Dagny entrüstet ablehnen will, läßt die andere eine Gegenrede erst nicht aufkommen. „Es ist schon gut. Ich weiß schon. Ich habe mich geirrt, ich habe ja auch nur einen Augenblick so gedacht. Wir können beide von dem Geschäft hier gut auskommen. Also was setzt sich der Mann nur in den Kopf? So großartig ist es mit ihm auch nicht bestellt, und viel habe ich nicht von so einem Mann, wenn er manchmal auch noch recht gut aussehen mag, habe ich nicht recht?"
Aber ich sagte bereits, bei aller inneren Grobheit hat Dagny am wenigsten vermutet, daß die Frau an dem Schreibtisch ins Nebenzimmer gehen würde, um sie schließlich hereinzurufen, sich das anzusehen. Da lagen nach den einzelnen Fächern geordnet Strümpfe, Seife, Schokolade, Cigaretten, Lebensmittelkarten. Dagny bekommt reichlich Marken und auch Geld, von den anderen Sachen kann sie sich einiges mitnehmen. „Das wird schon irgendwie geregelt werden. Wenn Sie erst drüben sind, können Sie es Eberhard wiedergeben." Eberhard unterhält diesen Fond für seine Kunden.

Warten – warten – warten!
Das Kinderheim ist an den Westrand des Wienerwalds verlegt worden und von der Stadt nur sehr umständlich zu erreichen. Die Familie, bei der Dagny wohnt, verpflegen muß sie sich schon selbst von den Marken, die ihr hin und wieder die Sekretärin zusteckt, wird mit dem Heim zugleich übersiedeln. Georgs Vater, bisher der Leiter einer staatlichen Akademie, zieht die Leitung eines Kinderheimes vor, falls ihm diese übertragen wird; er hat die erforderlichen Schritte eingeleitet. Die Frau ist mit dem Kind schon vorausgegangen, Dagny und der Alte sind vorerst noch allein im Haus, die Wohnung soll vermietet werden.
Dagny hat eingesehen, daß sie von keiner Seite mehr Hilfe erwarten kann, und sie ist inzwischen auch überzeugt, daß der Weg über die Grenze nur wieder neue Abenteuer zur Folge haben würde, die im Grunde unnötig und zwecklos geworden sind. Sie wird warten; in diesem Ausharren liegt zugleich auch eine Hilfe für den Freund. Diese Erkenntnis bringt geradezu eine Erlösung von den ständigen Grübeleien um die verpaßten Gelegenheiten. Sie muß die Augen offen halten, sie muß endlich lernen zu verstehen, was um sie herum vorgeht.
Sie ist so durchdrungen von der Aufgabe, Georg zu erwarten und sogleich in Empfang zu nehmen, daß sie, wie sie das jeden Tag tut, am Bahnhof den Zug aus Budapest zu erwarten, die Halle nicht verläßt, auch wenn der Zug erst mitten in der Nacht nach stundenlangem Warten einläuft. Dabei weiß Dagny ganz gut, daß an und für sich nur eine geringe Wahrscheinlichkeit besteht, Georg aus der Menschenmasse in beinahe völliger Dunkelheit herauszufinden; nur der Bahnsteig ist schwach beleuchtet, der trübe Schein verschluckt mehr die Menschen, als daß er sie preisgibt. Zu vielen Hunderten liegen die Menschen in der Dunkelheit, in den Korridoren, in den ehemaligen Restaurationsräumen, die für den Schankbetrieb schon seit langem geschlossen sind, in den Warteräumen, draußen auf der Freitreppe und längs der Frontseite des Bahnhofsgebäudes. Es herrscht zeitweilig tiefe Stille, so daß man vom Bahnsteig her den Beamten oder den Bahnarbeiter hört, der über die Gleise steigt. Was denken diese Menschen? Was erwarten sie –? Diese Frage gleitet in einer monotonen dumpfen Tonfolge auf und ab. Die weit überwiegende Mehrzahl sind Soldaten mit ihrem schweren Gepäck; kommen sie vom Urlaub oder fahren sie nach Hause? Ab und zu klirrt das Eisen im

Gewehrschaft, das Kochgeschirr und das Schanzzeug. Es riecht durchdringend nach Leder und Schweiß. Frauen mit großen Bündeln, in denen der Hausrat untergebracht ist, alte Männer und viele Halbwüchsige. Das Schweigen dieser Masse hatte in den ersten Nächten für Dagny noch etwas Bedrohliches. Wenn ein Zug aufgerufen wird, die Betroffenen sich erheben, sich zur Tür hinschieben, die Kontrolle aufleuchtet, durch die alle für diesen Zug Berechtigten hindurchgeschleust werden, ist ein Funken von Unruhe aufgesprungen, manche von den Soldaten sind in Begleitung, die Frauen drängen nach – es besteht strengste Bahnsteigsperre. „Nur die mit Fahrtausweisen Versehenen zur Kontrolle" – tönt es im Lautsprecher. Hasten – Schieben – Drängen, aber kein lautes Wort der Auflehnung, der Wut und des Abschiedsschmerzes. Eine unwirklich gewordene Welt, eine Welt boshafter Schatten.

Denn die Auflehnung, die Wut und Bosheit liegen im Schweigen begraben. Wehe, wenn jemand aus dieser Masse gewagt hätte, den Nachbarn um etwas zu fragen. Aus einer lange aufgestauten Flut wären die Verwünschungen über ihn hereingebrochen. Schon allein die Kraft, mit der einer sich den Platz erkämpfen muß, um zu stehen, zu liegen, auf dem Gepäck zu sitzen – hat ein Höchstmaß von Härte und Brutalität zur Voraussetzung. Wer dem sich nicht anpassen kann, ist in dieser Masse rettungslos verloren, er wird von dem Schweigen, das mit Ellbogenstößen und Fußtritten begleitet ist, zugedeckt und erstickt. Es ist nur eine Vorspielung der Phantasie damit zu rechnen, daß diese Masse noch auf eine Gelegenheit lauert, zu einem letzten Sprung ansetzt und noch einmal zuschlagen wird. Und dennoch sind es einmal Einzelmenschen gewesen, in Freud und Leid und beschäftigt mit ihren Erwartungen, in Hoffnung oder Verzweiflung in ihrem Schicksal. Einen davon herausgreifen, ans Licht zerren und fragen – sie gibt sich selbst die Antwort, sie glaubt nicht mehr an die Möglichkeit wieder zu erwachen. Ob sie wohl schon selbst dazugehört? Sie wird, wenn der Zug eingelaufen ist, wieder nach Hause gehen. Sie hat das erfüllt, was sie sich vorgenommen hat, mehr nicht; keine Enttäuschung mehr, nicht mehr die Verzweiflung der Ungeduld, die Gedanken wie hinter einem Vorhang.

Das Schweigen ist auch nicht ein Ausdruck der Disziplin, es ist ein Erschöpfungszustand aus der Überspannung dieser Disziplin geworden, die Grenze des Widerstandswillens ist bereits überschritten, die Möglichkeit der Auflehnung aus dem Einzelwesen heraus verloren gegangen. Wo das noch geschieht, da ist die fremde Welt. Dagny hat mehrmals am Tag den Weg über die Kärntner Straße, das Zentrum der Wiener weltstädtischen Eleganz, zurückgelegt. Der größte Teil der Geschäfte ist geschlossen, was noch offen hält, dient nur dazu einem Ausländer, der etwa zufällig in der Stadt ist, etwas vorzutäuschen; zu verkaufen ist nichts. Trotzdem ist der Gehsteig überfüllt von einer lärmenden Menge, meist jüngeren Leuten beiderlei Geschlechts; ausländische Zwangsarbeiter. Die Franzosen und Belgier stellen das größere Kontingent, die Slawen sind eher schon ältere Leute. Die alten Leute sind in den Kleidern zerlumpt und abgerissen, der Hunger hat die Wangen hohl gemacht, in den Augen flackert die Angst und die Ungewißheit über ihr Schicksal. Während die jüngere Generation sich des freien Tages freut, irgendwie sind Betriebsstätten ausgefallen, die Arbeit ruht, bis die Organisationsmaschine erst wieder eingreifen kann – diese Leute sehen aus, als kämen sie soeben von einer Sportveranstaltung. Sie stehen an den Straßenecken in größeren Gruppen, debattieren und kümmern sich wenig darum, daß sie dem anderen Element, das diese Verkehrsader auch benutzen muß, den Weg versperren, ich meine den Wehrmachtsangehörigen; Einheimische sind hier sowieso nicht zu sehen. Zwei Welten begegnen sich, gehen aneinander vorüber und sehen sich nicht.

Vor einem Restaurant am Südteil der Straße staut sich die Menge. Im Innern wird eine breiige Suppe an die ausländischen Arbeiter auf Bons als Tagesration ausgeteilt. Vordem gehörte dieser Betrieb zu den gepflegteren Gaststätten für die sogenannte gute bürgerliche Gesellschaft, im Laufe des Krieges war daraus eine einfache Bierhalle geworden, jetzt macht es eher den Eindruck einer offenen Scheune. Zwar sind die Wände dieselben geblieben, aber statt der Tische und Stühle sind über primitive Holzblöcke lange Bretter gelegt, an denen der Einzelne seine Mahlzeit herunterschlingen kann; vorausgesetzt, daß er eine Schale oder Blechtopf in seinen Besitz gebracht hat. Um die wenigen Schüsseln muß man kämpfen, auf eine Schüssel kommen ein Dutzend Anwärter, Löffel und Gabeln werden nicht gereicht;

wer ein Taschenmesser besitzt, kann sich als Herr fühlen. Es herrscht ein wildes Durcheinander, ein großes Stimmengewirr. Manche haben das Essen in der Mütze, schlingen aus der hohlen Hand. Die ehemalige Drehtür ist längst aus den Angeln gehoben, die Spiegelscheiben nach der Straße sind zerschlagen, mit Brettern verschalt; aber es gibt Lücken, durch die man auch durch das Fenster ins Innere gelangt. Alle zwanzig oder dreißig Minuten sind die Kessel leer. Diejenigen, die nicht mehr bis zur Ausgabe vorgestoßen sind, müssen eine gute Stunde warten, dann setzt der Sturm wieder ein. Die Menge staut sich, daß die Straßenbahn darin stecken bleibt. In großem Bogen gehen die wenigen Passanten auf die andere Seite und hasten vorüber, berührt bemüht, das Bild sofort wieder zu vergessen, die Erinnerung nicht erst aufkommen zu lassen. Werden diese Menschen der Bevölkerung dazu verhelfen, die Augen aufzumachen und sich zu besinnen, verstehen lernen, was ist und was sein wird? – Sie werden nicht, stellt Dagny in der Beobachtung fest. Es ist die andere Welt, für den Einzelnen vielleicht mit noch größerem Leid und Schrecken erfüllt.

Einmal hat sogar Dagny Gelegenheit, einen Ausbruch dieser unmenschlichen und unerträglichen Qual zu erleben, eine Äußerung des noch vorhandenen Lebens – also war doch noch nicht alles Leben in Agonie verfallen. Sie war verspätet nach einem längeren Bombenangriff aus der Kanzlei gekommen, es lohnte sich nicht mehr, nach Hause zu gehen, sie hatte einen Weg zum Bahnhof durch ein an diesem Tage besonders getroffenes Stadtviertel gewählt; es war ein Umweg, und es war auch ein wenig Neugierde dabei. Vereinzelt brannten noch die Häuser. Es brannte noch unter dem Schutt, der längs den Straßen hoch aufgeschichtet lag. Die Bewohner waren damit beschäftigt, die Eingänge zu den noch unversehrten Häusern freizuschaufeln. Aber noch mehr Leute waren dabei, aus den brennenden Trümmern Holz herauszuholen. Möbel, die noch unversehrt gerettet worden waren und auf der Straße standen – die Kinder der Eigentümer waren zur Bewachung da, die Mutter ist nach einer Hilfe gelaufen, um die Sachen wegschaffen zu können – werden von einer besessenen Menge zerschlagen und in Stücke gerissen; der Winter stand vor der Tür. Und wieder ein Stück des Weges weiter war eine Frau inmitten eines Kreises von Zuhörern, Dagny hörte ihre gellende Stimme schon von weitem. Aus dem Haus schlugen noch die hellen Flammen, aus diesem Haus war nichts mehr zu retten. Die Frau gestikulierte wild im Kreise, als wollte sie jeden Einzelnen der Zuhörer besonders ansprechen. „Alles ist darin, was wir in 20 Jahren zusammengespart haben. Die Hunde! Und was haben sie uns versprochen ... der meine ist schon 3 Jahre draußen und rührt sich nicht. Briefe schreibt er, als ob ihn das alles garnichts anginge; dieses Schwein! Und wenn er wirklich mal auf Urlaub kommt, will er nichts hören und von nichts wissen. Er kann kaum erwarten, daß er wieder fort ist, weil er draußen satt zu fressen hat. Und so ist die ganze Männerbrut. Aber wenn er nochmals nach Hause kommt, achtkantig schmeiße ich ihn raus, diesen Feigling!" Die Männer standen dabei und verzogen keine Miene. Die Frauen machen Anstalten wegzugehen. Die Frau fühlt, daß sie allein ist in dieser Welt, in diesem Grauen. Sie fängt an, laut zu weinen. Kein Wort, kein Zuspruch, keine Frage, ob etwas für sie getan werden kann. Die Frau weint und fängt wieder zwischendurch an zu schreien. Der Zuhörer werden immer weniger, sie verflüchtigen sich – hier kann es schließlich noch Anstände geben. Jetzt steht die Frau auch wirklich allein. Das brennende Haus – eine Mine ist durch die Straßendecke gegangen, das Wasserrohr ist getroffen. Jetzt ist das angestaute Wasser nach oben durchgebrochen und sprudelt hoch.

Das Warten, die Ungeduld und die Schwankungen zwischen Mutlosigkeit und Hoffnungen sind geblieben. Sie hat in der Zwischenzeit mehrere Mitteilungen erhalten, Georg ist bemüht wieder zurückzukommen. Er schreibt im letzten Brief: Ich komme auf jeden Fall, was auch immer sein mag. Wir müssen uns noch einmal sprechen – du hast nur die eine Aufgabe zu warten.
Sie geht noch immer zur Ankunft des einzigen direkten Zuges aus Budapest zum Ostbahnhof. Sie hatte sich diesen täglichen Gang vorgenommen wie ein Gelübde – einmal wird er kommen. Was tat es, daß die Leute im Maklerbüro schon anfingen, sich über sie lustig zu machen.
Gelegentlich sieht sie den Versicherungsvertreter aus dem Budapester Zug aussteigen, inmitten einer großen Gesellschaft, umgeben von Koffern und Kisten. Sie fragt jedesmal nach Georg oder dem Vater – er hat sie nicht gesehen, er weiß von nichts. Er macht schon von weitem eine abwehrende Geste, sobald er ihrer nur

ansichtig wird. Sie hört, wie er zu einem Begleiter sagt, nachdem er sie in barscher Weise abgefertigt hat, im Vorübergehen und ihr über die Schulter zurück antwortend auf ihre bange Frage zwischen Angst und Hoffnung – hört wie er sagt: „Schrecklich, diese aufdringliche Person ..." und wird noch einige boshafte Bemerkungen über den Zweck ihrer Anwesenheit am Bahnhof hinzugefügt haben, denn sie hört noch, wie der andere schallend auflacht, er hat sich interessiert nach ihr umgedreht. Sie ist nicht mehr schüchtern und empfindet auch keine Scham. Mögen sie denken was sie wollen –
Längst haben die Spenden im Büro aufgehört. Die Sekretärin versucht, ihr das verständlich zu machen. Eberhard sei jetzt anderweitig sehr in Anspruch genommen und auch sehr nervös. Er habe ihr Vorwürfe gemacht, daß sie ohne seine ausdrückliche Genehmigung unlängst noch einige Marken abgegeben habe, und er sehe es auch nicht gern, wenn sie weiter ins Büro käme; er hätte doch für sie schon genug getan.
„Es ist doch vereinbart worden, er bekommt drüben alles wieder –."
„Davon weiß ich nichts."
Übrigens hatte Eberhard über die Sekretärin bestellen lassen, die Verhältnisse seien wesentlich anders geworden, seitdem die Deutschen in Ungarn einmarschiert sind. Dagny kann sich verschiedenes zusammenreimen.
„Also muß es jetzt doch leichter sein, über die Grenze zu kommen."
Die andere zuckt die Achseln.
Dagny erfährt bald noch mehr. Inzwischen ist der Chef der Firma wiederum, ohne daß man sie benachrichtigt hätte, drüben gewesen, er hat Georg gesprochen und auch ihren Vater, er hat sogar Briefe mitgebracht. Also – wiederum ein anderes Bild. Es dauerte aber erst noch einen vollen Tag, ehe Dagny diese Briefe in Empfang nehmen kann.
Danach sind beide der Ansicht, daß sie in Wien bleiben und versuchen soll, sich zu halten. Vielleicht würde die Lage bald eine grundlegende Änderung erfahren, also keine Überstürzung ...
„Auch unser Chef ist der gleichen Meinung", sagt der Vertreter, „Ihr junger Mann hat ihm sehr gut gefallen".
„Also hat er ihn gesprochen?"
„Natürlich. Wir haben uns die Mühe gemacht, Ihren Vater und

diesen jungen Mann aufzufinden. Es war durchaus nicht einfach."
Bei Dagny keimten die Gedanken wie in einem Strudel.
„Der Chef hat auch bereits Ihre Papiere bei Ihrer alten Firma angefordert, vielleicht können wir Sie solange bei einer befreundeten Firma unterbringen."
„Aber um Himmelswillen – hat das der Vater gesagt? Jetzt bekomme ich doch die Leute auf den Hals."
„Nein. Das ist uns eigentlich erst auf der Rückreise eingefallen."
„Das ist völliger Wahnsinn." Sie ist blutrot im Gesicht, zittert vor Erregung.
„Wie Sie meinen –" Der Mann ist tief beleidigt. In seinen Kreisen pflegt man nicht den andern in dieser Weise zu unterbrechen.
Sie fühlt sich nicht aus der Bahn geworfen, wie das früher der Fall gewesen wäre, aber an Armen und Beinen gefesselt, zurückgestoßen, einer Meute kläffender Hunde preisgegeben. Kennt denn der Vater ihre wirkliche Lage? ... und Georg steht einfach unter seinem Einfluß.

Die Wohnungsmöglichkeit geht zu Ende. Die Wohnung sei an eine Hamburger Familie vermietet, die überglücklich ist, eine Unterkunft gefunden zu haben und wahrscheinlich jeden verlangten Preis zahlen wird. Bis zu deren Eintreffen soll Dagny die Wohnung hüten. Eines Tages ist einfach der Alte nicht mehr erschienen und hat ihr schriftlich seine Dispositionen, die Einzelheiten der Übergabe und was damit zusammenhängt hinterlassen. Sie bekommt zwischendurch noch einen Besuch, Georgs Bruder, von dessen Existenz sie bisher überhaupt nichts gewußt hat. Mit Georg hat der Mann nicht die geringste Ähnlichkeit, auch seinem Wesen nach ist ihr der Bruder fremd und unsympathisch. Ich brauche nicht zu erwähnen, daß das Gleiche auch für die übrige Familie gilt. Der Bruder ist als Ingenieur bei den Fliegern beschäftigt und hat irgendwo mit dem Bau von Flugzeugplätzen zu tun. Sie übergibt ihm die Schlüssel und wünscht mit der Wohnungsregelung nichts mehr zu tun zu haben. Aus Trotz, aus der inneren Notwendigkeit heraus, wie sie fühlt, sich den Kopf freizuhalten, aus berechtigter Angst, daß sie das Arbeitsamt auffinden wird, ehe es ihr gelungen ist, aus Wien fortzukommen. Immerhin ist es für sie noch belustigend, von dem Bruder zu hören, daß der gute alte Papa ein doppeltes Spiel treibt. Er spielt

zwar den fanatischen Parteimann, ist aber – der Sohn macht sich darüber lustig, bis zu seiner Einziehung selbst ein Illegaler – auf der Gegenseite gut verankert, hat irgendwie in der Widerstandsbewegung zu tun. Die gute Anstellung, die er seinem Parteibuch zu verdanken hat, ist jetzt nicht mehr interessant, eher eine Belastung, daher jetzt Kinderheim. Ursprünglich war er Reklameagent in Amerika drüben, später verschiedentlich Kurdirektor in den österreichischen Landen. Übrigens hat er noch seinen amerikanischen Paß.
„Dann kann doch Georg auch die amerikanische Staatsbürgerschaft beantragen?"
„Ich glaube wohl. Zumindest ist das theoretisch möglich."
„Na also." Die Sache vereinfacht sich.

Der Auszug war diesmal allerdings weniger der Akt einer unbeherrschten Gemütsstimmung, im Grunde war die Loslösung von Georgs Familie schon seit einiger Zeit erwogen und vorbereitet. Es wurde nur der Schlußstrich unter eine Illusion gezogen, die sich verflüchtigt hatte. Dagny begann jetzt diese Wartezeit hinzunehmen in der Lage eines vom Jäger gestellten Wildes.
Über die Gefahren kann man nicht mehr hinwegtändeln. Sie wird sich langsam bewußt, was sie versäumt und welche Fehler sie wieder gemacht hat. Vieles ist davon nicht mehr einzuholen, vieles ist uneinbringbar verpaßt, aber neue Fehler können und müssen vermieden werden. Etwas von einer neuen Lebenshaltung, weg mit allem Verschwommenen und Triebhaften, löst sich in ihr zu der Notwendigkeit, die drohenden Gefahren anzugehen.
Auf ihrem ziellosen Herumstreifen hat sie schon früher eine Frau kennengelernt, ist mit ihr ins Gespräch gekommen anläßlich der Frage nach einer Auskunft, die beiden sind ein Stück Weges miteinander gegangen und haben sich ein paar Tage später zufällig in dem öffentlichen Luftschutzraum unter dem Burgtheater wiedergetroffen. Fünf Meter unter der Erde war dieser Keller ein Geheimtip der Wiener, obwohl nach oben hin alles Luft war; endlose Gänge verbinden die zu Hallen geweiteten Räume, die für die Versenkung der Bühnenfläche bestimmt sind, Maschinenanlagen und der Lagerraum der Soffitten. Noch ist die Bestimmung des Theaters vorherrschend, und hier herumzuspazieren,

heißt bereits dazuzugehören und mit vom Bau zu sein. Auch die Frau hatte, wie sie sehr bald bemerkte, einmal dazugehört, die Theaterschule absolviert, in kleineren Rollen in der Provinz auf der Bühne gestanden, bald aber die gesichertere Erwerbsquelle einer Garderobiere vorgezogen, bzw. war dahin abgeschoben worden. Dagny wußte in leichter Abwandlung das gleiche von sich zu erzählen, von der Schauspielerelevin und Filmkomparsin war sie zur Sekretärin avanciert. Eine gegenseitige Anteilnahme hatte die beiden unmerklich näher verbunden. Dagny war eingeladen worden, die andere zu besuchen. Dem ersten Besuch – im Vorübergehen, waren noch mehrere gefolgt, und die Frau, verheiratet mit einem städtischen Kanzlisten – eine noch gut erhaltene Zweizimmer-Wohnung – hatte Dagny die Möglichkeit eröffnet, zu ihr zu ziehen und die Wartezeit durch Gespräche miteinander und gemeinsames Wirtschaften zu verkürzen. Dagny übersiedelt in die Wohnung.
Die Frauen verständigen sich untereinander in einer besonderen Weise. Der Trennungspunkt zwischen Freund und Feind, Sympathie und Ablehnung liegt an einer anderen Stellung der Beziehungslinie als unter Männern. Der Mann ist schon seit Beginn des Krieges im Felde. Als Frau eines städtischen Beamten bekommt sie Sonderzuteilungen, auch die Arbeitsdienstfrage ist geregelt. Die Arbeit in der Wäscherei ihres Bruders, zumindestens ist sie dort registriert, denn in Wirklichkeit arbeitet die Wäscherei nicht mehr wegen des Mangels an Seife und Waschmittel, die nur auf dem Papier zugeteilt werden. Manchmal werden Behördenaufträge an die noch vorhandenen Wäschereibetriebe gegeben, dann geht die Frau hin und arbeitet ein paar Tage; Dagny hilft mit. Der besonderen Umstände wegen – der Betrieb steht auf der Zuteilungsliste für ausländische Arbeitskräfte, die aber von anderen Stellen abgefangen werden – läßt das Arbeitsamt solche Betriebe ungeschoren. Dagny könnte sich dort ohne weiteres registrieren lassen.
Diese Wochen sind für sie die Zeit der großen Einkehr und Sammlung. Ihr Aufenthalt in der Klinik war dafür noch zu kurz. Das ganze Bild aus den Bruchstücken liegt erst jetzt ausgebreitet vor ihr. Das gibt genügend Gesprächsstoff. Die Tage vergehen ohne äußere Ereignisse, und Dagny hat Gelegenheit, für sich selbst die einzelnen Stationen ihres bisherigen Lebensweges zu skizzieren und nach den Hintergründen, mehr noch nach der

Begründung zu suchen. Es macht ihr keine so große Freude mehr, als sie dies seinerzeit bei ihren ersten Versuchen mit glückserfüllter Befriedigung feststellen konnte. Im Grunde genommen weiß sie heute, hat die schriftstellerische Tätigkeit bereits keinen Zweck mehr. Wenn die Leser fehlen, sind dem persönlichen Ehrgeiz Schranken gesetzt; der Leser, dem sie von sich etwas würde erzählen wollen, hätte dafür keine Zeit. Obendrein – wer zu stark beschäftigt ist mit sich selbst, um am Leben zu bleiben, wünscht nicht, daß ihm ein anderer auch noch hineinredet. Die Frau hatte für diese Zweifel volles Verständnis. Sie läßt sich erzählen und vorlesen und macht sie dann darauf aufmerksam, daß aus der Art, wie Dagny die Menschen ihrer Umgebung, die bisher in ihrem Leben eine Rolle gespielt haben, sieht und schildert, eindeutig hervorgeht, daß sie diese Menschen nicht kennt und deswegen auch die inneren Zusammenhänge nicht begreifen wird; eine mütterliche und sehr verständige Frau. Das ist richtig, fühlt Dagny; die Welt, in die ich hineingeboren bin, die Zeit, in der ich mein Dasein abzuarbeiten gezwungen bin, die Gesellschaft, deren widerstrebender Teil ich bisher gewesen bin, habe ich noch nicht begriffen.
So vergehen in voller Ruhe und Ausgeglichenheit Tage und Wochen. Über den Wäschereibesitzer bekommt sie Verbindung zu einem Bürovorsteher eines Anwaltes, der zwar eingezogen, von seiner Dienststelle aus aber seine Zivilverfahren weiter bearbeitet. Sie kann sich durch stundenweise Aushilfe einiges Geld verdienen. Das Warten hat seine nervöse Unruhe verloren. Dagny sieht, daß alle Menschen warten, jeder auf seine eigene Art.

Denn auch die Frau, in der sie eine echte mütterliche Freundin gefunden hat, gibt ihr darin ein Beispiel. „Daß ich als Lehrmädchen aus dem Schneideratelier weggelaufen bin, hat mir eigentlich nie besondere Kopfschmerzen gemacht. Unter den heutigen Verhältnissen wäre ich vielleicht, wenn ich mich nicht schon zu etwas Höherem berufen fühlte, Anprobierdame geworden, oder wie man jetzt sagt, Mannequin. Darauf hätte ich mich verstanden. Zu meiner Zeit war das noch kein besonderer Beruf. Jedenfalls wollte ich nicht Schneiderin bleiben. Ich war froh, daß ich ziemlich schnell einen alten Herrn gefunden habe, der mir die Theaterschule bezahlt hat. Zu lange darf man nicht suchen, sonst

hätte ich den Anschluß verpaßt und wäre unter die Räder gekommen. Überhaupt – mit dem, was die anderen Moral nennen, ist es so eine eigene Sache. Jeder hätte mir nicht gepaßt, und dann fängt man eben an zu suchen. Ich halte das für ganz natürlich. In diesem Alter gefällt den Mädchen jeder Mann ein wenig. Ob man aber den Mann schließlich halten will, ist wieder eine andere Frage. Beim Theater hätte ich schon Gelegenheit gehabt, den einen oder anderen zu finden, an den es sich gelohnt hätte auf die Dauer sich zu gewöhnen. Entweder ist etwas dazwischen gekommen, oder es war eben doch nicht der Richtige. Schließlich bin ich eben wieder Schneiderin geworden. Zur Künstlerin hat es nicht gelangt. Ich hätte auch schon mit den Männern anders umgehen müssen. Dafür bringe ich wohl nicht die Zähigkeit auf. Die gehört in dem Falle auch dazu, wenn man sich als Künstlerin durchsetzen will. Ohne Hilfe wird das eine halbe Sache.
Ehe ich hier den Mann heiratete, habe ich mir das lange überlegt, und manchmal zweifle ich heute noch, ob es richtig gewesen ist. Wir sind zur Not gut miteinander ausgekommen. Allerdings hätte ich gern Kinder in der Ehe aufwachsen sehen, aber er wollte durchaus nicht. Das Gehalt ist klein, und Kinder bringen eine gewisse Unruhe ins Haus, mich hätte das nicht gestört. Wenn überhaupt so etwas wie Streit manchmal gewesen ist, so deswegen, weil der Mann so sehr auf die kirchlichen Vorschriften gehalten hat. Ich bin wenig in die Kirche gegangen, manchmal das ganze Jahr über nicht, während er keinen Sonntag ausgelassen hat. Ich habe einfach nicht das Bedürfnis gefühlt, und bei ihm war es mehr Gewohnheit; er hätte auch ebensogut zu Hause bleiben können. Er wollte mich dazu zwingen. Ich glaube heute, daß er eine dunkle Vorstellung davon hatte, daß ich für ihn hätte beten sollen, denn das Gebet einer Frau wiegt schwerer als dasjenige eines Mannes. So nahe sind wir aber eigentlich nicht gestanden. Mir ist das klar geworden in den Wochen, als die Zeitungen angefangen haben, von den Kämpfen um Stalingrad zu schreiben; dort war er dabei. Sehen Sie Dagny, dann hat es mir leid getan, daß ich nicht für ihn gebetet habe. Viel hat ja so ein Mann nicht vom Leben, wenn ihm die Frau nicht hilft. Im Allgemeinen sind die Männer blind und unbeholfen. Ich hätte ihn mir müssen erziehen; so ein Mann hat für nichts Interesse. Als die Nazis gekommen sind, hat er erst aufmucken wollen; vielleicht hätte er

seine Stelle verloren, es wäre besser gewesen. Ich weiß jetzt, er hat in mir einen Rückhalt gesucht, ich hätte ihm raten sollen, wir hätten ernster darüber sprechen müssen. Denn mit meiner Näherei würde ich uns beide schon haben durchbringen können. So aber hat er sich nach den anderen gerichtet und sich still verhalten. Aus dem Felde hat er dann traurige Briefe geschrieben, die immer verzweifelter wurden. Es bedurfte keiner besonderen Worte, und ich habe es auch so gefühlt, er hat sich sehr gequält. Jetzt hat es eigentlich erst angefangen, daß ich mit ihm zu sprechen begonnen habe; es war schon zu spät. Dagny – deswegen kann ich Sie, wenn Sie von sich erzählen, so gut verstehen. Ich will nicht sagen, daß ich mich direkt um ihn gesorgt habe, aber ich hätte bei ihm sein wollen. Ich habe sogar gefühlt, daß es unbedingt notwendig ist, wenn er am Leben bleiben soll. Dann ist dieses Stalingrad gekommen, seither habe ich nichts mehr von ihm gehört. Ich fühle auch nicht mehr, daß er zu mir spricht. Er wird nicht mehr am Leben sein, und wenn es trotzdem sein sollte, und er würde wieder zurückkehren, dann haben wir uns nichts mehr zu sagen. Das Eigentliche, was uns hätte zusammenhalten sollen, haben wir verpaßt, und was noch an innerem Leben zwischen uns vorhanden war, ist in diesen Tagen ausgebrannt. Ich glaube, ich möchte ihn auch nicht mehr sehen.
Ich verstehe nicht viel von solchen Zusammenhängen. Ich denke, wenn ich Ihnen manchmal so zuhöre, wenn ich auch nicht darüber rede – genau so wie Sie, wäre ich auch im Leben gewesen, und ich hätte genau so gehandelt, und würde mich nicht eher zufrieden gegeben haben, bis ich mir das Leben so einrichte, daß es mich ausfüllt. Mein Mann hatte gelegentlich noch in der ersten Zeit Schriften mit nach Hause gebracht, in denen darüber geschrieben wurde, daß der Mensch sich zunächst um seine äußere Lebensexistenz kümmern muß, daß er hier auf dieser Erde sein Leben für sich und auch für die anderen einrichten muß; ob es ein Leben nach dem Tode gibt wissen wir nicht. Ich habe so manchmal in diesen Schriften herumgeblättert und mich gewundert, wie bescheiden und kleinmütig doch die Leute sind, die darüber schreiben. Denn, wenn ich auch nicht viel davon verstehe, aber gerade das weiß ich, daß unser Leben nach dem Tode nicht aufhören wird. Wie sollte es auch – von mir z. B. weiß ich, was ich noch nachzuholen habe. Ich muß wieder von vorn anfangen. Von ganz klein an. Ich muß näher an die Dinge her-

ankommen, mehr verstehen, mehr lernen im Leben zu stehen –
so ungefähr wie Sie Dagny …"
„Das möchte ich Ihnen nicht wünschen."
„Doch – doch, denn auch Sie werden dann schon wieder einen
weiteren Schritt näher sein."

Der Herbst ist schon in seiner zweiten Hälfte, und der Winter
steht vor der Tür. Dagny zählt nicht mehr die Tage, sie merkt
kaum wie sie vorübergehen. Die Wirtsfrau ist unermüdlich in der
Heranschaffung des notwendigen Lebensmittelbedarfs. Dagny
hat einen weiteren Bekannten des Vaters aufgesucht, der sie
gleichfalls mit Lebensmitteln unterstützt. Der Mann ist seiner
politischen Vergangenheit wegen nicht wehrdienstwürdig und
hat bereits ein Hochverratsverfahren hinter sich. In der Ostmark
werden schon Leute aus dem K. Z. entlassen. Die Maschine läuft,
um die Stimmung im Lande nicht zu überspannen, bereits gelokkerter – der Mann hat eine Anstellung gefunden bei einem Fuhrunternehmer, der für das städtische Lebensmittelamt Zucker
ausfährt. Fahrer und Begleiter haben sich auf eigene Füße
gestellt, es gibt viele Unfälle, Zusammenstöße, der Wagen wird
beschädigt, die Säcke platzen auf, das Papier ist schadhaft geworden – jedenfalls hat der Mann immer Zucker im Hause, und er
gibt Dagny reichlich ab; sie kann den Zucker gegen Brot und Kartoffeln eintauschen, so daß sie für die gemeinsame Wirtschaft
beitragen kann.
Sie trifft bei diesen Bekannten auch andere Gleichgesinnte, politisch Verfolgte, Deserteure, die in der einen oder anderen Weise
sich ähnlich über Wasser halten. Es ist nicht so sehr der Wille,
dem Regime zu schaden, sondern mehr aus seinem immer sichtbarer werdenden Verfall Nutzen zu ziehen. Gemeinsam ist allen
das Fehlen einer einheitlichen Linie des Widerstandes. Bei aller
Hilfsbereitschaft, die sie dort findet, wirkt es beinahe noch deprimierender als das apathische Schweigen. Woher soll das Wunder
kommen, diesen Zustand zu beenden? Zudem merkt Dagny, daß
sie selbst schon dabei ist, in diesen Geisteszustand hineinzurutschen.
Da ereignet sich eines Spätnachmittags dennoch das Wunder, auf
das sie in diesem Augenblick längst nicht mehr vorbereitet ist:
aus dem einfahrenden Zug ist der Freund, ihr Verlobter, ihr
Mann ausgestiegen und kommt auf sie zu. Die vielen Wochen

und Monate hat sie sich dieses Zusammentreffen ausgemalt. Es ist ihr oft der Atem ausgeblieben in der Vorstellung von all dem Glück und Geborgensein, und nichts von dem ist in der Wirklichkeit gegenwärtig. Sie hat sich nicht durchkämpfen brauchen und den Strom der Reisenden einfach beiseite schieben, um zu dem Geliebten zu gelangen, nicht ihn an der Hand gefaßt und zitternd festgehalten, sie ist nicht schwach geworden, und die Knie haben nicht versagt.

Georg ist vor Überraschung, sie sogleich am Zug zu treffen, eher verlegen. „Hast du denn gewußt, daß ich komme?"

„Ich habe es gefühlt." Der Ton ist viel zu sachlich, merkt sie, und ohne Wärme und obendrein ist es nicht wahr; mechanisch und ohne weitere Erwartung ist sie an diesem Tag zum Zuge gekommen, wie all die Tage vorher, und ebenso wäre sie wieder nach Hause gegangen. Georg ist nicht nur verlegen, er ist rot geworden.

Dagny nimmt ihm den einen Koffer aus der Hand, er will nicht loslassen, sie streiten sich und zerren, und Dagny muß energisch ihm den Koffer aus der Hand winden.

„Hast du denn den Vater nicht mitgebracht?"

„Ich habe ihn nicht mehr aufsuchen können."

Im Grunde hat Dagny überhaupt nicht an den Vater gedacht. Es drängen sich tausend Fragen empor. Sie hat sie in dieser allgemeinen Frage zusammengefaßt, die ihr geläufig ist.

„Ich habe ihn auch die letzte Zeit nicht mehr gesehen; vielleicht ist er schon weg. Es ist ein ziemliches Durcheinander geworden."

„Habt ihr denn viele Fliegerangriffe?"

„Das auch."

Sie hat dafür nicht das geringste Interesse. Sie hat an der Genugtuung ein größeres Interesse, daß sie unter den Ankommenden auch Eberhard mit einigen Herren bemerkt; Eberhard hat sogar, sichtbar erstaunt, gegrüßt.

Georg hat einen Beherbergungsschein und müßte ihn sich abstempeln lassen in der Bahnhofskommandantur. Dagny möchte den Freund lieber unterbringen in einem der Ringstraßen-Hotels. Es müßte herrlich sein, einmal dort zu wohnen. Die Herren aus dem Versicherungsbüro sind immer dort untergekommen, notfalls kann sie sich an Eberhard wenden.

In diesen Hotels ist nichts frei, der Portier läßt erst nicht ein weiteres Gespräch darüber aufkommen.
Georg hat nur Zeit bis zum nächsten Tag, wird mit dem Nachtzug weiterfahren. Er hat sich gemeldet zu einer Kriegsberichter-Kompanie.
„Aber warum denn? Das ist doch völliger Wahnsinn!"
Georg erklärt, daß ihm alle das geraten haben, er wäre sonst nicht über die Grenze gekommen, und auch sonst hätte er sich dort nicht länger halten können. Er muß einen Kurs durchmachen von drei bis vier Wochen, dann wird sich schon irgendetwas finden.
„Dann bist du also jetzt Soldat?"
„Vorläufig ja."
„Wir müssen uns um deine Unterbringung kümmern, du könntest natürlich auch bei mir wohnen, aber dann haben wir die Frau die ganze Zeit auf dem Halse."
„Dann würde es das beste sein, ich gehe noch einmal zur Kommandantur zurück. Die stellen mir einen Zettel aus, hat man mir gesagt."
Dagny hätte laut herauslachen können.
Dagnys Wohnung liegt in der Nähe des Westbahnhofes. Nach einigen Versuchen gelingt es, in einem der dortigen Hotels ein Zimmer für die Nacht zu bekommen, für 20 Zigaretten, Georg hat Zigaretten mitgebracht. In den beiden Koffern sind seine alten Sachen, die er seit einem Jahr mit sich herumschleppt. Es wäre besser gewesen, schon damals die Sachen im Keller stehen zu lassen; neue hat er sich noch nicht anschaffen können. „Das Büro ist schon seit langem aufgelöst, aber auch schon vorher habe ich kein Geld mehr bekommen."
Im Zimmer sind die zerbrochenen Fensterscheiben mit Pappe geflickt, es ist ziemlich kalt. Die Verdunkelungsanlage ist heruntergerissen, das Licht darf nicht angeschaltet werden; Georg hat eine Kerze im Koffer, das Fenster wird mit dem Mantel verhängt. Den schmalen Tisch an der Wand kann man in die hintere Ecke stellen und dann die Kerze anzünden. Dort sitzen sie sich gegenüber.
Georg erklärt, daß die Kriegsberichter-Kompanie nur noch eine Formsache ist. Allerdings hat er einen Marschbefehl, so daß er übermorgen an seinem Bestimmungsort eintreffen muß.
Dagny würgt es in der Kehle, sie kann von sich nicht sprechen. Es

ist alles so anders, als sie es sich vorgestellt hat, daß sie keine Worte findet.
„Und was soll nun werden?"
Der junge Mann zuckt die Achseln. Er erzählt vom Büro, den Intrigen und der Auflösung, nachdem man ihm schon vorher gekündigt hatte, der Unmöglichkeit, eine Beschäftigung zu finden, den Schwierigkeiten mit den Behörden, und beginnt Wurst und Brot auszupacken, die er mitgebracht hat.
Dagny fühlt: es ist eben anders; nicht nur viel schwieriger als ich es mir vorgestellt hatte, es ist irgendwie anders – die ganze Zeit, die ich hier nutzlos herumgesessen habe, ist verpaßt; ich hätte ihm helfen sollen; jetzt ist es zu spät.
Wenn jemand an einem steilen Berghang ausgleitet und ins Rutschen kommt, so setzt im Hirn der Alarm noch nicht unmittelbar ein. Der Strauchelnde überläßt sich für eine kleine Spanne der Ratlosigkeit, dem Abgleiten. Dann erst greift er in das Wurzelwerk, eine bisher ungefühlte Kraft schießt hoch, mit der er sich an den Wurzelstock klammert – er erkennt unter ihm den drohenden Abgrund.
Es darf nicht sein, daß es wiederum nur Illusionen gewesen sind, sie zwingt sich die Worte heraus, mit denen sie von der Krankheit erzählt, von den Briefen, die sie ihm hat schreiben wollen. Sie hört sich sprechen, aber was sie erzählt, gehört zu einem Wesen, an dem sie ganz unbeteiligt ist und das ihr fremd erscheint. Wenn sie sich gehen läßt, wird sie alles verlieren – sie zwingt sich, auf seinen Ton einzugehen. Es gelingt. Sie kommen ins Plaudern.
Der Wurzelstock hat vorerst noch gehalten.
In ihrem Plauderton schwingt eine störende Seite – wie hat es die Mutter angestellt, ihren Monteur zu halten; das fehlt. Sie wird diesen Mann nicht halten können, sie kann ihn nicht auf die Beine stellen. Aber Georg kommt ihr sehr entgegen. Es wird offensichtlich im Laufe der weiteren Unterhaltung, daß es ihm in erster Linie darauf angekommen ist, sie zu sehen und sich mit ihr auszusprechen. Pläne zeichnen sich am geistigen Horizont ab, die den ihrigen parallel laufen – was weiter geschehen soll und was sie noch tun können, um die letzte Krise zu überwinden.
Es ist die Zeit gekommen, sich im Abenteuer zu bewähren und optimistisch zu sein. Ein wenig innere Wärme beginnt sich schon zu verbreiten, als sie spürt, daß seine bisherige schroffe Ablehnung, wenigstens noch einen Tag länger zu bleiben, bereits Über-

legungen Platz gemacht hat, mit denen er ihr erklärt, daß es unzweckmäßig wäre und seinen Absichten nicht förderlich, so reibungslos wie möglich über den Kurs zu kommen, um das Ganze bald hinter sich zu haben. Hier kann man einsetzen, merkt Dagny, jede Überlegung kann man auch umdrehen und anders deuten. Es macht sie im Gespräch freier.
Natürlich weiß Georg auch über Dagnys Vater zu berichten und von den vielen fehlgeschlagenen Bemühungen, ihr den Grenzübertritt zu erleichtern. Dagny gleitet darüber hinweg, sie will mehr von ihm selbst hören, wie er gelebt hat und mit was er sich beschäftigt – es scheint demnach, daß er bei Eintritt halbwegs normaler Verhältnisse durchaus in der Lage ist, Geld zu verdienen. Er spricht sehr verständig, wenn auch nur darüber, daß ihm dies unter den Budapester Verhältnissen unmöglich gewesen sei. Immerhin hat er die feste Absicht bewiesen, und die Verhältnisse können sich von nun an nur zum Besseren gestalten. Er geht jetzt auch mehr aus sich heraus; sie erzählen sich gegenseitig, daß sie aufeinander gewartet haben, um sich darüber klar zu werden, daß sie bisher eigentlich recht dumm und oberflächlich gewesen sind, und daß sie inzwischen gelernt haben, das Leben und ihre eigene Aufgabe darin ganz anders zu betrachten; sich mit den Einzelheiten zu beschäftigen, ist noch so lange Zeit. Es ist schon sicher, daß Georg noch nicht am nächsten Tage fahren wird. Er hat eigentlich noch einen Brief zu bestellen von seinen letzten Wirtsleuten an den Bruder der Frau, der bei Baden eine Gastwirtschaft betreibt. Sie beschließen also, morgen in aller Frühe den Mann aufzusuchen. Und dann hat er einen Freund gefunden in Budapest, von dem auch der Rat mit der Kriegsberichter-Kompanie stammt. Der Freund ist jetzt in Wien in einem Nachrichtenbüro beschäftigt. Sie werden ihn aufsuchen, sicher wird er auch einen Rat wissen, daß Georg noch ein paar Tage länger bleiben kann.
Dagny atmet auf, als sie dies wenigstens erreicht hat. Zwar ist es noch weit entfernt von ihren Erwartungen, wenn sie an das Beispiel der Mutter denkt, aber ist wenigstens ein Anfang, vorläufig ein Kompromiß.
Über dem vielen Reden ist sie recht müde geworden. So viele Wochen und Monate hat sie sich nach dieser Stunde gesehnt, und nun wo sie eingetroffen ist – sie will zufrieden sein mit dem, was ist. Sie sitzen sich gegenüber und lächeln sich an. Das Licht ist inzwischen heruntergebrannt.

Am nächsten Morgen gehen sie schon in aller Frühe auf die Suche nach einer Verkehrsmöglichkeit nach Baden. Die elektrische Bahn, die zeitweilig den Fahrverkehr eingestellt hatte, ist wieder im Betrieb, ein gutes Vorzeichen. In Baden angekommen, müssen sie hören, daß die Gastwirtschaft, früher ein Ausflugsziel der Badener Kurgäste, oben in den Bergen liegt, eine gute Stunde Weges bergauf und bergab. Es ist ausgeschlossen, daß sie noch rechtzeitig zurückkehren können, um Georgs Freund in seiner Dienststelle zu erreichen. Von Gedanken darüber unbeschwert, machen sie sich auf den Weg.
Einen Tag im Zauber der Herbstwälder. Dagny ist des Steigens ungewohnt, der Weg ist steil und voller Geröll; aber die Oktobersonne zieht sie hoch. Ein Tag, den Dagny in der Erinnerung immer von neuem durchleben möchte – so schön ist dieser Weg. Tiefer Frieden, kein Mensch begegnet den Wanderern. Sie erinnert sich an den letzten Spaziergang mit dem Stockholmer Vertreter – wieviel Umwege muß der Mensch machen, ehe er erst wieder einen Schritt näher zu sich selbst kommt. Georg trottet, gehorsam auf ihren Wink, ihren Bemerkungen, den gelegentlichen Ausrufen des Entzückens, trottet gutmütig neben ihr her. Es ist ihr bisher nicht aufgefallen, daß er zunehmend schweigsamer geworden ist. Die Wirtschaft liegt auf der Höhe einer Bergkuppe; wie ein umgestürzter Kegel steht diese letzte Höhe vor ihnen, die letzten hundert Meter sind noch zu steigen. „Wahrscheinlich ist die Wirtschaft geschlossen, der Mann in der Holzbeschaffung und die Frau in der Fabrik", sagt Georg. Die Männer haben ein besonderes Geschick eine Stimmung zu zerstören ... Sie fühlt mit einem Stich, daß sie noch lange nicht die Geduld hat, Männer zu behandeln; am liebsten hätte sie ihn soeben mit einer groben Beschimpfung zum Teufel gejagt. Ist es denn nicht mehr erlaubt, die Gedanken ein wenig treiben und schwimmen zu lassen –? Anscheinend verstehen das die Männer nicht. Sie nimmt sich vor, ihn zu erziehen, streng und gerecht; darüber fängt sie an laut zu lachen, wie ihr das durch den Kopf geht.
Oben, endlich oben ist der Wirt natürlich anwesend. Und sehr freundlich, als er den Zweck des Besuches hört und den Brief in Empfang nimmt. Die Frau wird sogleich gerufen. Es wird eine Suppe aufgetragen, die gerade auf dem Herd steht und Brot auf den Tisch gestellt. „Sie müssen wissen, wir haben sonst keine Gäste, wir haben geschlossen; mit den Gästen, die sonst kom-

men würden, möchte ich nichts zu tun haben", entschuldigt sich der Wirt. Die Frau kann nicht genug hören an Auskünften über ihre Verwandten in Ungarn. „Es wird wohl noch so weit kommen, daß sie wegmüssen. Wir werden sie jederzeit aufnehmen, und hier sind sie sicher." Der Mann erzählt, daß er neulich zu einer Arbeit einberufen worden ist, aber sich nicht darum gekümmert hat; es ist auch niemand gekommen, der ihn etwa abgeholt hätte, wie die Frau schon befürchtete. Dagny hat kaum zugehört. Sie vernimmt aus dem Gespräch nicht die Worte, sondern nur den Ton – das ist der Friede. Sie ist so beglückt, so gelöst aus einer jahrelangen Verkrampfung, daß sie die Leute bitten möchte, sogleich hierbleiben zu dürfen, vielleicht können sie beide aufgenommen werden. Platz wäre schon genug, schmunzelt der Wirt, aber er nimmt die Frage nicht allzu ernst. Aus dem Fenster des Gastzimmers sieht man weit hinaus in das im Sonnenglanz ruhende Flachland – bis nach Wien, wenn das Wetter danach ist, sagt er Wirt.
Auch der Blick von der Terrasse des Ferienhauses im bayerischen Hochgebirge will nicht aus der Erinnerung weichen.
Als sie beide für eine Zeit allein sind, die Wirtsleute haben sich entschuldigt, die Frau muß das Futter für die Tiere vorbereiten, und der Mann hat eine Zimmermannsarbeit im Keller stehen lassen – sagt Dagny zu Georg: „Jetzt wollen wir heiraten."
„Das geht leider nicht."
„Wieso denn nicht?" Sie hat wahrscheinlich noch nicht richtig gehört.
„Es sind da gewisse Schwierigkeiten."
„Aber hör mal – jetzt besonders, wo du eingezogen bist, geht das doch von einem Tag auf den anderen. Es ist doch gleichgültig, was du für Papiere vorzeigen kannst."
„Jedenfalls geht es nicht." Der Ton, beinahe unwillig und barsch, läßt sie aufhorchen.
„Ich verstehe nicht ..." Es entsteht eine Pause, die für das Gleichgewicht gefährlich werden kann.
Der junge Mann reißt sich zusammen, er ist wütend und kann es nicht verbergen, es sieht so komisch aus, daß Dagny versucht ist, ihn auszulachen.
„Weil ich", bringt er endlich heraus, „weil ich schon verheiratet bin. Ich habe in Budapest geheiratet."
„Davon weiß ich ja nichts –" Sie kommt nicht mal auf den Gedan-

ken, es als Scherz zu nehmen. Der Ton ist in sich abgekastelt, heiser.
„Wie ist denn das gekommen?"
„Du mußt mich dir das ruhig erklären lassen." Georg ist bereits über den Berg, er ist geradezu befreit.
„Warum hast du mir denn das nicht geschrieben?"
„Dein Vater meinte auch, du würdest es vielleicht nicht verstehen, und dir besondere Gedanken darüber machen. Wenn du mich nicht direkt danach gefragt hättest, würdest du es sicher besser verstehen, wenn ich dir erst die ganze Sache erklären kann."
„Nun ja – wenn es für dich besser ist..." Jetzt ist der Wurzelstock ins Wanken gekommen, der Halt gibt nach, der Absturz!
„Sei doch vernünftig, Dagny. Hör mich doch erst mal an." In Georg ist die Angst hochgekommen. Er verlegt sich aufs Bitten. Und er erzählt, daß es eine reine Formsache ist, es hat ihm die Paßfrage erleichtert. Er hat zugleich eine Unterkunft gehabt und die notwendigen Existenzmittel, um sie die Monate über zu halten, ein reines Geschäft, wobei beide Teile ihren Vorteil gehabt haben. Nach sechs Monaten, die Hälfte ist davon schon vorbei, wird die Ehe wieder geschieden. Aber wenn sie will, kann auch die Ehe sofort wieder für ungültig erklärt werden. „Es dauert trotzdem dann noch ein oder zwei Wochen, und dann ist es auch besser, wenn ich verheiratet zu dem Kurs komme, dann werde ich eher frei. Auch deinem Vater habe ich wahrscheinlich damit einen Gefallen getan, er hat die Sache sehr unterstützt." Es ist alles gesagt, und Georg atmet auf.
„Du hättest mir das alles schreiben sollen." Sie ist müde, sie findet nicht den richtigen Ton; die breite Fläche unter ihr, die durch die Fenster hineinleuchtet, greift wie mit spitzen Fingern; sie sagt, sie möchte gehen. Georg ist gehorsam und steht auf. Die Wirtsleute kommen und verabschieden sich.
Es ist doch nichts, sagt Dagny immer wieder zu sich selbst. Es ist wirklich ganz gleichgültig. Wahrscheinlich mag es notwendig gewesen sein, sogar der Vater war damit einverstanden. Was rege ich mich denn auf, eine reine Formsache; sie merkt, wie sehr sie sich daran klammert. Zu vieles Zureden ist auch nicht von Nutzen, es bestärkt den Verdacht. Aber sie hat, stellt sie fest, gar keinen Verdacht, was rede ich mir nur ein –! Jetzt wäre es richtig zu weinen, fühlt sie, sich das bittere Gefühl aus dem Herzen weinen, um dann, wie die Sonne durch die Wolken bricht, zu erkennen,

daß alles maßlos übertrieben gewesen ist, es lag kein Grund vor – sie kann sich von der Bitterkeit nicht befreien, es ist der endgültige Sturz. Mit Mühe bringt sie sich wieder in die Gewalt. Sie kann sogar einige gleichgültige Worte hervorbringen. Sie gehen wieder bergab und bergauf und wieder bergab zur elektrischen Bahn. Es ist alles gleichgültig geworden ... Der junge Mann ist hilflos und trottet neben ihr her.

GEWOGEN UND ZU LEICHT BEFUNDEN

Dagny – wenn du noch einmal das Leben von vorne anfangen solltest ...
Ich würde nicht noch einmal anfangen, denkt Dagny.
Höre zu. Was würdest du tun, wenn du wieder im Leben auf den Platz gestellt würdest ...
„Ich würde nichts tun. Die Hände in den Schoß legen und warten. Es hat alles keinen Zweck."
„So wird das Leben ohne Frucht bleiben."
„Wozu auch –"
„Sei nicht eigensinnig. Jeder Mensch bleibt dem anderen fremd. Nur du selbst darfst dir nicht fremd sein."
„Es hat keinen Zweck mehr."
„Soll ich dir von der Drohung erzählen, der die Existenz von denen, die dir noch nahe stehen, ausgesetzt ist?"
„Nein."
„Du würdest sie verstehen. Nur ein wenig Einsicht, nur ein wenig Geduld mit dir und den andern –"
„Wozu?! Ich will nichts mehr hören."
„Du mußt aber hören. Es ist nicht wahr, daß das Leben vertändelt und verspielt worden ist. Nur falsch ist deine Kraft und aller Lebensmut eingesetzt, ohne Freude – du bist in die Irre gelaufen, vielleicht nur ein Umweg."
„Auch der Vater hat mich im Stich gelassen."
„Was konnte er anders tun?"
„Eben."
„So verstockt?"
„Laßt mich in Ruhe."
„Gut – wie du willst."
Weg mit dem Gepolter.

„Haben Sie wieder Schmerzen?"
Das ist die Assistenzärztin, die in der Türöffnung steht. Dagny hat ihr Kommen nicht gehört; allgemeines Krankenhaus in Wien, Station 6, Isolierzelle 4. Es muß gegen den Spätnachmittag sein, die Fensterläden sind zu, das Licht ist eingeschaltet.
Die Kranke hat sich ein wenig aufgerichtet und sucht sich zu besinnen. Sie ist aus ihren Gedanken aufgeschreckt. Sie schüttelt den Kopf.
„Es ist nur", sagt die Ärztin, die einen Schritt näher zum Gitterbett tritt, „weil ich die ganze Zeit schon hier stehe und Sie beobachte. Sie stöhnen wieder, der Atem geht schwer, Sie haben Schmerzen. Das wird vom Herzen kommen, denke ich."
Dagny ist wach. Sie zieht sich am Pfosten hoch, so daß sie sitzt. Das Schwindelgefühl ist weg, sie fühlt sich leicht.
„Nein wirklich – ich habe keine Schmerzen." Sie möchte der Ärztin etwas Freundliches sagen ... „Aber ich habe Hunger."
„Ja so – aber solange Sie noch diese Schmerzen haben, ist es nicht gut, allzuviel zu essen und den Magen zu überladen."
„Ich habe doch heute noch nichts bekommen."
„Ja so – ich kann ja mal nachsehen, obwohl ich nicht glaube ... vielleicht, daß bei der Schwester der Topf noch stehengeblieben ist. Indessen werde ich Ihnen die Injektion vorbereiten."
„Ach immer diese Injektionen – ich möchte keine Injektionen mehr. Ich fühle mich so leicht und es geht mir sehr viel besser."
„Sehen Sie – das haben Sie schon vergessen. Sie erinnern sich nicht mehr. Sie haben doch heute früh selbst den Professor darum gebeten."
„Nein, das weiß ich nicht. Ich fühle mich zwar noch schwach, jetzt nicht mehr so wie heute morgen, aber – ich erinnere mich jetzt, der Herr Professor hat davon gesprochen."
„Eben. Damit Sie wieder rascher in die Höhe kommen."
Das Fräulein Doktor merkt zu ihrem Erstaunen, daß sie sich in ein Gespräch eingelassen hat, wie unklug – es ist Zeit, das Gerede abzubrechen. Die Kranke hört sich reden und antworten, als sei das das Natürlichste von der Welt, welche Wandlung – sie holt unwillkürlich tiefer Atem.
„Also, wünschen Sie noch etwas?" Eine geschäftsmäßige Routinefrage, die ihr durchrutscht. Das mag nur durch die Nervosität an diesem Tage zu erklären sein...
Dagny versucht zu lächeln. „Ja – etwas zu essen."

„Wir haben hier kein Hotel. Das sollten Sie inzwischen wissen."
Endlich hat sie den passenden Ton wiedergefunden.
Das Fräulein Doktor hat die Zelle wieder verlassen. Dagny achtet nicht darauf. Sie ist mit ihren Überlegungen noch nicht ganz zu Ende und spinnt den Gedanken fort. Sie hatten beide noch Georgs Freund aufgesucht. Georg ist noch zwei weitere Tage geblieben, denn der Freund hat ihm einen Schein ausgestellt, auf dem die Notwendigkeit eines Aufenthaltes bestätigt wurde. Ein sehr umgänglicher und aufgeschlossener Mensch, durchaus nicht eingebildet, eher bescheiden. Die Stelle war mehr wie nur ein Nachrichtenbüro, wie Georg ihr gesagt hatte. Sie verstand sich besser darauf, es war so eine Art Kontrollstelle für die verschiedenen Büros, die im Südosten an der Arbeit waren, ein reiner Parteibetrieb. Erstaunlich, daß Georg sich mit dem Mann hatte anfreunden können. Er würde schon nach vierzehn Tagen Georg aus dem Kurs für sein Büro anfordern, damit er zunächst einmal aus dem Militärbetrieb herauskommt. Vielleicht sei es dann schon so weit – nämlich der Zusammenbruch schon in greifbarer Nähe; der Mann, Dagny glaubte ihren Ohren nicht zu trauen, sprach ganz offen darüber.
Sie erinnert sich, es hatte ihr gewaltig imponiert. Und so ist es dann auch nicht mehr schwer gewesen, daß sie sich von den beiden Männern überreden ließ, etwas für ihre eigene Sicherheit zu tun. Das weitere Verbergen vor dem Arbeitsamt, wurde gesagt, könnte noch in letzter Minute schwere Folgen nach sich ziehen; mit der Gefahr eines Aufplatzens sei immer zu rechnen. Der Mann schlug vor, er würde die Sache in die Hand nehmen und von der Firma die Papiere einfordern, notfalls das Arbeitsamt benachrichtigen; er würde sie bei einer seinem Betrieb verwandten Dienststelle unterbringen können. Diese sei nach der Steiermark bereits evakuiert, mit dem Leiter wäre er persönlich befreundet, voraussichtlich würde dann Georg bald nachfolgen können. Es ist sowieso nicht mehr für lange Zeit – es war sehr einleuchtend und einfach und es ist ihr auch gleichgültig. Kann sein, daß sich auf diese Weise viele ihrer Schwierigkeiten lösen. Dagny war nicht mehr mit dem Herzen dabei, es ist nicht in Einklang zu bringen mit dem, was aus der Qual ihrer ersten Erkrankung geboren worden war. Sie hatte ein Gewicht in diesen Tagen gespürt, das sie nach unten zieht. Vielleicht hatte sie zu lange warten müssen, vielleicht war sie noch immer in Illusionen befangen, sicher-

lich hatte sie sich alles anders, strahlender und kämpferischer vorgestellt – etwas war zerbrochen.
Im Nebenraum sind jetzt Stimmen laut geworden. Sie erkennt die Stimme des Professors, der heftig auf jemanden einredet; es wird wohl die Ärztin sein. Dann entfernen sich die Stimmen wieder, sie hört Schritte nach dem Korridor hin. Schade –, daß die beiden nicht bis zu ihr vorgedrungen sind; sie hat Hunger.

Draußen im Korridor ist der Herr Professor zu seiner Assistentin sehr ungnädig. Er geht mit langen Schritten den Gang hinunter, so daß das Fräulein Doktor kaum folgen kann.
„Was stehen Sie denn hier herum –! Wir haben hier kein Privatsanatorium mit hochzahlenden Patienten, denen man die Langeweile vertreiben muß. Wieviel haben Sie noch? – Fünf? Wie stellen Sie sich denn das vor –? Sie wissen doch, wir müssen noch den Exit-Schein ausstellen. Den nimmt uns niemand mehr ab, wenn das so weiter bis in die Nacht hinein geht." Die Ärztin kommt nicht zu Wort. Sie hat schon mehrmals versucht, den Chef zu unterbrechen, aber der Mann hat eine Art, sie zum Schweigen zu bringen, die man bei dem oft so liebenswürdigen Plauderer nicht erwartet hätte.
Endlich kann sie eingreifen. „Wir haben doch sonst auch erst immer nach dem Schlafmittel und in der Nacht..."
„Haben wir. Aber vielleicht nehmen Sie Ihren Verstand zusammen, wenn ich Ihnen sage, daß niemand Ihnen mehr den Gefallen tun wird, bis in die Nacht hierzubleiben. Dann bleiben Sie gefälligst allein da und sehen Sie zu, wie Sie mit den Fünfen fertig werden. Ich werde mich nicht mehr darum kümmern."
„Herr Professor, ich habe noch weniger damit zu tun."
Sie hat sich endlich aufgerafft, diesem Grobian entgegenzutreten.
„Wie Sie meinen" – Der Professor ist stehengeblieben und sieht sie mit einem schiefen Seitenblick an, denn im Grunde genommen hat dieses stockige Wesen recht; er trägt die Verantwortung und er muß auch den Schein unterschreiben, was er zwar schon vorher tun kann, aber sie muß ihn wenigstens ausfüllen. Im Überlegen – fügt er noch hinzu: „Für den Abteilungsstab ist bezüglich der Evakuierung noch keine besondere Anweisung ergangen. Ich nehme an, daß Sie morgen im Laufe des Tages darüber werden etwas in Erfahrung bringen können."

„Bleiben Sie denn nicht hier, Herr Professor?" Sie muß sich zu dieser Anrede zwingen.
„Die Abteilung ist aufgelöst. Ich bin anderweitig eingesetzt." Ruhe – denkt er, muß er noch bewahren, er darf sich nicht gehen lassen, sonst spielt ihm dieses Weib noch in der letzten Minute einen Streich. „Wie Sie sehen, warte ich nur noch auf Sie, dann ist meine Tätigkeit hier beendet."
„Und was wird aus mir?"
Der Professor zuckt die Achseln.
„Sie müssen mir doch sagen können, an wen ich mich wenden soll –"
„Wenden – wir wenden uns nach rückwärts. Wir wenden uns so rasch als möglich von hier weg; das wollten Sie doch wissen. Es heißt, ich weiß es aber nicht, zum mindesten nicht offiziell, daß die Gebäude zeitweilig von der Wehrmacht belegt werden, möglicherweise als Lazarett. Vielleicht kommt morgen schon so ein Stabsarzt oder ein Feldwebel – sprechen Sie mit dem. Es ist ja nicht ausgeschlossen, daß man Sie gebrauchen kann. Ich habe jedenfalls nichts mehr damit zu tun."
Das also war es, was sie heute schon den ganzen Tag über gefürchtet hat, sie wird einfach abgestellt. Dabei weiß der Professor so gut wie sie, daß sie dann auf alle Fälle vorerst zur Ärztekammer gehen muß.
Wieder ist er über das Ziel hinausgeschossen, merkt er. Unnötigerweise läßt er hier einen Feind zurück. Er hätte ebensogut die ganze Angelegenheit auch anders behandeln können, eingewickelt in Bedauern, die besonderen Umstände und ähnliches; es geht zu vieles heute durcheinander, kann nicht an alles denken. Man ist soeben noch an ihn herangetreten mit der versteckten Aufforderung, in der Stadt zu bleiben, von einer Seite, von der er es nicht für möglich gehalten hätte – die Zumutung, daß er seinen Auftrag im Stich lassen soll. Es werden auch später Ärzte gebraucht, hat ein Kollege ihm zu verstehen gegeben, und es könnte vielleicht einmal als Pflicht angesehen werden, denn es ist vieles wieder gutzumachen, was durch einen solchen Entschluß sehr erleichtert werden würde.
Natürlich, das war auf das erste Wort hin zu erkennen, das ist die andere Seite – also rechnen sie doch noch mit ihm. Mit einer gewissen Befriedigung ist ihm das im ersten Augenblick durch den Kopf gegangen. Aber die Frau ist schon weg, mit der er sich

hätte beraten können, er hat niemanden zur Hand, mit dem er sich darüber aussprechen kann. Vorläufig scheint es für ihn noch leichter, in seiner Stellung, die ihm Befehlsgewalt und Autorität verleiht; indessen auf längere Sicht mag es leichter sein, jetzt hier zu bleiben und die große Wandlung damit einzuleiten. Er wird das Gefühl nicht los, daß er einen verhängnisvollen Schritt unternimmt, in dem einen wie in dem anderen Fall, wie er es immer zu tun pflegt, wenn er allein ist. Er verwendet auch nicht einen einzigen Gedanken darauf, aus seiner Unsicherheit für die gegenwärtig zu erfüllende Aufgabe einen Schluß zu ziehen, fünf Injektionen zu verabfolgen oder zu testieren, von denen die Opfer nicht mehr ins Leben zurückkehren dürfen.

Schließlich findet er sich wieder in die Wirklichkeit zurück.

„Aber liebe Frau Doktor" – Er verwechselt sie sogar in seiner Nervosität mit ihrer Kollegin – „Sperren Sie sich doch nicht. Mir sind die Hände gebunden. Ihre Papiere sind doch noch vorn – ich schreibe Ihnen die Arbeitsbestätigung, und bei den augenblicklichen Zuständen – Sie können wählen, Sie werden sofort irgendwo unterkommen, nicht wahr?" Sie verabreden, es ist noch nicht so spät, wie er sich immer eingeredet hat, er wird in einer Stunde etwa wieder zurück sein, er hat den Schrank offen gelassen, das heißt, er bewilligt das Schlafmittel.

Das Fräulein Doktor hat sich auf den Weg gemacht; sie wird keine Gedanken aufkommen lassen, sie muß förmlich mit jedem Schritt den Ärger, die Enttäuschung niedertreten. Als sie in Dagnys Zelle tritt, ist die Kranke wieder eingeschlafen. Die tiefen ruhigen Atemzüge kündigen die allmähliche Wiederkehr der Kräfte an. Sie hat Mühe, die Schlafende aufzuwecken. Sie flößt ihr, die noch nicht zu vollem Bewußtsein gekommen ist, den Schlaftrunk ein. Es ist nicht notwendig gewesen, noch eine allgemeine und beruhigend wirkende Bemerkung zu machen, wie sie sich es vorgenommen hatte. Schon immer hat die Assistentin es als besonders unangenehm und geradezu entwürdigend empfunden, Worte wechseln, Entgegenkommen und Freundlichkeit zeigen und eine Betreuung vortäuschen zu müssen, die ihr durchaus nicht liegt. Sie löscht das Licht.

Es ist sehr still auf der Station. Das Chefzimmer ist alles andere als freundlich. Sie hat eine Anzahl Papiere aufgeschichtet, die möglicherweise der Professor noch unterschreiben muß. Dann

wird sie ihn nach vorn begleiten und dort hören, was morgen etwa noch zu tun sein wird. Sie wird lieber jetzt in der Eingangshalle warten.
Noch niemals hat sie sich so verlassen gefühlt. Ohne jeden Halt. Das ist es – sie empfindet, daß man ihr bitteres Unrecht angetan hat. Aber das war auch in den früheren Stellungen nicht anders; sobald man sie nicht mehr braucht, wird sie beiseite gestellt. Als wohlbehütetes Kind ist sie im Elternhaus aufgewachsen, zusammen mit vier Geschwistern, die Schwestern sind verheiratet. Sie haben so wenig innere Verbindung miteinander gehabt, daß sie es kaum gemerkt hat, als sie aus dem Haus gekommen sind.
Der Vater in seinem Amt und seinen gesellschaftlichen Verpflichtungen hat für die Kinder nicht viel Zeit übrig gehabt, die Mutter nur darauf gesehen, daß alles korrekt und traditionsmäßig verläuft. Ob sie wohl jetzt zufrieden sind? – Nachdem sie ihr Ausstattungsgeld für das Studium verbraucht hat, ist mit einem Erbteil nicht zu rechnen. Im Grunde wäre das das einzige, was sie noch an das Elternhaus binden könnte. Selbstverständlich steht das Haus der Eltern dem Kinde jederzeit offen.
Sind so die Jahre dahingegangen, von denen es heißt, daß sie sich unvergeßlich in die Erinnerung einprägen und dem weiteren Leben den Stempel aufdrücken? Der Mensch, der da am Fenster der Halle steht, könnte verzweifeln, aber auch dazu langt es nicht. Es ist ihr nur gegeben ein tiefes Unbehagen über die eigene Nutzlosigkeit. Gewohnt an psychologische Erfahrung sieht sie in sich nur Instinkte, gemäßigt durch Erziehung und Gewohnheit. Mit ihrer etwas groben Figur, dem starkknochigen Gesicht bietet sie anscheinend einem männlichen Partner wenig Reize, sich mit ihr näher zu beschäftigen. Sie hat sich auch wenig bemüht, einen Mann zu fesseln, denn es ist sicherlich unbequem. Dabei ist sie bereit sich unterzuordnen, zu dienen, für eine große Sache sich einzusetzen, das heißt, wenn dies alle tun und besonders diejenigen, die für ihr Urteil maßgebend sind. Sie will nur, so wohlbehütet und vorbildlich sie in ihrem Familienkreis aufgewachsen ist, nicht allein sein, und es muß in der allgemeinen Linie liegen, das heißt, es muß bequem sein. So ist sie in die Partei und in den Beruf gekommen; erreicht hat sie, stellt sie mit steigender Erbitterung fest, für sich nichts. Das flüchtige Lächeln, das sie gelegentlich dem Professor geschenkt hat, ist nicht beachtet worden. Jeder Mensch ist in einem solchen Falle von sich überzeugt, es

hätte sich vielleicht gelohnt – sie denkt nicht anders und eben wie ein Lebewesen, das erstarrt von der Wärme erwartet, es aufzutauen. Aber die Zeit ist nicht danach.
In diesem Grübeln, das einmal, so hofft sie, noch zu einer geschlossenen Analyse sich formen wird, kommt ihr nicht ein einziger Gedanke an die Kranken, die ihr anvertraut sind, und daran, aus dem Gefühl der Ausweglosigkeit irgendwelche Schlüsse zum Leben, insbesondere zum Leben der ihrer ärztlichen Autorität unterstellten Mitmenschen zu ziehen. Der Beruf ist ihr noch nicht verhaßt, sie kämpft noch, den Beruf ihren Lebenserwartungen ungefähr anzupassen; aber er ist ihr gleichgültig. Der Kranke gehört dazu als Objekt und das Handwerkzeug, nicht viel anders als die Injektionsnadel und das Hörrohr.

Währenddessen ist die Kranke in Zelle 4 in schweren Schlaf zurückgesunken. Gleich einer regenschweren Wolke überzieht der Schlaf das Bewußtsein noch im Dämmer des Traums und senkt sich tiefer und tiefer. Für die Unruhe ihres bisherigen Lebens hat die Träumende jetzt eine befriedigendere Lösung sich aufgebaut. Sie sieht sich liegen in ihrem Korb, in der Wiege, im kleinen Gitterbett. Aber ihre Hilflosigkeit hat nichts Quälendes, sie ist voller Ruhe und voller Geborgensein. Dann sieht sie die Sonne und das Licht heraus aus dem wohligen Dunkel in ihrem Nest. Die Geräusche schrecken noch, die Schritte der Mutter, der Vater und die Schatten, die sich vor ihr aufbauen, wenn die Mutter an die Wiege tritt, um das Kind wieder zurücksinken zu lassen in die Geborgenheit; und es schreckt die Tür, die ins Schloß fällt. Später wird sie greifen nach allem, was sie aufschrekken kann, nach den Geräuschen und den Schatten und siehe – es hat nichts Schreckhaftes mehr, es ist das Leben selbst, das sich über sie beugt, das sie in den Arm nimmt und mit Liebkosungen das Empfinden in sie hineinträufeln läßt, daß sie geborgen ist. Das Kind muß in sich alles das aufnehmen, was es heißt, am Leben zu sein; es beginnt, daran zu lernen und zu beobachten, es sieht die Eltern, die sich bereits unbeschwert darin bewegen. An sie muß es sich wenden, wenn es wo anstößt und nicht mehr weiterkommt. So festigt sich dieses Band, das dann im späteren Leben nicht mehr verloren geht. Inzwischen hat sich der Spielraum erweitert, der Bewegungskreis wird nach allen Richtungen hin größer, die Schwierigkeiten werden größer, sich zurechtzufinden. Es sind schon die eigenen Gedanken, die eigenen Instinkte, die nach Selbständigkeit drängen, sich zu behaupten – und der Widerspruch. Nicht ohne innere Beglückung das erste Aufwachen von Trotz, im Rahmen von Ermahnung, Liebkosung und Strafe. Noch gleichen die Eltern aus, sie müssen sich zurückfinden in ihre eigene Kindheit; später wird sie in der Liebe zu den Eltern selbst diesen Ausgleich finden müssen, das Gleichgewicht. In den ersten Schwankungen zur Bereitschaft der verstehenden Liebe entsteht bereits so etwas wie Ordnung und Gesetz. Einmal wird die Umzäunung fallen, die Palisaden werden niedergerissen und eine Tür wird geöffnet – das Kind an der Hand von Vater oder Mutter wird in den größeren Raum außerhalb geleitet und muß sich auch dort bewegen lernen, daß es nicht stolpert und fällt und überall aneckt. Gesetz und Ordnung des Heims sind zu einem Erinnerungspunkt zusammengeschmolzen, tief verankert im Bewußtsein, eine Quelle nie versiegender Kraft, wenn es gilt, das nunmehr weitergreifende Gesetz, Anpassung und Unterordnung in sich aufzunehmen. Und siehe – es ist nicht so schwer, nicht so bedrückend, wie das Kind gefürchtet hat. Es ist schon so weit, sie steht bereits draußen im Leben. Sie muß die Schwankungen im Leben nach Glück und Leid, im Gleichgewicht, Hoffnung und Enttäuschung überwinden lernen, die Liebe und das Verbundensein in ihrer Erinnerung geht immer mit. Die Umwelt und die Gesellschaft tragen die vertrauten Züge des Geborgenseins. Sie trifft auf die allgemeinen Gesetze des menschlichen Zusammenlebens, die erfüllt werden sollen, denn die Zeit und deren Ablauf schließt den Kreis ihrer Erfahrung, das Leben will sich erneuern – wiederum kündigt sich das Kind, noch ungeboren, bereits an. So soll es sein, so ist es gewesen, nickt jemand der Träumenden zu; nur hat es bald da, bald dort an einigen Ecken gefehlt, die du hättest ergänzen sollen. Je größer das Verdienst, wenn du selbst dann mithilfst – aber wem soll ich Rede stehen, vor wem mich verantworten, und wer richtet mich, wenn nicht ich selbst? Ich weiß nichts von einem Verdienst, nichts von einem Richter – darüber hat mich niemand belehrt. Aber ich will trotzdem wieder von vorn anfangen, noch einmal den ganzen Weg gehen, Schritt für Schritt – jetzt weiß ich schon ein wenig besser – War es eine vertraute und bekannte Person, ein Schemen, eine Fee? – Wer immer es gewesen sein mag, das Wesen lächelt darüber freundlich in den Traum hinein.

Der Traum nähert sich einer Krise. Das endliche Ziel ist klarer geworden, die Umwelt, in der sie sich bisher behauptet hat, ist dabei, sich zu entfalten.

Das Ziel leuchtet als Richtungsweiser auf den Weg, es strahlt eine eigene Kraft aus, die den Wanderer, der müde zu werden beginnt, zu sich heranzieht. Aber wohin – und es kann sein, daß ich den Weg dieser Hilfsbereitschaft, sich gegenseitig zu stützen, nicht richtig erkannt habe –? Im Grunde ist das ganz einfach, behauptet der Traum; die Vergangenheit und das Zukünftige wirken mit, denn wir sind alle nur und jeder für sich der winzige Teil einer Einheit, wir sind die Späne, die unter dem Einfluß des Magnets sich ordnen, und auch wenn wir widerstreben, so sind das nur Umwege, die in der Wechselwirkung von Bestimmung und Schicksal zusammenschrumpfen und sich einmal auflösen wie alle Widersprüche. Geduld ist notwendig, gegenseitiges Sich-Vertrauen, die werktätige Liebe und die Freiheit, sich selbst zu sehen rückwärts in die vergangene Folge der Geschlechter und in das zukünftige Erlebnis der Gemeinschaft. Die Gegenwart ist nur ein Aufenthalt der Besinnung, der Niederschlag und die Kristallbildung unserer so vielfältig zusammengesetzten Wesenheit. Das wäre schön ... und ich brauche keine Angst mehr zu haben, daß mir für das, was ich versäumt habe, nicht verziehen wird! – Nein. Der Weg ist offen, er ist immer geöffnet gewesen, Felsstücke sind darübergerollt, Fluten haben tiefe Löcher gerissen. Deswegen erscheint es oft mühsam, diesen einfachen Weg zu gehen. Aber der Fluß gleitet trotzdem über diese Hindernisse hinweg, es geht sogar erstaunlich leicht, und wer zu Fall gekommen ist, der steht wieder auf, es sei denn, daß er die Geröllmasse, die sich über ihm zu einer Decke zusammengeschlossen hat, nicht mehr bewegen kann. Die größeren Steine lasten schwer und drücken nach unten. Dann verflüchtigt sich dieser Traum in tiefe Bewußtlosigkeit.

Draußen, in der Stille der Empfangshalle, grübelt das Fräulein Doktor weiter nach dem entgegengesetzten Weg. Sie hat sich verlaufen, sie ist stehengelassen worden, sie will umkehren. Beinahe ist es ein freudiges Erschrecken, als ihr der Gedanke aufsteigt, daß sie weglaufen kann, fliehen, sich verstecken – sie hat noch die Heimat, das Elternhaus. Es ist durchaus nicht notwendig, sich um eine weitere Arbeit hier zu reißen; Einbildung, daß sie verlangt

wird, daß sie überhaupt von Nutzen sein kann. Erst muß der Sturm dieses Zusammenbruchs vorüber sein --- soviel sie weiß, ist das Heim der Familie unversehrt, sie hat bisher wenigstens keine gegenteilige Nachricht erhalten. Sie ist mit sich und diesem Gedanken zufrieden. Sogleich wird sie – nein, am besten überhaupt nicht mit dem Professor sprechen. Die Loslösung regelt sich leichter von selbst, sie ist schon geregelt. Es sind noch diese fünf Assistierungen, der Endbefund – sie hört vom zweiten Hof her schnelle Schritte, das wird der Professor sein – dann ist sie damit fertig, mit einer ganzen Reihe von ehrgeizigen Illusionen; nie wieder!
Der Professor kommt. In größter Eile. Ein Herr soll hier sein, wollte ihn erwarten; der Herr ist noch nicht da. Er hat bereits wieder die primitivste Form der Höflichkeit vergessen, darauf verzichtet. Er grüßt sie kaum.
„Na –" Eine unmögliche schrille Stimme, die zu dem Manne nicht paßt.
Sie nickt.
Es ist soweit.

Es muß jetzt nachgeholt werden, daß Dagny nach einigem Zögern, das sich später noch eingestellt hatte, als der Freund längst abgefahren war, die neue Stellung angetreten hatte. Georgs Freund hat sie vorübergehend in seinen Betrieb aufgenommen, ohne sie allerdings zu beschäftigen, nur damit Anmeldung und Kartenzuteilung geregelt werden könnte. Der Chef der neuen Dienststelle würde in den nächsten Tagen durch Wien kommen und mit ihr sprechen.
Die Darstellung dieser letzten Wochen stützt sich auf den Bericht eines Freundes des Vaters, den dieser gebeten hatte, sich um die Tochter zu kümmern.
Kann eine Stunde schwerster Enttäuschung solche Folgen haben –? Sie hat ihren Unterschlupf aufgegeben, in dem sie verhältnismäßig sicher war, sie hat sich von ihren Vorsätzen abgekehrt, sie ist dabei, sich selbst aufzugeben; Dagny zögert, sie würde nach einem Halt greifen, aber... vielleicht, daß Georg bald zurückkommt, sie würden über die gleiche oder eine verwandte Arbeitsstelle in Verbindung miteinander stehen, trotzdem wird der Freund in der Welt der schattenhaften Figuren, die sie jetzt umgeben, nur ein neuer Hinzukömmling sein. Sie hat sich auf-

gegeben, weil auch der Freund dabei ist, sich aufzugeben – das ist ein schlechter Rückhalt. Mußte das sein? Gewiß nicht; es steckte auch ein gut Teil Trotz darin.

Die Verzauberung, in der sie die erste Zeit ihres Wartens hingebracht hatte, war aus dem Glücksgefühl geflossen, von dem Sich-treiben-lassen gelöst zu sein. Sie hatte nicht verstanden, dieses Gefühl zu einer inneren Festigung umzusetzen, ohne weitere Anleitung war das Fundament zu schwach.

Was jetzt noch folgt, ist nur der natürliche Ablauf. Sie hat den Fragebogen über ihre bisherige Beschäftigung ausgefüllt. Es erscheint ein Herr im Spitzbart, Gelehrtentyp aus der Vorkriegszeit, der ein paar Fragen an sie richtet und sogleich ihre Unentschlossenheit bemerkt und daher auch sogleich die Taktik ändert. Dagny hat einige Bedenken vorgebracht – Schuhe werden sich beschaffen lassen, ebenso der Mantel und wahrscheinlich auch warme Unterwäsche. Ja – es ist schon sehr kalt in den Bergen, etwa 1500 Meter hoch, aber es ist Holz genug vorhanden, es wird geheizt. Als er vor einigen Wochen weggefahren wäre, ist der Schnee noch nicht liegen geblieben, aber jetzt wird schon eine Decke sein von zwei bis drei Metern. Skilaufen? Natürlich, er selbst und auch seine Frau sind begeisterte Skiläufer. Dagny entschließt sich, als ihr auch noch zugesagt wird, ein Zimmer für sie allein freizumachen.

Die Dienststelle ist ein ehemaliges Kloster, das Hauptgebäude ein mittelalterlicher Bau von gewaltigem Ausmaß. Aus der Verpachtung des zum Kloster gehörenden landwirtschaftlichen Besitzes hatten die Mönche die Kosten für die Instandhaltung der Gebäude, der Aufrechterhaltung einer weltberühmten Bibliothek gedeckt, nach Ansicht des Regimes eine Mißwirtschaft; Kloster und Besitz waren beschlagnahmt worden, die kostbare Bibliothek irgendwoanders untergebracht, wahrscheinlich aufgeteilt. Dafür dienten die Säle jetzt der Aufbewahrung zahlreicher Archive von Forschungsinstituten parteiamtlichen Charakters, die hier untergebracht werden, hauptsächlich statistischen Inhalts über die rassenmäßige, biologische und soziale Zusammensetzung der europäischen und außereuropäischen Völker; eine Weltkartei sollte nach Beendigung des Krieges aufgebaut werden. Daneben ist aller verfügbarer Raum vollgestellt mit Kisten, die wertvolle Gemälde und Kunstgegenstände aus den besetzten Gebieten enthalten, aber auch Teppiche und Spitzen, Instrumente und kurz alles, was man für wertvoll genug gefunden hat, aus den Museen wegzuschleppen; schließlich auch, was davon in den Privatbesitz prominenter Persönlichkeiten übergegangen war. Es gab eine eigene Transportabteilung und eine eigene Lagerhaltung, mit Dutzenden von Mitarbeitern, ein größeres SS-Bewachungskommando und viele Gefangene, Franzosen und Rotspanier, die für die gröberen Arbeiten eingesetzt sind.

Der ganze Betrieb stand unter der Leitung eines Brigadeführers, jenes Herrn im Spitzbart, der in der Dienststelle nur mit „Doktor" angeredet zu werden wünschte. An der Spitze der Archivabteilung steht die Frau des Chefs. Zur Registrierung der Materialien war ein Sekretariat eingerichtet, das nunmehr in Tätigkeit treten sollte. Für die Arbeit in diesem Sekretariat war Dagny mit noch einigen anderen bestimmt. Es würde zu weit führen, der beinahe unvorstellbaren Phantastik dieses Unternehmens, das vorerst noch in der Planung stecken geblieben war, nachzugehen – so fanden sich, um nur ein Beispiel zu nennen, einige Tausend Blatt Protokolle und Memoranden eines Instituts zur Gründung einer Welt-Einheits-Religion, ebenso einige Kisten mit rund zwei Millionen ausgefüllter Fragebogen, die in den Ostländern aufgenommen waren von Menschen aus der besetzten, der unbesetzten oder wieder geräumten Zone.

Die Frau des Chefs, eine akademisch geschulte Archivarin, war von Beginn an Dagny sehr freundlich entgegengekommen, und da sie sich gern dozieren hörte, immer bereit, ihrem Personal einen Überblick über die Gesamtaufgabe zu vermitteln. „Natürlich ist das Rußland-Institut nur ein Anfang. Für jedes einzelne Land sind ähnliche Institute im Entstehen. Mein Mann hat in dieser Hinsicht vieles durchgesetzt. Ich sehe, daß Sie für solche Dinge eine gewisse Begabung mitbringen, oder täusche ich mich?" Dagny kam aus der Verwunderung nicht heraus; hier wurde anscheinend ganze Arbeit gemacht. Allerdings waren nicht alle Versprechungen des Doktors in Erfüllung gegangen, aber es wimmelte ja auch vorerst alles durcheinander wie in einem Ameisenhaufen. Wenn sie schon sowieso die letzten Monate bis zum Ende irgendwo unterkriechen muß, so wird sie hier oben ganz gut auskommen, hatte sie dem Bekannten des Vaters geschrieben.

In der Privatwohnung des Chefs hatte die Frau, eine leidenschaft-

liche Büchersammlerin, eine Blütenlese der verbotenen und verpönten Literatur untergebracht, eine beinahe vollständige Sammlung aller Schriften gegen das Regime, die zu beschaffen ein eigener Einsatzstab vorhanden war – alles stand wohlgeordnet nach Gruppen und in Themen unterteilt auf den Bücherborden; Dagny arbeitet auch hier mit an der Vervollkommnung der Bestandsaufnahme. Als Dagny obendrein noch die Erlaubnis bekommen hatte, sich beliebig in den Büchern umzusehen und die Wohnung wohlig warm geheizt war, grenzte der Zustand schon an Begeisterung. Die Frau nahm das für eine persönliche Huldigung und blieb Dagny sehr gewogen. Oft fragte sich Dagny, ob das Ganze nicht nur ein wilder Spuk oder einer der vielen Tarnungen der Untergrundbewegung war. „Für Deutschland kommt es jetzt darauf an", hatte ihr die Frau erklärt, „eine Generation aufzuholen. Die Macht des Unterworfenen ist nicht zu unterschätzen, sie ist stabiler und im Grunde unangreifbarer als diejenige des Siegers. Denken Sie an das jüdische Volk. Erst unterworfen, hat es das Christentum geboren, durch das dann das römische Imperium zur Auflösung gebracht worden ist. Man denkt in unserem Führerkorps an etwas Ähnliches. Die meisten von uns sind überzeugt, daß nach den ersten Jahren des Übergangs nicht nur das Volk, sondern auch die Sieger auf unsere Organisation wieder zurückgreifen werden. Mein Mann ist dagegen Optimist. Er glaubt, daß wir noch vor dem endgültigen Zusammenbruch dem Sieger werden dienen können. Das ist Ihnen neu, nicht wahr? Ich sehe es Ihnen an. Es ist einfach unsere Pflicht, nicht in der allgemeinen Propaganda stecken zu bleiben."
Dagny schwirrt der Kopf. Aber sie hütet sich mitzureden, obwohl es sie dazu drängt.

„Neulich hatten wir hier einen Überfall von der roten SS – ja, ja. Sie staunen, das gibt's bei uns auch. Das sind meist Deserteure oder sonstwie Unzufriedene, denen die Entwicklung zu langsam geht. Es war eine gut organisierte Bande, vermischt mit Partisanen aus dem Slowenischen. Mein Mann hat sich fabelhaft benommen. Es ist überhaupt kein Schuß gefallen. Wir haben ja mit dem Gut drüben, auf das es abgesehen war, nichts zu tun. Der Obersturmführer, dem das Gut untersteht, sitzt mit seinen Leuten im Dorf, die zwei Mann Pferdewache, die er hier oben hat, zählen doch kaum. Infolgedessen hat mein Mann das Vieh ohne weiters herausgegeben. Aber sagen Sie selbst: sollen unsere Wachmann-

schaften schießen und sich auf einen Kampf einlassen, bei dem unser ganzes Ansehen bei der Zivilbevölkerung auf dem Spiel steht? Mein Mann ist mit seiner Ansicht auch bei der Obersten Führung durchgedrungen, so daß wir jetzt mit dem Gut drüben auf gespanntem Fuße stehen, wie müssen uns unsere Verpflegung anderwärts besorgen. Außerdem ist es vielleicht von Nutzen, sich bei den Roten durch diplomatisches Vorgehen ein wenig Rückendeckung geschaffen zu haben."
Aber jetzt genug davon. Es liegt soviel Abenteuer darin, in der Grausamkeit dieser Gegenwart über so ernste Dinge, an denen die anderen zerbrechen, einfach und leicht hinwegzuschweben. Es sind immerhin gewisse beunruhigende Vorzeichen vorhanden, die Leber hat wieder die ersten Merkmale einer Störung gemeldet. Dagny war sogleich zum Arzt gegangen. Ein ziemlich netter Mann, hat Dagny in dem schon erwähnten Brief von ihm geschrieben, für die Betreuung der Dienststellen vom Fronteinsatz freigemacht und daher sehr entgegenkommend, aber er achtet das Gutachten der Greifswalder Klinik gering, er hat wieder mit Injektionen angefangen. Sie verschweigt, daß sie verführt von der Fülle des Gebotenen, ihrerseits auch wieder angefangen hat zu rauchen. Auch zu Trinkereien wird bald Gelegenheit sein. Es werden Gäste aus den verschiedenen Instituten erwartet, und es soll eine Art Kongreß abgehalten werden. Sie hat schon jetzt mit der Vorbereitung viel Arbeit, sie kann ihr Dispositionstalent beweisen. Darüber wird auch der Rest ihrer guten Vorsätze verschwinden, Wien liegt weit, von Georg obendrein noch keine Zeile.
Es fehlt nicht an Möglichkeiten, zur Besinnung zu kommen. Sie ist schon nach Ablauf der ersten Woche im Dorf einquartiert worden, und sie bekommt auch einen eigenen Raum, den sie herrichtet und ausstattet mit Tisch und Sesseln und einem Läufer, die sie leihweise aus dem Speicher des Klosters entnehmen darf. Das Haus bewohnt die Frau eines höheren Parteibeamten, die dieser hier abgesetzt hat, und die der Form wegen auch im Archiv mitarbeitet, aber meist zuhause bleibt. Die Frau ist sehr froh, die Abende jemanden zu haben, mit dem sie sich unterhalten kann. Sie hat zwei Jungens im Alter von 14 und 16 Jahren, die stolz darauf sind, bereits in den Reihen der Wehrmacht als Flakhelfer und bei der Nachrichtentruppe zu dienen. „Es reißt mir an den Nerven. Ich konnte die ständigen Reden nicht mehr mit anhören.

Sie werden sich allein und ohne mich besser fortbringen können." Um den Mann ist sie allerdings sehr besorgt. „Es geht ihm ziemlich nahe, daß dieser unser Krieg so enden muß, denn es war doch wirklich unser Krieg, nicht wahr? Die ganze Zeit über ist es uns recht gut gegangen. Wir haben eine sehr schöne Wohnung in München und ein nettes Landhaus in den Bergen, gar nicht so weit von der Führerburg; in der Nähe wohnen nur Kollegen und Amtskameraden meines Mannes. Nur haben wir das eine verpaßt, uns ein kleines Gut zu kaufen. Wir hätten das so leicht durchführen können, und es ist doch eine größere Sicherheit, denn so an die zweihundert bis dreihundert Morgen – das genügt schon und die nimmt uns niemand weg. Jetzt tut es meinem Mann sehr leid, aber die Männer sind ja meist so beschäftigt, daß sie ernstlich an unsere Zukunft nicht denken. Wir müssen nun in manchem nachgeben und still halten. Denken Sie, hier hat jemand bei offenem Fenster das englische Radio gehört, so daß ich Wort für Wort mithören konnte. Es wird wohl einer der Unsrigen gewesen sein, der den Erlaubnisschein hat, aber wo wäre das früher möglich gewesen ..."

Dagny hat sich dem Plauderton dieser Frau bereits weitgehend angepaßt. Sie hat nicht diese Sorgen und ihr kann es gleich sein – sie findet, wie sie an den Bekannten schreibt, die Frau reizend, so natürlich und völlig ohne Vorurteil. Dagny sieht in dieser Gleichgültigkeit nicht die Gefahr, daß in diesen Wochen schon ein Fußbreit vom Wege ab den Absturz zur Folge haben kann. Sie ist stehengeblieben, sie ist umgekehrt, um sich von neuem treiben zu lassen – vielleicht, Verzweiflung im Herzen. Es kann nicht meine Aufgabe sein, mich in die Erörterung der Schuldfrage einzulassen.

Den Doktor hat Dagny übrigens die ganze Zeit nicht zu Gesicht bekommen, anscheinend war er wieder verreist. Dagegen hat sie sich mit seinem jüngeren Bruder angefreundet, der schon verschiedentlich mit seinem Kommando in Ungarn gewesen ist, und ihr von dort jetzt auch warme Unterwäsche, eine Decke und Zigaretten mitgebracht hatte. Nach seiner Darstellung würde Ungarn demnächst vollständig geräumt werden. Das Schicksal des Vaters fällt ihr dabei ein, das Unwirkliche ihrer Lage kommt ihr stärker ins Bewußtsein.

Eines Tages nimmt sie der junge Mann beiseite und fragt sie in teilnehmendem Ton nach den Differenzen, unter denen sie aus

ihrer früheren Arbeitsstätte ausgeschieden ist. Es waren keine Differenzen, sagt sie; aber sie weiß sofort Bescheid. Der junge Mann, im Range eines Untersturmführers, stellt sich nichtwissend – der Bruder ist von einer Dienstreise zurückgekommen; aus dem Skiausflug, der für den nächsten Sonntag geplant war, kann nichts werden.
„Liegt denn etwas vor?"
„Es scheint fast so – eine Anzeige übers Arbeitsamt."
„Das sollte doch geregelt werden –" Der Doktor hatte es übernommen, fällt ihr ein.
„Das wird wohl geschehen sein", auch junge Leute, soeben noch freundlich und zuvorkommend, haben gelernt einen Befehlston zu finden, der alle weiteren Fragen abschneidet.
In der Privatbibliothek hat der Doktor, sanfter Gelehrtentyp, eine erregte Auseinandersetzung mit seiner Frau.
„Das Mädchen muß aus dem Haus, und zwar am besten sofort, ehe ich mir noch größere Schwierigkeiten auf den Hals ziehe."
„Ich weiß nicht, ob das richtig ist", erwidert die Frau. „Außerdem brauchen wir sie jetzt doch."
„Darauf kommt es nicht an. Ich verstehe nicht, wie du mir nach alledem noch widersprechen kannst."
„Zum mindesten hat sie dir bisher nicht geschadet."
„So, meinst du? Ich habe mich selten in einer peinlicheren Situation befunden. Als ich die Akten durchgeblättert hatte, bin ich geradezu sprachlos gewesen. Das muß mir passieren –! Du hättest das auch schon früher merken müssen..."
„Was denn? Ein harmloses, etwas verwaschenes und haltloses Wesen. Und ihre Arbeit macht sie doch sehr gut."
„So – daß ich das von dir hören muß! Vor 10 Jahren hätte ich eine solche Antwort nicht aufkommen lassen dürfen." Er wirft ein Bündel Briefe auf den Tisch, die ihm die Postleitstelle gesammelt hat.
„Sieh dir das an, da schreibt ein Mann, anscheinend Verlobter oder so etwas, wegen der Heiratspapiere, und hier sogar, daß er einen Urlaub erwirkt und sich nach hier versetzen lassen will, sie hier aufsuchen kommt – glücklicherweise ist der Mann in einem Kurs, und ich kann sofort die Sache stoppen, ich kenne dort den Leiter; so rasch wird der keinen Urlaub bekommen und auch keinen mehr beantragen –!" Er strafft sich. „Und hier schreibt so ein Dunkelmann aus Wien, daß sie besser auf sich aufpassen soll.

Was heißt das – in einer Untersuchung bekommt so etwas ein besonderes Gewicht. Verstehst du das noch immer nicht?"
„Nein, das scheint mir doch die Vorsicht zu weit getrieben."
„Wenn ich dir aber sage, daß die Person bisher auf raffinierte Weise verstanden hat, sich der Beobachtung durch die Staatspolizei zu entziehen, daß die Person schon seit langem vors Volksgericht gehört, aber aus irgendeinem taktischen Grund bisher laufen gelassen worden ist? Und wenn ihre frühere Arbeitsstelle über das Arbeitsamt obendrein eine Fahndungsaktion eingeleitet hat, dann schließlich trifft diese Leute zuerst die Verantwortung, wenn es ihr gelingt, irgendwo unterzutauchen und zwar noch ausgerechnet bei mir? – Eine tolle Schweinerei!"
„So schlimm wird es wohl nicht sein."
„Schweige jetzt! Du verstehst nichts davon."
„Ich weiß – Und wo willst du sie denn hinschicken?"
„Das meine ich ja, das ist eben der kritische Punkt. Ich will mir doch die Untersuchung nicht auch noch nach hier auf den Hals ziehen."
„Das tust du, wenn du sie jetzt der Gestapo übergibst. Und soviel ich verstehe, laufen lassen kannst du sie doch ohne weiteres auch nicht."
„Eine tolle Schweinerei." Aber der Doktor ist schon ruhiger; endlich kommt die Frau auf Touren.
Nach einigem Hin und Her wird beschlossen, die weitere Entwicklung an sich herankommen zu lassen, sich mit den einzelnen Stellen in Verbindung zu setzen, so daß der Eindruck erweckt werden kann als Plus für die Dienststelle, die Gesuchte hier aufgefunden zu haben. Dagny soll zunächst noch in der Transportabteilung im großen Refektorium beschäftigt werden, dort sind ein halbes Dutzend arbeitsverpflichtete Mädchen aus der Umgebung untergebracht, dort kann sie am wenigsten schaden. Als der Doktor noch hört, daß sie den hiesigen Arzt konsultiert, nimmt er sich vor, auch mit diesem zu sprechen. Die Frau kann es sich nicht versagen, abschließend zu äußern:
„Vielleicht liegt doch ein Mißverständnis vor. Ich habe eigentlich nicht den Eindruck gewonnen einer besonderen staatsfeindlichen Gesinnung, und es würde mir leid tun ..."
Der Mann unterbricht schroff: „Was geht das uns an! Die Person gehört nach Ansicht der maßgebenden Stellen ins KZ. Oder meinst du, ich soll mich vielleicht dafür einsperren lassen, denn

das ist unbedingt die Folge, wenn ich noch weiter in dem Fall herumrühre."
Die Frau lächelt. „Rege dich nicht auf. Du weißt, daß dir das Pathetische nicht liegt. Ich meinte nur so ..."
„Na also." Die Frauen verstehen, zum Schluß immer noch einen Schnörkel anzubringen.
„Willst du mit ihr reden."
„Ich denke nicht daran. Der Bruder soll sie einweisen. Es ist sowieso seine Abteilung."
„Mir tut das Mädchen offengestanden leid."
„Nein, ich selbst tue mir leid –" Damit ist diese Unterhaltung beendet.
So geschieht es. Dagny wird in das Refektorium versetzt. In dem großen Saal steht in der Mitte ein eiserner Ofen, der nur für den engeren Umkreis Wärme spendet. Um den Ofen herum sind die Arbeitstische gestellt, Dagny als die Zuletztgekommene natürlich am weitesten ab. Die Wachmannschaften lungern in dem Saal herum und treiben die Rotspanier je nach Laune zur Arbeit an. Es herrscht ein unglaublich rauher und rüder Ton, die Mädchen haben sich dem allgemeinen Ton bereits gut angepaßt. Dagny wird behandelt wie Luft. Es ist viel, wenn sie auf eine geschäftliche Frage überhaupt eine Antwort erhält. Abends legt sie sich mit Gallenschmerzen ins Bett. Die Nachbarin, die sich zur gewohnten Plauderstunde eingefunden hat, weist sie aus dem Zimmer; sie hört hinter der Tür Bemerkungen wie Unverschämtheit, Arroganz und so weiter.
Schluß damit! Der Doktor kommt und verabfolgt ein Schlafmittel. Morgen, denkt Dagny, wenn er wieder kommen sollte, wird sie ihn auch hinausjagen.

Es vergehen einige Tage. Eine merkwürdige Veränderung war in ihr vorgegangen, eine tiefe Apathie hatte von ihr Besitz ergriffen. Irgendwo lauert bereits der Schlag, der jetzt kommen mußte – er soll nur kommen, recht bald. Sie hat alles falsch gemacht, alle Ermahnungen in den Wind geschlagen, alle Vorsätze aufgegeben, ohne auch nur den Versuch gemacht zu haben, darum zu kämpfen. Das schreibt sie auf einer offenen Postkarte jenem Bekannten, der ihr anfangs so väterlich zugeredet hat, und jetzt nichts mehr von sich hören läßt; er wird sich verärgert zurückgezogen haben. Sie schreibt diese Karte auf einem Ausflug des

Wachkommandos, zu dem sie überraschenderweise aufgefordert worden ist, und zwar von einem jungen Mann, der gleichfalls ein wenig fremd unter den anderen erscheint; er hat auch unter dem Spott seiner Kameraden zu leiden. Dagny selbst hat sich schon an die Grobheit ihrer Kolleginnen gewöhnt.
Der Ausflug nach der nächstgelegenen Skihütte scheint sogar ganz harmonisch zu verlaufen – auf der Abfahrt kehrt die Gesellschaft im Nachbardorf beim Ortsbauernführer ein. Der junge kräftige Mann, der sich bei den Behörden und Dienststellen durchzuhalten verstanden hat, verschlagen, rücksichtslos, mit allen Wassern gewaschen, macht sich einen Spaß daraus, seine Gäste unter Alkohol zu setzen. Die Stimmung wird bald sehr aufgekratzt, es wird getanzt, es gibt reichlich zu essen und immer mehr selbstgebrannten Kirsch. Dagny löst sich die Zunge. Sie ist frei von Rücksichten und Hemmungen, den anderen macht das großen Spaß. Sie zieht keine größere Bilanz, sie sagt nur was ist, nämlich eine viehische Gemeinheit hier herumzusitzen und es sich gut gehen zu lassen. Das ist der Ton, den alle verstehen, und der sie der Gesellschaft näherbringt, der Ortsbauernführer ist geradezu begeistert, die Gesellschaft muß versprechen, ihn noch öfter zu besuchen.
Aber wie Dagny wieder auf die Straße hinauskommt, versagen die Beine den Dienst, zum Trinken gehört Gewohnheit. Der Bauer muß anspannen und sie im Wagen nach Hause fahren. Es ist durchaus nicht einfach, die inzwischen völlig steif Gewordene bis ans Bett zu bringen; peinliches Aufsehen.
Am anderen Tage ist es für Dagny schwer, sich wieder zurechtzufinden. Der Alkohol ist verflogen, aber ein unerträglicher seelischer Katzenjammer zurückgeblieben. Der Tag dämmert vorbei, Schmerzen stellen sich ein, sie ist unfähig, sich zu bewegen. Abends kommt der Arzt und fährt sie grob an und geht wieder. Sie hört den ganzen Tag über die abfälligen Bemerkungen der Nachbarin hinter der Tür.
Nunmehr ist es soweit. Der Weg ist zu Ende. Es wäre zuviel gesagt, sie quält sich im Bedauern über sich selbst. Sie hat überhaupt keine klare Vorstellung. Sie nimmt ohne sonderliche Erregung ein Messer und versucht sich die Pulsadern aufzuschneiden. Das Blut spritzt nach oben. Sie beginnt zu schreien. Sie weint laut auf und schreit. Die Nachbarin alarmiert die Nachbarschaft.

Wieder kommt der Arzt. Sie hört nicht, sie antwortet nicht, sie sieht nichts. Der Widerstand ist aufgegeben, der Rückfall in die frühere Krankheit hat begonnen. Jetzt erst, fühlt sie, wäre es an der Zeit gewesen, sich umzubringen – dazu hat sie aber nicht mehr die Kraft.
Der Arzt hat eine lange Aussprache mit dem Dienststellenchef. Er schreibt jene Einweisung in die geschlossene Abteilung der Station 6 des Allgemeinen Krankenhauses in Wien, von der eingangs die Rede gewesen ist. Mit dem Hinweis auf Simulation und Arbeitsscheu und der Nachbemerkung, daß über den Verlauf der Beobachtung und im Falle einer Entlassungsmöglichkeit der Staatspolizeibehörde Bericht zu erstatten ist.

WAS SOLL BEWIESEN WERDEN?

Auf die Seitenwand der Zelle ist ein großes weißes Tuch projiziert. Jemand steht davor, mit dem Kohlestift in der Hand, und zieht Striche, von oben nach unten, von rechts nach links. Was wird da gezählt – die Erfolge oder die Mißerfolge, die guten oder die schlechten Tage –, im Ausdruck der Gedanken und Handlungen, was hingestellt worden ist oder was fehlt? Die Mutter oder die Großmutter kann das nicht sein, auch der Vater nicht, denn der hat sich niemals darum gekümmert; es wird wohl eine Lehrerin sein, aber sie erinnert sich eigentlich nicht, daß das Bild einer Lehrerin aus der Schulzeit sich ihr besonders eingeprägt hätte – eher ist es die Frau dieses Wiener Kanzlisten, der sich bei Stalingrad verabschiedet hat. Merkwürdig, wie tief diese Frau sich in ihren Gedanken verwurzelt hat, von der sie eigentlich nichts weiß; sie kennt sie in Wahrheit kaum. Sie hat diese Frau, die doch erst gegen Ende und nur für einige Wochen ihren Weg begleitet hat, hingenommen – hingenommen, ohne weiter danach zu fragen, ob sie wirklich etwas Gemeinsames haben. Jetzt soll sie diejenige sein, die alles aufrechnet und zusammenzählt, die Schlußrechnung – ein grauer Zufall, ohne innere Anteilnahme, aus Höflichkeit, ohne Leidenschaft und ohne Liebe; darin spiegelt sich zugleich das Wesentliche ihres Lebens, das nirgendwo tief genug fundiert ist und auch ohne Nachwirkung bleibt.
Dabei ist sie dieser Frau, die es so gut mit ihr gemeint hat, eines Tages einfach davongelaufen. Das tut sie immer – es war keinerlei

Anlaß gegeben, noch ist irgendein Gegensatz aufgekommen, vor dem sie hätte davonlaufen müssen. Es hat sie niemand aufgehalten, niemand sie bedrängt, niemand etwas gefordert. Die Zeit war nur reif geworden, bei sich selbst Einkehr zu halten und sich selbst anzuschauen, nur so im Vorübergehen – hatte das nicht die Frau gemeint?

Sie hatte das Vertrauen gestört – sicher, sie hat der Frau nicht mehr die Wahrheit gesagt, eigentlich ohne jeden Grund, sie hat geschwiegen oder gelogen, sie hat sich immer feindlicher und ablehnender gezeigt. Darum hat sie auch Georg nicht in die Wohnung gebracht, warum nur –? Um der Frau dadurch etwas Böses anzutun, daß sie das gegenseitige Vertrauen bricht? – Sicher hat das die Frau gemerkt; sie hätte sehr weit ausholen müssen, um die andere davon zu überzeugen, daß sie sich im Grunde genommen nur geschämt hat.

Und dann ist sie einfach eines Tages ganz weggeblieben. Das wird vielleicht mit dem Kohlestift allein nicht mehr aufzuzeichnen sein. Es liegt bereits jenseits der Leinwand, auf der das Gitterwerk ihres Lebens soeben aufgezeichnet wird. Auf der rechten Seite geraten die Striche schräg; wie Schattierungen. Es sind die Hoffnungen und die Vorsätze, die Widerstände und der Trotz. Wie wenig hat sie mit diesem Trotz ausrichten können – es wäre besser gewesen, wenn jemand durch ein gütiges Lächeln ihr solche Aufenthalte hätte beseitigen helfen, ein wenig mit abgestoßen hätte. Der Boden der Barke, die sich im Strudel der Stromschnelle dreht, scheuert sich leck. Denn diese Scheinehe von Georg, bei der die Partner übereinkommen, auf ihre äußeren Vorteile zu sehen, kann nicht ausschlaggebend gewesen sein, sich von einem Tage zum anderen völlig dem Zufall, das ist der Vernichtung zu überlassen. Diese Sucht zu zerstören ist nicht aus einer besonderen Bosheit hervorgegangen, es ist mehr eine Begleiterscheinung, gegen die sich zur Wehr zu setzen sie niemand gelehrt hat. Vielleicht ist sogar die Ehe schon geschieden; es würde ihr sogar nicht schwer fallen sich zu erinnern, daß diese Ehe überhaupt ungültig ist. So fügen sich die Querstriche aneinander, so schrägt sich die rechte Seitenwand zu Schatten.

Das Böse, das sich wehrt, auch wenn es gestreichelt wird, so daß die Ecken entstehen im Gesamtbild des Charakters, die Wut, die Verzweiflung, die Reue und die Ohnmacht – kurz das Böse im Leben, das hat sie bei sich selbst nicht gesehen, sie hat es nur

immer bei den anderen empfunden. Sie ist davor zurückgeschreckt, sie ist in panischem Schrecken davongelaufen und hat es dann schließlich hingenommen, als muß es so sein. An wen hätte sie sich auch wenden können, der sie schützt?
Und eigentlich – irgendwie ist das sogar beruhigend, war sie eben doch nicht richtig auf dieser Welt. Eine Linie, die in Wellenbewegungen auf und ab geht, eine Zeichnung, eine Perspektive – auf der gegenüberliegenden Wand wird das deutlich sichtbar; zum plastischen Hervortreten, zum Sichtbarwerden des Organismus haben die Ecken gefehlt.
Vorstellungen und Gedanken spinnen sich zu einem Netz, das sich allmählich vom Körperlichen löst. Die Gedanken werden freier und beginnen bereits ein Eigenleben zu führen, während das Leibliche noch in der Erdenschwere stöhnt. Wie war das doch – warum hat denn die Mutter die Sachen verkauft, so daß sie in der langen Zeit des Wartens sich so schlecht fühlen mußte und dadurch so gehemmt war – hat die Mutter es nicht erwarten können, daß sie schon aus dem Leben gegangen ist?
Und das ist es, die Mutter hat vieles von dem, das ihr fehlt und das sie ängstlich für sich behütet, anstatt ihr etwas abzugeben, wenn sie es zum Leben braucht. Denn wie anders soll sie sich zurechtfinden als wenn nicht über die Mutter.
Dann dieser wütende Personalchef mit seinem Beinleiden, das ihn bisher verschont hat; sie ist doch mit ihm ganz gut gestanden. Bis dann bei ihm der Zorn ausgebrochen ist und er angefangen hat, sie zu verfolgen – obwohl sie ihm nichts getan hat, nicht mal böse kann sie auf ihn sein, denn er muß doch wohl eine Gefahr gesehen haben für sie und auch für ihn.
Mit den Männern hat sie nicht viel anfangen können. Ist es wahr, daß sich Mann und Frau zu einer Einheit ergänzen, und daß erst diese Einheit in der Welt etwas zählt? Es wird wohl so sein, denn sie hat doch einige von diesen Männern, die wie am laufenden Band an ihr vorübergezogen sind, halten wollen, um sie näher zu betrachten; vielleicht ist es das, wenn eine Einheit sich bilden soll. Welche Bindung das sein mag, das hat man ihr nicht gesagt, aus der Familie heraus hat sie es nicht kennengelernt. So ist es gekommen, daß sie mehr auf die komische Seite gesehen hat, die eigentlich jeder Mann irgendwie aufweist. Es entstehen daraus Verpflichtungen, denen sie sich nicht gewachsen gefühlt hat, von denen sie obendrein angenommen hat, daß sie für sie nur eine

Belastung bedeuten, und daß man sie dazu nicht zwingen kann; der Mann ist schließlich trotzdem ein Wesen, das ihr fremd ist. Es scheint, daß bei allen ihren Bemühungen, einem Mann näher zu kommen, sie diesem mehr geschadet hat als in die Lage gekommen ist, ihm zu helfen. Da war der Musiker, dem sie damals als Schauspielelevin nachgelaufen ist, als hätte das Leben ohne diesen Mann überhaupt jeden Sinn verloren, und der sie dann auf die Straße gesetzt hat, als sie wahrscheinlich angefangen hat, ihm lästig zu werden. Und dieser Freund aus Stockholm, der bei ihr irgendetwas gesucht haben mochte, was ihm selbst fehlte, sicherlich um zu dieser Einheit zu kommen – sie hat es gefühlt, aber nicht verstanden; so ist auch dieser Mann wieder in den Schatten zurückgetaucht und anscheinend zugrunde gegangen; die Bindung war nicht stark genug, um sie beide zu retten.

So muß es wohl sein. Die Mutter ist auf der gleichen Suche unterwegs gewesen und ist immer einsamer und starrer geworden, so daß sie mit ihr nie hat darüber sprechen können. Diese hat es eben verstanden, von vornherein jede Frage abzuschneiden. Denn wenn sie überhaupt jemals eine Bindung erlebt hat, so war es diese zum Vater – in den Fieberträumen der unerträglich gewordenen Schmerzen, als Vorstellungen und Begriffe durcheinander geraten waren, hat sie nach ihrem Vater gerufen: Bleibe bei mir – verlaß mich nicht – Komme zu mir! War das der Halt, den sie ihr Leben lang gesucht und der ihr gefehlt hat? – Es muß ein Mißverständnis gewesen sein; nichts ist eingetreten, keine Äußerung ist erfolgt, die Einheit ist nicht daraus erwachsen.

Das andere, was noch so ringsum gewesen sein mag, zählt nicht mehr. Auch das Körperlich-Gebundene zählt nicht mehr.

Die Vorstellungswelt, die alle die Eindrücke ihrer Lebensjahre in sich aufgenommen hat und jetzt erst zu verarbeiten beginnt, wird nicht davon beschwert. Hier wird mit anderen Maßstäben gemessen. Es werden die Ursprünge aller Bindungen sichtbar, die ihr im Leben nicht bewußt geworden sind. Sie greifen weit in die Vergangenheit der Generationsfolge, und sie gehen auch in das Zukünftige voraus. Über die vergangene Zeit hinweg folgt das Schlechte nach, während das Gute in die Zukunft wirkt, um mit dem, was nicht mehr lebt und schon abgestorben ist, weil es schlecht ist, zu einer Einheit zu gelangen, dem Ausgleich der menschlichen Wesenheit, in der Erfüllung der Lebensgesetze im Rahmen der Einzelpersönlichkeit, die dann berufen sein wird ...

So viele Millionen, Lebewesen und Schatten sind unterwegs, ein wenig nur, eine Sekunde des Glücks, dazu beizutragen, diesen Ausgleich und die Einheit zu finden; aus der Vergangenheit für die Zukunft!
In dieser Aufrechnung ist nur die eine Größenordnung unbekannt, die Gegenwart. Die Vorstellungen ordnen sich bereits ein in jene große Spange von Vergangenem und Zukünftigem, die alles Gegenwärtige zusammenschließt. Die Gegenwart ist dunkel, das Gegenwärtige der Umwelt ist schlecht gewesen. Das Licht leuchtet nur in dem Grade von Helligkeit, den die anderen wollen, zusammen mit dir oder auch ohne dich. Genauer gesagt ist sie mit der Gegenwart kaum in Verbindung gekommen, sie hat außerhalb dieses Kreises gelebt, zu leben versucht; denn man kann das tun, besonders wenn man an dem Widerstand zeitweilig Gefallen findet. Aber man darf sich nicht wundern, wenn zu irgendeiner Zeit, nämlich wenn die zur Verfügung stehende Kraft verbraucht worden ist, die Abrechnung vorgelegt wird; um diese Abrechnung kann sich niemand drücken. Ein solcher Mensch ist dann leicht geneigt zu jammern und um Hilfe zu rufen – dabei ihm selbst tut es nicht weh, es ist doch nur ein Vorübergehen, hinter dem Ende steht eine neue und bessere Gewißheit; ich will sagen, es tut den anderen weh!
Es scheint doch zu sein, daß der Einzelne, um vor der Gegenwart zu bestehen, sich als Teil einer größeren Einheit, von ihr abhängig und ihren Formen angepaßt, erkennen muß; wenn der Einzelne dann zu sprechen beginnt, sprechen Tausende von Stimmen mit. Es ist notwendig, diese Harmonie nicht zu stören; es kann zu einer tödlichen Gefahr werden, in diesem Chor durch einen zu offenkundig falschen Ton aufzufallen. Einzelne Mißklänge vermögen einen Chor nicht zu ändern, wohl aber der gute Wille jedes Einzelnen, die Harmonie wiederzugewinnen und zu vervollkommenen. Die Gemeinschaft lebt von der Lebensfähigkeit der Einzelnen, nicht umgekehrt. Das Gesetz dieser Harmonie trägt jeder Einzelne in sich, er muß es entwickeln und zur Geltung bringen. Versagt hier der Einzelne, so kann das Zerrbild einer Gemeinschaft entstehen, die ihrerseits wieder jedes Eigenleben ersticken muß, denn von dem einordnenden Prinzip lebt die Gemeinschaft überhaupt. Es ist der Lebensatem, der in der Veränderung seiner Intensität dem Wechsel der Jahreszeiten vergleichbar ist. Es ist die Intensität der Millionen, die mit dir zu-

gleich im Leben der Gegenwart sind. Und ist diese Gemeinschaft nur eine scheinbare – nicht zuletzt durch dein eigenes Versäumnis und deine Schuld, so wird es an dir sein, sich dagegen zu wehren und deinen Lebenswillen zu einer wahren Gemeinschaft zur Geltung zu bringen.

Du wirst es erkennen, das Geborgensein, das zu suchen jeder Mensch zeit seines Lebens unterwegs ist, kannst du nur in einer Harmonie finden, die dich trägt, schützt und vervollkommnet, statt dich zu zerbrechen. Der Chor hat sich aufgelöst in eine Vielfalt von Klagelauten. Nicht jedem mag es gegeben sein, rechtzeitig diese Gefahr zu erkennen, die eines Tages ihn niederstampfen wird, nicht jeder kann sich rechtzeitig dagegen wehren und nicht jeder bringt die Kraft auf, ein Beispiel zu geben des Widerstandes und des Opfers. Doch schwingt auch in der leisesten Klage etwas von dieser unverlierbaren Lebensintensität mit. Der Vogel, der von dem Wanderflug zur Wärme zurückgeblieben ist, und eines Tages in der kalten Nebeldämmerung des Frühmorgens erstarrt zu Boden fällt – mit einem letzten schwachen Zirpen – steht trotzdem unserem Herzen nahe; wir messen nicht die eigene Schuld und ziehen durch die große Aufrechnung einen dicken Strich. Der letzte Klagelaut gehört bereits dem neuen Leben.

So hat sich dieses Jahr ohne Gnade vollendet, im Ablauf eines unerbittlichen Schicksals. Gewogen und für zu leicht befunden? Ich bestreite unseren Schicksalsdeutern das Recht, nach schweren oder leichteren Bedingungen zu messen, solange nicht der primitivste Maßstab zu Grunde gelegt ist, derjenige der allgemeinen Menschlichkeit, der menschlichen Fehler und Schwächen dieser Gegenwart und unserer eigenen Unzulänglichkeit. Ich fürchte, es ist mir nicht gelungen, bei dem Leser Sympathie zu erwecken für ein Leben, das nach außen so ohne jeden Heroismus scheint. Darum gerade habe ich hier dieses aufgeschrieben. Viele sind am Leben geblieben, die das gleiche Schicksal tragen. Früher oder später wird dieser Bruch und diese Wunde aus Unentschiedenheit und Gleichgültigkeit sich öffnen und zu einer Krise führen, die rechtzeitig erkannt wieder geheilt werden kann, wenn der Rückhalt an alle, die guten Willens sind, nicht aufgegeben wird. Für diese Dagny wird es dann leichter sein, vor dem Urteil der Leser zu bestehen, denn sie hatte nicht diesen Halt, in sich nicht, und noch weniger bei den anderen, die ihr nahe gestan-

den sind, und niemand hat sie an der Hand genommen und geführt, vielleicht ist das trotzdem nicht entscheidend.
Die Beurteilung der Menschen in dieser Zeit wird von anderen Voraussetzungen ausgehen müssen. Haben wir nicht schon ein wenig verlernt, das zum Ausdruck zu bringen, was wir von der Existenz hier auf Erden erwarten? Nur das kleine Glück für den Hausgebrauch? Sind nicht Wissenschaft und Technik daran gewesen, die Bedingungen unseres Daseins auf eine sicherere Grundlage zu stellen? Der Rückfall ist nicht seit gestern und ich möchte behaupten, daß der Nazismus kein Zufall ist; er ist eine Begleiterscheinung, und er ist nicht auf ein Volk oder Land beschränkt. Er macht offenbar, daß der Mensch noch in Angst und Schrecken befangen ist vor sich selbst. Die Jugend, die in den beiden Jahrzehnten zwischen den Kriegen aufgewachsen ist, sagt nicht mehr, was sie wirklich will, was sie erwartet, und wie sie gedenkt, sich das Dasein einzurichten; die alten Leute wissen es nicht. Dieser Verschlossenheit sind entwachsen viele Fehldeutungen, das überwuchernde Mißvergnügen und die Unsicherheit. Viele Stimmen sind laut, aber sie bleiben in dem allgemeinen Durcheinander unverständlich. Fangen wir von vorn an, um den Verfall aufzuhalten.
Das Leben dieses Mädchens, das ich versucht habe aufzuzeichnen, ist ein doppeltes gewesen, eins nach innen und eins nach außen. Das Letzte ist belanglos, alltäglich und kaum der besonderen Erwähnung wert. Es dient nur dazu, auf jenes Innenleben hinzuweisen, dem wir nur zögernd folgen können, da es sich keinen sichtbaren Ausdruck schafft, es ist das Brandmal einer ganzen Generation. Wer vermag zu sagen, ob es so schwach gewesen ist, wie es erscheint? – Ohne Leidenschaften, ohne Selbsterziehung, ohne Einsicht, ohne Zutrauen und ohne Liebe –, unter der Oberfläche der Erstarrung und der Gleichgültigkeit zur Umwelt poltert es dumpf wie ein fernes Gewitter; in Wirklichkeit wissen wir darüber nichts. Das ist nicht zuletzt auch unsere Schuld.
Wie geht das Leben zu Ende? Wir wissen es nicht. Ich vermute, daß die Sterbende sich anschickt, einen steilen Berg in die Höhe zu gehen und allmählich zu laufen gezwungen ist, bis sie durch die enge und immer enger werdende Toröffnung sich hindurchwindet, durchbricht – zum Licht oder in die Dunkelheit? Wir wissen es nicht.

Ja, ja – es geht noch ein kleines Stück weiter. Der Herr Professor ist in den frühen Abendstunden erschienen in Begleitung eines Herrn, der am nächsten Morgen das Krankenhaus einer Wehrmachtstelle übergeben wird. Über die weitere Verwendung ist noch keine Bestimmung herausgekommen. Dank der Säumigkeit des Fräulein Doktor ist Dagny die Letzte auf der Liste, die jetzt gestrichen wird.

Als der Professor sich über die Kranke beugt und den Arm hochheben will, liegt Dagny in tiefer Bewußtlosigkeit; die Dosis des Schlafmittels war reichlich bemessen. Er möchte sagen, wenn er Gelegenheit haben würde, den Fall zu dozieren, eigentlich für eine solche Injektion zuviel Aufwand an Zeit und Mühe für eine Kranke, die schon im Sterben liegt. Aber für solche weitergreifenden Erörterungen, die ja nur das Prinzipielle betonen sollen, ist hier nicht der Platz. Eile ist geboten. Es ist geschehen.

Das Fräulein Doktor steht etwas seitwärts an der Türöffnung, völlig unbeteiligt. Als die beiden Herren sich zum Gehen wenden, nickt der Professor zu ihr hin. „Ich sehe Sie ja noch –." Sie nickt. Sie weiß, es ist eine unverschämte Lüge, denn sie muß noch nach einer weiteren Viertelstunde Rundgang machen und die Scheine ausstellen. Dann erst ist ihre Arbeit hier erledigt. Der Professor ist dann längst über alle Berge.

Die beiden Herren gehen schweigend den langen Korridor der Station entlang. Die Situation ist für eine Unterhaltung nicht einladend. Die leeren Säle fangen jeden Ton und blasen ihn förmlich auf. Selbst das Geräusch der Schritte stört.

In dem dunklen Vorraum zur Kanzlei, der nur durch eine Türspalte etwas Licht erhält, stehen ein paar Männer herum, daneben ein alter Mann in Uniform. Es sind Gefangene mit ihrer Bewachung, die schon für den Transport der Abgänge beordert sind. Der Beamte muß jetzt auf die Scheine warten.

Der Frühling läßt auf sich warten. Ein eisiger Wind vom Semmering herunter hat die frühen Blüten wieder geschlossen.

Der Herr Professor verabschiedet sich.

„Haben wir draußen etwas Licht?"

„Wir können in der Toröffnung die rote Lampe einschalten."

„Bittschön – würden Sie so liebenswürdig sein …"

„Es ist recht kalt geworden."

„Wie immer um diese Zeit – also dann … Servus."

„Gute Nacht."

NACHWORT

Ein Außenseiter, ein „Einzelkämpfer" gegen eine Gesellschaft, die, wie er sagt, „krank" ist, verfaßt autobiographische Prosa. Er formt Sätze, ordnet die Handlung – für wen? Anerkennung und Verständnis wird er vom Leser, *gegen* den er, wie er öfter betont, schreibt, nicht erwarten. Trotzdem arbeitet er an dieser Prosa, arbeitet viele Jahre lang an immer neuen Entwürfen, und er läßt nichts unversucht, Kontakte zu Verlagen zu knüpfen, um diese Prosa veröffentlichen zu können. Dabei wehrt er sich dagegen, mit jenen Schriftstellern oder gar Prominenten identifiziert zu werden, die Autobiographien schreiben, weil sie ihrem eigenen Leben einen besonderen Wert beimessen. Narzißmus ist ihm verhaßt, der Narzißmus der Angepaßten, in der Gesellschaft Stehenden, die den Wert ihrer eigenen Person an dem Grad ihrer Popularität messen und sich darin selbst blenden.

Seine Haltung entspringt nicht etwa dem Kokettieren des Ausgestoßenen, des Vergessenen, mit seiner eigenen Situation. Sie entspringt der Hoffnung, dem Glauben an ein Leben jenseits *dieser* Gesellschaft, in einer Gesellschaft, in der die Menschen aufrecht leben können. „Der Einzelgänger" heißt es auf einer nachgelassenen Typoskriptseite, die Jungs Romanprojekt „33 Stufen abwärts" zuzuordnen ist, „schief gewachsen zwar, steht aufrecht, er hat es nicht nötig, am Boden zu liegen, er steht, aber nichts schwingt mit, nicht einmal der Tod." Aufrecht stehend zwar, aber außerhalb einer Gemeinschaft, ohne die ein menschliches Leben nicht möglich ist, existiert der Außenseiter in dieser Gesellschaft und bewegt dabei nichts. Auch hiervon handeln die autobiographischen Schriften Jungs. Aber nicht Resignation, sondern die Suche nach einer Lösung, nach einem Weg aus dieser Gesellschaft in eine menschliche Gemeinschaft ist das Motiv der Jungschen Autobiographien. Man könnte diese Schriften Bewältigungsautobiographien nennen. Ihm geht es bei allem, was er gelebt hat, und bei allem, was ihm zur Last gelegt werden kann, nicht um eine Rechtfertigung, auch nicht vor sich selbst. Es ist die Bewältigung des eigenen Lebens, die ihn zur Autobiographie führt, und es ist die Hoffnung, für eine Veränderung des Menschen und der Gesellschaft werben zu können, die ihn an den Leser herantreten läßt.

Franz Jungs literarisches Schaffen läßt sich in drei Themenkomplexe gliedern: die meist im Malik-Verlag erschienenen „roten" Romane und Theaterstücke, die Paranoia-Thematik, abgeleitet von der Person Anton Wenzel Groß, und die autobiographischen Schriften. Daneben steht eine Reihe von theoretischen Abhandlungen über die Frage der Revolution und der Entwicklung Sowjet-Rußlands, sowie in den letzten Lebensjahren über die Problematik der Außenseiter: die Albigenser, Ernst Fuhrmann und Wilhelm Reich. Die autobiographischen Themen bestimmen Jungs frühes, expressionistisches Schaffen, und sie werden vollends zum Inhalt seiner Schriften nach dem Zweiten Weltkrieg. Während die expressionistische Prosa und die Theaterstücke literarisch verfremdet sind und nur mit Hilfe von Jungs Biographie auf reale Lebensabschnitte zurückgeführt werden können, tritt in den späteren Schriften seine Person offen zutage. Jung erscheint entweder als Ich-Erzähler oder als dritte Person, über die er berichtet, so in „Das Jahr ohne Gnade", wo er als „der Vater" erscheint, oder in dem nachgelassenen, nur in englischer Sprache erhaltenen Fragment „Variations", das entweder als Vorarbeit oder als Teil seines Romanprojekts „33 Stufen abwärts" zu identifizieren ist. Jung tritt dort als Friedrich Schneider in Erscheinung, gibt sich jedoch zu erkennen: „Allow me to introduce myself: Friedrich Schneider, known as Fränzchen."

Anhand der verschiedenen Entwürfe und der unterschiedlichen literarischen Techniken ist ersichtlich, daß Jung entgegen seinen eigenen Beteuerungen, er habe *das* eben so runtergeschrieben, das Thema seines eigenen Lebens immer wieder aus anderen Perspektiven neu bearbeitet hat. Das zu seinen Lebzeiten veröffentlichte Ergebnis ist den meisten Lesern bekannt: der autobiographische Roman „Der Weg nach unten oder Der Torpedokäfer". Hier wird ein Teil seiner Entwürfe aufgenommen, so auch mehrere Abschnitte im Wortlaut aus dem in diesem Band erstmals vollständig veröffentlichten Manuskript „Sylvia".

„Der Weg nach unten" fand seine Bewunderer und Liebhaber vor allem wegen der Darstellung des abenteuerlichen Lebens des Autors. In einem Brief an Leonhard Frank vom 20.12.58 schrieb Jung aus San Francisco: „Ich arbeite hier an einer Art Autobiographie, wobei ich die mich selbst betreffenden äußeren Vorgänge, die Kette der Abenteuer und Mißerfolge nur soweit als gerade unbedingt für den Zusammenhang nötig erwähne und auch dies nur in äußerster Distanz und ironisierend. Da aber der Durchschnittsverleger nur die Abenteuer erzählt wissen will, stoße ich auf große Schwierigkeiten ..." Franz Jung rettet sich, er montiert aus seinen Entwürfen einen Roman mit autobiographischem Inhalt, eine Mischung aus realem Geschehen und Fiktion. Denn was kommt es darauf an, ob die schöne Anekdote von Bernhadi Boddi dem lebenden Frachtdampfer, aus dem „Weg nach unten", Realität oder Fiktion ist. Jung geht es um die Atmosphäre, die zwischen den Ereignissen für den Leser spürbar wird, denn sie vermittelt mehr von der Wirklichkeit eines Lebens während eines bestimmten Zeitabschnitts als irgendein reales Geschehen; dies verkommt doch zur Legende. In dem Brief an Leonhard Frank heißt es weiter: „Es sind andere genug da, die (mit Verlaub gesagt) wissen, daß der Mensch nicht 'gut' ist, wenn überhaupt, nur einen geringen Lebenswert besitzt und daß das Wenige, was der Einzelne tut um diesen Wert zu verbessern und lebensfähiger zu machen, den Inhalt eines Lebens ausmacht, vorübergeht, so wenig energiegeladen, daß es schon meist auf den Nachfolgenden nicht mehr überkommt. Ich will

dies an mir selbst unter Beweis stellen, keine Predigten, keine Bekenntnisse, keine 'Wahrheiten' und schon gar keine Moral ..."
Die Abenteuer treten in der in diesem Band gesammelten Prosa zurück zugunsten einer Reflexion der Ereignisse. Franz Jungs Interesse gilt der Beziehung zwischen den Menschen, der Unfähigkeit zum Zusammenleben. In dieser Gesellschaft, so heißt es in der Erzählung „Das Erbe", ist das Zusammenleben nur ein „Notbehelf". Der Einzelne ist zu sehr gebunden an das „Erbe", die Religion, die Konventionen und an die Bedingungen der Sozialisation, als daß er sich frei zum anderen hin entfalten könnte. Unaufrichtigkeit bestimmt die Beziehungen. Unfähigkeit und Egoismus lassen eine Kluft zwischen den Menschen entstehen. In dieser Lage konstruieren sie sich einen Notbehelf: die Bindung an einen anderen. Aber hier wird entweder das Erbe angetreten und alles bleibt kalt, ohne Bewegung und Leben, oder die Menschen zucken hysterisch zwischen scheinbar höchstem Entzücken und tiefster Depression. Diese Beschreibung des Zusammenlebens erscheint übertrieben und mancher mag geneigt sein, sie auf die Erlebenssphäre Jungs zurückführen zu wollen. Die Psychoanalyse oder Psychopathologie könnte hier hilfreich sein, die Ursachen zu ergründen. Nein, in Wahrheit würde sie verdecken: für krank befunden, katalogisiert, fertig – der Nächste bitte. Es geht um mehr. Jung beschreibt hier die Auswirkungen bürgerlicher Tugenden auf den Einzelnen und dessen Lebensweise. Der Angepaßte, der Mitläufer oder Nachläufer lebt über lange Zeiträume umrahmt und gefangen in diesen Tugenden mit sich selbst zufrieden. Er erkennt nicht den Notbehelf und glaubt, es müsse so sein. Wer sich aber weigert, das Erbe anzutreten, wer den Notbehelf und den Kompromiß verwirft, der wird rebellieren gegen diese gesellschaftlich bedingten Zwänge. Für die anderen ein Querulant.
In dieser 1929 erschienenen Erzählung sieht Jung den Weg aus der Vereinzelung im Klassenkampf: „Unter dem Druck der Klasse und noch mehr deren Gegensätze entstehen neue Formen des menschlichen Zusammenlebens, die eine Gemeinschaft vorbereiten können, noch belastet mit den Auswirkungen eines Druckes, der zunächst noch die Menschen trennt." In den nach 1945 geschriebenen Texten ist die Hoffnung, durch eine soziale Revolution zwangsläufig eine menschliche Gemeinschaft schaffen zu können, gewichen. An ihre Stelle tritt das Ketzertum und die „Gemeinschaft" der Ausgestoßenen und Einzelgänger.
In dem Essay „Die Albigenser" bezeichnet Jung die Revolte der Einzelnen als die „Revolte gegen die Lebensangst". Die Begriffe Staat, Gesellschaft, Politik und Ordnung seien Konstruktionen, mit deren Hilfe die Geschichtsschreibung ein auswechselbares Schaustück inszeniere und zusammensetze, mit dem der Einzelmensch eigentlich wenig oder nichts zu tun habe. Er nehme das alles hin, wie ein Stück Gepäck, das er zu tragen habe. In seinem Inneren spüre er aber zu gewissen Zeiten die Verknotungen, die Widersprüche. Er frage nach dem Sinn,

dem Ziel und eine Angst steige in ihm auf, die Lebensangst. Er klammere sich an die Hoffnung auf Erlösung von der Last dieses Lebens, die großen Versprechungen. Aber es folge die Enttäuschung, der Zusammenbruch, die Gewißheit, daß in dieser Welt etwas nicht richtig sein muß, etwas verloren gegangen sein muß, verdrängt durch eine parasitäre Lebenshaltung. Jung analysiert die Revolte der Albigenser als Ergebnis der Gegensätze „zwischen der sich konsolidierenden Ordnung einer Gesellschaft, die von der Bewußtwerdung des Dasein-Erlebnisses durchdrungen nach dem Sinn zu fragen begann und der zerfallenden Ordnung einer politischen Verwaltung, deren gesellschaftsbildende Kraft bereits aufgesogen war". Die Form einer Gesellschaft wird, so Jung, bestimmt und zusammengehalten „durch den ständigen Ausgleich von Lebenserwartungen, die der einzelne an die Gesellschaft stellt. (...) Wird dieses System unterbrochen und versagt der Strom nach oben und unten, so stirbt zunächst die Spitze ab, die Zersetzung des Ganzen ist die Folge. (...) Ordnung und Gesetz werden für die menschliche Gesellschaft zu eng. Die Menschen sind daran zu ersticken." Von hier aus entwickelt sich die Revolte gegen die Lebensangst. Sie war der Auslöser der Albigenseraufstände. Die Albigenser versuchten, gegen die weltliche Herrschaft Roms, gestützt auf die Lehren des heiligen Augustinus, das Reich Gottes auf Erden zu errichten. Es war „der primitive Wunsch", sagt Jung, „die Menschheit von der Lebensangst zu befreien. (...) Der Versuch ist gescheitert." Er mußte scheitern, weil „die gesellschaftsbildenden Kräfte den Menschen als Einzelwesen" nicht anerkannten. Heute geht die Revolte von dem Einzelnen aus, vom Außenseiter. Wie sie voranschreiten wird, vermag Jung nicht zu sagen. Aber er bleibt zuversichtlich: „'Wahrlich ein Elend ist es, auf Erden zu leben' – wir wissen bereits, daß dieser Satz Thomas von Kempens im nächsten Jahrtausend vielleicht keine Gültigkeit mehr haben wird, wenn die Revolte, die Lösung von der parasitären Lebenshaltung allgemein geworden sein wird."

Die Hoffnung auf die gesellschaftsverändernde oder gar menschenverändernde Kraft sozialer Revolutionen oder Klassenkämpfe war der diffusen Hoffnung gewichen, daß die „Gemütswucht", die heute noch den Außenseiter hervorbringe, entstanden aus der Bewußtwerdung der Divergenz zwischen seinen Erwartungen an das Leben und der absterbenden gesellschaftsbildenden Kraft der herrschenden Ordnung, sich übertragen ließe auf immer mehr Menschen. Die so entstehende „Gemeinschaft" der Unzufriedenen in diesem Leben, das nur noch eine Karikatur von Leben ist, würde unabhängig von ihrer sozialen oder klassenmäßigen Bindung diese Ordnung zerstören und den Menschen aus seiner parasitären Lebenshaltung befreien. Die hier angedeutete Position Jungs erklärt sich aus seinen politischen Erfahrungen, aus seiner Enttäuschung über die Entwicklung der russischen Revolution, deren Auflösung er Anfang der zwanziger Jahre selbst miterlebt hatte, und aus dem Terror des Faschismus, der ihn nicht nur selbst ins Gestapogefängnis gebracht hatte, sondern der ihn anhand der unzähligen Mit- und Nachläufer zu der Überzeugung gelangen ließ, daß der Mensch ein parasitäres Wesen sei, zehrend vom nächsten und trotzdem: jeder gegen jeden. Seine Analyse befriedigt nicht, denn sie zeigt keinen Weg; aber sie ist getragen von einer Hoffnung, von der Hoffnung auf eine heute noch dämmernde Kraft im einzelnen Menschen, die ihm nur bewußt werden und dann allgemein werden müsse, um die Revolte für ein nachparasitäres Leben entstehen zu lassen.

Diese Überlegungen, die Jung in seinen letzten Lebensjahren anstellt, die Suche nach einem Ausweg, bestimmen das Motiv seiner autobiographischen Schriften. Hieraus erklärt sich auch der Titel „Variations". Er bezeichnet den Versuch, in immer neuen Variationen hinter die Wirklichkeit gelangen zu wollen, ein und denselben Sachverhalt immer wieder neu zu ordnen, umzuordnen, um ihn nicht nur aus anderen Perspektiven, sondern mit veränderten „Fakten" von neuem zu analysieren. Der österreichische Schriftsteller Oskar Maurus Fontana schrieb in einem Brief an Jung über dessen Buch „Der Weg nach unten": „Ja, warum Weg nach unten? Weg hinter die Wirklichkeit schiene mir viel gemäßer. Nicht als ob Du dort etwas gefunden hättest, aber genau dasselbe Fragen und Suchen, das Du für die Wirklichkeit all die Jahre gehabt hast. Und dasselbe Unbefriedigtsein, die Unzufriedenheit mit der Lebenssubstanz selbst."

Die Erzählung „Sylvia" ist noch der Versuch, die eigene Situation zu bewältigen, die Bedingungen zu untersuchen, die dem Scheitern der Bindung zweier Menschen zugrundeliegen, den Widerspruch deutlich zu machen zwischen dem, wie Jung es nennt, Innenleben und Außenleben des Menschen in seinem Verhältnis zur Gesellschaft. In „Das Jahr ohne Gnade" konzentriert sich Jung auf die äußeren Bedingungen, die auf den Einzelnen einwirken, die ihn so werden lassen, wie er ist. Das Buch ist ein groß angelegtes Projekt; es steht für Jung gleichrangig neben der seine Person in den Mittelpunkt stellenden Autobiographie. Der Stellenwert, den dieses Buch über seine Tochter Dagny innerhalb seiner Bewältigungsarbeit einnimmt, wird anhand eines Entwurfs deutlich, der die Überschrift „*betr.* Fortsetzung zum autobiographischen *Roman*" trägt: „Es besteht eine Parallele zwischen dem Lebensweg der Person Franz Jung im autobiographischen Roman und der Tochter Dagny.

Das Schicksal dieser Tochter ist in einer früher noch in Italien geschriebenen unveröffentlichten Novelle 'Jahr ohne Gnade' behandelt. Das Manuskript, damals für die Büchergilde im Auftrag, ist verloren (angeblich bei der Büchergilde) ich habe noch Bruchstücke, im handgeschriebenen Manuskript, genug jedenfalls um für die Fortsetzung den allgemeinen Rahmen zu geben.

In diesen Rahmen hinein würde ich die Schicksale, Erlebnisse und sonstigen Verdingungen der Frauen bringen, die in meinem und Dagnys

Leben eine Rolle gespielt haben, Dagnys Mutter, Cläre Jung, Harriet Jung und Sylvia. Alle haben entscheidend auch meist negativ das Schicksal Dagnys mit beeinflußt.
Der Roman würde nicht mehr in Ich-Form geschrieben werden. Mehr im Stile eines eher trockenen Dokumentarberichtes, fast wie ein Protokoll. Dazwischen wird aber die Erzählung weitgehends im *Dialoge* aufgelöst. Aus dem Dialog erst projiziert sich das Bild, das diese Erzählung vermitteln soll. Für eine noch etwas fernere Zukunft ließe sich ein dritter Band perspektivieren: das Schicksal von Jung und Dagny mit allem privaten Zubehör auf die Gesellschaft als Ganzes übertragen. Ich habe darüber schon (nicht allerdings auf Jung bezogen) einen längeren Essay geschrieben, die Albigenser. Die gesellschaftlichen Katastrophen in der Geschichte, an einigen Beispielen erklärt, die Ausrottung von Völkern, die Massenhypnosen und Hysterien, analytisch mit der Hoffnungslosigkeit auf Gleichgewicht und 'Erlösung' oder auf die Ausrottung der bereits Erlösten gestellt. Das gibt einen gleichbleibenden Zug, wobei die Hitler-Massaker noch die primitivsten und beschränktesten sind. Die Colonnes-Infernales während der Französischen Revolution waren sehr viel typischer.
Dieses Buch würde geschrieben sein im Hinblick auf die kommenden 10 Jahre, wo die Ausrottungstendenzen, die gegenseitigen Massaker einen ungeahnten Umfang annehmen werden, intensiver denn je zuvor, mit oder ohne Atombombe – kurz die Revolution der Reichen gegen die Armen, der Hungernden gegen die Satten, nur der Arme ist satt."

Der Vergleich der autobiographischen Prosa Jungs läßt nicht nur den Versuch erkennen, gleiche Sachverhalte mit unterschiedlichen literarischen Techniken zu bearbeiten, sondern selbst die „Fakten" werden verändert. Während in „Der Weg nach unten" neben den Abenteuern eine beispielhaft schonungslose Darstellung seiner eigenen Person überwiegt – interessant ist in diesem Zusammenhang die Distanz zu sich selbst, die in dem oben wiedergegebenen „Fortsetzungskonzept" auffällt, wo er von sich in der dritten Person spricht – scheint er in „Sylvia" die Rolle des Opfers und in „Das Jahr ohne Gnade" die des nur gering beteiligten Beobachters einzunehmen. Die Veränderung der „Fakten" wird besonders deutlich an der Darstellung der Beziehung zwischen Georg und Dagny. In „Der Weg nach unten" ist diese für das Dagny-Projekt zentrale Episode ausgelassen. In „Sylvia" beschreibt er Georg als ehemaligen Bekannten seiner Tochter Dagny, den er, nachdem die Beziehung schon lange gelöst war, aus wirtschaftlichen Gründen mit seiner Lebensgefährtin Sylvia verheiratet. Er hatte die Scheinehe organisiert, um Sylvia durch einen Adelstitel die Anknüpfung geschäftlicher Beziehungen in Ungarn zu erleichtern. Und Sylvia war es, die ihn, der in lauterer Absicht handelte, hintergehen und mit Georg betrügen wollte. In „Das Jahr ohne Gnade" ist Dagny in Georg verliebt. Beide wollen heiraten. Durch äußere Umstände werden sie mehr unfreiwillig während des Krieges getrennt. Als Georg aus Budapest zu Besuch kommt, bittet Dagny ihn, sie zu heiraten. Georg muß ihr gestehen, daß er schon verheiratet ist, ausgerechnet mit der Gefährtin ihres Vaters, den sie so sehr verehrt. Hier beginnt die Katastrophe, das Jahr ohne Gnade, das mit Dagnys Tod endet. Jung zieht als scheinbar Außenstehender den Schluß: „... diese Scheinehe von Georg, bei der die Partner übereinkommen, auf ihre äußeren Vorteile zu sehen, kann nicht ausschlaggebend gewesen sein, sich von einem Tage zum anderen völlig dem Zufall, das ist der Vernichtung zu überlassen. Diese Sucht zu zerstören ist nicht aus einer besonderen Bosheit hervorgegangen, es ist mehr eine Begleiterscheinung, gegen die sich zur Wehr zu setzen sie niemand gelehrt hat. Vielleicht ist sogar die Ehe schon geschieden; es würde ihr sogar nicht schwerfallen sich zu erinnern, daß diese Ehe überhaupt ungültig ist."

In seiner Brieftasche trug Jung eine Visitenkarte mit sich. In der linken oberen Ecke ist eine Krone abgebildet. Unten rechts steht als Wohnort: Roma. In der Mitte ist zu lesen: Baronessa Silvya de Schneken Meisznec. Am 21. November 1961 schreibt Sylvia an Jung: „Ich habe Dich in das Goldene Jubiläum einschreiben lassen, mit goldenen Buchstaben: Franz Jung. Und sogar wird täglich für Dich gebetet."

Fritz Mierau behält recht, wenn er der „Chronik – Leben und Schriften des Franz Jung" die Sätze aus einer Antwort Jungs an den polnischen Schriftsteller Stanislaw Przybyszewski aus dem Jahr 1913 voranstellt: „Man muß umlernen, daß Daten, Tatsachen, Äußerungen, Momente von untergeordneter Bedeutung sind, solange man ihnen einen absoluten Wert beimißt" und „daß alle Biographien, Dokumente, Briefwechsel nicht imstande sind, den tieferen Inhalt menschlicher Beziehungen zu verwischen."

Rembert Baumann

INHALT

Das Erbe   7

Sylvia   61

Das Jahr ohne Gnade   125

Nachwort   312

FRANZ JUNG WERKAUSGABE

Band 1/1: Feinde ringsum. Prosa und Aufsätze 1912–1963.
Erster Halbband bis 1930.
Band 1/2: Feinde ringsum. Prosa und Aufsätze 1912–1963.
Zweiter Halbband bis 1963.
Band 2: Joe Frank illustriert die Welt / Die Rote Woche /
Arbeitsfriede. Drei Romane.
Band 3: Proletarier / Arbeiter Thomas (Nachlaßmanuskript).
Band 4: Die Eroberung der Maschinen. Roman.
Band 5: Nach Rußland! Aufsatzsammlung
Band 6: Die Technik des Glücks. Mehr Tempo!
Mehr Glück! Mehr Macht!
Band 7: Theaterstücke und theatralische Konzepte.
Band 8: Sprung aus der Welt. Expressionistische Prosa.
Band 9: Abschied von der Zeit. Dokumente, Briefe,
Autobiographie, Fundstücke.
Band 10: Gequältes Volk. Ein Oberschlesien Roman
(Nachlaßmanuskript)
Band 11: Briefe und Prospekte 1913–1963.

Supplementband:
Franz Jung: Spandauer Tagebuch. April–Juni 1915.

Die Erscheinungsweise der einzelnen Bände folgt nicht unbedingt
ihrer numerischen Zählung. Die Bände der Ausgabe sind
sowohl englisch broschur als auch gebunden lieferbar.
Änderungen der Zusammenstellung wie auch eine
Erweiterung der Auswahl bleiben vorbehalten.
Subskriptionsnachlaß bei Abnahme aller Bände beträgt
10% vom Ladenpreis des jeweiligen Bandes.
Subskription weiterhin möglich.

Verlegt bei Edition Nautilus, Hamburg